Retorno de investimentos em comunicação

Retorno de investimentos em comunicação

avaliação e mensuração

Mitsuru Higuchi Yanaze

Otávio Freire
Diego Senise

2ª edição
revista e ampliada

Difusão Editora

Senac

Copyright © 2010-2013 Difusão Editora e Editora Senac Rio de Janeiro.
Todos os direitos reservados. Proibida a reprodução, mesmo que parcial, por qualquer meio e processo, sem a prévia autorização escrita da Difusão Editora e da Editora Senac Rio de Janeiro.

ISBN: 978-85-7808-141-6
Código: RETIT3E2I1

Editoras	Michelle Fernandes Aranha e Elvira Cardoso
Gerente de produção	Genilda Ferreira Murta
Coordenação editorial	Neto Bach e Karine Fajardo
Assistente editorial	Karen Abuin
Revisão	Olavo Avalone Filho, Jacqueline Gutierrez e Aline Canejo
Capa	Marco Murta
Projeto gráfico e editoração	Farol Editorial e Design

Dados Internacionais de Catalogação na Publicação (CIP)
(Câmara Brasileira do Livro, SP, Brasil)

Yanaze, Mitsuru Higuchi
  Retorno de investimentos em comunicação: avaliação e mensuração / Mitsuru Higuchi Yanaze, Otávio Freire, Diego Senise. -- São Caetano do Sul, SP: Difusão Editora; Rio de Janeiro, RJ: Editora Senac Rio de Janeiro, 2013.

  Bibliografia.
  ISBN 978-85-7808-141-6

  1. Avaliação de resultados 2. Comunicação – Avaliação – Metodologia 3. Comunicação – Mensuração – Metodologia 4. Comunicação como investimento 5. Comunicação em Marketing 6. Comunicação na Administração 7. Marketing 8. Planejamento estratégico 9. Relações Públicas I. Freire, Otávio. II. Senise, Diego. III. Título.

12-15262   CDD-658.802

Índices para catálogo sistemático:
1. Comunicação e Marketing: Avaliação e mensuração: Administração de empresas   658.802
2. Marketing e Comunicação: Avaliação e mensuração: Administração de empresas   658.802

Impresso no Brasil em abril de 2013

SISTEMA FECOMÉRCIO-RJ
SENAC RIO DE JANEIRO
Presidente do Conselho Regional: Orlando Diniz
Diretor-Geral do Senac Rio de Janeiro: Julio Pedro
Conselho Editorial: Julio Pedro, Eduardo Diniz, Vania Carvalho, Marcelo Loureiro, Wilma Freitas, Manuel Vieira e Elvira Cardoso

Editora Senac Rio de Janeiro
Rua Marquês de Abrantes, 99/2º andar – Flamengo
Rio de Janeiro – RJ – CEP 22230-060
comercial.editora@rj.senac.br – editora@rj.senac.br
www.rj.senac.br/editora

Difusão Editora
Rua José Paolone, 70 – Santa Paula
São Caetano do Sul – SP – CEP 09521-370
difusao@difusaoeditora.com.br – www.difusaoeditora.com.br
Fone/fax: (11) 4227-9400

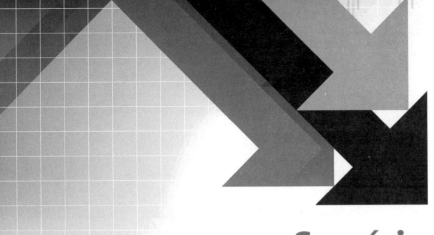

Sumário

PREFÁCIO 15
AGRADECIMENTOS 19
SOBRE OS AUTORES 21
APRESENTAÇÃO 23
EPÍGRAFES 25
INTRODUÇÃO 31

PARTE I
RETORNO DE INVESTIMENTOS EM COMUNICAÇÃO:
AVALIAÇÃO E MENSURAÇÃO 35

CAPÍTULO 1   GESTÃO DE MARKETING 37

        Modelo Sistêmico 3 *Puts* 38
        Funções Gerenciais do Marketing
        e da Comunicação 49
        Função de Controle e Mensuração
        em Comunicação 52
        Ambiente de Marketing 54

CAPÍTULO 2 GESTÃO DE COMUNICAÇÃO INTEGRADA............ 65

Níveis da Comunicação.................................... 72
Objetivos de Comunicação............................... 80
Metas... 94
Indicadores/Métricas....................................... 94

CAPÍTULO 3 COMUNICAÇÃO E FINANÇAS...................107

Instrumentos Financeiros................................108
Viabilidade Econômica....................................125
Viabilidade Financeira.....................................126
Viabilidade Patrimonial...................................128
Análise de Retorno do Investimento..............128
Metodologias de Gestão Orçamentária..........134
Conceitos e Ferramentas Financeiras............139

CAPÍTULO 4 MENSURAÇÃO EM COMUNICAÇÃO............153

Por que Mensurar?..153
A Lógica da Mensuração: comunicação
como investimento..154
Processo da Avaliação e Mensuração
de Comunicação..162
Plataformas de Gestão e Mensuração de ROI
em Marketing e Comunicação........................170
   1. Plataforma de Eficiência/Eficácia/
      Efetividade da(s) Ação(ões)
      de Comunicação....................................170
   2. Plataforma de Avaliação da Integração
      das Ações de Comunicação...................175

3. Plataforma de Análise do Ambiente Mercadológico/Situacional 179
4. Plataforma de Informações dos Resultados de Marketing e Comunicação dos Indicadores de Performance 181

CAPÍTULO 5 O QUE OUTROS AUTORES ESCREVERAM SOBRE MENSURAÇÃO DE ROI EM COMUNICAÇÃO...191

Strategic Branding Management: building, measuring and managing brand equity (Kevin Lane Keller)..192

Os Quatro Pilares da Lucratividade (Leslie H. Moeller e Edward C. Landry) 196

Como Mensurar Qualquer Coisa (Douglas W. Hubbard)..200

Gestão de Ativos Intangíveis (Marco Tulio Zanini)..207

Marketing ROI – The path to campaign, customer, and corporate profitability (James D. Lenskold) 214

Measuring Brand Communication ROI (Don Schultz e Jeffrey S. Walters) 216

O Valor Estratégico dos Eventos: como e por que medir ROI (Jack J. Phillips) 220

Accountable Marketing
(Peter J. Rosenwald)...227

The Green Scorecard
(Patricia Pulliam Phillips e Jack J. Phillips)......................232

Always on
(Christopher Vollmer)...235

Integrated Brand Marketing and Measuring Returns
(organizado por Philip J. Kitchen)..................................237

Return on Influence
(Marl W. Schaefer)..238

Power Brands
(Hajo Riesenbeck)...239

Social Media IOR – Las Relaciones como
Moneda de Rentabilidad
(Johana Cavalcanti e Juan Sobejano...............................241

ROI de Consumer Insights
(Dag Holmboe)...243

CAPÍTULO 6 METODOLOGIAS DE MENSURAÇÃO
DE RESULTADOS...247

1. Mensuração de Resultados de Relacionamento
com a Imprensa..249
a) Índice de Qualidade de Exposição na Mídia
(IQEM®) da CDN Comunicação Corporativa...252

b) Valor da Notícia (VN) do Grupo Máquina PR....255

c) Boxnet.........256

d) Índice de Eficácia da Comunicação (IEC) da
Agência Burston-Marsteller da Espanha.........258

e) Metodologia de Análise de Correspondência....263

f) Metodologia de Avaliação
e Mensuração Desenvolvida pela
Mitsuru H. Yanaze & Associados.........274

2. Mensuração de Resultados em Eventos.........277

a) Metodologia Desenvolvida pela
Mitsuru H. Yanaze & Associados.........277

b) Exemplo de Análise de Retorno Financeiro de
um Evento.........280

3. Mensuração de Resultados em Patrocínios
(Culturais e Esportivos).........285

a) Metodologia de Mensuração da Visibilidade
da Marca.........285

b) Sistema de Avaliação das Ações de Comunicação
Desenvolvido pela
Mitsuru H. Yanaze & Associados.........286

c) Exemplo de Análise de Retorno Financeiro
em Patrocínio Cultural.........291

4. Mensuração de Resultados de
Apoios/Patrocínios de Programas Sociais
e Ambientais.........294

a) Patrocínio/Apoio de Ações Sociais:
metodologia desenvolvida pela
Mitsuru H. Yanaze & Associados.........295

5. Mensuração de Resultados dos Investimentos em Publicidade 301
a) Mensuração de Mídia Exterior – *Eyes On* 301
b) Mensuração de Mídia Exterior – *Track Lumicam* 302
c) Mensuração do Valor de uma Celebridade na Propaganda 303
d) Persona – método de análise de celebridades em comunicação desenvolvido pela Ilumeo Marketing & Comunicação 306
e) Exemplo de Análise Financeira de Retorno de Investimentos em Publicidade 307
f) Análise de Investimentos em Comunicação Integrada, Utilizando as Plataformas de Avaliação Desenvolvidas pela Mitsuru H. Yanaze & Associados 311
g) *Cross Media* – Suíte de Aplicativos Dentsu 334
h) Mensuração de Resultados de Publicidade em Mídia Impressa 340

6. Mensuração de Resultados de Promoção de Vendas e *Merchandising* 341
a) Exemplo de Análise de Retorno em Promoção de Vendas e *Merchandising* 342
b) Tecnologia para Mensuração no Ponto de Venda (*Merchandising*) 345

7. Mensuração de Resultados de Participação em Feiras e Exposições 346
a) Exemplo de Análise de Retorno em Feira e Exposições 346

b) Métricas para Eventos *Business to Business* (B2B)..349

8. Análise de Retorno de Investimentos em Comunicação Interna 355
    a) Exemplo de Comunicação Administrativa e Institucional Internas (investimento em clima organizacional)..................................355

9. Mensuração de Resultados de Investimentos em Publicações..357
    a) Avaliação e Mensuração de Resultados da Publicação de uma Revista Mensal Dirigida ao Público Interno, Colaboradores, Fornecedores e Acionistas.............................357
    b) Métricas para Avaliação e Mensuração de Publicação de Relatório Social Anual 362

10. Mensuração de Resultados de Campanhas de Causas de Interesse Público 366
    a) Exemplo de Análise do Retorno de Investimento em Campanhas de Temas de Interesse Público Relacionados às Atividades-fim da Empresa..............................367
    b) Métricas de Mensuração de Investimentos em Campanhas de Temas de Interesse Público não Relacionados às Atividades-fim da Empresa 370

11. Mensuração de Resultados em Relações Públicas Integradas 373
    a) Plataforma Integrada MaxPR da Maxpress......373

12. Avaliação e Mensuração da
Imagem Corporativa...................................376
a) I$_2$R (Índice de Imagem e Reputação) da
Companhia de Notícias – CDN...................376
b) Método de Configuração da
Imagem – MCI...377

13. Método de Gestão do Risco da
Imagem Institucional................................379

14. Mensuração na Internet...........................384
Foco Estratégico da Mensuração *On-line*............387
Estudo de Caso *On-line* 1 – *Journey to Atlantis*.. 391
Estudo de Caso *On-line* 2 – *Axe*...................393
Relacionando Resultados de Comunicação
On-line e Resultados de Negócio...................394
Biometria: Pesquisa de Engajamento –
YouTube *versus* TV...................................397
Mensuração em Redes Sociais.......................400
Análise Comparativa dos Resultados *On-line*......409

15. Marca: o que é força e o que
é valor intangível?....................................418
Mensuração do Patrimônio Tangível e
Intangível do Negócio................................428

16. Sistematização das Metodologias de
Análise de ROI..451

PARTE II
PESQUISA SOBRE AVALIAÇÃO DOS PROCESSOS
DE INVESTIMENTOS EM COMUNICAÇÃO 459

Estrutura e Organização do Centro de Estudos de
Avaliação e Mensuração em Comunicação e Marketing
(Ceacom da ECA-USP)..460

AVALIAÇÃO DOS PROCESSOS DE INVESTIMENTO EM
COMUNICAÇÃO – RELATÓRIO FINAL DA PESQUISA 462

PRINCIPAIS DESCOBERTAS..465
     Ambiente de Interação 465
     Estrutura 469
     Integração...473
     Objetivos da Área..478
     Planejamento de Comunicação...479
     Serviços e Processos...481
     Pontos Positivos e Negativos dos Serviços e
     Processos de Trabalho...486
     Análise dos Investimentos em Comunicação..............................487
     Instrumentos de Avaliação da Comunicação...............................492
     Desempenho da Comunicação..498

CONSIDERAÇÕES FINAIS...501
REFERÊNCIAS BIBLIOGRÁFICAS 505

Prefácio

Esta obra, *Retorno de investimentos em comunicação: avaliação e mensuração*, elaborada pelo professor Mitsuru Yanaze e por Otávio Freire e Diego Senise, junto com a equipe do Ceacom da ECA-USP (Centro de Estudos de Avaliação e Mensuração em Comunicação e Marketing da Escola de Comunicações e Artes da Universidade de São Paulo), expressa o que há de mais inovador nos estudos sobre o tema no Brasil.

Há dez anos, em cursos de pós-graduação na ECA-USP, eu incentivava os alunos a trabalharem com esse assunto, pois percebia a carência de fundamentos e metodologias capazes de superar um mito: o de que era impossível avaliar e mensurar as ações de comunicação e relações públicas voltadas para a construção de identidade, imagem, reputação e credibilidade, bem como para mudanças de atitudes dos públicos. Esses preciosos ativos intangíveis estão hoje na pauta das prioridades dos investimentos em comunicação das organizações, as quais, por outro lado, dado o imperativo da racionalidade econômica, também carecem, mais do que nunca, da comprovação de resultados concretos.

Depois de uma década de estudos acadêmicos, sobretudo no âmbito da ECA-USP, muitos produtos, orientados pelo professor Mitsuru e por mim, foram gerados na forma de monografias de graduação e de pós-graduação em nível de especialização, dissertações de mestrado e teses de doutorado e artigos em periódicos científicos. Nesse contexto destaco: o pioneiro trabalho de mestrado de Gilceana Galerani, de 2003, que foi transformado no livro *Avaliação em comunicação organizacional*; a tese de doutorado, defendida por Valéria de Siqueira Castro Lopes em 2005, "A gestão da imagem corporativa: mensuração e valoração de resultados em comunicação e relações públicas"; e o dossiê especial sobre essa mesma temática publicado em 2005 pela *Organicom – Revista Brasileira de Comunicação Organizacional e Relações Públicas*, do curso de pós-graduação *lato sensu* de Gestão Estratégica em Comunicação Organizacional e Relações Públicas (Gestcorp) da ECA-USP.

Ao ler os originais do presente livro, observo como esses estudos avançaram graças à liderança e ao empreendedorismo do professor Mitsuru. Tendo criado o Ceacom na ECA-USP em 2006, ele instituiu um trabalho inovador, preocupando-se não apenas com a avaliação de resultados, mas com algo muito mais complexo: verificar e comprovar o retorno de investimentos em comunicação.

Trata-se de uma obra singular, que consegue reunir vários conteúdos ao mesmo tempo, todos muito bem interligados. Aqui o leitor encontra pressupostos teóricos que vão desde conceitos de marketing e de comunicação integrada, passando pela abordagem da comunicação como investimento e não como despesa, até aportes sobre mensuração e avaliação em comunicação, apresentando metodologias de avaliação já estudadas e um registro de pesquisas realizadas pelo Ceacom em grandes empresas.

É, assim, como uma obra pioneira e de fôlego no campo da Comunicação e do Marketing, que ela chama a atenção não só pelo rico conteúdo, mas também pelo didatismo da exposição dos diferentes tópicos. E, certamente, constitui uma grande contribuição para a superação dos estigmas que marcam as percepções dos profissionais de Comunicação em relação ao uso da matemática e das métricas nos seus planos estratégicos de comunicação integrada.

Apesar das grandes conquistas no que se refere à criação e à proposição de novas metodologias de avaliação em comunicação, tanto no meio acadêmico como no mercado das agências de comunicação, o que geralmente ainda predomina é uma mensuração muito centrada na produção midiática, considerada o nível mais básico. A proposta deste livro, ao enfocar o retorno de investimento financeiro das ações comunicativas levadas a efeito pelas organizações, vai muito além. Supera até mesmo algo muito defensável em relações públicas: conseguir que, com seus programas de ações de relacionamento, obtenham-se a retenção das mensagens, a mudança de opinião e de atitudes comportamentais dos públicos envolvidos.

No contexto da sociedade contemporânea, na qual os mercados são altamente competitivos, os profissionais e gestores das organizações enfrentam constantes desafios quanto à produção de uma comunicação eficiente, eficaz e duradoura. Um dos caminhos para perseguir a eficácia e efetividade das ações comunicativas é justamente avaliar e mensurar os resultados previstos e, consequentemente, aprender com os erros e acertos.

O caráter científico que se deve dar aos processos de gestão da comunicação e da produção midiática nos órgãos públicos governamentais, nas empresas privadas e nas organizações do terceiro setor passa necessariamente por bases teóricas e metodológicas que superem o amadorismo e as improvisações, necessitando-se, para isso, da predeterminação de critérios e indicadores de avaliação de resultados.

Neste livro o leitor é agraciado com muitas alternativas possíveis nesse sentido. Trata-se de um guia valioso a ser aplicado aos processos de planejamento e gestão estratégica de comunicação e marketing das organizações, sobretudo daquelas que já se conscientizaram de que a comunicação não é despesa, mas sim investimento, e de que este e seu retorno podem ser identificados. As estratégias e os instrumentos estão aqui. Basta empregá-los cientificamente.

Margarida Maria Krohling Kunsch
Professora titular da USP e diretora da Escola de Comunicações
e Artes da Universidade de São Paulo (ECA-USP)

Agradecimentos

- **Pesquisadores do Ceacom da ECA-USP**

    Vice-coordenador – Prof. Dr. Arlindo Ornelas Figueira Neto
    Coordenador-assistente – Prof. Dr. Kleber Markus
    Assessoria executiva – Prof. Dr. Eduardo Augusto, Profa. Ms. Márcia Garçon, Ms. Naia Hamasaki e Esp. Suzi Arakaki
    Desenvolvimento do roteiro de entrevistas e da grade de categorias de análise – Profa. Dra. Maria Schuler e Prof. Ms. Ubaldo Crepaldi

- **Pesquisadores de campo**

    Prof. Dr. Kleber Carrilho
    Profa. Dra. Vanessa Gabas
    Profa. Dra. Vera Crevin
    Profa. Ms. Juliana Cutolo
    Profa. Ms. Ivani Falcão
    Prof. Dr. Basile Emmanouel Mihailidis
    Profa. Ms. Maria Lourdes Balbinot
    Ms. José Carlos Pomaro
    Profa. Dra. Liriam Luri Y. Yanaze
    Prof. Ms. Leandro Yanaze

- **Patrocinadores**

  Petrobras – Eraldo Carneiro
  Natura – Rodolfo Guttilla
  Tetrapak – Elisa Prado
  Odebrecht – Márcio Polidoro
  Basf – Gislaine Rossetti

- **Colaboradores**

  Revisão bibliográfica e de textos – Prof. Ms. Ubaldo Crepaldi, Prof. Dr. Arlindo Ornelas Figueira Neto, Prof. Dr. Leandro Leonardo Batista e João Batista Ciaco (Fiat) e Prof. Dr. Cláudio Cardoso (UFBA).

  Revisão dos modelos – Leandro Key H. Yanaze, Cristina Panella (CDN/I_2R), Marilia Stabile e Fernando Pesciotta (IQEM/CDN), Juliana Mieko Ohashi, Sérgio Franco (Maxpress), Fábio Franco (Boxnet), Maria Schuler (EACH-USP), José Carlos de Barros, Cesar Gualdani (TNS Sports) e Michelle Ferrari (IEC).

Sobre os Autores

Mitsuru Higuchi Yanaze

Professor Titular da Escola de Comunicações e Artes da Universidade de São Paulo (ECA-USP). Livre-docente em Marketing e Doutor em Comunicação pela ECA-USP. *Master of Business Administration* pela Michigan State University, especialista em Administração de Empresas pela Escola de Administração de Empresas de São Paulo (EAESP) da Fundação Getulio Vargas (FGV-SP) e bacharel em Publicidade e Propaganda pela ECA-USP. Atualmente é coordenador dos cursos de especialização em Gestão de Marketing e Comunicação da ECA-USP e coordenador-geral do Centro de Estudos de Avaliação e Mensuração em Marketing e Comunicação (Ceacom) da ECA-USP. É consultor de empresas e diretor da Mitsuru H. Yanaze & Associados. Autor do livro *Gestão de Marketing e Comunicação: avanços e aplicações*, Editora Saraiva, 2007 (1ª edição), 2011 (2ª edição).

Otávio Freire

Sócio e diretor do instituto de pesquisas e consultoria em marketing e comunicação Ilumeo. Professor de Marketing da Universidade de São Paulo (USP) e do Programa de Pós-graduação em Administração da Universidade Nove de Julho (PPGA-Uninove), é doutor em Comunicação pela Escola de Comunicações e Artes da Universidade de São Paulo (ECA-USP), com MBA em Marketing pela Escola Superior de Propaganda e Marketing (ESPM-RJ), e bacharel em Publicidade e Propaganda pela Universidade Federal do Mato Grosso (UFMT). Desde 1993, Otávio Freire atua em consultorias nas áreas de estratégia, marketing e comunicação.

Diego Senise

Sócio e diretor do instituto de pesquisas e consultoria em marketing e comunicação Ilumeo. Trabalhou na Agência Click Isobar com mensuração de resultados *on-line* e em planejamento estratégico nas agências F/Nazca Saatchi & Saatchi e Leo Burnett e na empresa de consultoria CO.R Inovação. Mestrando em processos de recepção em comunicação pela Escola de Comunicações e Artes da Universidade de São Paulo (ECA-USP), concluiu, na mesma universidade, a graduação em Publicidade e Propaganda e cursou Ciências Sociais na Faculdade de Filosofia, Letras e Ciências Humanas (FFLCH), também da USP. Nos Estados Unidos, concluiu o Management in Business Communication na Universidade da Flórida.

Apresentação

Que resultados sua empresa obtém ao investir em comunicação? Como você demonstra se esse investimento vale a pena ou não?

Essas questões são repetidamente dirigidas aos gestores e profissionais de Comunicação, que, muitas vezes, não sabem como respondê-las. As organizações estão demandando a demonstração do retorno efetivo dos investimentos em comunicação, o que levará inevitavelmente ao aprofundamento das metodologias de avaliação e medição de resultados – tema ainda controverso nas áreas de Comunicação.

Convictos de que os comunicadores que souberem provar o valor de seu trabalho vão se destacar nos próximos anos, os pesquisadores do Centro de Estudos de Avaliação e Mensuração em Comunicação e Marketing da Escola de Comunicações e Artes da USP (Ceacom da ECA-USP) resolveram investigar a fundo a medida do ROI (*return on investment*) em comunicação.

O grande mérito deste livro está em indicar, de maneira objetiva, dois pontos fundamentais para a mensuração: **em que nível estamos e para onde podemos caminhar**.

Com a análise das entrevistas com gestores de Comunicação de cinquenta das maiores empresas do país, foi possível identificar e entender os principais métodos de planejamento e avaliação dos resultados de comunicação, e como eles são aplicados.

Além de diagnosticar a situação atual, os autores buscaram conteúdos inspiradores que apontassem caminhos futuros para a mensuração de comunicação, por meio de extensa revisão bibliográfica e do exame das metodologias desenvolvidas por empresas, institutos de pesquisa e pela Mitsuru Yanaze & Associados.

Ficamos muito felizes por patrocinarmos esse estudo e termos, desde 2005, acompanhado de perto esse trabalho pioneiro, dirigido pelo Professor Mitsuru Yanaze, que certamente contribuirá para o aprimoramento da gestão do desempenho da comunicação nas empresas brasileiras.

Este livro é mais uma prova de que, quando a universidade e as organizações compartilham objetivos e cooperam, os resultados são surpreendentes.

Eraldo Carneiro
Gerente de Comunicação Corporativa
Internacional da Petrobras

Epígrafes

Durante anos, os profissionais de Marketing das corporações compareceram às reuniões orçamentárias como os "drogados do bairro". Não conseguiam justificar como tinham gasto os recursos, nem que diferença isso fazia. Só queriam saber de mais dinheiro – para anúncios espalhafatosos de TV, para grandes eventos, para passar sua mensagem e "construir marca". Mas esses tempos precipitados de aumentos irracionais de orçamentos estão rapidamente sendo substituídos por um novo mantra: a mensuração e a responsabilidade.

Diane Brady, David Kiley e **Bureau Reports,**
Making marketing measure up, *Business Week*, (2004)*

Isso nos faz pensar que, muitas vezes, os gestores de Comunicação desconsideram a possibilidade de otimização dos recursos investidos, acreditando que só o incremento de verbas é capaz de aumentar a eficácia da comunicação. A partir do "mantra da mensuração e da responsabilidade", o comunicador adota uma postura, mostrando que ele não se preocupa só com os resultados isolados de seu departamento, mas com os recursos e os resultados da organização como um todo.

---

*Disponível em: <http://www.businessweek.com/magazine/content/04_50/b3912109.htm>.

> *If you can't measure it, you can't manage it.*

Peter Drucker, pesquisador de gestão de empresas

Manage (gerir, administrar) deve ser entendido como tomar decisões. "Se você não é capaz de medir, você não é capaz de tomar decisões." Na verdade, as decisões sempre são tomadas com base em dois pontos de partida na cabeça dos gestores: conhecimento (mensurações, dados, projeções etc.) e intuição (muitas vezes, fruto da experiência). Drucker quer dizer que, quanto maior for o papel da mensuração (ou seja, do conhecimento) nesse processo, menor será a probabilidade de falha na tomada de decisão.

> *Half the money I spend on advertising is wasted. The trouble is I don't know which half.*

John Wanamaker, fundador das lojas de departamento Wanamaker

Não saber o quanto cada ação de comunicação contribui para os resultados é um problema antigo, que se agrava ainda mais no contexto atual. Com a difusão de novas mídias (*on-line* e *off-line*) e a mudança de comportamento de consumo, fica cada vez mais desafiador entender os reais efeitos de cada iniciativa de comunicação.

It is better to be vaguely right than precisely wrong.

Sunil Gupta e **Donald R. Lehmann**,
professores da Columbia Business School

Essa frase deixa muito claro que o papel da mensuração é reduzir incertezas, e não acertar uma projeção exata (sem erro algum). Pensar assim é mais realista e mais útil que assumir uma posição pessimista com relação ao assunto: "como é quase impossível ter precisão total na mensuração, melhor nem tentarmos". Muitas vezes, ter um pouco de certeza sobre um assunto leva a decisões que podem valer milhões.

Embora possa parecer um paradoxo, toda ciência exata se baseia na ideia da aproximação. Se um homem lhe afirmar que conhece algo exatamente, você pode ter certeza ao inferir que está falando com um homem inexato.

Bertrand Russel, matemático e filósofo inglês

Uma das maiores críticas às metodologias de mensuração de resultados em comunicação é que elas nunca conseguirão ser 100% precisas. Nunca mesmo. Nem com toda a tecnologia que ainda surgirá. No fim das contas, mensuração trata essencialmente da redução de riscos, não de apenas aumentar certezas.

A primeira etapa é mensurar o que pode ser facilmente mensurado. Isso funciona até certo ponto. A segunda etapa é considerar o que não pode ser facilmente mensurado, ou atribuir-lhe um valor quantitativo arbitrário. Isso é artificial e induz ao erro. A terceira etapa é presumir que aquilo que não pode ser mensurado facilmente não é importante. Isso é cegueira. A quarta etapa é dizer que aquilo que não pode ser mensurado facilmente, na verdade, não existe. Isso é suicídio.

Charles Handy, *The empty raincoat* (1995, p. 219)

Infelizmente, por diversos fatores que são tratados neste livro, essa é uma trajetória que ainda existe no mercado de comunicação. Fugir das tarefas que parecem difíceis ou que não têm uma resposta pronta leva o profissional à mediocridade e, pior, pode comprometer os resultados das empresas.

Mensuração de Comunicação Integrada é como sexo no colégio. Todo mundo está falando sobre isso, mas pouquíssimos estão realmente fazendo. E aqueles que fazem, provavelmente, estão fazendo mal.

Peter Rosenwald, autor de *Accountable marketing*

Frase proferida por Peter Rosenwald, autor de *Accountable Marketing*, em palestra, no dia 20 de abril de 2010, para a turma de pós-graduação em Gestão de Marketing e Comunicação da ECA-USP. Em seu contexto original, a frase se referia a CRM (*customer relationship management*), porém, como as iniciativas de mensuração em comunicação integrada ainda são experimentais e pouco difundidas, adaptamos a este contexto sem perder seu sentido inicial.

He who asks is a fool for five minutes. He who does not ask is a fool forever.

Provérbio chinês

Esse simples pensamento pode fazer uma diferença brutal no contexto empresarial. Quando pensamos em comunicação, muitas vezes, a simples inércia do dia a dia nos impede de questionarmos se aquilo que estamos comunicando está realmente sendo eficaz; se poderia dar mais resultado; se poderíamos mensurar de outra maneira. Ter coragem de perguntar em voz alta aquilo que todos estão se questionando internamente é uma virtude.

Introdução

Começamos a escrever este livro com o desafio de analisar criticamente alguns estudos e, também, de apresentar propostas próprias (teóricas e práticas) sobre mensuração e retorno de investimentos em comunicação.

Para isso, traçamos o seguinte percurso:

Na Parte I, no Capítulo 1, discutimos o marketing como processo gerencial de uma organização sob uma visão sistêmica. Esse ponto, que se baseia na ideia dos **3 puts** (*Inputs, Throughputs* e *Outputs*), é essencial para a compreensão das inter-relações, das atividades e funções de comunicação com toda a gestão da organização.

Na sequência apresentamos o processo gerencial da comunicação como desdobramento dos objetivos, metas e estratégias centrais contempladas no marketing da organização.

Com a compreensão da relação marketing-comunicação, voltamos o foco à identificação e ao monitoramento do ambiente em que os processos de marketing e de comunicação são operacionalizados, trazendo uma proposta de utilização prática das **análises ambientais** para a definição de objetivos, metas e estratégias de comunicação.

No Capítulo 2 analisamos mais especificamente o papel estratégico da comunicação na promoção de interações positivas entre os diversos setores da empresa e entre a empresa e seus públicos de interesse.

Nessa etapa mostramos como a perspectiva dos **14 objetivos de comunicação** pode guiar a definição de metas, parâmetros e indicadores de qualquer ação de comunicação, sendo elemento imprescindível para nosso raciocínio sobre mensuração.

Ainda neste capítulo, apresentamos nossa visão sobre o que é comunicação integrada e como pensamos sua mensuração de maneira coerente.

No Capítulo 3 procuramos demonstrar como se deve desenvolver o enlace entre comunicação e finanças na realidade de uma organização. Discutimos a influência direta da comunicação em três âmbitos financeiros: no fluxo de caixa, no demonstrativo de resultados e no balanço patrimonial.

Daí, fazemos uma análise sobre os conhecimentos básicos que um comunicador deve ter sobre finanças. É claro que não apregoamos a transformação do profissional de Comunicação num especialista em matemática, finanças ou contabilidade para desenvolver boas iniciativas de mensuração em comunicação; mas é preciso que fique claro que o comunicador deve, também, falar a língua financeira (a língua dos negócios), o que lhe rende bons resultados em sua gestão.

No Capítulo 4 tratamos especificamente de mensuração em comunicação, procurando estabelecer as bases para o entendimento de comunicação como investimento e os motivos pelos quais as empresas devem investir em mensuração em comunicação. O capítulo contém, ainda, o detalhamento da plataforma de gestão que um bom processo de avaliação e mensuração em comunicação e marketing deve ter.

No Capítulo 5 fazemos uma leitura do que alguns autores publicaram acerca do tema deste livro, privilegiando os textos de Keller (2008), Moeller e Landry (2009), Hubbard (2009), Zanini (2008), Lenskold (2003), Schultz e Walters (1997), Phillips (2007) e Rosenwald (2005), apresentando de maneira crítica os pontos concordantes e conflitantes entre as leituras e o nosso entendimento sobre o assunto.

No Capítulo 6 analisamos algumas metodologias existentes e trazemos à tona novas metodologias, recentemente desenvolvidas em consultorias dadas pelos autores, mas nunca antes publicadas. São analisadas especificamente 16 metodologias de mensuração em comunicação, a saber: eventos, patrocínios, internet, comunicação institucional, assessoria de imprensa, força e valor intangível de marca, entre outras.

Concluindo os escritos, fazemos nossas considerações finais sobre os capítulos apresentados, os resultados da pesquisa e a sua relação com o conteúdo apresentado. Apresentamos, também, algumas ideias sobre os desafios que encontraremos nos próximos anos em relação à pesquisa acadêmica e aplicação prática no campo da mensuração em comunicação.

Na Parte II, apresentamos os resultados da pesquisa sobre **Avaliação dos Processos de Investimentos em Comunicação**, realizada com cinquenta das maiores organizações em operação no Brasil, pesquisa essa que trata de um amplo estudo da realidade das organizações em relação aos seguintes aspectos da gestão da comunicação:

- Como ocorre o planejamento de comunicação.
- Como se dá a participação dos diferentes setores da organização na definição de objetivos, metas e estratégias de comunicação.
- Como as organizações definem as verbas para comunicação.
- Como se mensuram a eficiência e a eficácia da comunicação.
- Como se utilizam metodologias de mensuração de retorno de investimentos em comunicação.

PARTE I

RETORNO DE INVESTIMENTOS EM COMUNICAÇÃO:

AVALIAÇÃO E MENSURAÇÃO

Capítulo 1

GESTÃO DE MARKETING

Para entender as bases do pensamento sobre mensuração em comunicação que traçamos neste livro é necessário compreender nossa visão sobre o marketing, apresentada na obra *Gestão de marketing e comunicação: avanços e aplicações*.

Diferentemente do que defendem alguns autores, não consideramos marketing uma simples ferramenta. Marketing, portanto, é uma concepção sistêmica e gerencial de toda a organização, que abrange a gestão de recursos (*inputs*) e processos (*throughputs*) visando produzir entregas ao mercado consumidor (*outputs*) adequadas à manutenção do equilíbrio desejado entre potenciais, necessidades e expectativas tanto da empresa quanto do mercado em que ela está inserida.

Modelo Sistêmico 3 *Puts*

Este modelo se propõe a ampliar a abrangência e a eficácia do marketing na realidade atual das empresas, analisando e concebendo as organizações sob a perspectiva sistêmica dos 3 *Puts*.

Inputs	Do inglês, significando "o que se põe para dentro", os *inputs* compreendem todos os elementos que são incorporados à empresa para viabilizar suas operações, ou seja, são recursos necessários para o seu funcionamento. Trata-se de sua organização estrutural, funcional e operacional.
Throughputs	Do inglês, significando "por intermédio", os *throughputs* indicam a maneira como esses elementos são trabalhados e transformados internamente pela empresa. Constituem-se nos processos, sistemas, nas políticas, na cultura e no clima empresarial. A logística, definida como administração e organização da movimentação dos recursos necessários à operação, pertence à categoria dos *throughputs*.
Outputs	Do inglês, significando "o que sai, produto", os *outputs* são os resultados obtidos da interação dos processos anteriores. É tudo aquilo que a empresa exterioriza, o que ela disponibiliza para o mercado. Em resumo, *outputs* é tudo que sai do âmbito da organização para representá-la e concorrer no mercado, ou seja, os 4 Ps de McCarthy – *product, price, place, promotion* (produto, preço, distribuição e comunicação).

Fonte: Yanaze (2007).

Quadro 1.1 – Modelo Sistêmico 3 *Puts*

INPUTS	EMPRESA	OUTPUTS
	THROUGHPUTS	
Recursos Financeiros • Investimento e capital de giro	**Processos de** • Produção • Compras	
Recursos Humanos • Administrativos • Operacionais	**Sistemas** • Administrativos • Financeiros • Contábeis	• **Produtos/Serviços** • **Precificação/Remuneração** • **Distribuição/Vendas** • **Comunicação**
Recursos Materiais • Infraestrutura • Equipamentos • Matéria-prima • Insumos • Embalagens • Veículos	**Política de** • Gestão • Vendas • Lucro • Relacionamento com a comunidade	
INFORMAÇÕES	**CULTURA ORGANIZACIONAL**	
TECNOLOGIA	**CLIMA EMPRESARIAL**	
	LOGÍSTICA	

Fonte: Adaptado de Yanaze (2011, 2ª edição).

A visão sobre o papel da comunicação no negócio, por exemplo, não pode ser limitada. É necessário compreender que processos de comunicação permeiam toda a relação entre *inputs* e *throughputs*. Assim, entendemos que nenhum esforço no *output* "Comunicação" será plenamente eficaz se não trabalharmos adequadamente a Comunicação Administrativa.

Analisando o fluxograma, não é difícil depreender que quaisquer problemas que ocorram nos *inputs* ou nos *throughputs* acabam influenciando um ou mais elementos do *output*.

Isso nos leva a uma conclusão importante: por serem resultantes dos processos internos de uma organização, torna-se claro que a atribuição de produzir *outputs* adequados é de toda a organização.

Marketing não é, portanto, função de um único departamento cuja preocupação é o mercado consumidor. Isso implica dizer que, conceitualmente, a existência de departamentos de marketing nas organizações é – em muitos casos – inadequada e anacrônica. Se entendemos que o marketing é uma filosofia sistêmica que influencia positivamente a administração do negócio, tendo como objetivo atender adequada e equilibradamente às demandas e às condições do mercado em que a empresa está inserida, não há sentido em ter um departamento que determine por completo a oferta de produto, preço, praça e comunicação para os consumidores. Mas deixemos a discussão sobre essa proposta para outra oportunidade e voltemos aos desdobramentos dos 3 *Puts* na gestão estratégica de marketing.

É importante ressaltar que, no contexto contemporâneo, a batalha mercadológica da diferenciação competitiva não se restringe apenas aos *outputs* ("produtos de qualidade, preços mais acessíveis, distribuição eficiente, comunicação criativa"); mas as empresas podem se destacar de seus concorrentes desenvolvendo e compartilhando o que denominamos "Fatos Comunicáveis" relacionados aos *inputs* e *throughputs* – e até mesmo aos três primeiros *outputs*. Trata-se de um grande desafio ao profissional de Comunicação identificar, junto aos setores competentes, fatos, decisões e informações relacionados a cada *input* e *throughput* que, devidamente comunicados aos públicos de interesse, possam forjar uma imagem positiva da empresa. Exemplos de fatos comunicáveis que podem agregar percepção de valor à empresa: empresa lucrativa; política de cargos e salários diferenciada, política de apoio à cultura; programas de patrocínio; de sustentabilidade ambiental etc.

O modelo dos 3 *Puts* apresenta algumas **vantagens**:

- **Racionaliza o relacionamento** interdepartamental e interfuncional da empresa, aumentando a consciência de interdependência e da interação de todos os colaboradores, em função da plena eficácia na realização de seus objetivos maiores.
- **Funciona como um roteiro de administração**, tornando visível e esclarecida a inter-relação entre os elementos dos *inputs, throughputs* e *outputs*. Dessa forma, facilita o planejamento estratégico, na medida em que a tomada de decisões pode ser feita sob um olhar sistêmico da organização, ou, como dizem os norte-americanos, de um olhar sobre a *big picture*. Essa inter-relação só ocorrerá de forma adequada com a ajuda de um processo estratégico de comunicação integrada.
- **Proporciona mais entendimento da função de Controle**, principalmente com relação à mensuração de resultados. Pensar em mensuração somente a partir dos "4 Ps" de McCarthy pode ser limitado, pois cada "P" é considerado de maneira isolada do restante da organização. Assim, diante de uma iniciativa do "P" de promoção/comunicação, só se pode medir os resultados da própria promoção/comunicação, ignorando todos os outros resultados que ela possivelmente trouxe para a área financeira ou mudanças que tenha suscitado na cultura organizacional, por exemplo. Já o modelo dos 3 *Puts* assume que o resultado exteriorizado para o mercado só é possível pela interação dos outros elementos (*inputs* e *throughputs*), que estão espalhados por todos os setores da empresa. Desse modo, os resultados gerados pelos *outputs* podem ser medidos considerando seus efeitos, primeiramente entre si (preço baixo potencializando os resultados de uma campanha; distribuição eficiente impulsionando uma promoção; qualidade adequada do produto justificando aumento de preço etc.) e também em outros diversos *inputs* e *throughputs* da organização (campanha de publicidade

de sucesso aumentando o sentimento de orgulho dos colaboradores e, consequentemente, melhorando a produtividade; a boa aceitação dos produtos da empresa motivando os fornecedores a melhorarem sua relação com ela etc.).

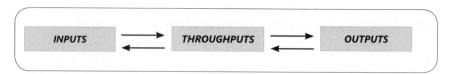

O processo aqui descrito envolve todos os âmbitos de uma organização. Naturalmente, como todos os setores da empresa querem alcançar bons resultados, é grande a possibilidade de haver conflitos internos sobre quais decisões devem ser tomadas. Contudo, é importante destacar que o fluxo dos *inputs* e *throughputs* só resultará em *outputs* adequados quando todos os setores que o movimentam trabalharem em sintonia uns com os outros; quando reconhecerem que fazem parte de um todo e que há dependência funcional recíproca. Tudo isso ratifica a importância da comunicação intermediando as relações organizacionais, facilitando a compreensão mútua entre os setores e entre a empresa e seus diversos públicos, tornando comuns fatos, decisões e informações de forma adequada.

Uma empresa não pode, por exemplo, atender obstinadamente apenas às demandas do mercado, criando promoções incomparáveis com a concorrência, mas que são insustentáveis porque comprometem o nível normal de produção e reduzem drasticamente o caixa da empresa.

Do mesmo modo, não se pode atentar somente para os próprios interesses organizacionais, propiciando condições seguras para a organização, mas que criam *outputs* que ficam aquém da expectativa do mercado.

Desse modo, é necessário identificar claramente o **potencial**, as **necessidades** e as **expectativas** tanto do mercado quanto da empresa. A gestão de *inputs, throughputs* e *outputs* só será eficaz se as decisões forem tomadas visando ao equilíbrio entre esses três aspectos como ilustra o Quadro 1.2. Uma relação equilibrada tende a se sustentar no longo prazo, sem trazer danos à empresa, e para obtê-la é imprescindível ter a comunicação como aliada estratégica.

Quadro 1.2 – Equilíbrio entre empresas e mercado

Fonte: Adaptado de Yanaze (2011).

Otimização dos Fatos/Decisões/Informações Comunicáveis

Conforme discutimos no início desta obra, a imagem de uma empresa não se baseia apenas na percepção que os clientes têm de seus *outputs*, mas é também efetivamente formada pelo somatório de percepções positivas que os diferentes segmentos da sociedade têm de seus *inputs* e *throughputs*. Assim, em seus planejamentos de comunicação, as empresas devem considerar ações no sentido de comunicar seus Fatos/Decisões/Informações comunicáveis. O quadro a seguir (YANAZE, 2011) apresenta exemplos de fatos relacionados aos 3 *Puts*, meios de comunicação e públicos de interesse.

Quadro 1.3 – Fatos Relacionados aos 3 *Puts*, Meios de Comunicação e Públicos de Interesse

INPUTS	FATOS COMUNICÁVEIS	MEIOS DE COMUNICAÇÃO	PÚBLICO-ALVO
Recursos financeiros	• Excelente situação financeira. • Empresa paga pontualmente seus tributos e obrigações financeiras. • Tem uma política eficaz de investimentos. • Empresa paga suas contas em dia. Sua filosofia de negociação é "ganha-ganha".	• *Releases* em publicações de economia e gestão. • *Newsletters*. • Site corporativo. • Blog corporativo. • Boca a boca. • Publicações voltadas ao mercado de fornecedores. • Visitas. • Reuniões.	• Sistema financeiro. • Meio empresarial. • Faculdades de Administração. • Órgãos governamentais. • Fornecedores. • Acionistas. • Corpo de colaboradores.
Recursos humanos	• Aplicação com sucesso de Políticas de Cargos e Salários diferenciados e modernos. • Colaboradores mais capacitados. • Recursos humanos motivados, envolvidos e comprometidos.	• *Releases* em publicações sobre RH. • Eventos de RH (seminários, congressos). • Site, blog. • Participação em premiações específicas na área de RH (melhores empresas onde trabalhar, entre outras).	• Profissionais de RH. • Corpo de colaboradores. • Acionistas. • Empresas de colocação de executivos. • Meio acadêmico. • Sindicatos de empregados.

continua...

Gestão de Marketing | **45**

continuação

INPUTS	FATOS COMUNICÁVEIS	MEIOS DE COMUNICAÇÃO	PÚBLICO-ALVO
Recursos materiais	• Aquisição de equipamentos de última geração. • Não adquire de quem não respeita a dignidade humana e o meio ambiente.	• *Releases*, reportagens espontâneas em publicações técnicas. • Em publicações sobre Economia e Gestão. • Site.	• Meio técnico. • Faculdades técnicas. • Associações da indústria.
Informações/tecnologia	• Empresa investe em desenvolvimento de tecnologia. • Empresa desenvolveu e utiliza sistema de informações eficiente.	• Publicações técnicas. • Publicações sobre Economia e Gestão. • Eventos técnicos (seminários, congressos).	• Meio acadêmico (nacional e internacional). • Meio técnico (nacional e internacional). • Instituições de fomento (nacionais e internacionais).

THROUGH PUTS	FATOS COMUNICÁVEIS	MEIOS DE COMUNICAÇÃO	PÚBLICO-ALVO
Sistemas gerenciais	• Empresa usa, com sucesso, modelos eficazes de gestão (planejamento, organização, coordenação e controle).	• *Releases* em publicações sobre Economia e Gestão. • Eventos específicos. • Publicações internas.	• Meio empresarial. • Meio acadêmico. • Mídia especializada. • Corpo de colaboradores. • Acionistas.

continua...

continuação

THROUGH PUTS	FATOS COMUNICÁVEIS	MEIOS DE COMUNICAÇÃO	PÚBLICO-ALVO
Política de incentivo a projetos culturais e sociais	• Empresa investe em projetos de educação voltado à população carente. • A empresa mantém um espaço cultural para incentivar artistas iniciantes. • Empresa contrata pessoas portadoras de deficiência. • Empresa adota/patrocina artistas e atletas. • Oferece bolsas de estudo.	• *Releases* em publicações gerais. • Reportagens e artigos espontâneos em publicações sobre cultura. • Balanço social. • Eventos específicos. • Mídias sociais. • Site, blog.	• Opinião pública em geral. • Meio acadêmico. • Meio empresarial. • Órgãos governamentais. • Meio artístico. • Instituições internacionais. • Sistema financeiro. • Acionistas e corpo de colaboradores.
Clima organizacional Excelente	• Empresa mantém programas de boa qualidade no ambiente de trabalho. • Empresa incentiva a interação dos colaboradores, ouvindo suas críticas e sugestões e tomando providências cabíveis. • Empresa concede aos colaboradores participação nos resultados.	• *Releases* em publicações sobre Gestão. • Eventos da área de Gestão. • Publicações internas. • Mídias Sociais. • Site, blog.	• Meio empresarial. • Meio acadêmico. • Associações e sindicatos. • Sistema financeiro. • Órgãos governamentais. • Acionistas e corpo de colaboradores.

OUTPUTS	FATOS COMUNICÁVEIS	MEIOS DE COMUNICAÇÃO	PÚBLICO-ALVO
Produto/serviços	• Excelente qualidade. • Garantia superior.	• *Releases* em publicações de Economia e Gestão. • Propaganda. • Site, blog.	• Distribuidores. • Rede de varejo. • Consumidores. • Órgãos governamentais. • Mídia em geral.

continua...

continuação

OUTPUTS	FATOS COMUNICÁVEIS	MEIOS DE COMUNICAÇÃO	PÚBLICO-ALVO
Preço	• Preços acessíveis. • Política de cobrança flexível. • Descontos para compras de grande quantidade.	• Boca a boca. • Propaganda. • *Releases.* • Promoção de vendas. • *Merchandising.*	• Distribuidores. • Rede de varejo. • Consumidores. • Órgãos governamentais. • Mídia em geral.
Distribuição/ vendas	• Quantidade substancial de canais de vendas. • Qualidade dos canais. • Disponibilidade adequada de produtos nos canais. • Incremento das exportações.	• *Releases* em publicações sobre Gestão e Economia. • Propaganda. • Promoção de vendas. • *Merchandising.* • Eventos sobre distribuição. • Site, blog.	• Distribuidores. • Rede de varejo. • Consumidores. • Órgãos governamentais. • Mídia em geral.
Comunicação	• Campanha publicitária eficaz e criativa. • Promoção de vendas inédita. • Atividades de Relações Públicas diferenciadas. • Empresa divulga campanhas de utilidade pública.	• *Releases* em publicações sobre Economia e Gestão, Comunicação Empresarial/Relações Públicas, Marketing e Publicidade. • Participação em festivais de Publicidade e Propaganda nacionais e internacionais. Participação em premiações na área de Comunicação Empresarial etc.	• Meio empresarial. • Faculdades de Comunicação e de Administração. • Associações de Relações Públicas e de Publicidade e Propaganda, nacionais e internacionais. • Mídia em geral.

Fonte: Adaptado de Yanaze (2011).

No entanto, lamentavelmente, fatos/decisões/informações não comunicáveis (negativos) relacionados aos *inputs* e *throughputs* acabam predominando dentro das empresas. Como as "matérias-primas" e "insumos" do profissional de Comunicação são fatos/decisões/informações, ele não pode ficar indiferente e apenas tentar evitar sua disseminação. Deve, junto com os profissionais de outras áreas da organização (de onde os fatos são oriundos ou onde seu impacto, caso seja disseminado, será mais significativo), exigir da direção da empresa medidas para melhoria das condições para minimizar os fatos negativos. Além de alertar sobre os desdobramentos indesejados da veiculação espontânea de notícias ruins, o profissional de Comunicação deve acompanhar e auxiliar os processos de mudanças e prover todos os envolvidos de informações pertinentes.

Os Fatos Comunicáveis, quando consistentes e devidamente compartilhados, além de contribuir para a melhoria da imagem corporativa, podem também otimizar os indicadores que estão direta ou indiretamente relacionados aos resultados da empresa.

Apresentamos a seguir alguns exemplos de como a comunicação pode estar envolvida efetivamente nesse processo.

Quadro 1.4 – Alguns Exemplos de Fatos Comunicáveis

FATO COMUNICÁVEL	AÇÃO DE COMUNICAÇÃO	OBJETIVO/ META	IMPACTO FINANCEIRO
Melhores condições de trabalho	• Campanha interna para aumentar produtividade.	• Aumentar produtividade em A%.	• Diminuição do custo de produção em R$B.
Parceria operacional com os fornecedores	• Eventos de relacionamento e campanhas integradas de comunicação.	• Diminuir em C% o custo com fornecedores.	• Diminuição do custo de produção em R$D.
Política de patrocínio cultural e esportivo	• Campanha de *awareness* sobre os patrocínios; ações de comunicação nos eventos; menção dos patrocínios na comunicação mercadológica etc.	• Incrementar em E% o grau de identificação em relação à marca. Prover de razões intangíveis para a decisão de compra.	• Aumento da receita em R$G.

continua...

continuação

FATO COMUNICÁVEL	AÇÃO DE COMUNICAÇÃO	OBJETIVO/ META	IMPACTO FINANCEIRO
Investimento em nova instalação produtiva	• Campanhas internas de informação sobre o tema; campanhas institucionais anunciando o fato etapa por etapa; ações de comunicação junto à comunidade que abrigará a nova fábrica.	• Ganhar maior exposição no setor em G%. Aumentar o índice de satisfação interna em H%. Diminuir possíveis resistências da comunidade local. Aumentar grau de envolvimento dos fornecedores.	• Diminuir custos com fornecedores. • Conseguir isenções tributárias. • Aumentar receitas de vendas.

Fonte: Proposto pelos autores.

Funções Gerenciais do Marketing e da Comunicação

Com base nessa estrutura de pensamento, Yanaze (2011, p. 66) diz que o processo gerencial do marketing é composto por cinco funções administrativas:

1. Planejamento

É a primeira função administrativa de qualquer organização. Planejar significa estabelecer **objetivos** e **metas**, bem como definir as **estratégias** para alcançá-los. É importante ressaltar que essas definições só ocorrerão adequadamente após a identificação efetiva de ameaças e oportunidades de mercado, propiciada por um processo de análise e monitoramento do ambiente mercadológico (por meio do uso de modelos de análise como a Matriz Multifatorial GE, a Matriz de Crescimento/Participação, análises ambientais, pesquisas mercadológicas, utilização do Sistema de Informação de Marketing/SIM, análise SWOT, entre outros), conforme se discute nos capítulos 7 a

13 de Yanaze (2011). Nessa definição faz-se necessário o estabelecimento de um objetivo central, o de **Marketing**, que possa ser desdobrado em objetivos específicos dos quatro *outputs* (Produto, Preço, Distribuição e Comunicação). Tais objetivos (central e específicos) devem ser traduzidos quantitativamente, ou seja, em metas que se pretende alcançar quanto a volume, valor e tempo, o que possibilitará a aferição periódica dos resultados parciais obtidos e também contribuirá efetivamente para o processo de avaliação dos resultados dos investimentos em comunicação, conforme vemos adiante. Além dos objetivos e metas, o planejamento deve apresentar as estratégias que deverão ser implementadas para alcançá-los. Definir um planejamento estratégico central e seus desdobramentos específicos evita que haja vários planejamentos independentes com conflitos de interesses entre as áreas.

Tabela 1.1 – Exemplo de Definição de Objetivos, Metas e Estratégias de Marketing e de Comunicação

	MARKETING	COMUNICAÇÃO
Objetivos	• Aumentar vendas para classes D e E.	• Gerar *awareness* sobre o novo sistema de vendas no público-alvo.
Metas	• Aumentar em 20% as vendas para pessoas com renda familiar abaixo de R$ 1.000.	• Aumentar o *share of mind* (lembrança da marca) em 40% junto a esse público-alvo.
Estratégias	• Criar sistema de distribuição porta a porta nos bairros da periferia de São Paulo.	• Patrocinar iniciativas comunitárias nas regiões que receberão vendedores, como: manutenção de jardins públicos, apoio a creches, patrocínio de eventos beneficentes etc.

Fonte: Proposto pelos autores.

2. Organização

Tem a função de estabelecer os recursos (*inputs*) e meios (*throughputs*) necessários, alocando-os adequadamente, de acordo com as demandas gerenciais, tanto de marketing (gerais) quanto de comunicação (específicas), definidas pelas estratégias, a fim de cumprir os objetivos e metas almejados. Em relação à comunicação, é fundamental definir: verba, fontes e o cronograma de investimentos; agências e profissionais necessários, suas funções e interações; meios de comunicação e recursos materiais a serem utilizados etc.

3. Direção/Coordenação

Visa garantir condições apropriadas de trabalho, motivação, capacitação, envolvimento e comprometimento dos recursos humanos incluídos no planejamento. No caso da comunicação é importante definir uma metodologia de monitoramento dos serviços prestados pelas agências, bem como instituir um sistema de bonificação atrelado aos resultados obtidos. Isso ratifica a importância da avaliação e mensuração dos investimentos em comunicação.

4. Controle

Deve ser o monitoramento constante das operações previstas no planejamento, para melhoria dos processos, correção dos procedimentos, prevenção de possíveis erros e redefinição, quando pertinente, dos objetivos, metas e indicadores previstos. A definição de "moedas financeiras" e de "moedas não financeiras" como indicadores de desempenho possibilita a aferição *just in time* de todo o processo de implementação das ações previstas no planejamento da comunicação.

5. Análise de Viabilidade Econômico-financeira

São estudos que consideram as possíveis consequências financeiras das estratégias mercadológicas. A Viabilidade Econômica trata das projeções de receitas e despesas, analisando se as iniciativas da organização trarão lucro ou prejuízo. A Viabilidade Financeira trata da capacidade da empresa de concretizar suas estratégias, ou seja, se as condições de fluxo de caixa são viáveis para a execução do planejamento. Conforme discutimos adiante, os estudos de viabilidade econômico-financeira do planejamento de comunicação só são possíveis se forem realizados por uma equipe composta por profissionais de comunicação, de vendas, de finanças e de contabilidade. Os profissionais responsáveis pelo sistema de informação de marketing e de pesquisa são também imprescindíveis para subsidiar esse time com informações sobre o ambiente de negócios, assunto a ser tratado na sequência.

Com base nesse entendimento das funções gerenciais, podemos observar que a mensuração de resultados está diretamente relacionada à primeira etapa (Planejamento), dada a necessidade de definição de objetivos e metas, e também aos indicadores definidos no processo de Controle e aos Estudos de Viabilidade Econômico-financeira, como veremos no Capítulo 3. No entanto, os processos de Organização e Coordenação fornecem "moedas não financeiras" (exemplos: índice de produtividade; grau de motivação; taxas de *turnover* e de absenteísmo etc.) que, certamente, produzem "moedas financeiras" (exemplos: investimentos, receitas, custos, lucros etc.). Ambas serão objeto da mensuração de resultados.

Função de Controle e Mensuração em Comunicação

É errônea a concepção de controle somente como trabalho de auditoria e fiscalização, como acontecia nas organizações no passado. De acordo com Raimar Richers (2000, p. 346), o controle:

(...) não só inclui a busca de melhoria de performance das funções de Marketing, mas abrange também a coleta, seleção e o monitoramento de dados e informações, bem como a criação de métodos e técnicas, destinados a mensurar resultados de quaisquer ações mercadológicas com o intuito de descobrir meios que contribuam para um maior grau de eficácia de futuros processos de Marketing.

Dentre as atividades contemporâneas de controle, devemos considerar as seguintes atribuições (YANAZE, 2011, p. 71):

- Definição de parâmetros de avaliação que servirão de base para o monitoramento das ações previstas no planejamento. A determinação prévia e consensual das especificações, que servirão de padrão para análise, propicia maior segurança para todos os envolvidos, gestores e colaboradores.
- Análise criteriosa da performance dos colaboradores envolvidos, não levando em conta apenas os parâmetros, mas principalmente as condições em que as ações ocorrem (como veremos mais adiante em Ambiente de Marketing).
- Recomendar não apenas ações corretivas, mas principalmente ações preventivas que contribuam para a redução dos erros.
- Reconhecer e identificar desempenhos acima da média.
- Identificar e inibir atitudes e comportamentos indesejáveis e atuações abaixo das expectativas, que prejudiquem os resultados parciais ou totais.
- Sugerir providências para minimizar as influências dos fatores impeditivos e recomendar a redefinição dos parâmetros de avaliação, quando esses se revelarem inviáveis.

Neste momento de localização e definição de nosso objeto de estudo, devemos fazer uma diferenciação entre Avaliação e Mensuração. Lindenmann usa o exemplo das Relações Públicas, o qual podemos extrapolar para qualquer atuação comunicacional. De acordo com ele:

mensurar é fazer pesquisa projetada para determinar a efetividade relativa ou o valor do resultado em relações públicas. Em curto prazo, medir comunicação determina o seu sucesso ou fracasso. Avaliar é considerar os mais largos esforços de comunicação de relações públicas, que têm como meta melhorar ou aumentar as relações de organizações com *stakeholders* (LINDENMANN *apud* GALERANI, 2006, p. 36).

Assim, fica claro que a mensuração é apenas uma etapa do processo de avaliação. **Mensuração** é usar o sistema de informação (por meio de diversos tipos de pesquisa) para levantar dados quantitativos (geralmente relacionados às metas) que sejam úteis para a **avaliação**, processo mais subjetivo e abrangente, que considera outros fatores (além dos números) para chegar a conclusões que levem à tomada de decisão.

Para entender os dados da mensuração e para conseguir realizar uma avaliação pertinente, é preciso considerar o ambiente em que a comunicação será realizada. Sem uma análise ambiental, o gestor de comunicação corre o risco de partir de pressupostos errados e, consequentemente, chegar a avaliações incoerentes.

Ambiente de Marketing

McCarthy e Perreault (1997) dão um entendimento muito claro para esse conceito. Na opinião deles, os administradores de marketing não planejam estratégias em um vácuo. Quando escolhem mercados-alvo e desenvolvem os 4 Ps, eles devem trabalhar com muitas variáveis ambientais mais amplas de marketing.

Hooley, Saunders e Piercy (1996) dizem que o ambiente de marketing pode ser dividido em dois: o ambiente competitivo e o macroambiente. O ambiente competitivo abrangeria as áreas da empresa, os concorrentes e clientes. Já o macroambiente designaria uma ampla gama de instituições e organizações que compõem o cenário político, econômico e social do local onde se desenvolve o mercado. Kotler (1998, p. 146) prefere separar os ambientes de mercado em: ambiente demográfico, econômico, natural tecnológico, político, legal e sociocultural.

Independentemente da definição que se escolha, o importante é que todas as instituições, que interagem positiva ou negativamente com a empresa, e todas as variáveis que influenciam sua atuação no mercado devem ser consideradas na análise de ambiente de mercado.

Deve-se entender que a análise de ambiente de mercado tem dois objetivos: (1) propiciar um entendimento crítico sobre o que e quem influencia a organização, para que se planejem estratégias coerentes e direcionadas; e (2) originar um critério com base no qual serão definidas metas e projeções de resultado.

Por isso, acreditamos que um modo lógico de se estudar o ambiente de mercado é dividi-lo em dois grupos de fatores:

1. **entidades** que interagem com a empresa e a afetam de forma positiva ou negativa, que serão úteis à definição de estratégias.
2. **variáveis** que influenciam as ações da empresa e que serão decisivas no momento de definição de metas e projeções de resultados.

Esses dois grupos de fatores são aqui analisados separadamente para fins didáticos.

Primeiramente, devemos definir as entidades que afetam positiva ou negativamente as ações mercadológicas da empresa. Por **entidades** entendemos organizações específicas que, de alguma forma, influenciam o negócio de uma organização. Entre elas, por exemplo, estão ONGs, Igreja, Comunidades, Governo, Bancos, Academia, Fornecedores, Imprensa etc.

Essa definição é importante porque afeta a gestão da empresa em alguns aspectos. Inicialmente, ela ajuda no desenvolvimento de um sistema de informação adequado, que possibilite a atualização constante de dados e o monitoramento das relações estabelecidas com cada entidade. Entender as consequências de cada um desses relacionamentos é condição *sine qua non* para a definição de estratégias de comunicação diante de cada entidade.

Entretanto, nem todas as entidades que interagem com a empresa a afetam do mesmo modo. Surge então a necessidade de critérios de ponderação – que apontem de maneira inteligente o grau e a intensidade com que cada entidade interage e afeta a empresa – para auxiliar o gestor a definir suas prioridades no momento de formular estratégias.

Um bom critério para definir os pesos de cada entidade do ambiente de mercado é considerar seu grau de influência, positiva ou negativa, nos negócios da empresa. Fundamentada na metodologia de análise de "atratividade" da Matriz GE (YANAZE, 2011, p. 109), essa ideia pode guiar os esforços da organização para estratégias diante de entidades que seriam mais influenciadoras, ou seja, que tenham maior peso na formação de seus resultados.

Com esse *ranking* de importância das entidades, os gestores podem tomar decisões considerando prioridades estratégicas. Por exemplo, se a empresa despende 40% de seu faturamento com um fornecedor, certamente, este se constitui numa entidade a se monitorar prioritariamente e definir políticas de relacionamento com ela.

Entender e ponderar a relação da organização com cada entidade é importante, porém, as variáveis têm uma relação ainda mais direta com o trabalho de mensuração em comunicação, tendo em vista que elas têm um papel decisivo nos próprios resultados da empresa como um todo. Por **variáveis** entendemos certas características dos cenários do contexto mercadológico que podem, de alguma forma, interferir positiva ou negativamente nos resultados da empresa. Entre elas se destacam:

- Variáveis Operacionais (condições climáticas, relacionamento com fornecedores, custos de produção e de vendas etc.).
- Variáveis Concorrenciais (publicidade dos concorrentes, surgimento de novos *players*, fatores impeditivos de vendas etc.) .
- Variáveis Econômicas (taxa de crescimento econômico, taxa de desemprego, nível do Risco Brasil, taxa de câmbio etc.).

- Variáveis Políticas (relacionamento com Governos federal, estadual e municipal; políticas internacionais; medidas protecionistas etc.).
- Variáveis Socioculturais (perfil demográfico, moda, tendências, surgimento de novas mídias etc.).
- Variáveis Legais (leis de proteção ao consumidor, restrições à publicidade, regulamentação ambiental etc.).
- Variáveis Tecnológicas (novas tecnologias de produção, legislação sobre pesquisa e desenvolvimento tecnológico etc.).

Esses são apenas alguns poucos exemplos de variáveis que, possivelmente, afetam um negócio. Como cada setor de empresas é afetado por variáveis diferentes e em constante transformação, nosso objetivo não é fazer uma listagem gigantesca e pretensiosamente definitiva sobre o assunto, mas articular a ideia consagrada da análise ambiental e sua utilização mais pragmática para a mensuração em comunicação.

Com esse objeto de estudo em mente, podemos sofisticar a ideia de análise de ambiente de negócio, tentando torná-la mais precisa e utilizável pelos gestores de comunicação. Para isso, devemos identificar a importância relativa de cada uma das variáveis e de seus respectivos subfatores. A ideia é que se atribuam **pesos**, de modo que o somatório sempre totalize **1** ou **100%**, tanto no âmbito das variáveis como de seus subfatores. As variáveis e os subfatores de maior influência devem receber pesos maiores (YANAZE, 2011).

Esse método propõe a identificação de como cada subfator de dada variável se apresenta em determinado local de atuação e no momento da análise, e a avaliação como este pode afetar a ação da empresa, se positiva ou negativamente, e em que intensidade.

Se o subfator afetar negativamente, receberá uma **nota** situada entre **0** e **1** (exemplos de atribuição de notas: **0,9** se a influência for ligeiramente negativa; **0,3** se for fortemente negativa). Se o subfator, como se apresenta no momento, for neutro, ou seja, não vai afetar os resultados da empresa, a nota deverá ser 1. Caso haja perspectiva de o subfator favorecer a atuação da empresa, sua nota deverá ser maior que 1 (exemplos: 1,1 quando o fator prometer uma influência levemente positiva; 1,5 ou mais quando o subfator se apresentar com elevado grau de influência positiva). Os valores subtraídos ou acrescentados à nota **1** deverão representar percentualmente o que o analista considera como o montante de danos ou ganhos nos resultados esperados das ações mercadológicas.

Assim, a multiplicação das notas pelos pesos dos subfatores resulta em notas ponderadas que, somadas, levam à nota da variável respectiva. As notas das variáveis, multiplicadas pelos seus respectivos pesos, resultam em um número que demonstra ao analista a condição ambiental atual, favorável/neutra/desfavorável, e em que intensidade (porcentual de influência).

Com esse número, quando se realiza a projeção de resultados, a empresa pode considerar valores financeiros e volumes de vendas compatíveis com a situação presente do ambiente mercadológico. Por exemplo, se o número final obtido for 0,8 (desfavorabilidade ambiental), a empresa poderá trabalhar com a possibilidade de alcançar valor/volume que se situe no intervalo entre 1 (ou 100% – o valor/volume desejado) e 0,8 (ou seja, 80% desse valor/volume).

Com a mudança das condições ambientais, as variáveis e os fatores poderão sofrer alterações em relação aos pesos (importância na análise) bem como de notas (grau de influência positiva ou negativa). Por exemplo, se uma empresa importadora atribuiu nota **1,2** para o subfator taxa de câmbio de R$ 1,80 em relação ao dólar (os analistas da empresa consideram que esse valor é favorável à sua operação e pode ajudar a incrementar em 20% os resultados das operações cambiais inicialmente previstos), ela deverá rever essa nota quando o real passar a valer **2,3** em relação à moeda norte-americana. A nota, nesse caso, deverá representar o quanto esse novo valor poderá prejudicar os resultados inicialmente previstos das transações financeiras de importação. Por outro lado, em tempos de estabilidade cambial, esse subfator (taxa de câmbio) poderá receber peso menor em detrimento de outro subfator que, no momento da nova análise, se apresentar com maior relevância, como o preço das mercadorias com tendência de alta devido ao aquecimento da economia dos países emergentes e consequente incremento da demanda internacional.

É importante ressaltar que a ponderação e atribuição de notas favoráveis, neutras ou desfavoráveis não devem ser feitas de maneira simplista ou tomando como base processos eminentemente intuitivos. A equipe que fará essa análise deve estar munida de todos os dados e informações pertinentes que possam auxiliar essa projeção de um sentimento qualitativo e subjetivo em relação ao ambiente de mercado, traduzindo-o quantitativamente em um número que facilite a avaliação do retorno das ações de marketing e comunicação a serem colocadas em prática.

Obviamente, não há uma delimitação categórica que separe efetivamente entidades e variáveis, até porque, na maioria dos casos, umas existem em função das outras. No entanto, classificar e detalhar o ambiente mercadológico em entidades e variáveis dá ao gestor a vantagem de uma visão mais realista sobre as condições em que estão sendo implementadas as ações de marketing e comunicação.

É importante, também, que haja ponderação nesses dois níveis de análise. Dar pesos para as entidades nos ajuda a definir o quanto se deve investir no monitoramento de cada um desses relacionamentos. Dar peso às variáveis é o primeiro passo para a análise do nível de favorabilidade do meio em que se dará a comunicação, aspecto que é decisivo para a definição de metas e estabelecimento de projeções de resultados coerentes.

É preciso levar em conta que, quando se define uma estratégia de comunicação, o planejamento e as metas são definidos num momento em que as variáveis se apresentam em determinadas condições. No entanto, ao longo do tempo entre a etapa de planejamento, execução e mensuração dos resultados, essas variáveis podem já ter sofrido mudanças.

Assim, a análise não é uma função em um momento isolado (anterior ao planejamento). O monitoramento das variáveis deve permitir uma atualização constante do grau de favorabilidade (ou não) do ambiente, ajudando a rever objetivos, metas, indicadores utilizados e, até mesmo, as estratégias a serem implementadas.

A seguir, apresentamos um exemplo de aplicação da análise ambiental da campanha publicitária de lançamento de uma nova linha de cosméticos da marca X:

1. Determinação das variáveis (inclusive outros *outputs* – produto, preço e distribuição – da empresa) e subfatores de análise mais relevantes, ou seja, que podem afetar positiva ou negativamente os resultados da campanha publicitária.
2. Atribuição de pesos de importância para as variáveis e para cada subfator que as compõe.
3. Análise e previsão da situação de cada subfator no momento em que a campanha publicitária será veiculada e identificação do grau de favorabilidade ou desfavorabilidade em relação aos possíveis resultados almejados.

No exemplo de uma **campanha de lançamento** de uma nova linha de cosméticos da empresa X, os gestores resumem no quadro a seguir as análises ambientais mais relevantes.

Tabela 1.2 – Análises Ambientais mais Relevantes em uma Campanha de Lançamento de uma Nova Linha de Cosméticos de Determinada Empresa

PESO	VARIÁVEIS MERCADOLÓGICAS DA EMPRESA X	AVALIAÇÃO	NOTA PONDERADA
20%	VARIÁVEIS MERCADOLÓGICAS DA EMPRESA X:	0,36+0,32+0,3= 0,98	0,2 X 0,98 = 0,2
30%	• Produto (qualidade, embalagem, marca etc.).	• Qualidade reconhecida, marca forte: 1,2.	• 0,3 X 1,2 = 0,36

continua...

continuação

PESO	VARIÁVEIS MERCADOLÓGICAS DA EMPRESA X	AVALIAÇÃO	NOTA PONDERADA
40%	• Preço (valor cobrado, formas e condições de pagamento).	• Preço mais alto do que a concorrência 0,8.	• 0,4 X 0,8 = 0,32
30%	• Distribuição (acesso/entrega/ disponibilidade etc.).	• Distribuição igual a dos concorrentes 1,0.	• 0,3 X 1,0 = 0,3
30%	**VARIÁVEIS MERCADOLÓGICAS DOS CONCORRENTES:**	0,24+0,16+0,2+0,28 = 0,88	0,3 X 0,88 = 0,26
20%	• Produto (qualidade, embalagem, marca etc.).	• Qualidade e marca menos reconhecidas 1,2.	• 0,2 X 1,2 = 0,24
20%	• Preço (valor cobrado, formas e condições de pagamento).	• Praticam preços menores que a empresa X 0,8.	• 0,2 X 0,8 = 0,16
20%	• Distribuição (acesso, entrega, disponibilidade...).	• Distribuição igual ao da empresa X 1,0.	• 0,2 X 1,0 = 0,2
40%	• Comunicação (propaganda, promoção de vendas, *merchandising*, mídia espontânea, mídia digital etc.).	• Altamente criativa, grande exposição em mídia, promoções agressivas 0,7.	• 0,4 X 0,7 = 0,28
30%	**SITUAÇÃO DO MERCADO-ALVO:**	0,2+0,16+0,1+ 0,24+0,2 = 0,9	0,3 X 0,9 = 0,27
20%	• Estrutura de distribuição local (atacado, varejo etc.).	• De acordo com o potencial do mercado 1,0.	• 0,2 X 1,0 = 0,2
20%	**SITUAÇÃO DE OFERTA E DEMANDA:**	Mercado local em retração 0,8	0,2 X 0,8 = 0,16
10%	• Fatores sociais, climáticos e ambientais que podem influenciar a demanda e/ou a atenção dos públicos-alvo.	• Sem grandes problemas 1,0.	• 0,1 X 1,0 = 0,1
30%	• Situação econômica e financeira dos potenciais clientes.	• Poder aquisitivo momentanea- mente em ligeiro declínio 0,8.	• 0,3 X 0,8 = 0,24

continua...

continuação

PESO	VARIÁVEIS MERCADOLÓGICAS DA EMPRESA X	AVALIAÇÃO	NOTA PONDERADA
20%	• Características locais de consumo do produto.	• Igual a de outros mercados 1,0.	• 0,2 X 1,0 = 0,2
20%	**SITUAÇÃO MACROAMBIENTAL:**	**0,27+0,2+0,2+ 0,12+0,24 = 1,03**	**0,2 X 1,03 = 0,21**
30%	• Fatores econômicos (câmbio, impostos etc.).	• Ligeiramente desfavorável 0,9.	• 0,3 X 0,9 = 0,27
20%	• Fatores políticos (exigências legais, políticas de crédito etc.).	• Situação indiferente 1,0.	• 0,2 X 0,1 = 0,2
20%	• Fatores estruturais (transporte, armazenamento etc.).	• Sem grandes problemas 1,0.	• 0,2 X 0,1 = 0,2
10%	• Fatores tecnológicos (na produção, nas vendas, na comunicação etc.).	• Situação que favorece 1,2.	• 0,1 X 1,2 = 0,12
20%	• Mercado internacional (barreiras, preços internacionais etc.).	• Apresenta reflexos positivos no mercado local 1,2.	• 0,2 X 1,2 = 0,24
		FATOR:	**0,94**

Fonte: Proposto pelos autores.

Nesse exemplo, a empresa X deverá prever que o ambiente mercadológico apresenta um índice redutor de 0,94, ou seja, deve contar que os resultados previstos da campanha publicitária de lançamento podem ser reduzidos em 6%. O monitoramento constante desse quadro possibilita a aferição das mudanças das variáveis e imediatas revisões de metas e estratégias, quando for o caso. Questionarão os céticos: essa metodologia é completamente exata? A resposta está nas epígrafes que apresentamos no início desta obra.

Esse modelo apresenta algumas vantagens:

■ O planejamento estratégico de marketing é formulado sob **condições mais realistas** ou, pelo menos, dentro de uma perspectiva em que são consideradas todas as variáveis que podem influenciar o alcance dos objetivos e metas, positiva ou negativamente.

- A participação de representantes de **todos os setores da empresa** (Compras, Produção, Vendas, Finanças, Serviços de Marketing etc.) minimiza as possíveis distorções na atribuição de pesos e notas, resultantes das inevitáveis subjetividades pessoais e setoriais em consequência de opiniões e visões parciais dos problemas mercadológicos.
- Pode ser **aprimorado constantemente** com a adição e subtração de variáveis e de subfatores ou com a atualização de pesos e notas, de acordo com a dinâmica do mercado.
- Possibilita à empresa **revisões constantes e pertinentes no planejamento**, com alterações necessárias de objetivos e metas e, consequentemente, de estratégias, promovendo outra dinâmica de tempo de resposta às variações do mercado por parte da empresa. Além disso, a participação de representantes da área financeira em todo o processo minimizará as irritantes respostas do tipo *"se não foram previstos no planejamento/orçamento deste ano, que realizamos no final do ano passado, esqueça!"* quando da solicitação de aportes extras de recursos para fazer frente a uma ação da concorrência não prevista no planejamento inicial.
- **Todos da empresa – diretoria e acionistas inclusive – saberão** em que condições ambientais a empresa está e estará atuando. Isso possibilitará a definição de objetivos e metas mais realistas e alcançáveis.

Para que haja uma aplicação eficiente dessa proposta de análise nas empresas é preciso que se estabeleça um diálogo entre a comunicação e os demais setores e departamentos da organização. A definição de pesos para as variáveis será tão mais precisa quanto maior for o número de pessoas de *know-how* diferente envolvidas. Afinal de contas, deve-se entender como cada variável e entidade influenciam a organização.

Com o aprendizado da análise ambiental, fica mais fácil definir **como** e projetar **quanto** a comunicação pode ajudar na consecução dos objetivos do negócio. Entretanto, para chegar lá existem mais alguns conceitos a serem entendidos sobre gestão de comunicação, que será o foco do próximo capítulo.

Capítulo 2

GESTÃO DE COMUNICAÇÃO INTEGRADA

Partimos da ideia de que a comunicação está presente em todo o processo de gestão das organizações. Assim, suas manifestações exercem influência de diferentes maneiras, por exemplo: garantindo condições vantajosas perante fornecedores para a obtenção de *inputs* e ajudando nos processos de otimização de *throughputs*. A comunicação também deve ser considerada como o quarto *output* de marketing, ajudando o negócio a alcançar alguns objetivos perante seus públicos interno e externo.

Conceber a comunicação como o quarto *output* é importante, pois nos ajuda a entender que ela só deverá ser implementada após a definição estratégica dos outros três *outputs* (produto, preço e distribuição). Se comunicar é tornar comum/compartilhar, não podemos pensar em compartilhar fatos, decisões ou informações que não existam ou que não sejam adequados.

Neste capítulo, o nosso propósito é ampliar a discussão do composto de Comunicação Integrada proposto por Schultz et al. (1994), bem como por Kotler (2006) e Shimp (2002). Essa ampliação significa que não nos limitamos a considerar como receptor da comunicação apenas aquele que compra ou deixa de comprar com base naquilo que vê, escuta, sente etc.[1]

Os receptores da comunicação de uma empresa são todos aqueles que compõem seu ambiente mercadológico, como vimos no capítulo anterior, e não somente os compradores do produto. Obviamente, o consumidor final é um dos públicos estratégicos mais importantes para uma organização com fins lucrativos, porém não podemos partir de uma concepção conceitual que o posiciona no centro de um modelo, porque assim desconsideraríamos a influência de todas as outras pessoas que, de alguma maneira, interagem e influenciam a organização.

Para embasarmos a sequência de nosso pensamento sobre comunicação integrada utilizamos, como ponto de partida, pesquisadores consagrados em relação a este assunto. Além de Schultz; Tannenbaum; Lauterborn (1994), bem como de Kotler (2006) e Shimp (2002), a perspectiva dos pesquisadores nacionais torna-se um imperativo para se ter uma visão ampliada do conceito de comunicação integrada.

Kunsch (2003) propõe que a comunicação integrada deve construir uma unidade harmoniosa que pressupõe a atuação sinérgica de todas as modalidades da comunicação, partindo da criação de uma mensagem-chave única e da utilização de alguns atributos que sejam transmitidos nos contatos com quaisquer públicos estratégicos. Ela considera a comunicação organizacional em quatro vertentes.

---

1. Schultz; Tannenbaum; Lauterborn (1994).

Figura 2.1 – Quatro Vertentes da Comunicação

Fonte: Adaptado de Kunsch (2003).

Concordamos com o ponto de vista conceitual de Kunsch (2003) sobre o assunto, porém, tomamos a liberdade de propor uma pequena modificação estrutural: reposicionar transversalmente a dimensão interna na classificação, acrescentando, ainda, a dimensão externa.

Entendemos que os públicos internos podem ser receptores e difusores tanto de mensagens administrativas, institucionais ou mercadológicas. Essas três palavras qualificam/adjetivam/caracterizam os conteúdos da comunicação, que podem ser transmitidos interna ou externamente. Entretanto, a palavra "interna" não caracteriza o conteúdo da comunicação, mas seu direcionamento. Assim sendo, não pode estar na mesma classificação que a comunicação administrativa, institucional e mercadológica.

Propomos, portanto, abordar a comunicação integrada por meio da seguinte classificação:

Figura 2.2 – Abordagem de Comunicação Integrada

Fonte: Proposto pelos autores, com base em Yanaze (2007, p. 327-50).

Comunicação administrativa constitui o *core* comunicativo da organização nos ambientes interno e externo, garantida a dinâmica da gestão empresarial, considerando as atividades de planejamento, organização, coordenação e controle (FREIRE, 2009; YANAZE, 2007).

A Comunicação institucional "é responsável pela gestão estratégica das relações públicas, pela construção de imagem e identidade fortes e positivas dentro da corporação (...)." (KUNSCH, 2003).

Por fim, a Comunicação mercadológica é frequentemente vista como a que tem como objetivo o aumento de vendas. Entretanto, é importante ressaltar que a comunicação mercadológica é aquela que relaciona a organização com seus dois mercados, ou seja, o mercado fornecedor (para a compra de matérias-primas, insumos, embalagens etc.) e o mercado comprador (atacadistas, varejistas, clientes, consumidores etc.). Trata-se, portanto, de uma comunicação mais persuasiva e com objetivos voltados à atividade **comercial**, de negociação (YANAZE, 2007).

Outro fator que devemos ter em mente é que qualquer um desses *stakeholders*[2] é impactado por mais de uma manifestação de comunicação de uma mesma marca ou empresa. Cada um desses "encontros" contribui, de algum modo, para a construção da percepção dessa marca em sua mente e para determinar seu comportamento diante dela.

Pensar em mensuração de comunicação significa entender e medir os efeitos que qualquer tipo de comunicação tem sobre seus diferentes públicos. Deve-se entender, porém, que os efeitos gerados não seguem, necessariamente, a estrutura conceitual do modelo de comunicação integrada aqui proposto. Não é somente a comunicação mercadológica que motiva a compra; ela também pode construir marca. As comunicações institucional e administrativa também podem motivar a compra, além de construírem a reputação da marca.

Devemos ter em mente que a categorização, que separa os tipos de comunicação, é útil para um guia conceitual visando ao desenvolvimento de estratégias integradas. Contudo, a mensuração de seus resultados (efeitos nos públicos e consequências para a empresa) deve ser pensada a partir da definição de objetivos específicos de comunicação, como vemos nos exemplos a seguir.

Quadro 2.1 – Alguns dos Possíveis Objetivos e Públicos-alvo das Diferentes Instâncias da Comunicação Estratégica

	OBJETIVOS	PÚBLICOS
Comunicação administrativa interna	• Disseminar eficiente e eficazmente uma nova política de remuneração. • Amenizar a repercussão e os transtornos de uma demissão em massa. • Motivar a força de vendas.	• Diretoria. • Acionistas. • Funcionários. • Representantes de vendas.

continua...

---

2. Usamos aqui a definição de *stakeholder* (público estratégico) de acordo com a perspectiva de Grunig (1984). Para ele, *stakeholders* são pessoas ou grupos de alguma forma articulados a uma organização, sendo que há um interesse recíproco entre as partes, e ambos se afetam mutuamente.

continuação

	OBJETIVOS	PÚBLICOS
Comunicação administrativa externa	• Diminuir o prazo de recebimento de clientes por meio de um sistema de pagamento mais claro e automatizado.	• Fornecedores. • Distribuidores. • Bancos. • Prestadores de serviço. • Entidades patrocinadas (social, cultural, esportivo).
Comunicação mercadológica interna	• Vender os produtos para os funcionários da empresa antes de serem lançados no mercado. • Empreender ação de *sampling* ou degustação para os funcionários da empresa. • Enviar e-mail com as ofertas da empresa para todos os colaboradores.	• Diretoria. • Acionistas. • Setores da empresa. • Colaboradores.
Comunicação mercadológica externa	• Criar desejo nos consumidores finais em relação aos três *outputs* oferecidos (produto, preço e distribuição). • Transmitir, para atacadistas e varejistas, confiança no crescimento do seu negócio e garantir boas negociações financeiras e de espaço nas gôndolas.	• Bancos e instituições de fomento. • Fornecedores de infraestrutura. • Fornecedores de insumos. • Fornecedores de tecnologia e de informação. • Clientes institucionais (atacado, varejo, franqueados, indústria). • Consumidores finais.

continua...

continuação

	OBJETIVOS	PÚBLICOS
Comunicação institucional interna	• Engajar os colaboradores internos para difundir missão, visão, valores, objetivos e metas da empresa. • Realizar *Media Training* para que os colaboradores internos saibam transmitir à imprensa as posições da empresa em relação a assuntos polêmicos. • Difundir informações que amenizem ou evitem possíveis conflitos e crises entre colaboradores. • Difundir a história e os personagens célebres da empresa por meio de um programa de memória empresarial que gere nos colaboradores o sentimento de orgulho e pertencimento. • Comunicar para os colaboradores internos os diferenciais da empresa em relação aos concorrentes. Exemplos: política salarial, benefícios, nível de salubridade no trabalho etc.	• Acionistas. • Diretoria. • Setores da empresa. • Colaboradores. • Familiares e agregados dos colaboradores.
Comunicação institucional externa	• Aumentar o nível de admiração e de empatia dos *stakeholders* e da opinião pública, incrementando o valor percebido da empresa e de sua marca. • Difundir uma identidade corporativa positiva que engaje ONGs, governos e cidadãos a compartilhar e oferecer projetos inovadores com a empresa. • Promover boa vontade dos públicos externos em relação à empresa, evitando ou minimizando conflitos e crises envolvendo a empresa e seus diferentes públicos. • Atrair talentos, tornando a empresa um local desejado para se trabalhar. Exemplo: posicionar a empresa entre as cinquenta melhores empresas para se trabalhar (revista *Exame*).	• Investidores externos. • Fornecedores. • Distribuidores. • Bancos. • Órgãos do governo (em nível municipal, estadual e federal). • Universidades. • Comunidade. • Entidades internacionais. • ONGs. • Gestores de cultura, esporte e de programas sociais. • Sindicatos e associações. • Outros.

Fonte: Proposto pelos autores.

Com um sistema de Controle adequado, o profissional deve mensurar a eficácia da comunicação nestas três vertentes – administrativa, mercadológica e institucional – tanto interna quanto externamente. Desses objetivos são identificadas "as moedas não financeiras e financeiras" que servirão de base para o processo de avaliação e mensuração, assunto a ser discutido mais adiante.

Níveis da Comunicação

Partindo do ponto de vista de que a humanidade vive e existe somente em sociedade e que, salvo raras exceções, os diversos grupos sociais tendem a se comunicar inter e extragrupo, entendemos que a comunicação é uma manifestação do homem, portanto, intrínseca à existência humana.

Assim sendo, torna-se bastante difícil simplificar os diversos fenômenos comunicativos como forma de entendê-los e, até mesmo, estudá-los. Vários são os fatores que nos levam a sustentar esse tipo de raciocínio.

Por mais que pareça improvável que os gestores de hoje encarem a comunicação sob a perspectiva da teoria da "bala mágica" (ou seja, a que atinge a todos da mesma maneira, provocando o mesmo impacto), podemos tranquilamente chegar a essa conclusão, simplesmente ao analisar estratégias de comunicação de algumas empresas.

Há uma série de variáveis que devem ser levadas a cabo para que se possam interpretar corretamente os efeitos gerados por uma estratégia de comunicação (SOUSA, 2006). Algumas delas estão relacionadas diretamente às pessoas, que vivem e se desenvolvem em ambientes e culturas diferentes, mesmo dentro de um único grupo social. Além disso, as experiências individuais, o aprendizado e a memória também são aspectos que podem moderar o entendimento de mensagens promocionais, propagandas institucionais e até mesmo a comunicação "supostamente" direta ao consumidor/usuário, promovida por meio da internet ou pelos *smartphones*. Nesse sentido, há um número considerável de teorias que procura explicar essas interferências na recepção.

Outros fatores que podem interceder positiva ou negativamente na recepção de uma ação de comunicação são os aspectos intrínsecos à mensagem, de per si. Muitas vezes, ao criar uma peça de comunicação, os profissionais – estejam eles no âmbito das empresas ou das agências de comunicação – tendem a ignorar questões presentes na estrutura da mensagem, ou mesmo na cena e no entorno.

Escolher se a mensagem deve procurar demonstrar ganhos ou perdas (CHONG; DRUCKMAN, 2007), se deve ser um texto dirigido ao próprio público ou a terceiros (ZHANG; DAUGHERTY, 2009), se deve ser endossada por uma celebridade ou personalidade específica (FREIRE; SENISE, 2011), ou até mesmo se o fundo e a moldura (periferia da mensagem) devem ser de uma forma ou de outra, não são questões simples de se resolver (JANISZEWSKI, 1990; DAVENPORT; POTTER, 2004). Mesmo assim, são fundamentais para o propósito do uso deste livro, ou seja, se quisermos mensurar alguma ação de comunicação, devemos entender que todas essas questões estão diretamente ligadas à condição de medir ou não o ato comunicativo e, mais importante ainda, como atrelar o resultado aos retornos esperados com determinada ação.

Ainda no sentido de demonstrar as dificuldades e desafios que o comunicador tem à sua frente quando pretende desenvolver sistemas e métodos de análise de resultados de suas estratégias e ações, uma das maiores dificuldades está na análise ambiental. Por vezes, a recepção, ou seja, a sociedade faz seu próprio uso autoral de uma propaganda, *slogan* ou qualquer outro tipo de publicidade. Até mesmo públicos que o gestor não pensava sequer em considerar importantes podem, de uma hora para outra, apropriar-se da mensagem e transformá-la como bem entenderem. Um belo exemplo disso são os infindáveis *memes*[3] que transitam nos *feeds* de mensagens da rede social Facebook, transformando de tal forma a mensagem que ela tanto perde o sentido como, muitas vezes, torna-se negativa para a marca que a veiculou inicialmente, com propósitos bastante distintos dos gerados pelo *meme*.

Parece necessário, portanto, "cercar" a análise em todas essas perspectivas – indivíduo, grupo(s), consumidores, *stakeholders*, outros grupos não consumidores, ambiente macro –, ou seja, procurar entender em que **níveis da comunicação** as estratégias e as ações estão operando para atingir, da melhor maneira possível, os objetivos propostos no planejamento.

Existem diferentes níveis em que a comunicação de uma organização pode ocorrer, os quais são definidos de acordo com os objetivos a serem perseguidos, os públicos-alvo e os recursos financeiros disponíveis no momento.

Podemos classificar os níveis da comunicação em:

- Massa/Não segmentada.
- Multidão/Fluxo de pessoas.
- Público/Segmentada.
- Grupo/Específica/Dirigida.
- Individual/Pessoal.

---

3. *Memes* de internet são mensagens e ideias que se propagam com grande velocidade no mundo *on-line*, usualmente originadas de outras mensagens ou ideias, as quais são transformadas e disseminadas. O termo é uma referência ao conceito original de *memes*, criado em 1976 por Richard Dawkins.

Gestão de Comunicação Integrada | **75**

Quadro 2.2 – Definições e Exemplos para Esclarecer os Níveis de Comunicação

NÍVEIS DA COMUNICAÇÃO	DEFINIÇÃO	EXEMPLOS
MASSA/NÃO SEGMENTADA	• Meios de comunicação que atingem pessoas indistintamente, sem grande preocupação com segmentação dos públicos.	• Comunicação mercadológica: propaganda em novelas, em revistas e jornais de conteúdo editorial eclético (variedades) etc. • Comunicação administrativa: publicações (revista e/ou jornal corporativo) que são distribuídas a todos os colaboradores de uma empresa. • Comunicação institucional: campanhas institucionais, patrocínio de esportes com ampla veiculação etc.
MULTIDÃO/FLUXO DE PESSOAS	• Ações de comunicação cujo processo de implementação passa pela escolha de locais específicos, visando atingir agrupamentos de pessoas e/ou seus deslocamentos espontâneos e circunstanciais.	• Comunicação mercadológica: *outdoors*, *busdoors*, cartazes e faixas, distribuição de folhetos em locais específicos. • Comunicação administrativa: jornal mural, cartazes e faixas em locais de circulação dos colaboradores. • Comunicação institucional: patrocínio de espetáculos culturais em locais públicos, conservação de jardins e parques públicos etc.
PÚBLICO/ SEGMENTADA	• Comunicação que visa atingir pessoas com interesses comuns e que tenham perfis semelhantes.	• Comunicação mercadológica: veiculação em meios especializados (TV por assinatura, *Valor Econômico*, *Meio & Mensagem* etc.). • Comunicação administrativa: comunicado para um setor específico da empresa (departamento de produção, finanças etc.) e para determinado nível hierárquico (gerentes, operários, acionistas etc.). • Comunicação institucional: patrocínio de eventos direcionados, *releases* para meios de comunicação segmentados etc.

continua...

continuação

NÍVEIS DA COMUNICAÇÃO	DEFINIÇÃO	EXEMPLOS
GRUPO/ ESPECÍFICA/ DIRIGIDA	• Comunicação que visa atingir pessoas segmentadas de acordo com os objetivos específicos a serem alcançados.	• Comunicação mercadológica: veiculação em publicações e materiais distribuídos em congressos, *workshops*; organização de eventos; participação em feiras de negócio etc. • Comunicação administrativa: reuniões; organização de eventos internos; oferecimento de cursos *in-company* etc. • Comunicação institucional: abertura da empresa para visitas de grupos específicos (escolas, associações, melhor idade etc.), organização de eventos direcionados para públicos formadores de opinião etc.
INDIVIDUAL/ PESSOAL	• Comunicação que visa atingir os indivíduos de forma exclusiva, pessoal.	• Comunicação mercadológica: teleatendimento, mala-direta, venda pessoal, mensagens digitais, *test-drive* etc. • Comunicação administrativa: mensagem via intranet, telefone, entrevista, mensagem escrita pessoal, bilhetes etc. • Comunicação institucional: todos os meios aqui descritos.

Fonte: Proposto pelos autores.

Quanto mais "descemos" na escala dos níveis de comunicação, mais sofisticada e precisa é a mensuração de seus resultados. Escolhemos exemplos dos dois extremos (comunicação de massa e comunicação pessoal) para esclarecer esse ponto.

O **primeiro exemplo** mostra como o supermercado britânico Waitrose fez uma estimativa do **retorno de investimento em televisão** (STOREY, 2008, p. 140).

Waitrose é uma rede de supermercados com atuação na Inglaterra, Escócia e País de Gales. Tendo aberto seu primeiro ponto de venda em 1955 – no final da primeira década do século XXI contava com 185 filiais. Por ter uma cultura organizacional muito comprometida com a qualidade dos produtos e do serviço oferecido, Waitrose não é um dos supermercados mais baratos do Reino Unido. Entendendo isso, a empresa não costuma entrar nas "guerras de preços" na comunicação.

Como a empresa realmente trabalhava com um modelo de negócios que levava em conta relacionamento de longo prazo e confiável com fornecedores e pequenos produtores, decidiu-se por um posicionamento diferenciado para a marca de supermercados: "Sinta-se bem com os alimentos que você compra" (tradução não literal de *Food you can feel good about*).

A estratégia de mídia estava focada, principalmente, na compra de espaços no horário nobre da televisão nas regiões em que o supermercado atua (canais: ABC1, Meridian e Central).

Para mensurar os resultados da campanha, a empresa utilizou a metodologia TNS Adsum, a qual compara consumo de produtos e serviços com o consumo de mídia. Tem por base um painel que acompanha 25 mil casas (TNS Worldpanel Media's), no qual tudo o que seus membros participantes compram é registrado por meio de um *scanner*. O que eles assistem na TV é anotado em um questionário.

Basicamente, a AdSum utiliza esses dados para comparar o comportamento de compra das pessoas que foram expostas a determinados comerciais nas semanas anteriores ao comportamento de compra das que não foram expostas. Dessa maneira, extrapolando a amostra para o âmbito nacional, é possível calcular a quantidade a mais de pessoas que foram ao supermercado quando afetadas pela mensagem publicitária, em comparação com as que não foram afetadas. Assim, descobrem-se as visitas incrementais geradas pelos comerciais de TV. Multiplicando-se esse número pelos valores de suas compras (registrado por *scanner*) pode-se ter uma estimativa das vendas incrementais e, portanto, do faturamento extra alavancado pelos comerciais de TV.

O **segundo exemplo** mostra como mensurar a base dessa escala de níveis de comunicação, ou seja, como medir a **comunicação oral**, que, apesar de ser altamente persuasiva, curiosamente, é o tipo de comunicação que desperta menos preocupação com relação à mensuração.

Partindo desse *insight*, a empresa nTAG[4] criou uma tecnologia que permite rastrear quem está interagindo com quem em determinados eventos. Esse rastreio ocorre por meio de uma etiqueta que é pendurada no pescoço de cada participante do evento.

Elas pesam menos de 150 gramas e funcionam com base em uma tecnologia de rádio chamada P2P, que identifica quando os usuários estão a uma distância suficiente para conversar. Uma sonda infravermelha identifica quando uma pessoa está falando. Assim, a ideia é que o sistema pode identificar quem está falando com quem e por quanto tempo.

Antes de chegar ao evento, os participantes são convidados a entrar no site da nTAG para fazer um cadastro (nome, e-mail, telefone, cargo, empresa, setor, há quantos anos trabalha no setor, área de *expertise*, região). Durante o evento, a ferramenta utiliza esse banco de dados para localizar outras pessoas que têm algo em comum. O aparelho do participante vibra sempre

---

4. Disponível em: <www.ntag.com e http://ntag.com/flash/demo/demo.htm>. Acesso em: 7 out. 2010.

Gestão de Comunicação Integrada | **79**

que há uma pessoa ou expositor querendo conversar com ele. As mensagens podem ser enviadas para uma só pessoa ou para um grupo específico de pessoas que se adéquem ao seu *target* (segundo o cadastro).

Após a conversa, os profissionais podem trocar suas informações cadastrais entre si via *Bluetooth*.[5] Podem-se incluir anotações sobre cada conversa. Essas informações ficam disponíveis no site da nTAG ou no próprio aparelho para que os participantes continuem as conversas que foram iniciadas no evento.

Um evento que conta com palestras pode utilizar essa ferramenta para mensurar os resultados e aprimorá-los durante a própria apresentação. A organização da palestra pode enviar pesquisas em tempo real para os aparelhos das pessoas que assistem à palestra. Podem perguntar, por exemplo, qual é o assunto mais interessante (que deve ser aprofundado). As pesquisas são tabuladas e enviadas em tempo real para o palestrante ou para a equipe de organização após o evento.

Após o evento, o profissional pode acessar o site da nTAG e ver de quais sessões ele participou e os contatos que fez, tornando mais fácil a elaboração de um relatório sobre a participação no evento.

Atualmente, o serviço está mais voltado ao mercado de conferências, mas a empresa tem planos de expansão. Podemos imaginar, por exemplo, que esse possa ser mais do que um método de mensuração da interação e de relacionamentos no mundo dos negócios. Pode ser mais uma ferramenta utilizada pelos gestores de comunicação para avaliar, por exemplo, o grau de eficácia da participação de uma pessoa em um evento.

---

5. Trata-se de um padrão tecnológico que tem como objetivo eliminar a necessidade de fios e cabos na conexão de aparelhos portáteis com a internet e desses aparelhos entre si para o envio e recebimento de dados e informações. O procedimento ocorre por frequência de rádio de curto alcance globalmente não licenciada, porém, com segurança. As especificações do *Bluetooth* foram desenvolvidas e licenciadas pelo *Bluetooth Special Interest Group*.

> Pode-se, inclusive, calcular o retorno de investimento dessa participação acompanhando o decorrer do relacionamento entre a empresa e esse contato (o qual pode ser um *prospect* que se torna cliente e gera receita ou um fornecedor que traz redução de custos). Esse tipo de análise cria um histórico que facilita a tomada de decisão em situações que a equipe de comunicação discute se vale ou não a pena investir dinheiro (inscrição, viagem, hospedagem, alimentação) na participação em um evento.

Esses dois são exemplos simples, mas que procuram demonstrar o incrível potencial que a tecnologia traz para que tenhamos técnicas cada vez mais sofisticadas de mensuração em comunicação.

Contudo, qualquer tecnologia ou metodologia de mensuração será diferente se não for capaz de medir como uma ação responde aos objetivos de comunicação propostos no planejamento. Esse trabalho humano anterior é imprescindível para que saibamos que efeito esperar da comunicação e, assim, decidir quais as melhores ferramentas para mensurá-los.

Objetivos de Comunicação

Costuma-se interpretar, erroneamente, que os únicos propósitos da integração da comunicação são alavancar as vendas do produto e valorizar a marca perante o consumidor final. Essa simplificação, além de antiga, desconsidera diversos estudos e pesquisas sobre o processo de comunicação e de decisão de compra (para não fugirmos do foco do livro, não nos aprofundaremos em nenhum desses estudos, porém, as notas de rodapé e as referências bibliográficas são muito úteis ao leitor mais interessado no assunto).[6]

De um processo de análise e sistematização desses estudos, Yanaze (2011) propõe um modelo de categorização dos 14 possíveis objetivos de comunicação de uma organização para seus diversos *stakeholders*, partindo do entendimento da comunicação como um processo. Veremos, posteriormente, por que o entendimento claro de cada um deles é essencial para um raciocínio coerente de mensuração. Relembrando, objetivo é a especificação dos resultados esperados pela organização, a explicitação de aonde se pretende chegar e do que se espera alcançar por meio da comunicação.

---

6. Strong (1925, p. 9) propôs o conceito AIDA (Atenção, Interesse, Desejo e Ação) para explicar os objetivos da comunicação que levam a uma decisão de aceitação da proposta de troca. Boone e Kurtz (1998, p. 392) referem-se a esse conceito quando afirmam que uma mensagem, para ser efetiva, deve atender a três requisitos: (1) ganhar a atenção do receptor (a pessoa que recebe a mensagem); (2) ser entendida por ambos, receptor e emissor (quem envia ou emite a mensagem); (3) estimular as necessidades do receptor e sugerir um método apropriado para satisfazê-las. Kotler (1998, p. 532), trabalhando com o modelo da Hierarquia de Efeitos — Aprendizagem, Percepção e Ação —, descreve os seis estados de disposição de compra: (1) Consciência; (2) Conhecimento; (3) Simpatia; (4) Preferência; (5) Convicção; e (6) Compra. O comunicador de marketing, segundo o autor, "precisa saber como mover a audiência-alvo para os estados mais elevados". McCarthy e Perreault (1997, p. 129) enfatizam a importância da promoção (comunicação) no processo por eles denominado Processo de Adoção, que contém as seguintes etapas: (1) Conscientização; (2) Interesse; (3) Avaliação; (4) Experimentação; (5) Decisão; e (6) Confirmação.

Quadro 2.3 – Modelo de Categorização dos 14 Possíveis Objetivos de Comunicação de uma Organização para seus Diversos *Stakeholders*, Partindo do Entendimento da Comunicação como um Processo

1. Despertar **Consciência** – As necessidades são inerentes aos seres humanos, conforme abordamos anteriormente. Mas, em muitos casos, algumas delas não estão no nível do sentido ou da percepção. Despertar certo grau de consciência das necessidades e carências, relacionadas com o objeto da comunicação, deve ser a primeira etapa do processo de comunicação.

2. Chamar **Atenção** – A pessoa que já tenha certo grau de consciência de suas necessidades e carências, certamente terá sua atenção despertada com maior facilidade. Obviamente, mensagens repletas de elementos criativos, exóticos, engraçados e até grotescos tendem a chamar atenção. No entanto, se o receptor não tiver nenhuma consciência da relevância da mensagem para ele, o processo se extingue na atenção.

3. Suscitar **Interesse** – A consciência prévia direciona a atenção do indivíduo, despertando interesse. Para isso, é importante que os elementos utilizados na chamada de atenção para a mensagem estejam relacionados com o despertar da consciência.

4. Proporcionar **Conhecimento** – O receptor interessado está pronto para receber uma informação mais detalhada e obter ou ampliar seus conhecimentos sobre o objeto da comunicação. Nesta etapa, a mensagem deve ser mais informativa e consistente, a fim de facilitar a compreensão.

5. Garantir **Identificação, Empatia** – As informações devem ser elaboradas e transmitidas levando-se em consideração as características e as possibilidades de percepção do receptor — seu vocabulário literário e gráfico e perfil psicossociodemográfico —, para que ele se identifique com o objeto da comunicação e estabeleça uma relação de empatia.

6/7. Criar **Desejo** e/ou suscitar **Expectativa** – Uma vez que o indivíduo se identifique com as propostas, mensagens e produtos apresentados, o processo de comunicação deve lançar mão de elementos que criem desejo de compra ou suscitem expectativa favorável à efetiva aquisição, posse e uso do bem, serviço, ideia ou conceito oferecido.

8. Conseguir a **Preferência** – Como a empresa emissora da comunicação não está sozinha no mercado, o próximo passo do processo exige argumentos que garantam a preferência do indivíduo, a despeito das ofertas dos concorrentes. Algumas empresas conseguem levar os receptores até a fase anterior, do desejo ou expectativa, mas não conseguem evitar que os potenciais clientes comprem produtos de seus concorrentes.

9. Levar à **Decisão** – Depois de conseguir a preferência do receptor, a comunicação deverá levá-lo a se decidir pela compra ou a realizar aquilo que o objeto da comunicação preconiza.

10. Efetivar a **Ação** – Muitas vezes, a tomada de decisão não é imediatamente seguida da ação objetivada pela comunicação. São vários os fatores que podem interferir no prosseguimento da sequência: ausência de recursos financeiros para consumar a aquisição; falta de tempo para se dirigir ao local de vendas; surgimento de outras prioridades etc. A comunicação deve identificá-los previamente e procurar minimizar seus efeitos ou valorizar outros fatores que levem seu público-alvo à ação. Trata-se da principal consagração de todo esforço de marketing. Mas não é a única nem a final.

11. Garantir e manter a **Satisfação** pós-ação – Os Serviços de Atendimento ao Cliente (SAC) e os serviços de treinamento e orientação ao cliente são alguns dos aparatos à disposição das empresas para manter uma relação positiva com os compradores, mesmo depois da realização da venda. Anúncios e mensagens diretas, que elogiam a decisão de compra (ou da ação) e que ratificam o bom gosto e a inteligência da preferência pela marca (ou da realização), geralmente contribuem para a redução da dissonância cognitiva (FESTINGER, 1957), ajudando na manutenção de certo nível de satisfação, mesmo que o produto em si (ou a ação em si) não o proporcione.

Gestão de Comunicação Integrada | **85**

12. Estabelecer **Interação** – As novas tecnologias, principalmente as relacionadas com a internet, possibilitam às empresas estabelecer um fluxo contínuo, de duas mãos, com seus interlocutores. As reclamações e as sugestões, se bem recebidas e processadas, podem se transformar em elogios e em desenvolvimento efetivo dos negócios da empresa em um processo constante e consistente de melhoria de relações com seus públicos.

13. Obter **Fidelidade** – Manter o cliente constitui um grande desafio para as empresas. Muitas são as razões que podem levar um comprador de determinado produto de uma empresa a passar a adquirir mercadoria de outra. A empresa deverá identificar as razões e estudar como revertê-las. E, caso haja argumentos, fazer com que o público se conscientize deles e tenha respaldo — racional ou emocional — para se manter fiel à organização.

14. Gerar **Disseminação** de informações pelos interlocutores – O último estágio pressupõe a formação de agentes geradores e disseminadores de comunicação positiva, a partir dos públicos-alvo. A empresa deverá estabelecer estratégias de comunicação específicas para incentivar seus clientes satisfeitos a emitir seus sentimentos e compartilhar suas experiências positivas com outras pessoas de suas relações. Assim procedendo, a empresa conseguirá ampliar seus canais de comunicação.

Fonte: Adaptado de Yanaze (2011).

Devemos entender qual é a contribuição desse processo de 14 objetivos de comunicação para os raciocínios que fundamentam a mensuração em comunicação. Esse modelo remete a um pensamento sistêmico (convergindo estudos de psicologia, marketing e comunicação), que é capaz de guiar e orientar o trabalho dos profissionais de Comunicação.

Todo processo de mensuração parte de um pressuposto comum: definição precisa e entendimento claro dos objetivos de comunicação, que deverão ser quantificados sempre que possível. Se o profissional de uma organização tem dificuldade em estabelecer e diferenciar os objetivos de comunicação, ele compromete todo o processo, pois metas e indicadores estarão, necessariamente, equivocados.

Conseguir diferenciar "conhecimento", "expectativa", "desejo" e "fidelidade", por exemplo, é fundamental para a definição do que será "compartilhado", que informação/fato/decisão se tornará "comum" e, dessa forma, estabelecer objetivos coerentes – que serão mensurados a partir da definição de cada um desses conceitos.

A seguir, **exemplificamos** como o pensamento dos 14 objetivos de comunicação pode ajudar o comunicador a compreender, realmente, qual é o papel da comunicação em cada nível e, consequentemente, orientar os métodos de mensuração.

Comunicação Administrativa

Uma empresa passará por uma migração de sistemas de TI e o histórico desse tipo de atividade normalmente resulta num alto índice de retrabalho, impactando na eficiência interna e no nível de produtividade geral. Pensando nisso, os gestores decidem realizar um trabalho para reduzir o índice a um patamar aceitável, por meio de um planejamento de Comunicação Integrada considerando os objetivos do processo apresentados a seguir.

- **Consciência**: comunicar nos veículos internos (cartazes, jornais, boletins etc.) as necessidades informacionais atuais da empresa e a demanda por um sistema de informação mais robusto, seguro e eficaz.

- **Atenção/Interesse/Conhecimento**: nos encontros dos Grupos de Trabalho ou nas reuniões departamentais, distribuir materiais mais elucidativos, com indicações das novas possibilidades de uso desse novo sistema e seus diversos benefícios para os usuários.

- **Identificação/Expectativa/Preferência**: desenvolver e disseminar pequenos *teasers* com o visual da nova plataforma, possibilitando certos níveis de interação, divulgando as contrapartidas da empresa caso os índices sejam superados.

- **Decisão/Ação**: estabelecer um programa de premiação aos funcionários que apresentem os menores índices de retrabalho e divulgá-lo constantemente, já no modelo novo da plataforma.

- **Satisfação/Interação/Disseminação**: destacar os funcionários e setores mais empenhados no processo de migração de sistema, apresentando seus depoimentos nas publicações internas; enviar mensagens com elogios aos familiares dos que mais se destacaram.

Comunicação Institucional

Uma empresa de capital aberto pretende lançar um novo lote de ações, porém, seu setor está passando por uma devassa por parte da mídia em decorrência de uma série de atividades suspeitas de seus concorrentes. O intuito da empresa, portanto, é conseguir desatrelar sua imagem dos possíveis escândalos, bem como garantir uma imagem de respeitabilidade, integridade e boa reputação.

- **Consciência**: disseminar na mídia nacional informações sobre todas as atividades econômicas, sociais e ambientais, assim como os benefícios gerados para a Economia do País e da região.

- **Atenção/Interesse**: evidenciar, por meio de artigos na mídia em geral, a importância de se investir em empresas sólidas para obter rentabilidade com bom nível de segurança, bem como promover o desenvolvimento e progresso do país.

- **Conhecimento/Identificação**: comunicar a grandeza dos resultados continuamente alcançados em nível nacional, bem como produzir publicações impressas e *on-line* com o detalhamento econômico-financeiro e patrimonial para os analistas de imprensa especializados e para os investidores em geral.

- **Expectativa/Preferência**: manter esses públicos informados sobre a situação da empresa (as perspectivas de crescimento, as exportações, os projetos em andamento e futuros) e do lançamento do novo lote de ações, a fim de manter uma agenda positiva com os líderes de opinião. Isso pode ser realizado por meio de publicações impressas, palestras, minisseminários, e-mail, site e blog corporativos etc.

- **Decisão/Ação**: com o lançamento do novo lote, manter uma agenda constante de atualização das informações com todos os públicos engajados – ou seja, os que efetivamente interagiram com a empresa, seja pela compra de ações, seja pela demanda por novas informações.

> - **Satisfação/Interação/Fidelização/Disseminação**: manter canais abertos de comunicação com os públicos por meio de sites de relacionamento, teleatendimento, visitas; patrocínio constante dos eventos esportivos, culturais e sociais de relevância nacional; doação de produtos para as instâncias governamentais (prefeituras, escolas, hospitais etc.) e do terceiro setor (ONGs, entidades representativas de classe etc.), fiscalizando e garantindo seu bom uso; publicação de relatórios sociais anuais, enfatizando sempre os fatores de identificação, de convergência e de cumplicidade presentes na relação da empresa com a cidade etc.

Uma boa maneira de visualizar os diversos objetivos de comunicação existentes em um plano anual, por exemplo, é dispô-los em uma estrutura como as dos quadros na sequência. A ideia é cruzar as ações de comunicação com seus possíveis objetivos de comunicação. Esse modelo permite a análise da adequação das ações de comunicação sugeridas aos objetivos que elas se propõem a cumprir.

Processo da Comunicação Interna – Administrativa:

Quadro 2.4 – Correlação entre Objetivos de Comunicação e Ações de Comunicação Administrativa

OBJETIVOS DA COMUNICAÇÃO	Publicações	Reuniões	Internet/e-mail	Intranet	Jornal/mural	Quadro de avisos	Relatório anual	Clipping	Informativo gerencial	Eventos	Campanhas internas	Portal	Folhetos/cartazes
Despertar consciência	X	X		X						X	X		
Chamar atenção			X		X					X		X	
Criar interesse	X				X								X
Dar conhecimento/informação mais consistente		X											X
Despertar expectativa			X	X		X	X	X	X				
Levar à discussão		X			X			X	X			X	X
Promover ação					X	X							
Orientar comportamento		X				X	X		X		X		
Promover e manter satisfação										X	X	X	
Criar integração											X		
Promover orgulho		X		X	X		X	X				X	X
Levar à disseminação				X			X	X					
Suscitar comentários	X	X								X			

Fonte: Desenvolvido pela Mitsuru H. Yanaze & Associados.

Processo de Comunicação Externa – Institucional:

Quadro 2.5 – Correlação entre Objetivos de Comunicação e Ações de Comunicação Institucional

AÇÕES \ OBJETIVOS DA COMUNICAÇÃO	Despertar consciência	Chamar atenção	Criar interesse	Dar conhecimento/informação mais consistente	Despertar expectativa	Levar à discussão	Promover ação	Orientar comportamento	Promover e manter satisfação	Criar integração	Promover orgulho	Levar à disseminação	Suscitar comentários
Programas sociais			×	×	×					×			
Portal/site		×				×			×	×			
Campanhas institucionais	×	×					×	×	×				
Pesquisa de opinião	×	×							×				×
Publicações					×	×	×		×				
Gestão de crises					×	×		×			×	×	
Assessoria de imprensa					×	×					×	×	
Patrocínios			×				×	×			×		
Logomarca			×			×	×				×		
Extranet		×	×			×	×						
Call center	×				×				×		×	×	
Feiras e exposições		×			×				×		×	×	
Eventos	×		×	×		×		×			×		×

Fonte: Desenvolvido pela Mitsuru H. Yanaze & Associados.

Processo de Comunicação Externa – Mercadológica:

Quadro 2.6 – Correlação entre Objetivos de Comunicação e Ações de Comunicação Mercadológica

OBJETIVOS DA COMUNICAÇÃO	Propaganda	Promoções e vendas	E-business	Eventos	Feiras/exposições	Televendas	Logomarca/embalagens	Assessoria de imprensa	Venda pessoal	Merchandising	Pesquisa de mercado	Reunião de vendas	Product placement
Despertar consciência	×	×		×						×	×		
Chamar atenção			×							×		×	
Criar interesse					×	×							×
Dar conhecimento/informação mais consistente	×	×			×		×	×	×				
Despertar expectativa			×	×			×		×				×
Levar à discussão	×	×						×	×				
Promover ação					×								×
Orientar comportamento			×		×	×						×	
Promover e manter satisfação		×		×					×	×	×		
Criar integração							×			×	×		
Promover orgulho		×				×		×			×	×	×
Levar à disseminação			×				×	×			×	×	
Suscitar comentários							×	×		×			

Fonte: Desenvolvido pela Mitsuru H. Yanaze & Associados.

Essas modalidades de comunicação devem ser integradas na relação empresa-clientes. Vejamos o exemplo de um **banco**: Patrocínios Culturais, Esportivos, Sociais e Ambientais, ou seja, a **Comunicação institucional** pode ser ativada para atender aos objetivos de Consciência, Atenção, Interesse, Identificação, Preferência, Satisfação, Disseminação junto aos públicos de interesse; Propagandas e Promoções de serviços (Aplicações, Seguro, *Internet Banking* etc.), que compõem a **Comunicação mercadológica**, são fundamentais para os objetivos de Conhecimento, Preferência, Decisão e Ação; e a **Comunicação administrativa** junto aos clientes já conquistados, por meio de um excelente atendimento dos caixas, dos *Call Centers*, dos gerentes de contas, é imprescindível para garantir os objetivos de satisfação, interação, fidelização e disseminação.

Podemos aplicar o modelo dos 14 Objetivos especificamente em cada modalidade da Comunicação e também em sua integração ao esforço de se alcançarem os objetivos corporativos gerais. O conhecimento do papel que cada ação de comunicação exerce dentro do contexto geral reduz drasticamente expectativas equivocadas em relação à comunicação, por exemplo, "quantas unidades a mais de produtos vamos vender em função do investimento em patrocínio cultural?" Certamente, o patrocínio não tem como objetivo direto "vender", mas deve ser avaliado e mensurado de acordo com sua função dentro do contexto geral. Depois de compreender os objetivos de comunicação, faz-se necessário estabelecer definições claras sobre metas e indicadores, os quais podem ser dispostos em um processo de mensuração integrada. Afinal de contas, idealmente, essas linhas não seguiriam somente a intuição dos gestores, mas estudos realizados com os públicos-alvo. O entendimento dessas definições é essencial para a assimilação dos processos de mensuração descritos no capítulo a seguir e para que possamos fazer uma análise crítica dos casos apresentados no Capítulo 4.

Metas

As metas são a quantificação dos objetivos, ou seja, a tradução do que se pretende alcançar quanto a volume, valor e tempo. Por exemplo, se uma ação de comunicação tem como objetivo aumentar a exposição da marca junto ao segmento-alvo de mercado, faz-se necessário definir o incremento em termos de percentuais (ou quantidade absoluta) de pessoas a serem alcançados e o tempo previsto para tal.

Sem a definição de metas, os objetivos são vagos, demonstrando apenas uma intenção a se seguir, porém, sem parâmetros e definições claras sobre aonde a organização quer chegar por meio do trabalho de comunicação.

Contudo, essa é uma das partes mais difíceis do trabalho do comunicador. A dificuldade na definição de metas de comunicação surge, principalmente, da análise ambiental superficial e sem ponderação (como vimos anteriormente), da falta de séries históricas de mensuração e da falta de conhecimento do negócio (comportamento do consumidor, oscilação de vendas, dinâmica do mercado etc.). Além disso, é sabido que a maior parte dos comunicadores tem maior afeição pelo trabalho qualitativo. Enfatizamos que a ideia não é diminuir a qualidade do trabalho realizado pelo gestor de comunicação, mas, sim, aumentar sua capacidade de avaliação e apresentação dos resultados alcançados por meio do estabelecimento de parâmetros quantificáveis.

No fim das contas, saber definir metas coerentemente traz credibilidade ao profissional, que saberá, por exemplo, justificar possíveis pedidos de aumento de verba de comunicação, quando necessário.

Indicadores/Métricas

Para definir metas mais adequadamente e compreendermos mensuração em comunicação, é preciso ter clareza teórica sobre métricas. Entretanto, mais do que citar e descrever uma enormidade de métricas existentes em comunicação, vamos antes traçar um raciocínio conceitual que nos ajude a entender as capacidades e as limitações das métricas.

Citamos a definição de métrica apresentada no livro *Métricas de marketing*, da Wharton Business School. De acordo com os autores:

> Uma métrica é um sistema de mensuração que quantifica uma tendência, uma dinâmica ou uma característica. Em virtualmente todas as disciplinas, os praticantes usam métricas para explicar fenômenos, diagnosticar causas, compartilhar descobertas e projetar os resultados futuros (BENDLE, 2006).

Naturalmente, nenhuma métrica é perfeita. Por isso, a recomendação é que haja um "painel" com uma série de métricas que possam ser relacionadas entre si, tendo papéis complementares. "(...) Devem considerar as relações entre elas e as limitações inerentes a cada uma".[7] Assim, a chave parece ser entender como cada métrica se relaciona com a outra, e saber quais análises realmente são necessárias para a tomada de decisão, porque:

> (...) um grupo de métricas baseadas em uma visão limitada, falha ou antiquada do negócio também pode atrapalhar. Um grupo de métricas desse tipo pode falsamente garantir que a empresa está bem quando, na verdade, há problemas.[8]

Para poder escolher um painel coerente de métricas, que não leve os gestores a conclusões erradas, devemos entender muito bem as funções estratégicas da comunicação nos contextos administrativo, mercadológico e institucional da empresa, que, por sua vez, demandam métricas próprias relacionadas aos seus objetivos intrínsecos, representados por **indicadores**.

---

7. BENDLE, Neil; FARRIS, Paul; PFEIFER Phillip; REIBSTEIN, David. *Métricas de marketing*: mais de 50 métricas que todo executivo deve dominar. Wharton School Publishing. Porto Alegre: Bookman, 2006, p. 17.

8. *Idem*, p. 350.

Podemos classificar os **indicadores** em:

- Indicadores financeiros: os diretamente relacionados a custos e receitas, que doravante vamos denominá-los **"Moedas financeiras"**, pois vamos inseri-los na perspectiva de Retornos de Investimento, que exige "restituição em **moedas"**.
- Pela mesma razão, vamos chamar de "**Moedas não financeiras**" os indicadores que, num primeiro momento, estão relacionados a porcentagens, volumes, índices, graus, quantidades etc., mas que podem ser convertidos em indicadores financeiros, direta ou indiretamente.

Tais **"moedas"** serão definidas com base na interação entre o setor solicitante da ação de comunicação e o setor gestor da comunicação. Por exemplo: entre o setor de Produção e o departamento de Comunicação Interna (Comunicação Administrativa Interna); entre o setor de Vendas e o setor de Comunicação de Marketing (Comunicação Mercadológica); entre a Diretoria e o setor de Relacionamento com a Imprensa (Comunicação Institucional) etc.

Essa interação "Cliente da Comunicação/Setor responsável pela Comunicação" deverá estabelecer objetivos e metas claras, que serão traduzidas em indicadores de performance de mútua aceitação (*target agreements*), ou seja, em **Moedas financeiras e não financeiras**, a serem avaliadas e mensuradas.

Para o estabelecimento adequado dos objetivos, metas e indicadores é fundamental a compreensão do papel da comunicação estratégica no atendimento dos objetivos gerais ligados às três instâncias comunicativas da gestão corporativa – administrativa, mercadológica e institucional.

Com o propósito de sistematizar a discussão dos indicadores, vamos apresentar cada modalidade, descrevendo-a quanto a foco corporativo específico, objetivos gerais intrínsecos, públicos-alvo, ferramentas, moedas não financeiras e moedas financeiras (*target agreements*), avaliação e mensuração dos resultados desejados.

Quadro 2.7 – O papel da Comunicação Estratégica no Atendimento dos Objetivos Gerais Ligados à Comunicação Administrativa

FOCO CORPORATIVO DOS PROCESSOS DE GESTÃO	• **PLANEJAMENTO** – Definição de objetivos e metas alcançáveis e aceitáveis. – Definição de estratégias e ações exequíveis. • **ORGANIZAÇÃO:** – Recursos financeiros (orçamento participativo e adequado). – Recursos humanos (organograma/funções/relações funcionais e de poder). – Recursos materiais (cronograma/fluxogramas/processos). • **COORDENAÇÃO:** – Reunir, unificar e harmonizar as atividades e os esforços. • **CONTROLE:** – Estabelecer parâmetros e indicadores de performance e de conformidade, aprovados/conhecidos e respeitados.
OBJETIVOS EM RELAÇÃO AOS RECURSOS HUMANOS	• **CAPACITAÇÃO** (prover condições para a realização das tarefas). • **MOTIVAÇÃO** (prover de razões e de sentimentos para a realização das tarefas). • **ENVOLVIMENTO** (obter disposição de participar e de se relacionar com outros na busca de objetivos e metas). • **COMPROMETIMENTO** (suscitar senso de responsabilidade e disposição para participar dos resultados gerais obtidos).

continua...

continuação

FERRAMENTAS DE COMUNICAÇÃO ADMINISTRATIVA	• Memorandos. • Intranet/internet/e-mail. • Jornal mural. • Reuniões. • Quadro de avisos. • Portal empresarial. • Campanhas internas. • Publicações (jornal, revistas, boletins) impressas e/ou eletrônicas. • Eventos. • Folhetos, cartazes, faixas. • Relatórios patrimonial e social anuais. • Comunicação informal. • *Clipping.* • Outras.
MOEDAS NÃO FINANCEIRAS RELACIONADAS (base para TARGET AGREEMENTS com setores)	• Taxa de absenteísmo. • Taxa de *turnover.* • Quantidade e frequência de acidentes de trabalho. • Quantidade de paralisações. • Nível de produtividade. • Taxa de ociosidade. • Taxa de retrabalho. • Quantidade de defeitos e de perdas. • Grau de desperdício. • Economia de escala. • Grau de avanço tecnológico. • Grau de sinergia entre os diferentes setores. • Grau de otimização dada a curva de experiência. • Quantidade de reclamações (internas e externas). • Frequência e quantidade de infrações (meio ambiente, trânsito, tributos, defesa do consumidor etc.). • Outras.

continua...

continuação

MOEDAS "FINANCEIRAS"	• Receitas brutas. • Devoluções. • Multas. • Custos de produção. • Custos administrativos. • Custos financeiros.
AVALIAÇÃO E MENSURAÇÃO DOS RESULTADOS DA COMUNICAÇÃO	• **AVALIAÇÃO**: **Eficiência** (verificar se estamos fazendo corretamente as ações de comunicação). **Eficácia** (verificar se estamos fazendo as ações corretas). • **MENSURAÇÃO**: **Eficiência** (verificar se estamos conseguindo alcançar os níveis/graus/quantificações desejados das moedas não financeiras). **Eficácia** (verificar grau de otimização entre moedas não financeiras e moedas financeiras).

Fonte: Proposto pelos autores.

Quadro 2.8 – Papel da Comunicação Estratégica no Atendimento dos Objetivos Gerais Ligados à Comunicação Institucional

| FOCO – IMAGEM INSTITUCIONAL:

DEFINIR IDENTIDADE ORGANIZACIONAL | • Definir **Missão** (razão de ser da empresa, objetivos essenciais do negócio no atendimento das demandas da sociedade, do mercado e dos proprietários; que sejam coerentes e aceitáveis por todos os envolvidos interna e externamente).
• Definir **Visão** (conhecimento adequado de suas potencialidades e fragilidades, do que pretende ser no futuro; estabelecimento de uma identidade comum quanto aos propósitos da organização, a fim de orientar percepções e comportamentos de todos os envolvidos, públicos internos e *stakeholders*, em relação ao futuro que a empresa deseja construir).
• Definir **Valores** (conjunto de traços culturais, institucionais e de atitudes definidos de maneira sistemática ou em sua coerência interna na busca do alcance dos objetivos e metas da empresa).
• Definir **Objetivos organizacionais** (estado futuro desejado que se quer tornar realidade e que seja congruente e complementar aos objetivos individuais das pessoas e instituições que interagem com a empresa).

IDENTIFICAR FATOS COMUNICÁVEIS RELEVANTES
Que deverão ser compartilhados com os diferentes segmentos (*stakeholders*) que interagem com a empresa. |

continua...

Retorno de Investimentos em Comunicação

continuação

IDENTIFICAR OS PÚBLICOS-ALVO E SUA RELAÇÃO COM A EMPRESA:	• Administradores e colaboradores. • Acionistas e investidores. • Fornecedores. • Governos (federal, estadual e municipal). • Distribuidores. • Sindicatos e associações. • Comunidade. • Instituições financeiras. • Instituições acadêmicas. • Imprensa/mídia. • ONGs. • Formadores de opinião. • Órgãos internacionais. • Concorrentes. • Clientes. • Lideranças setoriais (outros setores da economia, cultura, esporte, social, religião etc.). • Outros.
GESTÃO DO RELACIONAMENTO COM OS DIFERENTES PÚBLICOS:	• Definição de objetivos e metas das relações com os diferentes públicos. • Definição de estratégias e ações para alcançá-los. • Organização dos recursos necessários: orçamentos, definição de times de relacionamento, cronogramas de atividades. • Coordenação dos recursos humanos envolvidos. • Estabelecimento de indicadores de sucesso.
OBJETIVOS EM RELAÇÃO À IMAGEM INSTITUCIONAL	• Ser conhecida pelos diferentes públicos (suscitar interesse e prover conhecimento). • Conquistar confiança e credibilidade. • Fortalecer imagem (percepção da identidade pelos diferentes públicos). • Manter e fortalecer imagem. • Ganhar poder institucional, conquistar reputação diferenciada. • Marca, negócios, patrimônios tangíveis e intangíveis.

continua...

Gestão de Comunicação Integrada | **101**

continuação

FERRAMENTAS DE COMUNICAÇÃO INSTITUCIONAL:	• Propaganda institucional (TV, rádio, mídia impressa, mídia externa, internet, cinema...).
	• Promoções e eventos institucionais (*open company*, doações, manutenção de bens públicos, eventos com públicos específicos...).
	• Conservação das propriedades (prédios, jardins, veículos...).
	• Feiras e exposições, fóruns, simpósios institucionais.
	• *Call centers.*
	• Logomarca.
	• Patrocínios culturais.
	• Patrocínios sociais.
	• Patrocínios esportivos.
	• Assessoria de imprensa.
	• Coletivas com a imprensa.
	• Publicações institucionais (folhetos, jornais, revistas, relatórios).
	• Portal/site institucional/blogs/Twitter.
	• Extranet com principais públicos.
	• Gestão e comunicação de crises.
	• Pesquisas de opinião.
	• Outras.

continua...

102 | Retorno de Investimentos em Comunicação

continuação

MOEDAS NÃO FINANCEIRAS RELACIONADAS	• Índice de *recall.* • *Share of mind.* • *Share of heart.* • *Share of power.* • Valor das ações da empresa (evolução do valor). • Índice de satisfação dos públicos em suas diversas interações com a empresa. • Quantidade de reclamações. • Participação e evolução no *ranking* das melhores empresas para se trabalhar. • Quantidade de mídia espontânea positiva e sua evolução. • Índice de demanda por empregos. • Índice de procura por estágios por parte da comunidade acadêmica. • Quantidade de trabalhos acadêmicos gerados (TCCs, dissertações, teses, artigos, livros). • Índice de *turnover.* • Quantidade de convites ao corpo diretivo para participar em eventos importantes, evolução. • Quantidade de formadores de opinião que participam dos eventos promovidos e patrocinados pela empresa (do setor em que atua, cultura, esporte, social etc.). • Índice de busca, acesso ao site/portal da empresa. • Quantidade de visitas nos *stands* da empresa em feiras e exposições institucionais. • Quantidade de crises internas e externas, evolução. • Grau de desdobramentos de crises internas e externas, evolução. • Outras.
MOEDAS "FINANCEIRAS"	• Receitas brutas. • Custos com eventos. • Custos com patrocínios. • Custos com assessoria de imprensa. • Custos de promoção institucional. • Custos da equipe de comunicação institucional. • Lucro líquido. • Valor da ação/evolução.

continua...

continuação

AVALIAÇÃO E MENSURAÇÃO DOS RESULTADOS	• **AVALIAÇÃO**: **Eficiência** (verificar se estamos fazendo corretamente as ações de comunicação). **Eficácia** (verificar se estamos fazendo as ações corretas). • **MENSURAÇÃO**: **Eficiência** (verificar se estamos conseguindo alcançar os níveis/graus/quantificações desejados das moedas não financeiras). **Eficácia** (verificar grau de otimização entre moedas não financeiras e moedas financeiras).

Fonte: Proposto pelos autores.

Quadro 2.9 – Papel da Comunicação Estratégica no Atendimento dos Objetivos Gerais Ligados à Comunicação Mercadológica

FOCO DA EMPRESA EM RELAÇÃO AO MERCADO (FORNECEDOR--COMPRADOR)	• **IDENTIFICAR MERCADO POTENCIAL:** – Geográfico (onde comprar, onde vender). – Demográfico (perfil socioeconômico-cultural de quem comprar e para quem vender). – Perfil relacionado a comportamentos, valores, estilos de vida, personalidade (pessoal e empresarial de quem comprar e para quem vender). • **IDENTIFICAR SEGMENTOS-ALVO (NICHOS):** – Adequação de produto (matéria-prima/insumos, produto/ serviço da empresa). – Compatibilidade em relação às expectativas de remuneração (compra e venda). – Abrangência da logística de produção e de distribuição (armazenamento, transporte, canais). – Potencial de identificação em relação ao "tornar comum", compartilhar, comunicar (potencial de recursos internos e externos, necessidades e expectativas).

continua...

continuação

GESTÃO RELACIONAMENTO COM O MERCADO	• Definição de objetivos e metas em relação aos mercados fornecedor e comprador. • Definição de estratégias e ações para alcançá-los. • Organização dos recursos necessários: orçamentos, equipes de compra e de venda, logística de compra e de vendas. • Coordenação dos recursos humanos envolvidos. • Estabelecimento de indicadores de sucesso.
OBJETIVOS EM RELAÇÃO AOS MERCADOS	• Ser conhecida pelos mercados (suscitar interesse e prover conhecimento). • Conquistar os mercados. • Manter os mercados. • Expandir mercado. • Lucrar com os mercados.
FERRAMENTAS DE COMUNICAÇÃO MERCADOLÓGICA	• Propaganda (TV, rádio, mídia impressa, mídia externa, internet, cinema...). • Promoções de venda (equipe de vendas, canais de venda, cliente final). • *Merchandising*/exibitécnica. • Eventos promocionais (ex.: *Road shows*). • Feiras e exposições promocionais. • Televendas. • Logomarca. • Design de produtos. • Embalagem. • Assessoria de imprensa. • Venda pessoal. • Site/blog/Twitter/Facebook. • *Test drive.* • Reunião de vendas. • *Product placement/tie-in.* • Outras.

continua...

Gestão de Comunicação Integrada | **105**

continuação

MOEDAS NÃO FINANCEIRAS RELACIONADAS	• Índice de *recall.* • *Share of mind.* • Número de novos clientes conquistados. • Participação de mercado. • Quantidade de pontos de venda. • Relação venda bruta/ponto de venda. • Relação venda bruta/vendedor. • Perfil dos pontos de venda conquistados. • Índice de satisfação dos clientes. • Quantidade de reclamações. • Quantidade de devoluções de produto e de desistência de compra. • Percentual diferencial em relação aos preços dos principais concorrentes. • Adicional vendido após ação de *merchandising.* • Adicional vendido após promoções de venda. • Relação percentual entre investimentos em ações publicitárias e de evolução de vendas brutas. • Grau de recompra. • Outras.
MOEDAS "FINANCEIRAS"	• Receitas brutas. • Devoluções/restituições. • Custos com equipe de venda. • Custos com logística. • Custos de publicidade. • Custos de promoção. • Custos de *merchandising.* • Lucro líquido.
AVALIAÇÃO E MENSURAÇÃO	• **AVALIAÇÃO**: **Eficiência** (verificar se estamos fazendo corretamente as ações de comunicação). **Eficácia** (verificar se estamos fazendo as ações corretas). • **MENSURAÇÃO**: **Eficiência** (verificar se estamos conseguindo alcançar os níveis/graus/quantificações desejados das moedas não financeiras). **Eficácia** (verificar grau de otimização entre moedas não financeiras e moedas financeiras).

Fonte: Proposto pelos autores.

Obviamente, o conteúdo desses quadros apresentados deve refletir os posicionamentos desejados junto aos diferentes públicos-alvo; os valores e políticas adotados pela empresa. A sua definição, bem como o monitoramento constante, são de responsabilidade dos setores gestores da comunicação em parceria com as outras áreas da empresa que serão beneficiadas pelas ações executadas. Chamamos essas áreas de "setores-cliente" da comunicação.

Para que essa relação seja profícua e enriquecedora faz-se necessário que o profissional de Comunicação seja capaz de estabelecer um diálogo com os setores clientes (Compras, Produção, Vendas, Recursos Humanos etc.) e também com os setores que afetam sua atividade (Finanças, Contabilidade, Diretoria etc.), por mais simplório que seja, utilizando a linguagem mais aceita e influente dentro das empresas: a linguagem financeira.

Capítulo 3

COMUNICAÇÃO E FINANÇAS

Na atualidade ainda há muitas organizações que consideram ações de comunicação como despesa, não como investimento. Esse é um tema antigo que já virou consenso na cabeça dos comunicadores. "É óbvio que comunicação é investimento!", porém, essa opinião não tem muita importância se não é compartilhada pelo corpo diretivo das organizações. Para isso, é necessário entender a perspectiva administrativo-financeira dos negócios.

Segundo Martins (2001, p. 24), investimento é "um gasto ativado em função de benefícios atribuíveis a futuro(s) período(s)", enquanto despesa é "um bem ou serviço consumido, direta ou indiretamente, para a obtenção de receitas", ou seja, de ganhos no curto prazo.

Obviamente, a comunicação busca benefícios futuros. No entanto, o ponto crucial para que o dinheiro destinado à comunicação passe a ser visto como investimento é a clara definição de quais e quantos serão estes benefícios futuros, e quando eles advirão (YANAZE, 2007).

Em geral, isso ainda não ocorre por duas razões:

- Os setores financeiros e contábeis das empresas não sabem rubricar os gastos em comunicação como investimento por não terem indicações mais tangíveis do seu retorno.
- Os profissionais de Comunicação não conseguem justificar o retorno dos investimentos que solicitam.

Se essa tradução financeira do trabalho de comunicação não ocorre, todos os esforços de acadêmicos e profissionais em defesa do papel estratégico da comunicação vão por água abaixo. Sem uma projeção tangível de retorno, a comunicação como investimento em nível estratégico torna-se apenas mais uma retórica infundada dos comunicadores.

Assim, é fundamental que o profissional de Comunicação detenha certo conhecimento de finanças para poder interagir com os gestores financeiros e os contadores da empresa e, com isso, juntos, tornarem mais clara e coerente a projeção de como mensurar os possíveis retornos gerados pela comunicação.

O profissional de Comunicação, portanto, precisa conhecer pelo menos três instrumentos financeiros: fluxo de caixa, demonstrativo de resultados e balanço patrimonial. Conhecer significa saber o que os compõe e os índices de análise que eles possibilitam. Por meio desse conhecimento poderá estabelecer relações de como seu trabalho de comunicação influenciará (ou não) cada um desses instrumentos.

Instrumentos Financeiros

Fluxo de Caixa

Trata-se da ferramenta financeira mais diretamente impactada por todas as ações de comunicação. Ela tem como objetivo projetar e controlar (fluxo previsto – fluxo realizado) toda movimentação financeira da empresa, seja de entrada ou de saída de recursos, considerando as datas de sua efetivação, propiciando o monitoramento do caixa da empresa quanto ao superávit (quando os recursos que entram superam os recursos que saem) e ao déficit (recursos de entrada menores que os de saída).

Exemplificando: para um profissional de Comunicação que faz todas as suas transações financeiras (recebendo seu salário e realizando todos os pagamentos) por meio de um banco, os esforços de adequar as datas de recebimento com as datas de pagamento e de examinar o extrato bancário resultante fazem parte do processo de planejamento e monitoramento do fluxo de caixa pessoal.

O conhecimento das contas e das datas críticas que compõem o fluxo de caixa de uma empresa certamente facilita a negociação – entre setores gestores e clientes da comunicação – dos valores necessários (capital de giro), de fontes de recursos e como estes serão distribuídos ao longo da efetivação das ações de comunicação.

Quadro 3.1 – Projeção do Fluxo de Caixa (Esquema Básico)

DESCRIÇÃO	DIAS												
	1	2	3	4	5	6	7	8	9	10	...	30	Total
(+) Recebimento das vendas de mercadorias ou serviços													
(–) Pagamento/recolhimento de impostos													
(–) Pagamentos de comissões, fretes etc.													
(–) Pagamento de custos variáveis (matéria-prima, embalagens, insumos etc.)													
(–) Pagamento de custos operacionais (salários, comunicação, manutenção, aluguéis etc.)													
(–) Pagamento de despesas não operacionais (financeiras, por exemplo)													
(=) Déficit ou superávit de caixa													

Fonte: Adaptado de Yanaze (2011).

Os custos de produção e veiculação de comunicação geralmente estão atrelados aos custos operacionais da empresa. Assim, o conhecimento dos valores e prazos, que compõem o Fluxo de Caixa, instrumentaliza o gestor da comunicação na negociação com seus fornecedores (produtoras, veículos, agências etc.) de valores e prazos de pagamento que sejam adequados ao equilíbrio do caixa geral da empresa. Assim procedendo, estreita o relacionamento com seus colegas dos setores financeiro e contábil. Além disso, esse conhecimento é de grande importância para o processo de avaliação e mensuração dos retornos de investimentos em comunicação.

Exemplo: Telecom

Fluxo de caixa parece ser o aspecto financeiro que está mais distante do comunicador. Dificilmente o profissional pensa na possibilidade de fazer uma ação de comunicação e demonstrar seu retorno em função do fluxo de caixa. A seguir, apresentamos dois exemplos que nos ajudam a entender melhor essa relação.

Em setembro de 2011, funcionários dos Correios entraram em greve reivindicando melhores salários. Em função disso a correspondência não chegava às residências dos destinatários. Muitos setores da economia foram prejudicados por essa situação, entre eles as empresas de telefonia. Consumidores não recebiam suas contas em casa e, consequentemente, não realizavam os pagamentos no período de vencimento estabelecido.

Pelo ponto de vista da Demonstração do Resultado do Exercício (DRE), isso não seria um problema. As empresas não teriam prejuízo. Em algum momento, os Correios voltariam a entregar os boletos e as contas seriam pagas. Talvez fossem pagas até com juros ou multas, o que elevaria o faturamento da prestadora de serviço.

Pela perspectiva do fluxo de caixa, a situação geraria muito prejuízo, pois as empresas deixariam de contar com quantias importantes para manter suas operações funcionando normalmente. Afinal de contas, mesmo sem ter recebido o pagamento mensal de seus consumidores, as Telecom precisavam pagar em dia seus funcionários e fornecedores.

Sem caixa, a empresa talvez tivesse que pedir empréstimos e arcar com os juros até que a situação se normalizasse. Além disso, mesmo que houvesse dinheiro em caixa deveria se levar em conta o custo de oportunidade: o montante que cobre o "buraco" de caixa poderia ser utilizado em outros investimentos (operacionais ou financeiros) que gerassem ainda mais resultados para a organização.

Suponhamos que 100 mil clientes de uma empresa Telecom tivessem deixado de pagar suas contas. Considerando que o valor médio das contas é de R$ 150, o déficit de caixa seria de R$ 150.000.000. Isso faria com que a empresa tivesse que pegar um empréstimo nesse mesmo valor à taxa de 1% ao mês para manter suas operações até que as contas voltassem a ser pagas. Assim, o prejuízo da empresa com o pagamento de juros seria de R$ 150.000.

Uma solução simples para esse problema seria criar ações de comunicação para que os consumidores se cadastrassem num sistema de recebimento das contas por e-mail e SMS. Ou até mesmo pagamento via aplicativos em celulares. Com a possibilidade de ocorrerem outras greves dos Correios no futuro, o profissional de Comunicação poderia fazer o raciocínio de mensuração de retorno da comunicação a partir do modelo a seguir.

Suponhamos que essa ação de comunicação custasse R$ 50.000 e tivesse 60% de eficácia. Ou seja, das 100 mil pessoas impactadas pela campanha, 60 mil aceitariam transferir o modo de pagamento para um meio eletrônico. Assim, 60 mil clientes pagando R$ 150 por conta em média gerariam uma garantia de caixa de R$ 9.000.000.

Desse modo se poderia projetar que, caso houvesse uma nova greve que gerasse uma situação similar, a empresa teria um déficit de caixa de apenas R$ 6.000.000, já que a ação de comunicação teve resultado. Assim, mesmo que a empresa tivesse que novamente tomar um empréstimo para cobrir tais custos operacionais, o prejuízo com o pagamento de juros (às mesmas taxas) seria significativamente menor: R$ 60.000.

Contas que deixaram de ser pagas	100.000
Valor médio das contas	R$ 150
Ausência de caixa e necessidade de empréstimos	R$ 15.000.000
Prejuízo com pagamento de juros (1%)	R$ 150.000
Custo da ação para cadastramento (SMS e e-mail)	R$ 50.000
Eficácia da ação (60% de cadastrados)	60.000
Garantia de caixa em uma futura greve	R$ 9.000.000
Necessidade de empréstimo em uma futura greve	R$ 6.000.000
Redução do prejuízo com pagamento de juros (1%)	R$ 60.000

Isso não significa que cadastrar consumidores em novas formas de pagamento gera lucro para a empresa no mês seguinte, porém, pode-se fazer uma projeção demonstrando para o departamento financeiro como a comunicação contribui para evitar risco futuros relacionados ao fluxo de caixa.

Demonstrativo de Resultados

O objetivo desse instrumento financeiro é o de colocar em confronto todos os valores, de receitas e de custos, acumulados durante um período (mês, semestre, ano), permitindo a apuração de **Lucro** (receitas superando custos) ou de **Prejuízo** (custos superando receitas).

As ações de comunicação integrada podem efetivamente influenciar todos os valores que compõem o Demonstrativo de Resultados.

Exemplos:

- Uma campanha promocional eficiente ajuda a aumentar "receitas".
- Uma ação de relacionamento com distribuidores (atacadistas e varejistas) pode minimizar problemas com a manipulação de produtos e resultar em índices de devolução menores, diminuindo a conta de "descontos".
- Um programa de comunicação administrativa interna pode aumentar a produtividade e diminuir retrabalhos, resultando em "custos de produção" menores.

- Uma campanha para minimizar desperdícios pode contribuir para a diminuição de "custos operacionais".
- Um bom trabalho de relacionamento com fornecedores pode resultar no alongamento dos prazos de pagamento contribuindo para a minimização de custos provenientes de juros financeiros ("custos não operacionais").

A consciência e o conhecimento desse esquema que acabamos de descrever podem abrir novas e efetivas perspectivas na análise de retornos de investimento em ações de comunicação. Por exemplo, se uma campanha contribui para a minimização de custos, é possível considerá-la como propulsora do resultado da empresa; afinal, o valor que a empresa deixa de despender equivale ao que ela ganha ou agrega à receita.

Quadro 3.2 – Projeção do Demonstrativo de Resultados (Esquema Básico)

DEMONSTRATIVO DE RESULTADOS						
	Mês 1	Mês 2	Mês 3	......	Mês 12	Acumulado
Receita Bruta						
(-) Descontos						
Receita Líquida						
(-) Custo de Produção						
Lucro Bruto						
(-) Custo Operacional						
Lucro Operacional						
(-) Custo Não Operacional						
Lucro Antes IR						
(-) Imposto de Renda						
Lucro Líquido						
Lucro Acumulado						

Fonte: Adaptado de Yanaze (2011).

Os indicadores discriminados mais adiante, chamados de Índices de Rentabilidade, podem ser calculados com base no Demonstrativo de Resultado. Conforme discutimos, várias ações de comunicação podem contribuir para a melhoria desses índices.

Procurando sistematizar este tema, apresentamos um quadro que contém: os índices; equações para o seu cálculo; o que demonstram; e como a comunicação pode influenciá-los:

Quadro 3.3 – Índices de Rentabilidade

ÍNDICE	EQUAÇÃO	O QUE DEMONSTRA	COMO A COMUNICAÇÃO INFLUENCIA
Mark-up Global	$\dfrac{\text{Lucro Bruto}}{\text{Custo de Produção}} \times 100 = ...\%$	A porcentagem que a empresa agrega ao custo de produção para compor o preço de venda (de baixo para cima = Mark-up).	• Uma campanha interna pode ajudar a diminuir custos de produção. • No caso de uma loja, uma ação de relacionamento com fornecedores pode propiciar menor custo do produto vendido. • Uma boa ação de *branding* pode propiciar melhor percepção do valor da marca. **Conclusão:** • Todas essas ações permitem à empresa atribuir maiores porcentagens para compor o preço de vendas, sem perder a competitividade.

continua...

Comunicação e Finanças | **115**

continuação

ÍNDICE	EQUAÇÃO	O QUE DEMONSTRA	COMO A COMUNICAÇÃO INFLUENCIA
Margem bruta	$\dfrac{\text{Lucro Bruto}}{\text{Receita Líquida}} \times 100 = ...\%$	Percentual de Lucro Bruto que a empresa consegue obter da Receita Líquida (de cima para baixo).	• Um patrocínio cultural pode agregar valor à marca possibilitando que a empresa trabalhe com níveis de preços ligeiramente superiores aos de seus concorrentes, aumentando assim a margem bruta. • Uma eficaz campanha publicitária pode incrementar a receita da empresa.
Margem operacional	$\dfrac{\text{Lucro Operacional}}{\text{Receita Líquida}} \times 100 = ...\%$	Deduzidos os custos de produção e operacionais, qual porcentagem de lucro que a empresa obtém da receita líquida?	• Uma campanha interna pode ajudar a diminuir custos operacionais. • Uma ação de relacionamento com prestadores de serviço pode também propiciar menor custo operacional.
Margem líquida	$\dfrac{\text{Lucro Líquido}}{\text{Receita Líquida}} \times 100 = ...\%$	Deduzidos os custos de produção, operacionais, financeiros, de impostos, de amortização e depreciação, qual a porcentagem de lucro que a empresa obtém da receita líquida?	• Todos os já citados. • Uma campanha junto aos clientes para aumentar pagamentos à vista ou antecipados pode minimizar custos financeiros.

Fonte: Proposto pelos autores.

Todas as estratégias de marketing e comunicação visam alavancar a rentabilidade da empresa. Portanto, extrair esses índices após projetar os reflexos financeiros e econômicos das estratégias previstas no planejamento é, sem dúvida, essencial para obter sua aprovação.

Demonstração de Resultados de Comunicação

Exemplo: *E-commerce*

Imagine um portal *on-line* que agrupa sebos de todas as regiões do País e viabiliza as transações virtuais entre comerciantes e consumidores. Suponhamos que a empresa tem o objetivo de expandir suas operações, passando a vender também CDs e filmes antigos.

De acordo com o planejamento econômico da empresa, essa expansão que custará R$ 500.000 tem um alto potencial, pois gerará 100% de retorno de investimentos no seu primeiro ano de operação. No entanto, a empresa não dispõe dos R$ 500.000 em caixa para dar início ao projeto. Ou seja, ele é economicamente viável, mas financeiramente inviável.

Sabendo deste contexto do negócio, o profissional de Comunicação poderia pensar em alguma ação que ajudasse o fluxo de caixa da empresa. Uma possibilidade seria criar uma promoção que conseguisse antecipar os recebimentos da empresa. O primeiro passo seria identificar quem são os *heavy users* do serviço – os que compram mais de 10 livros ao ano no site. Suponhamos que 10 mil pessoas façam parte desse grupo. Considerando que o preço médio dos livros é R$ 500, a promoção faria a seguinte proposta em uso de mala direta ou e-mail de marketing:

> *- Pague R$ 500 neste mês e ganhe R$ 600 em créditos para usar ao longo do ano. Pelo histórico, você compra mais de 10 livros por ano conosco.*

Número de *heavy users* do portal	10.000
Custo da ação de comunicação (promoção)	R$ 15.000
Eficácia da promoção (11% de adesão)	1.100
Faturamento no mês após a promoção	R$ 550.000

Caso tal ação de comunicação tivesse eficácia de 11% (adesão de 1.100 clientes *heavy users*), a empresa conseguiria um montante de R$ 550.000 para viabilizar os investimentos na expansão do negócio.

Obviamente, ao pensar em DRE, dar R$ 600 em créditos para um consumidor que paga R$ 500 não é uma ação lucrativa e a empresa teria que gerenciar reservas para ceder tais créditos ao público sem ferir seus resultados, os quais poderiam até mesmo ser amortizados pelos lucros das novas operações da empresa.

O importante aqui é perceber que os objetivos de negócio indicavam a necessidade de caixa como prioridade para viabilizar um investimento estratégico para a empresa e a comunicação ajudou a levantar os recursos necessários para atender a um objetivo geral da empresa.

Balanço Patrimonial

É um importante instrumento financeiro que retrata a situação da empresa em relação a seus Direitos e Propriedades (ATIVOS), Obrigações e Deveres (PASSIVOS) e a composição de seu Patrimônio Líquido. Vejamos um exemplo pessoal para esclarecer essa definição:

O publicitário Showoff da Silva adquire um Porsche com um valor de mercado de R$ 500.000. No entanto, dada a situação do mercado publicitário, em compasso de espera por causa da crise financeira, Showoff não conseguiu realizar uma retirada de dividendos que lhe possibilitasse comprar esse bem à vista. Assim, pagou uma entrada de R$ 200.000 e financiou o restante. Veja a seguir:

Quadro 3.4 – Projeção do Demonstrativo de Resultados do Balanço Patrimonial (relacionado ao veículo) de Showoff da Silva

ATIVO	PASSIVO
Veículo, com valor de R$ 500.000	R$ 300.000 (saldo devedor junto à Empresa Financiadora).
	PATRIMÔNIO LÍQUIDO
	R$ 200.000 (valor efetivamente pago, que pode ser contabilizado como seu Patrimônio, ou seja, parcela do Ativo (Bem) que pode ser considerado de sua posse efetiva).
Total: R$ 500.000	**Total: R$ 500.000**

À medida que Showoff vai pagando as parcelas, diminui seu Passivo e aumenta o seu Patrimônio. É claro que Showoff deve considerar a depreciação do veículo ao longo do tempo, bem como os juros que incorrem nas parcelas do financiamento (não previstos neste exemplo).

Fonte: Proposto pelos autores.

Com relação às empresas, o quadro seguinte esquemático simplificado representa seu Balanço Patrimonial:

Quadro 3.5 – Balanço Patrimonial

BALANÇO PATRIMONIAL	
ATIVO	**PASSIVO**
Circulante	**Circulante**
• Caixas e bancos.	• Contas a pagar (fornecedores, salário e encargos, financiamentos).
• Aplicações.	
• Contas a receber (no período).	• Impostos a recolher (no período).
• Estoque.	
	Exigível a Longo Prazo
Realizável a Longo Prazo	• Financiamentos.
• Contas a receber (pós-período).	• Impostos a recolher (pós-período).
• Adiantamentos.	
	Patrimônio Líquido
Permanente/Fixo	• Capital realizado.
• Investimentos.	• Reservas.
• Imobilizado.	• Lucro acumulado.

Fonte: Adaptado de Yanaze (2011).

No Balanço Patrimonial, o que faz a diferença é a proporção do Patrimônio Líquido (capital integralizado pelos sócios, reservas e lucros acumulados) em relação às suas obrigações (salários e contas a pagar, impostos, empréstimos, financiamentos etc.), para fazer frente aos direitos e propriedades conquistados. Quanto maior o Patrimônio Líquido, melhor.

Um projeto de marketing e comunicação é viável quando resulta em aumento dos bens e direitos (dinheiro em caixa e bancos, títulos a receber, estoques de mercadorias, propriedades de móveis, equipamentos e imóveis), chamados de ativos, ou na diminuição do endividamento da empresa (de curto prazo = circulante; de longo prazo = exigível a longo prazo), os quais se denominam passivos. A diferença entre os bens e direitos (ativos) e as dívidas (passivos) é chamada de Patrimônio Líquido (do investidor). Sua evolução denomina-se Viabilidade Patrimonial e normalmente representa a variação da riqueza do investidor, que é sempre analisada anualmente, em relação aos períodos anteriores, tal como se vê na publicação de Balanço Patrimonial pelas empresas de Sociedade Anônima nos meios de grande circulação. A projeção da Evolução Patrimonial, nos casos de análise de retorno do investimento em projetos de comunicação, só se justifica quando o valor do investimento é percentualmente significativo em relação ao Patrimônio Líquido, ou seja, quando o valor a ser investido pode afetar significativamente o patrimônio dos acionistas no próprio ano em curso ou nos anos subsequentes (YANAZE; CREPALDI, 2007, p. 385).

Nesse sentido, podemos citar:

- **ações de *Branding*** atraindo investidores e impulsionado a evolução do capital integralizado;
- **campanhas de comunicação integrada** visando envolver os diferentes públicos estratégicos da empresa (*stakeholders*) no esforço corporativo de investir no incremento dos ativos (modernização tecnológica, melhoria da infraestrutura, investimentos em outros negócios, valorização da marca etc.) e na minimização dos passivos (renegociações de dívidas, parcerias nos riscos, bonificação sobre resultados etc.).

Além do exposto, o Balanço Patrimonial oferece vários índices contábeis fundamentais no direcionamento de decisões gerenciais importantes. As estratégias de comunicação nas três modalidades (administrativa, institucional e mercadológica) efetivamente influenciam a formação desses indicadores.

Com o objetivo de facilitar a visualização e a compreensão desse assunto, apresentamos um quadro que contém: os índices contábeis; equações para o seu cálculo; o que demonstram; e como a comunicação pode influenciá-los.

Comunicação e Finanças | **121**

Quadro 3.6 – Índices Contábeis

ÍNDICE	EQUAÇÃO	O QUE DEMONSTRA	COMO A COMUNICAÇÃO PODE INFLUENCIAR
Liquidez Corrente	$\dfrac{\text{Ativo Circulante (AC)}}{\text{Passivo Circulante (PC)}}$	Indica a capacidade da empresa de saldar suas dívidas de curto prazo. Ex: Se o cálculo resulta em 1,2, esse valor indica que a empresa tem R\$ 1,20 de AC para saldar R\$ 1 de PC.	Ações de relacionamento e de comunicação *Just in time* com fornecedores podem racionalizar a operação de compras, diminuindo estoques ociosos e, consequentemente, 'contas a pagar'.
Liquidez Seca	$\dfrac{\text{Ativo Circ. – Estoque}}{\text{Passivo Circulante (PC)}}$	Indica a capacidade da empresa de saldar suas dívidas de curto prazo sem ter de "queimar" o estoque.	Ações de promoção de vendas podem incrementar as receitas, reforçando o "caixa" e "contas a receber".
Liquidez Imediata	$\dfrac{\text{Disponível (caixa)}}{\text{Passivo Circulante (PC)}}$	Indica a capacidade da empresa de saldar suas dívidas de curto prazo só com o dinheiro em caixa.	Campanhas de incentivo ao pagamento à vista podem efetivamente reforçar o caixa disponível.
Liquidez Geral	$\dfrac{\text{Realizável Total}}{\text{Exigível Total}}$	Indica a capacidade da empresa de saldar suas dívidas de curto e longo prazos.	Ações integradas de comunicação reforçando responsabilidade, manejo adequado dos recursos e maior produtividade ajudam a melhorar esse índice.

Fonte: Proposto pelos autores.

Para o profissional de Comunicação é útil conhecer outros índices contábeis, igualmente importantes, que são extraídos da análise integrada do **Demonstrativo de Resultados** e do **Balanço Patrimonial.**

Vamos apresentá-los no quadro a seguir:

Quadro 3.7 – Índices Contábeis

ÍNDICE	EQUAÇÃO	O QUE DEMONSTRA	COMO A COMUNICAÇÃO PODE INFLUENCIAR
Prazo Médio de Recebimento	$\dfrac{\text{Contas a Receber}}{\text{Receita Média Diária (*)}}$ $(*)\ \dfrac{\text{Receita Líquida}}{360\ \text{dias}}$	Quantos dias em média a empresa está levando para receber de seus clientes.	Campanhas de promoção de pagamentos à vista ou com prazos mais curtos.
Prazo Médio de Pagamento	$\dfrac{\text{Duplicatas a Pagar}}{\text{Compra Média Diária (*)}}$ $(*)\ \dfrac{\text{Compras}}{360\ \text{dias}}$	Tempo médio entre o recebimento das mercadorias adquiridas (matéria-prima, insumos etc.) e o respectivo pagamento.	Programas de relacionamento com os fornecedores podem ajudar a prolongar este prazo.
Giro de Estoque	$\dfrac{\text{Receita Líquida}}{\text{Estoque}}$	Quantas vezes o estoque da empresa gira para produzir vendas no período de análise.	Promoção de vendas e ações de *merchandising* podem intensificar o giro de estoque.
Giro dos Ativos Permanentes	$\dfrac{\text{Receita Líquida}}{\text{Ativo Permanente}}$	Quantas vezes os equipamentos, por exemplo, giram para produzir receitas no período de análise.	Programas de Fidelidade incentivam a compra repetida promovendo maior giro do ativo permanente. (Exemplo: uso do ativo avião para cias. aéreas.)

Fonte: Proposto pelos autores.

Sem o conhecimento dos fundamentos do Balanço Patrimonial, o profissional de Comunicação está incapacitado para perceber e estabelecer relações de cumplicidade entre as suas atividades e os seus possíveis reflexos e influências nas contas que compõem esse importante instrumento de análise econômico-financeira. O saber financeiro ajuda no estabelecimento dos *target agreements* com os demais setores, mas também auxilia na afirmação dos benefícios trazidos pela comunicação, bem como facilita o controle e a exposição de maneira didática dos resultados alcançados.

Outro aspecto, relacionado ao Balanço Patrimonial e que deve ser observado pelo profissional de Comunicação, é a diferença que geralmente ocorre entre o "Valor Patrimonial" e o "Valor de Mercado" de uma empresa.

Esclarecendo: *uma empresa registra um Patrimônio Líquido (diferença entre Ativos e Passivos, apurada no último Balanço) de R$ 1.000.000.000, pulverizado em 100.000.000 de unidades acionárias (ações), o que resulta em um valor patrimonial de R$ 10 por ação. Supondo que, em dado momento, suas ações são negociadas na Bolsa de Valores de São Paulo a R$ 20, a procura crescente resulta em sua valorização. Esse valor reflete o que se pode denominar "valor de mercado", visto que há demanda para esse montante, ou seja, há investidores interessados em pagar R$ 20 para obter ações da empresa. Nesse exemplo, o valor de mercado da empresa representa um superávit de 100%, ou duas vezes seu valor patrimonial. Vários fatores podem justificar essa diferença:*

- *percepção de empresa lucrativa;*
- *imagem organizacional positiva;*
- *reputação de qualidade;*
- *atuação em mercados de alta atratividade;*
- *presença no* ranking *das melhores empresas para se trabalhar; e*
- *imagem atrelada a modernidade, alta tecnologia etc.*

No entanto, nenhum desses fatores redundaria em disposição do mercado da Bolsa de pagar mais pelas ações da empresa sem os préstimos da comunicação, que torna "comum" junto aos diferentes públicos (inclusive o público investidor) fatos, decisões e informações a ela relacionados. Várias ações de comunicação podem ser devidamente justificadas financeira e economicamente a partir de sua contribuição no processo de valorização empresarial. Obviamente, não se pode desconsiderar a importância e o mérito dos fatos/decisões/informações *per se*; no entanto, qual seria o seu valor sem a comunicação, que os torna "comum" junto aos públicos estrategicamente relevantes?

O desconhecimento desse instrumento financeiro por parte de alguns profissionais e pesquisadores de Comunicação levou a alguns equívocos conceituais.

> Por um equívoco em sua interpretação, grande parte dos "balanços sociais" apresentados pelas empresas não passa de Demonstrativo de Dispêndio em ações que elas consideram como de responsabilidade social: patrocínios, alimentação, cesta básica, educação corporativa, férias, recolhimento dos encargos etc. O **Balanço Social**, por sua vez, deve revelar a situação de equilíbrio entre os direitos sociais usufruídos pela organização e as obrigações e os deveres sociais cumpridos. Se há equilíbrio, ou seja, se a empresa cumpre com as obrigações sociais requeridas, pode-se considerá-la empresa-cidadã. Se a organização propicia à sociedade benefícios sociais além do que lhe é devido, pode-se conferir a ela o título de Empresa de Responsabilidade Social. O que a empresa realiza a mais em termos de obrigações sociais pode compor seu patrimônio social, que, devidamente avaliado e mensurado, pode justificar parte substancial do valor intangível de sua marca (YANAZE, 2011).

Outro equívoco muito frequente se refere ao uso da expressão "Ativo da Marca" como tradução do inglês *Brand Equity*, tema recorrente em literatura sobre comunicação organizacional. O *Balance Sheet* (Balanço Patrimonial) é composto por *Assets* (Ativos), *Liabilities* (Passivos) e *Equity* (Patrimônio Líquido). Quando se traduz *Brand Equity* por Ativo da Marca configura-se um erro conceitual, pois o ativo da marca pode significar "todas as razões para se falar bem e admirar a marca", "tudo o que a marca representa", "todos os direitos que a marca detém"; no entanto, para se apurar o verdadeiro patrimônio (*Equity*) da marca é necessário deduzir do ativo (*Asset*) todo passivo (*Liability*) da marca, ou seja, "todas as razões para se falar mal e não estimar a marca", "todas as obrigações e contrapartidas relacionadas à marca".

Com o conhecimento efetivo dos instrumentos financeiros, o profissional de Comunicação pode estabelecer uma interlocução positiva com os setores decisores da empresa (Finanças, Diretoria, Acionistas etc.), além de se capacitar a utilizar o repertório apreendido em suas avaliações e mensurações. Tudo isso, sem dúvida, contribui para a valorização de seu trabalho.

Viabilidade Econômica

Um dos fatores indispensáveis para uma avaliação precisa é a coleta minuciosa e adequada dos preços com os fornecedores de determinada ação de comunicação (mercadológica, institucional ou administrativa), ou seja, saber calcular efetivamente o total que será investido, bem como as projeções quantitativas de incremento de vendas, *share of mind* (lembrança da marca), aumento de produtividade, ou qualquer outro indicador (moeda financeira/moeda não financeira) relacionado com a ação e que possa ser coletado e monitorado junto aos *stakeholders*. Com custos e projeções calculados, pode-se ter uma demonstração confiável de expectativa de lucros ou prejuízos. Esse processo se chama "cálculo de viabilidade econômica do projeto".

A projeção de **Viabilidade Econômica**, também conhecida como Projeção de Lucros e Perdas ou Demonstrativo de Resultados, conforme já discutimos, se dedica a confrontar receitas e despesas previstas durante a vigência de determinado planejamento de marketing e comunicação.

Entendem-se por **receitas** previstas os valores estimados das vendas de bens e serviços resultantes das ações estratégicas previstas no planejamento, independentemente dos prazos de recebimento concedidos; e entendem-se por **despesas** previstas os custos diretamente incorporados aos bens e serviços a serem vendidos, somados a todos os custos indiretos incidentes sobre o negócio ou necessários para produzir ou vender aqueles bens ou serviços comprometidos no período (investimentos em ações de comunicação inclusive). O resultado dessa conta pode apontar superávit (**lucro**) ou déficit (**prejuízo**). A Viabilidade Econômica é normalmente analisada considerando-se o período total de vigência do planejamento em questão, dividido em períodos menores para possibilitar o monitoramento constante das variáveis que afetam o atingimento ou não dos valores previstos. A persistência de resultados periódicos negativos pode ser um indício para a descontinuidade do projeto em tela.

Para Yanaze e Crepaldi (2007, p. 384):

> Toda iniciativa de comunicação interna ou externa, mercadológica ou institucional, por menor que seja, pode — e deve — ser objeto de análise de retorno econômico do investimento. Mesmo que não tenha sido prevista pelo profissional de Comunicação, o investidor a fará, ainda que informalmente, ou a solicitará a um profissional de Finanças que, com ou sem o conhecimento do pessoal de comunicação, indicará as conclusões.

Viabilidade Financeira

Um projeto não deve apenas apresentar viabilidade econômica, ou seja, oferecer perspectivas de lucro e retorno no prazo estipulado, mas também deve demonstrar capacidade de cumprir todos os compromissos de desembolso decorrentes das ações previstas. Assim, se deve proceder a outra etapa de análise: o estudo de viabilidade financeira.

Trata-se de executar uma previsão de fluxo de caixa, projetando entradas de caixa (das fontes de receita previstas) e saídas de caixa (das fontes de gastos inerentes). Devem ser considerados os prazos de pagamentos a todos fornecedores e, inclusive, as despesas para atender à demanda crescente de algum público estratégico pelos bens e serviços da empresa.

Por exemplo, se uma campanha de comunicação visa atrair mais clientes para as lojas e nelas aumentar o tempo de permanência deles, a empresa deve prever que, se atingir a meta, deverá ter dinheiro em caixa para arcar, não somente com os custos de produção e veiculação da campanha, mas também com as despesas de pagamentos de mais funcionários para atender à demanda.

No caso de uma campanha interna que visa ao maior engajamento do funcionário por meio de uma central telefônica que recebe sugestões, a empresa deve estar preparada para arcar com gastos estruturais, caso os funcionários passem a utilizar mais esses serviços. Resumidamente, a viabilidade financeira trata de prever entradas e saídas monetárias, e seu estudo define se a empresa terá capital de giro (dinheiro em caixa) suficiente para realizar determinada ação ou não.

De acordo com Yanaze e Crepaldi (2007, p. 384):

> Uma empresa altamente lucrativa, com preços de venda maiores do que o custo de produção, pode sofrer um colapso no **saldo de caixa**, bastando para tanto que os compromissos de pagamento de uma ação de comunicação sejam assumidos em períodos mais curtos do que a soma dos prazos de produção, estocagem, venda e expectativa de recebimentos. Quando se apresenta negativa no período analisado, a Viabilidade Financeira simplesmente acusa um problema de fluxo de caixa. A decisão de manter ou não o projeto ou ação depende da análise de sua importância e dos benefícios para a empresa, em médio e longo prazo, e da possibilidade de se mobilizarem recursos financeiros externos ao projeto. Quando o projeto é de grandes proporções e importância para a empresa, esses aportes externos recebem o nome de **reforço de Capital de Giro**.

Atualmente, exige-se de um gestor, mesmo o da área de Comunicação, a elaboração de estudos de viabilidade econômica, financeira e patrimonial que justifiquem a aprovação de suas propostas.

Viabilidade Patrimonial

O projeto de comunicação só será considerado **viável economicamente** quando apresentar receitas maiores do que as despesas, propiciando no prazo previsto acumulação de **Resultados Econômicos (Lucros)**. Será **viável financeiramente** quando permitir entradas de caixa antes das saídas ou quando puder contar com aportes de capital de giro. Um projeto de comunicação apresentará **viabilidade patrimonial** quando resultar em aumento de ativos (dinheiro em caixa e bancos, títulos a receber, estoques de mercadorias, propriedades de móveis, equipamentos e imóveis), ou na diminuição dos passivos (endividamento da empresa), culminando, consequentemente, no aumento do Patrimônio Líquido. É para essa conta que o investidor dirige os seus olhos e, anualmente, faz a análise da variação de sua riqueza para, posteriormente, decidir se mantém ou não seu investimento em determinada empresa. Nesse contexto de análise inserem-se também os valores intangíveis da empresa e de sua Marca, que são percebidos pelo mercado a partir de ações adequadas de comunicação organizacional. Esse assunto será discutido mais adiante.

Análise de Retorno do Investimento

O processo de Análise de Retorno de Investimento é uma atividade fundamentalmente interna de Planejamento e Controle. Desse modo, deve servir como base de fundamentação de tomadas de decisões estratégicas e para o acompanhamento e ajuste de possíveis variações que ocorram no meio do projeto.

A avaliação e o processo de tomada de decisão sobre investimentos são definidos com base em duas variáveis. A primeira denomina-se Taxa de Rentabilidade, ou seja, o rendimento que se espera de tal projeto ou ação. A segunda variável é denominada Período de Retorno,[9] ou seja, o tempo em que o valor investido retornará para a empresa. A tomada de decisão entre alternativas de investimento por parte do investidor se faz pela comparação entre taxas e prazos de retorno, proporcionados pelas diversas alternativas. Essas duas variáveis são apresentadas na sequência.

Lenskold (2003) comenta um relatório chamado "Maximizando o retorno de investimento em Marketing" (*Maximizing Marketing ROI*).[10] Para ele, as empresas com práticas de excelência ganhavam vantagem competitiva e aumentavam a lucratividade por meio da aplicação de modelos de mensuração de retorno de investimentos em marketing:

> Essas organizações-referência agora são capazes de comparar e priorizar mais rapidamente as alternativas de marketing, de tomar decisões baseadas em informações mais facilmente, e de espalhar aprendizados pela organização a partir dos trabalhos que já existem. Medidas de retorno de investimento permitem aos executivos das organizações, aos gestores financeiros e aos gestores de marketing falar a mesma língua com relação às expectativas de desempenho (LENSKOLD, 2003, p. 7).[11]

Normalmente, na Administração, a expressão "Retorno de Investimento" (ROI – *return on investment*, em inglês) se refere estritamente aos ganhos ou perdas ocorridos em dado período de tempo (GITMAN, 2001). É o cálculo de quanto trará de retorno cada real investido. Ou seja, é o cálculo que diz que uma organização que investe R$ 1 em co-

---

9. Período de Retorno também é chamado de *Payback* por alguns autores, como Lawrence J. Gitman (2001).

10. Pesquisa realizada pelo American Productivity and Quality Center (APQC) em parceria com a American Research Foundation (AFR).

11. *These benchmark companies are now able to quickly compare and prioritize alternative marketing options, more easily make informed decisions, and effectively spread learning companywide from the common framework that exists. ROI measurements allow company executives, financial managers and marketing managers to speak the same languages in terms of performance expectations.* (Tradução nossa.)

municação, por exemplo, terá R$ 1,50 após um ano. Nesse caso, o ROI é de 50% ao ano.

Lenskold define o conceito de retorno por meio da imagem logo adiante. A partir de um investimento, a empresa alcança determinada receita (faturamento). Subtraindo-se o custo dessa nova operação (custo para vender o produto) se chega à margem de lucro bruto. Desse montante se subtrai a parte equivalente à recuperação do montante de investimento realizado. O restante é considerado o retorno sobre o investimento.

Quadro 3.8 – Relação entre Faturamento, Margem de Lucro e Retorno

INVESTIMENTO	FATURAMENTO	Custo de vender o produto / MARGEM DE LUCRO	Retorno / INVESTIMENTO RECUPERADO	RETORNO
O investimento de marketing é feito.	O faturamento é gerado como resultado do marketing.	Uma parte do faturamento paga os custos dos produtos, restando uma margem bruta de lucro.	Outra parte cobre o investimento original, restando o retorno.	Retorno representa o montante que sobra como lucro para a organização.

Fonte: Adaptado de Lenskold (2003, p. 54).

Ele acredita que uma boa análise de retorno de investimento é feita com base somente no valor incremental investido em cada projeto (LENSKOLD, 2003, p. 34), para que possa haver uma comparação com os cenários anteriores e com outros projetos simultâneos.

O autor diz que a única complexidade da mensuração de retorno de investimento "é saber o que é levado em conta entre o investimento e o lucro bruto, e como essas variáveis vão ser calculadas" (2003, p. 127).[12] Por isso, defende que é necessário estabelecer uma fórmula-padrão precisa, alinhada com as decisões estratégicas, que possa ser usada constantemente por toda organização para fazer comparações justas que levem aos investimentos (2003, p. 67).[13]

Com essa visão sobre retorno de investimentos, Lenskold (2003, p. 63) tem uma opinião cética com relação às propagandas focadas em construir marcas e criar conexões emocionais de longo prazo com os consumidores (comunicação institucional). Para ele:

> é irrealista forçar decisões de investimentos nesse tipo de *branding* a partir de uma equação padronizada de retorno de investimento em marketing porque o valor incremental será impossível de ser identificado em cada um dos investimentos. (...) Assim, esse tipo de propaganda seria considerada uma despesa elevada.[14]

Em outro trecho de seu livro (2003, p. 7), Lenskold diz que:

> a palavra "retorno" poderia ser interpretada significando todos os benefícios que uma organização ganha por meio de um investimento, incluindo "mensurações suaves" (*soft measures*) como lembrança da marca e satisfação do consumidor, mas ROI (retorno de investimento) é um termo financeiro no mundo dos negócios, no qual "retorno" representa o ganho financeiro. (...) Métricas de performance devem ser usadas para estimar valor financeiro, mas não podem ser convertidas em valor financeiro.[15]

---

12. *The real complexity that comes into the ROI measure is what gets counted within the investment and gross margin values and how those input variables are calculated. Establishing standards is necessary to simplify the use of ROI measurements.* (Tradução nossa.)

13. *The key to successful using ROI In marketing is establishing a standard formula that is accurate, aligns with strategic decisions, and can be used constantly throughout a company for a fair comparison to guide investments.* (Tradução nossa.)

14. *It's not realistic to force investment decisions for this type of branding into a standard marketing ROI equation, since the incremental value will be impossible to identify for each investment. (...) This form of advertising would be considered as an overhead expense.* (Tradução nossa.)

15. *(...) the word return could be construed to mean every benefit the company gains from the investment, including soft measures such as awareness and customer satisfaction, but ROI is a financial term in the business world where "return" represents a financial gain. (...) Performance metrics should be used to estimate financial value but cannot be converted to financial value.* (Tradução nossa.)

Nesses trechos podemos perceber como o pensamento do autor é totalmente guiado por uma visão financeira. Isso é consequência da definição de "investimento" que ele utiliza. Para Lenskold, investimento é todo valor financeiro que é colocado em risco para vender produto, serviço, ou a empresa (2003, p. 20).[16]

Devemos aqui fazer uma ressalva importante com relação a nosso entendimento sobre retorno de investimento. Como vimos anteriormente, a perspectiva de investimento adotada neste trabalho difere da apresentada por Lenskold, que só considera valores financeiros. Preferimos trabalhar com a perspectiva de Yanaze (2007) e Freire (2008), os quais definem investimento como a soma total dos esforços (materiais e imateriais, financeiros e não financeiros) de uma organização para atingir algum objetivo. Nesse ponto se estabelece toda a diferença conceitual entre duas perspectivas que guiam o trabalho de mensuração e análise de retorno de investimento para dois caminhos opostos.

Obviamente, essa projeção direta do retorno de investimento por meio de uma equação é importante, porém remete somente aos resultados de vendas. Desconsidera, assim, os resultados atingidos no nível intangível, que são mensurados em moedas não financeiras, como o valor de marca ou a possível contribuição desses investimentos na valorização das ações no mercado financeiro. Outra limitação dessa visão é que, na equação, são considerados o montante total de investimento e o montante total de retorno. Ou seja, não se pondera a contribuição de cada esforço específico de comunicação para que esse retorno total seja atingido.

O quadro a seguir demonstra a diferença conceitual entre a definição de investimento de Lenskold (2003) e a definição de investimento de Yanaze (2007) e Freire (2008), que utilizamos como base para este trabalho. Mostra também a consequência na perspectiva de análise de retorno de investimento que cada uma delas gera, como vimos nos parágrafos anteriores.

---

16. *The marketing investment includes all of the expenses that are put at risk to market the product, service or the company.* (Tradução nossa.)

Quadro 3.9 – Consequências das Diferentes Definições Conceituais de Investimento

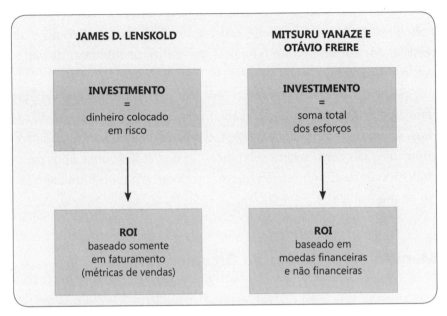

Fonte: Adaptado de Senise (2009).

No fim das contas, Lenskold (2003) pensa o retorno de investimento somente como uma equação, não como uma mentalidade de gestão que leva ao aperfeiçoamento das métricas e que, assim, pode levar à inserção cada vez maior da comunicação no nível estratégico. Obviamente, vindo da Administração, ele tem uma postura que prefere deixar de lado a discussão complexa dos efeitos financeiros e não financeiros da comunicação como um todo, para se limitar ao que, à primeira vista, parece dar retorno de vendas para as organizações.

O conceito de que "investimento é a soma total dos esforços" dá luz a um pensamento muito mais complexo acerca do retorno, já bem delineado em termos conceituais em Yanaze (2007), mas que, admitimos, apresenta um grau maior de dificuldade de absorção. Ocorre que, se realmente queremos falar em Retorno de Investimentos em Marketing e Comunicação – e se realmente estamos dispostos a apresentar o valor tangível da área de comunicação e seus projetos executados –, devemos, nesse caso, com certeza, tomar o caminho mais complexo, pois o resultado será bastante satisfatório, e ao mesmo tempo mais realista, por considerar um número significativamente maior de variáveis e indicadores.

Apesar disso, a Administração tem algumas contribuições valiosas para o pensamento de mensuração em comunicação. A seguir, explicamos algumas metodologias de gestão orçamentária e conceitos financeiros os quais consideramos importantes que sejam conhecidos pelos profissionais de Comunicação que se propõem a fazer um trabalho sério de mensuração.

Metodologias de Gestão Orçamentária

Iniciamos esta parte apresentando algumas das metodologias de gestão orçamentária mencionadas no âmbito da pesquisa "Avaliação dos Processos de Investimento em Comunicação", que compõe a segunda parte deste livro. Esse conhecimento é importante, pois o profissional de Comunicação não conseguirá realizar nenhuma análise de retorno dos investimentos de suas atividades sem saber: como a empresa define os valores a serem investidos; como são aprovadas as projeções orçamentárias dos diferentes setores (comunicação inclusive); como são definidas as prioridades; quais são os critérios para a definição de indicadores de sucesso; e como são monitorados os resultados das diferentes áreas (comunicação inclusive) etc.

Devido à sua relevância para a gestão organizacional, as metodologias a serem apresentadas são as seguintes: Orçamento Base Zero (OBZ), Orçamento Base Histórica (OBH), *Value Based Management* (VBM) e *Balanced Scorecard* (BSC). Essas não foram as únicas metodologias citadas na pesquisa, mas foram as mais referenciadas no sentido de sua utilização nas áreas de Comunicação.

Vale ressaltar que as três primeiras (OBZ, OBH e VBM) são metodologias mais diretamente ligadas à formatação orçamentária, mas a última (o BSC) é muito mais uma ferramenta de monitoramento e controle da **estratégia organizacional.**

Orçamento Base Zero/Orçamento Base Histórica

A metodologia orçamentária **OBZ** (Orçamento Base Zero) foi criada pela Texas Instruments Inc. em 1969. Contrapõe-se à metodologia **OBH** (Orçamento Base Histórica), na atualidade ainda largamente utilizada pelas empresas, que na definição orçamentária para dado ano considera os valores de receitas e custos do exercício anterior, geralmente com ajustes percentuais (índice de inflação, custo do capital, dentre outros), sem levar em conta as necessidades financeiras provenientes de um planejamento estratégico fundamentado na situação da concorrência e das condições ambientais atualizadas. No Orçamento Base Histórica, as verbas para as ações de comunicação, tanto institucional quanto mercadológica, são definidas de percentuais de faturamento, percentuais sobre o valor despendido no ano anterior. Nesse contexto, o profissional de Comunicação tem de se adequar ao montante definido pela direção, e não, efetivamente, ao que deve ser realizado, de acordo com as novas demandas do mercado.

A expressão "Base Zero" se refere ao novo ciclo que se forma, ou seja, um novo orçamento se faz necessário na medida em que a dinâmica das condições empresariais e mercadológicas exige adequações de metas e de estratégias. Todo processo de definição orçamentária parte das necessidades desse novo contexto, que passa a representar a nova "base zero". Assim, as receitas previstas, bem como todas as despesas propostas, devem ser justificadas (não apenas as solicitações que ultrapassam o nível de gasto já existente, ou seja, as realizadas na "base zero" anterior). Além de ter de justificar os montantes propostos, o gestor deve efetuar uma análise de alternativas de ações, ou seja, tem que apresentar e comentar criticamente as diferentes maneiras de executar cada atividade, como: manter uma equipe própria ou terceirizar vendas, adquirir ou fazer *leasing* de equipamentos, veicular no meio de comunicação X ou no Y etc. Com essas análises compõe-se um "Pacote de Decisão" no qual são apresentadas as alternativas, os resultados possíveis de sua não execução, os custos e a correspondente avaliação do retorno e do risco envolvidos no empreendimento.

Para o profissional de Comunicação, essa metodologia permite que suas previsões orçamentárias sejam realizadas com base em um planejamento estratégico elaborado para fazer frente às condições do ambiente mercadológico. Isso implica maior autonomia para seus pleitos; no entanto, aumenta suas responsabilidades e as necessidades de justificar suas solicitações demonstrando viabilidade econômico-financeira, bem como os retornos intangíveis esperados.

Value Based Management (VBM)

Trata-se de uma metodologia de gestão baseada nos pressupostos do EVA (*Economic Value Added*), do TRIT (Taxa de Retorno sobre Investimento Total) e do Valor Patrimonial *versus* Valor de Mercado – processos e conceitos de avaliação e mensuração apresentados e discutidos neste livro.

A expressão *Value Based Management* (VBM) é geralmente traduzida para o português como "gestão baseada no valor" e representa um sistema de gestão cujo objetivo final é a maximização do valor para os acionistas, ou proprietários da empresa, no longo prazo. Assim, os objetivos e metas, as estratégias, os sistemas, os processos, as políticas, a cultura organizacional e os indicadores-chave de desempenho devem estar relacionados efetivamente à criação de valor. O VBM procura alinhar os interesses dos gestores e dos acionistas, promovendo sistemas de avaliação de desempenho e de incentivos plenamente orientados para a criação de valor. Dessa forma, todos os setores da empresa devem planejar, ou seja, definir objetivos, metas e estratégias setoriais visando sempre agregar valor para o todo da empresa. De posse das definições dos setores participantes, os gestores do sistema VBM podem monitorar o processo, mensurando o valor não refletido na contabilidade (valor intangível), identificando quais as fases operacionais e, consequentemente, os setores que propiciam maior valor relativo, definindo prioridades orçamentárias.

Os profissionais de Comunicação geralmente têm noção e até convicção de que suas atividades efetivamente agregam valor para a empresa; no entanto, não sabem como tangibilizar e demonstrar essas percepções. Entendemos que, para o profissional que consegue mensurar os resultados de suas atribuições, o VBM seja o sistema de gestão que mais valoriza suas funções dentro da empresa.

Balanced Scorecard (BSC)

O *Balanced Scorecard (BSC)* foi criado por Robert Kaplan e David Norton em 1992. Trata-se de uma ferramenta que busca traduzir e comunicar a visão e a estratégia da empresa em um conjunto integrado de medidas de desempenho.

O monitoramento desse conjunto integrado permite a identificação das medidas que são importantes para o sucesso da organização. Assim, a empresa pode priorizar os fatores críticos de sucesso, direcionando em torno destes os seus recursos humanos, financeiros e materiais de maneira consensual e com sinergia.

O BSC traduz visão e estratégias em objetivos e medidas, que são classificados sob quatro perspectivas diferentes: (a) perspectiva financeira; (b) perspectiva do cliente; (c) perspectiva dos processos internos; e (d) perspectiva do aprendizado e crescimento.

Ao iniciarmos pela perspectiva financeira, observamos a visão de negócio por parte do empreendedor. Em última análise, o objetivo da empresa é ser mais valiosa a cada dia. Para tanto, é fundamental o atendimento das necessidades do cliente de todas as maneiras. Para atender a essas necessidades, a empresa tem que ser excelente nos seus processos internos. Finalmente, para adquirir excelência nos processos internos, a organização terá que manter as pessoas em constante desenvolvimento do aprendizado e o crescimento (YANAZE, 2007).

A **perspectiva financeira** sintetiza as consequências econômicas de todas as medidas tomadas dentro da organização, verificando se a estratégia de uma empresa, sua implementação e execução estão contribuindo para melhoria dos resultados financeiros. A **perspectiva do cliente** permite a identificação dos clientes e dos mercados atendidos pela empresa, e desenvolve medidas de desempenho que têm como função direcionar as ações da empresa com o objetivo final de fidelizar os clientes existentes e conquistar novos clientes. Ambas as perspectivas estão interligadas, pois é impossível melhorar a rentabilidade da empresa sem aumentar a lucratividade por clientes.

Se, por um lado, não conseguimos ser bem-sucedidos financeiramente no longo prazo sem atentarmos para a perspectiva do cliente, da mesma forma não se consegue agradar aos clientes, por um longo tempo, sem o desenvolvimento da excelência nos processos internos da organização. Por exemplo, se a organização toma conhecimento de que a pontualidade de entrega de um serviço é um fator preponderante para a satisfação do seu cliente, torna-se imprescindível que a logística da empresa seja capaz de entregar o serviço no prazo estimado; o serviço entregue no prazo gera alta satisfação do cliente; o cliente, por sua vez, tenderá a continuar realizando negócios, talvez expandindo o leque de compras, o que, no longo prazo, deverá aumentar a rentabilidade da empresa. Dessa forma, a ação tomada no setor de logística, que corresponde à perspectiva de processos internos, teve seu impacto notado na perspectiva do cliente e posteriormente na perspectiva financeira. O que é necessário para melhorar os processos internos?

Por último, mas igualmente importante, temos a **perspectiva do aprendizado e do crescimento,** que promove, mensura e controla o aprendizado dos trabalhadores da organização de modo que eles estejam preparados para tornar os processos internos o mais excelente possível. No exemplo utilizado anteriormente, a organização tinha necessidade de desenvolver seus sistemas logísticos para entregar pontualmente um serviço; para tanto, as pessoas que desenvolvem o serviço têm que estar bem qualificadas, sabendo o que elas têm de entregar ao cliente e onde buscar os insumos para a realização do serviço em tempo hábil (YANAZE, 2007).

É importante ressaltar o importante papel que a Comunicação, em suas três vertentes, administrativa/mercadológica/institucional, exerce em todas as fases da implementação do BSC: na comunicação da Visão da empresa; no processo de tradução e definição das estratégias em um conjunto integrado de medidas de desempenho; na identificação dos fatores críticos de sucesso; no direcionamento dos esforços e dos recursos, de forma consensual e sinérgica; no relacionamento com os clientes; na melhoria dos processos internos; no processo de aprendizado e na manutenção da satisfação, motivação e comprometimento de todos os envolvidos etc.

Conceitos e Ferramentas Financeiras

Nem sempre é possível conhecer a metodologia orçamentária empregada pela direção da empresa, pois na maioria das vezes não há um processo coerente e identificável. Talvez a metodologia mais usada seja a do OBH (Orçamento Base Histórica) que, como já se discutiu, leva em consideração apenas os valores e resultados do(s) exercício(s) anterior(es).

No entanto, saber que não há critérios coerentes e/ou previsíveis se constitui em conhecimento importante para a realização de análises de retorno de investimentos em comunicação, pois isso obriga o gestor a apresentar demonstrativos de resultados com alto grau de tangibilidade e racionalidade. Por outro lado, conhecendo a metodologia utilizada pela alta gestão, o profissional de Comunicação pode direcionar suas avaliações e mensurações nas perspectivas prioritárias definidas pelos modelos.

Em ambos os casos, o conhecimento dos indicadores, conceitos e ferramentas financeiras, a seguir apresentados, é de suma importância para a elaboração das avaliações e mensurações, em consonância com os setores de Finanças, Contabilidade e/ou Controladoria da empresa.

- **Valor Presente Líquido (VPL):** é uma técnica de orçamento de capital que se fundamenta na subtração do investimento inicial de um projeto do valor presente de seus fluxos de caixa previstos descontados a uma taxa igual ao custo de capital da empresa (GITMAN, 2001). O cálculo de VPL, simplesmente, faz descontos futuros para medir o retorno financeiro caso todo o dinheiro previsto a ser faturado com um projeto entrasse hoje no caixa da empresa. Para o profissional de Comunicação, esse conhecimento é fundamental, pois, em suas demonstrações, os montantes propostos de entrada e de saída devem estar numa mesma base de valor presente, ou seja, os retornos esperados no futuro devem ser comparáveis aos custos de hoje.

- **Taxa Interna de Retorno (TIR)/Taxa de Rentabilidade:** é o valor mínimo de retorno aceitável para que a empresa decida fazer o investimento. Por exemplo, se uma empresa estabelece uma Taxa Interna de Retorno de 25%, a verba de investimentos só é liberada para projetos que apresentem 25% de retorno ou mais (LENSKOLD, 2003). Entre outros fatores, esse valor mínimo de exigência de retorno varia de acordo com o **Custo de Oportunidade** (quanto o dinheiro renderia à empresa se estivesse alocado não nesse projeto, mas em outro empreendimento ou investimento). Conhecendo o TIR da empresa, o profissional de Comunicação se empenhará em apresentar planejamentos que gerem, como resultado de investimento, taxas de retorno compatíveis.

- **Período de Retorno (Prazo de *Pay Back*):** como vimos anteriormente, trata-se do prazo previsto para a recuperação dos recursos desembolsados para a implementação de um projeto.

Vejamos o exemplo de um planejamento de comunicação integrada para o lançamento de um novo produto:

- Investimento Total nas ações de comunicação (Publicidade, Promoções, Assessoria de Imprensa, Eventos, Mídia Social Digital, entre outras): **R$ 1.000.000**. Apesar de esse valor ser investido ao longo de um período, vamos considerá-lo em seu total.

- Margem Operacional (RECEITA LÍQUIDA – Custos de Produção – Custos Operacionais = LUCRO OPERACIONAL): **20%**.

Com essas informações e interagindo com a equipe de vendas e de finanças e contabilidade, os gestores do plano de lançamento podem elaborar o seguinte quadro com o objetivo de prever o **período de retorno**:

Tabela 3.1 – Exemplo de Cálculo do Período do Retorno de Investimentos em Comunicação Integrada de R$ 1.000.000

MÊS	1. SAÍDA DE CAIXA	2. RECEITA PREVISTA	3. LUCRO OPERACIO- NAL (20% DA RECEITA)	4. LUCRO OPERACIONAL ACUMULADO	5. SALDO (1)-(4)
0	R$ 1.000.000				
1		R$ 800.000	R$ 160.000	R$ 160.000	- R$ 840.000
2		R$ 900.000	R$ 180.000	R$ 340.000	- R$ 660.000
3		R$ 700.000	R$ 140.000	R$ 480.000	- R$ 520.000
4		R$ 700.000	R$ 140.000	R$ 620.000	- R$ 380.000
5		R$ 600.000	R$ 120.000	R$ 740.000	- R$ 260.000
6		R$ 600.000	R$ 120.000	R$ 860.000	- R$ 140.000
7		R$ 700.000	R$ 140.000	R$ 1.000.000	R$ 0
8		R$ 700.000	R$ 140.000	R$ 1.140.000	+ R$ 140.000
9		R$ 600.000	R$ 120.000	R$ 1.260.000	+ R$ 260.000
10		R$ 600.000	R$ 120.000	R$ 1.380.000	+ R$ 380.000
11		R$ 700.000	R$ 140.000	R$ 1.520.000	+ R$ 520.000
12		R$ 800.000	R$ 160.000	R$ 1.680.000	+ R$ 680.000

Fonte: Proposto pelos autores.

- Nesse exemplo, o Período de Retorno dos investimentos em comunicação integrada é estimado em 7 meses. O lucro operacional acumulado nos 12 meses está previsto em R$ 680.000.

- **Taxa de Retorno sobre Investimento Total (TRIT):** trata-se do mais importante índice de análise econômica, desenvolvido pela empresa Du Pont na década de 1930. Ele tem como objetivo calcular o percentual de lucratividade líquida que uma empresa aufere sobre todo capital empregado, ou seja, sobre o montante do Ativo Total.

> **TRIT = GIRO DO ATIVO TOTAL X MARGEM LÍQUIDA**

Giro = Vendas Líquidas do Ano/Ativo Total

- Esse índice indica quantas vezes no ano o montante que representa o investimento total na empresa (caixa, contas a receber, estoque, investimentos, equipamentos, imóveis etc., ou seja, o Ativo Total) "girou"/"movimentou" produzindo vendas. Suponhamos que o Ativo Total de uma empresa seja R$ 2.000.000 e as vendas anuais sejam R$ 8.000.000. O giro do Ativo Total foi 4 vezes (R$ 8.000.000 : 2.000.000 = 4), ou seja, a empresa total (com todos os seus bens e direitos) circulou/girou 4 vezes. Quanto maior a quantidade de 'giros', melhor a otimização/aproveitamento dos recursos totais.

Margem Líquida (%) = (Lucro Líquido/Vendas Líquidas do ano) X 100

- Esse índice representa a relação percentual entre Lucro Líquido e Vendas Líquidas. Em nosso exemplo, suponhamos que o lucro líquido tenha sido de R$ 560.000 sobre uma Venda Líquida de R$ 8.000.000. Teremos: (560.000 / 8.000.000) X 100 = 7%.

A Taxa de Retorno sobre Investimento Total (TRIT), conforme vimos, representada pela equação "Giro X Margem Líquida", indica, portanto, o percentual de lucro que o investimento total na empresa (ativo total) produziu ao longo do ano.

Continuando com o nosso exemplo, a TRIT da empresa será:

TRIT = 4 X 7% = 28%

- Esse índice significa que a empresa em questão está obtendo uma margem de lucro líquido de 28% sobre o total do capital empregado (Ativo Total "girou" 4 vezes, apresentando uma margem de lucro de 7%). Esse percentual será bom se atender a dois requisitos:
  - se o valor estiver acima da média do mercado.
  - se for compatível com a Taxa Interna de Retorno (TIR) definida pela alta direção.

MÉTODO DO VALOR ECONÔMICO AGREGADO (EVA – *Economic Value Added*):

É uma metodologia de análise econômica formulada a partir de economistas como Merton Miller e Franco Modigliani, e de estudiosos como Peter Drucker, registrada pela consultoria Stern Stewart & Co., que tem como objetivo mensurar a riqueza produzida por um empreendimento, ou seja, o valor financeiro produzido que supera os seus custos operacionais e o custo do capital empregado.

O EVA se baseia em algo que conhecemos há muito tempo: o que realmente chamamos de lucro, o dinheiro que sobra para remunerar o capital próprio, em geral não é de modo algum lucro. Até que gere lucro superior ao custo de capital, a empresa está operando no prejuízo (DRUCKER *apud* HERRERO, 2005, p. 79).

Podemos representar esse indicador por meio da seguinte equação:
EVA = Lucro Líquido – Custo do Capital empregado

Exemplo: Suponhamos que uma empresa tenha um ativo (capital total empregado) de R$ 10.000.000. Sessenta por cento (60%) desse patrimônio são financiados pelos acionistas e 40% provêm de financiamentos de bancos à taxa média de 10%. Para compensar o risco que os acionistas correm por investir na empresa, espera-se um retorno de 12%, como taxa de custo de capital de oportunidade (quanto ganhariam se investissem em outro negócio). A empresa contabiliza um Lucro Líquido (após Impostos) de R$ 3.000.000. Qual o EVA obtido pela empresa?

CUSTO DO CAPITAL EMPREGADO: CCE
CCE = (Capital dos Acionistas X 12%) + (Financiamentos X 10%)
CCE = (6.000.000 X 12%) + (4.000.000 x 10%)
CCE = 720.000 + 400.000 = 1.120.000
EVA = LUCRO LÍQUIDO – CUSTO DO CAPITAL EMPREGADO
EVA = 3.000.000 – 1.120.000 = 1.880.000

O EVA, ou Lucro Econômico, de R$ 1.880.000 é o excedente de Lucro sobre o retorno esperado para o capital, ou seja, o valor da riqueza criada pelo empreendimento.

Não há dúvida de que a comunicação, em suas três vertentes (administrativa, mercadológica e institucional), é imprescindível no processo de otimização e potencialização do uso do capital geral da empresa com o objetivo de gerar valor em cada variável que compõe a perspectiva sistêmica de uma organização (*Inputs, Throughputs e Outputs*), resultando em retornos financeiros que excedam os custos do capital empregado. Públicos internos motivados e comprometidos, *stakeholders* bem relacionados e clientes interessados e satisfeitos geram riqueza para as empresas.

MARGEM DE CONTRIBUIÇÃO (MC)

A Margem de Contribuição (MC) de um produto (bem ou serviço) pode ser definida como o valor resultante da diferença entre seu preço de venda e seus custos variáveis ou diretos, ou seja, os custos dos insumos (matérias-primas, embalagens, materiais, energia, mão de obra etc.), diretamente incorporados à mercadoria ou ao serviço a ser prestado, e os custos proporcionais de vendas, que têm relação direta com as quantidades vendidas: impostos incidentes sobre vendas, comissões, frete etc.

> **MC (Margem de Contribuição Unitária)**
> **MC = PREÇO – CUSTOS VARIÁVEIS**

Podemos, portanto, definir Margem de Contribuição Unitária como o valor com que cada unidade vendida "contribuirá" com a empresa para pagar seus Custos Fixos (CFs) e compor o lucro (L). A MC Total de um produto é calculada multiplicando-se o preço pela quantidade vendida e subtraindo todos os custos variáveis despendidos.

Exemplo: Uma Agência de Comunicações oferece ao mercado os seguintes serviços: Assessoria de Imprensa, Serviços Editoriais, Organização de Eventos, Planejamento de Comunicação, Administração de Patrocínios. A seguir, apresentamos um quadro com os valores referentes ao que cada serviço aufere em termos de: **Faturamento Bruto Mensal** (o montante total da verba dos clientes movimentada pela empresa); **Receita da Agência** (valor que efetivamente entra no caixa da Agência após o pagamento de empresas prestadoras de serviço: produtoras, gráficas, veículos etc.); **Margem de Contribuição** (valor que cada serviço concede à empresa, deduzidos os custos diretamente atribuídos às atividades realizadas).

Tabela 3.2 – Margem de Contribuição Unitária

SERVIÇO	FATURAMENTO BRUTO (FB) (MÊS X)	RECEITA DA AGÊNCIA (RA)	MARGEM DE CONTRIBUIÇÃO (MC)
Assessoria de imprensa	R$ 30.000	100% do FB = R$ 30.000 (O valor integral entra no caixa, pois o serviço é realizado por profissionais da empresa)	• 40% da RA = R$ 12.000 • R$ 18.000 (60% da RA referem-se a custos diretos/variáveis relacionados à atividade de assessoria de imprensa)
Serviços editoriais	R$ 100.000	• 20% do FB = R$ 20.000 • R$ 80.000 (80% do FB são relativos a serviços externos de produção, impressão e distribuição)	• 30% da RA = R$ 6.000 • R$ 14.000 (70% da RA refere-se a custos diretos/variáveis relacionados à atividade de publicação)
Planejamento de comunicação	R$ 500.000	• 18% do FB = R$ 90.000 • R$ 410.000 (82% do FB pagam serviços externos de produção e veiculação)	• 20% da RA = R$ 18.000 • R$ 72.000 (80% da RA referem-se a custos diretos/variáveis relacionados à atividade de planejamento)
Organização de eventos	R$ 200.000	• 20% do FB = R$ 40.000 • R$ 160.000 (80% do FB pagam serviços externos de locação, recepção e produção)	• 30% da RA = R$ 12.000 • R$ 28.000 (70% da RA referem-se a custos diretos/variáveis relacionados à atividade de organização de eventos)
Gestão de patrocínios	R$ 300.000	• 5% do FB = R$ 15.000 • R$ 285.000 (95% do FB vão para as entidades patrocinadas)	• 60% da RA = R$ 9.000 • R$ 6.000 (40% da RA referem-se a custos diretos/variáveis relacionados à atividade de patrocínio)
TOTAIS	**R$ 1.130.000**	**R$ 195.000**	**R$ 57.000**

Fonte: Proposto pelos autores.

Esses números demonstram o seguinte:

- o Faturamento Bruto da Empresa, no mês X, foi de R$ 1.130.000, isto é, o montante investido pelos clientes movimentado/agenciado pela Agência no mercado;
- a Receita da Agência foi de R$ 195.000: o valor que efetivamente entrou no seu caixa (após pagamentos realizados a fornecedores e prestadores de serviço como: Produtoras, Veículos de Comunicação, Gráficas etc.); e
- após dedução dos custos inerentes (diretamente atribuídos) a cada serviço prestado (salário dos profissionais diretamente envolvidos, despesas inerentes, impostos relacionados etc.), temos a **Margem de Contribuição Total** de **R$ 57.000.**

Com esse montante a Agência terá de pagar seus Custos Fixos ou Indiretos mensais.

Custos Indiretos/Fixos: compõem a soma de todos os valores despendidos para se estar no negócio, independentemente das quantidades fabricadas ou vendidas. Neles se encaixam, por exemplo, todos os gastos com salários fixos dos funcionários da Agência, com aluguéis, contas de água/luz/telefone, despesas financeiras, com contabilidade, depreciação e manutenção dos equipamentos, materiais (exceto os que guardam proporcionalidade com a quantidade produzida) etc. Os custos inerentes à Comunicação Institucional e Administrativa da própria Agência (não a que presta para seus clientes) geralmente são considerados fixos. Custos de Comunicação Mercadológica (a que a Agência realiza para vender seus serviços), quando não direcionados a um bem ou serviço especificamente, podem ser contabilizados como custos indiretos. Obviamente, os valores despendidos em ações promocionais específicas constituem custos diretos do produto em tela.

Deduzidos os Custos Fixos/Indiretos da Margem de Contribuição Total, o valor resultante, quando positivo, se constituirá em **lucro** e, se negativo, em **prejuízo**.

Em termos mercadológicos, um grande Faturamento Bruto pode significar maior participação de mercado; no entanto, no aspecto financeiro e econômico, produtos que concedem à empresa maiores Margens de Contribuição são mais relevantes, pois já estão descontados os custos diretos/variáveis; portanto, resta ao gestor financeiro a administração dos custos fixos para a composição do lucro.

Assim, planos de comunicação institucional e mercadológica podem contribuir para agregar valor aos produtos viabilizando a prática de preços maiores que os da concorrência e, consequentemente, possibilitando margens de contribuição mais compensadoras. Por que não justificar a relevância de um plano de comunicação demonstrando seu impacto na formação de margens de contribuição diferenciais? Com certeza, a apresentação despertará o interesse da diretoria e dos gestores financeiros.

PONTO DE EQUILÍBRIO (*BREAK EVEN POINT*)

A quantidade de Bens ou Serviço no Ponto de Equilíbrio representa o montante que a empresa deverá vender (unidades ou receita) para cobrir os Custos Totais (variáveis e fixos). Antes desse ponto, a empresa tem prejuízo; após esse ponto, contabiliza lucro. Isto só será possível se os preços dos produtos (bens ou serviços) praticados pela empresa forem maiores que seus custos variáveis/diretos. Dessa forma, cada produto gerará margem de contribuição para a cobertura dos custos fixos/indiretos (como se discutiu anteriormente).

Para melhor compreensão desse importante conceito, vamos apresentar um exemplo com base nos desafios econômicos e financeiros de um consultor de empresas e professor universitário da disciplina Comunicação Integrada de uma conceituada universidade brasileira.

CONTEXTO: Profissional que comercializa horas de trabalho acadêmico (aulas) e horas de serviços corporativos (consultoria); Tem um Custo Fixo de R$ 8.000 (entre Aluguel/condomínio do escritório, contas de água/luz/telefone/internet, Pró-labore, depreciação de equipamentos, contabilidade/taxas de funcionamento etc.); Cada hora trabalhada demanda um custo de R$ 10 (material, locomoção, alimentação fora de casa, auxílio vestuário etc.); Além desse custo direto, paga impostos proporcionais (Imposto de renda, PIS, Cofins, Contribuição Social, ISS) que totalizam 15%; Gostaria de aplicar uma margem de lucro de 25%; Poderia, em tese, trabalhar mais de 180 horas mensais; no entanto, considera possível conseguir 100 horas mensais de trabalho entre aulas e consultoria.

COM ESSAS INFORMAÇÕES: Qual o valor que deverá cobrar por hora trabalhada?; Quantas horas deve trabalhar para alcançar o Ponto de Equilíbrio?; Qual o valor da margem de contribuição por hora trabalhada?; e Qual o lucro que obterá se conseguir 100 horas de trabalho num mês?

EQUAÇÃO DO PREÇO: para calcular o valor deverá cobrar por hora trabalhada:

> Equação básica: **P = CF/Qt + CV+ I + ML**

- **Preço =** Custo Fixo unitário + Custo variável/proporcional unitário +Impostos incidentes + Margem de Lucro

Em nosso exemplo:
- **PH** = Preço por hora trabalhada, **CF** = Custos Fixos, **CV** = Custos Variáveis proporcionais à hora trabalhada, **I** = Impostos incidentes sobre a Receita, **ML** = Margem de Lucro sobre a Receita, **Qt** = Quantidade mensal de Horas trabalhadas viáveis

PH = 8.000/100 + 10 + 0,15PH (imposto de 15%) + 0,25PH (lucro)

PH = 80 + 10 + 0,4PH

PH = 90 + 0,4PH

PH − 0,4PH = 90

0,6PH = 90

PH = 90/0,6 = **R$ 150** (valor da hora trabalhada)

PONTO DE EQUILÍBRIO (PE):

Ponto de Equilíbrio Receita Total = Custo Total

Quantidade no PE = QPE (quantas horas para alcançar PE)

Receita Total = Preço X QPE (em nosso exemplo: R$ 150 x QPE

Custo Total = Custo Fixo + Custo Variável + Impostos sobre Receita

Em nosso exemplo:

(Receita Total) 150QPE = (Custo Total) 8.000 + 10QPE + 0,15(150QPE)

150QPE = 8.000 + 32,5QPE (10QPE+22,5QPE)

150QPE − 32,5QPE = 8.000

117,5QPE = 8.000

QPE = 8.000/117,5 = 68,09 (quantidade de horas no Ponto de Equilíbrio)

Se o profissional somar 68 horas de trabalho no mês, conseguirá pagar todos os seus custos (custo fixo + custo variável proporcional a 68 horas + Impostos). Seu lucro será zero nesse ponto.

No entanto, se conseguir 100 horas de trabalho, seu lucro será:

RECEITA: 100 horas X 150 = **15.000**

CUSTO TOTAL = fixo de 8.000 + variável de 1.000 (100 horas X 10) + 2.250 de impostos (15% de 15.000) = **11.250**

LUCRO RECEITA − CUSTOS TOTAIS 15.000 − 11.250 = 3.750

Com 100 horas trabalhadas, o profissional auferirá R$ 3.750 de lucro.

Conhecendo a Margem de Contribuição, poderá calcular diretamente multiplicando esse valor pela quantidade de horas adicionais do ponto de equilíbrio, ou seja:

Margem de Contribuição = Preço – Custos Variáveis – Impostos
MC = 150 – 10 – 22,5 = 117,50
Horas adicionais: 100 horas – 68,09 horas (PE) = 31,91 horas
Lucro (100 horas): **31,91** horas adicionais **X 117,5** (MC) = **R$ 3.750**
(o mesmo valor obtido aplicando a equação).

A razão de podermos calcular diretamente o lucro multiplicando as horas adicionais do PE pela margem de contribuição (MC) está no fato de que no PE os custos fixos já foram cobertos; assim, restam somente os custos variáveis das unidades vendidas a mais. Como a margem de contribuição já é calculada subtraindo todos os custos variáveis e impostos, o valor pode ser diretamente multiplicado pelas horas adicionais do PE para se chegar ao Lucro.

Em comunicação mercadológica, uma campanha publicitária pode incitar a venda de determinado produto para acelerar o atingimento da quantidade no ponto de equilíbrio. A partir desse ponto é possível diminuir o investimento em ações publicitárias e acionar promoções de preços, desde que os praticados sejam superiores aos custos variáveis (impostos inclusive).

Diante de todos esses conceitos relacionados ao retorno de investimentos, o maior desafio para o profissional de Comunicação é conseguir fazer correlações coerentes, fortes e suficientemente convincentes entre os resultados de comunicação (impacto persuasivo, mudança de comportamento, imagem de marca etc.) com os resultados financeiros das empresas. Para que isso ocorra é imperativo que se tenha uma visão ampla sobre as outras áreas da empresa – além de Finanças: Suprimentos, Produção, Vendas, RH, Controladoria etc. –, e que se saiba quais outros fatores (além da comunicação) podem ter interferido nos resultados, por meio de uma adequada Análise Ambiental (conforme discutido).

Capítulo 4

MENSURAÇÃO EM COMUNICAÇÃO

Por que Mensurar?

É importante iniciar este capítulo analisando objetivamente a necessidade de mensuração do retorno dos valores investidos em comunicação. Panella (2007, p. 283) apresenta as cinco respostas de Assaël Adary e Benoit Volatier sobre a questão "Por que mensurar?":

– Para provar a maturidade da função e o profissionalismo dos atores.
– Para justificar o orçamento, obter a prova do retorno sobre o investimento.
– Para ver reconhecido e valorizado o trabalho realizado.
– Para otimizar a estratégia e suas ações de comunicação.
– Para apoiar a tomada de decisão e a avaliação de riscos.

Dessas respostas se percebe o quanto a mensuração de resultados tem caráter urgente e relevante para a empresa, mas principalmente para os gestores da comunicação. Isso fica claro quando identificamos dois direcionamentos nas respostas: três delas versam sobre a **valorização e o reconhecimento das atividades e do profissional de Comunicação** no contexto organizacional, e apenas duas respostas mencionam o seu **papel estratégico** no auxílio da tomada de decisão e na otimização de recursos.

Ratificamos a necessidade cada vez maior de o gestor de comunicação buscar conhecimento básico de finanças e do manuseio de números e índices. Estes, aliados à sensibilidade e ao conhecimento do contexto mercadológico, constituem ferramentas de construção de um diálogo mais afeito ao campo dos resultados econômicos – habilidade imprescindível ao que busca a excelência na execução de suas responsabilidades organizacionais.

A Lógica da Mensuração: comunicação como investimento

Uma série considerável de estudos procurou, ao longo do tempo, entender e comprovar que resultados podemos esperar das ações de comunicação, particularmente no que diz respeito à propaganda e às mensagens de cunho promocional de marcas e produtos. Vakratsas e Ambler (1999) analisaram 250 trabalhos anteriores – desde artigos científicos e livros a escritos de profissionais e relatórios de institutos de alto gabarito – e concluíram que cognição, afeto e experiência com a marca ou produto são fundamentais no processo de recepção das mensagens. Além disso, aspectos ligados ao próprio público-alvo da campanha, ao ambiente competitivo e às características da categoria do produto também devem ser levados em consideração quando da mensuração dos resultados de uma campanha publicitária.

A questão da memória ligada à repetição também aparece como ponto fundamental para o sucesso das estratégias de comunicação. Janiszewski, Noel e Sawyer (2003) analisaram quase cem estudos publicados nos mais importantes periódicos científicos de comunicação e marketing que tratam do tema e consideraram a estratégia de repetição como ponto extremamente relevante às ações de comunicação. Os cientistas evidenciam, ainda, que, para se tornar mais assertiva, a estratégia deve contar com táticas de exposição da marca ou produto em mídia variada, aumentando, assim, o poder de lembrança da campanha.

Henningsen, Heuke e Clement (2011) escrevem que uma das maiores dificuldades na apropriação de generalizações feitas com base em estudos de meta-análise (ou seja, de interpretações fundamentadas em um conjunto de outros estudos), é a falta de bases desagregadas de dados que deem condições de avaliar mais especificamente os efeitos e medições de uma categoria de produto, por exemplo, ou de ações que tenham ocorrido ao longo de períodos semelhantes, e que sejam propagandas concorrentes.

O estudo desses autores traz, contudo, revelações bastante interessantes, articuladas partindo de meta-análises de dados desagregados de várias bases empíricas de pesquisas anteriores: propagandas apresentam maior longevidade quando: (1) os produtos são de natureza hedônica ou experiencial; e (2) trata-se de lançamento de novos produtos, ou mesmo novas marcas (HENNINGSEN; HEUKE; CLEMENT, 2011).

Com relação à última generalização, também coadunam com essa conclusão os estudos de Vakratsas e Ambler (1999), afirmando ainda que, dependendo das condições do público e da categoria, os efeitos podem ser maiores no início – principalmente para novos produtos, e ao final da campanha – para produtos conhecidos, com maior peso junto ao público e com maior envolvimento com a categoria do produto ou marca.

Os escritos de Stewart e Kamins (2006), além de guardar conclusões semelhantes, questionam o poder de persuasão real das campanhas, principalmente no sentido de fazer com que as pessoas de opiniões formadas e leais a determinada marca mudem de opinião, ou mesmo demonstrem intenção de comprar produtos das marcas concorrentes. Nesse sentido, tanto Stewart e Kamins (2006) quanto Sousa (2006) afirmam haver um corpo significativo de estudos e pesquisas que identificam que lembrança e familiaridade de marca são variáveis extremamente importantes na escolha por parte do consumidor, seja ele leal ou não.

Mais diretamente ligados aos resultados financeiros, ou seja, a questões de lucratividade das empresas, Gupta e Zeithaml (2006) promovem uma série de análises com base em um grande número de estudos prévios que articularam métricas de consumidor a métricas de performance da empresa e concluem que há correlação significativa entre a satisfação do consumidor e os resultados financeiros do negócio, apesar de não serem necessariamente lineares. Os autores encontram, ainda, forte correlação entre a retenção e o valor do cliente ao longo do tempo em que permanece fiel a determinada marca.

Essa assertiva, aliada aos estudos anteriores, demonstra pontos favoráveis, sobre os quais os gestores devem se ater para mostrar o valor de suas ações, para melhor alocar o orçamento de comunicação, bem como determinar com maior possibilidade de acerto o posicionamento ideal de um negócio e segmentar suas estratégias de comunicação por clientes (ZAHAY; GRIFFIN, 2010).

Conforme dissemos anteriormente, há outros públicos além dos consumidores e clientes que estão igualmente interessados no que a determinada organização faz ou deixa de fazer, seja para o conjunto da sociedade, seja para seus próprios interesses. Dentre eles, podemos citar fornecedores, Governo, grupos de pressão e defesa do consumidor, acionistas etc.

Assim como nos casos anteriores, há diversos estudos que procuram determinar como as métricas de impactos de comunicação e marketing afetam o valor do negócio para o acionista. Petersen, McAlister, Reibstein, Winer, Kumar e Atkinson (2009) propõem, por exemplo, um *framework*, ou seja, um modo pelo qual as organizações deveriam analisar suas métricas, como forma de comprovar os impactos positivos gerados

Mensuração em Comunicação | **157**

pelas ações de comunicação e marketing para os acionistas, auxiliando, assim, a defesa do orçamento e transformando a comunicação em investimento.

Inaugurando uma linha de estudos do impacto das ações de comunicação na gestão das empresas no Brasil, o Centro de Estudos de Mensuração e Avaliação em Comunicação e Marketing (Ceacom da ECA-USP), coordenado pelo Professor Titular Mitsuru Yanaze, vem desenvolvendo estudos que procuram auxiliar gestores e profissionais de Comunicação e Marketing no desafio de medir e, também, de gerir métricas de comunicação, sejam elas de retorno correlacionado a vendas, de diminuição de custos gerais do negócio, de criação de reputação da marca com vistas à redução de riscos, de aumento do valor da marca etc.

Yanaze e Crepaldi (2005, p. 143) nos ajudam a situar a questão da mensuração de retorno de investimento em comunicação nas organizações advogando a favor da construção de processos mais tangíveis de avaliação da comunicação no âmbito das empresas. Para eles:

– Toda comunicação tem objetivos.

– Todos os objetivos podem ser decompostos em metas quantificáveis, o que não significa serem expressas somente em valores monetários.

– Todas as métricas quantificadas podem, direta ou indiretamente, ser traduzidas em valores monetários e comparadas aos recursos necessários para sua consecução.

– O prazo necessário para atingir as metas (Período de Retorno de Investimento) depende da complexidade e da abrangência da ação pensada.

Os autores desenvolvem esse raciocínio porque acreditam que, independentemente da abrangência das iniciativas de comunicação e marketing, todas elas têm consequências econômicas para a empresa, direta ou indiretamente.

"Sempre haverá um Resultado Econômico Tangível, não importa o grau de dificuldade de mensuração ou a importância relativa diante dos retornos intangíveis que possam ser considerados (YANAZE, 2007, p. 388)". Entretanto, o que ocorre no contexto empresarial brasileiro, na maioria das vezes, é o inverso. Em sua maioria, os responsáveis pela comunicação não se engajam em suas funções sob esta perspectiva de que toda ação deve comprovar seu retorno, também, por meios numéricos. A falta de intimidade do comunicador com a linguagem financeira, como apontamos anteriormente, gera uma falta de comprometimento com o retorno econômico das ações. Isso porque boa parte dos profissionais de Marketing e Comunicação ainda acredita que é impossível prever ou mensurar os resultados oriundos de suas estratégias de comunicação.

É importante ressaltar que não se trata de uma apologia aos números, como se "eles dissessem tudo". Trata-se tão somente de procurar tangibilizar melhor os resultados auferidos, traduzindo o que for possível por meio da utilização de parâmetros quantitativos, métricas, valores, padrões de tempo e espaço etc. que possam ser revertidos em moedas financeiras, mesmo que num momento futuro. A interpretação de resultados por meio de variáveis quantitativas é a mais amplamente utilizada e aceita como justificativa de atingimento dos objetivos no âmbito das empresas; portanto, "tangibilizando" seus resultados, o trabalho executado pelas áreas de Comunicação passará a ser mais bem entendido e reconhecido pelos profissionais e gestores das outras áreas das organizações.

Uma questão relevante para o processo de mensuração é o desenvolvimento de séries históricas de ações de comunicação e de resultados ao longo dos anos. Dessa maneira, os gestores de comunicação vão acumular aprendizados sobre os movimentos do mercado e sobre os efeitos que a comunicação gera em determinados cenários (descritos na análise ambiental). Quanto maior a série histórica, provavelmente, menor será a margem de erro das projeções futuras de retorno.

Quanto maior a duração da mensuração dos resultados, mais os indicadores deixam de ser somente dados (brutos, isolados, sem relevância aparente), constituindo-se em informações (relevantes, contextualizadas), passando a ser fonte de conhecimento, pois dão ao profissional a capacidade de reinterpretar a informação, desenvolvendo raciocínios próprios sobre ela.[17]

Essas ponderações relativas à importância da sequência histórica de mensuração não devem desmotivar as empresas que nunca tiveram um sistema integrado de mensuração, mas sim fazê-las perceber que, sem dar o passo inicial, elas nunca melhorarão suas análises.

No contexto da avaliação e mensuração dos resultados em comunicação, é também importante evidenciar a diferença conceitual entre eficiência, eficácia e efetividade:

> Eficiência significa fazer bem-feito, de maneira adequada, com redução de custos, desempenho competente e rendimento técnico. Eficácia liga-se a resultados – em função dos quais é preciso escolher alternativas e ações corretas, usando, para tanto, conhecimento e criatividade para fazer o que é mais viável e certo. Efetividade relaciona-se com a permanência e a perenidade no tempo, no contexto de obtenção dos objetivos globais (KUNSCH, 2002, p. 205).

Partindo, portanto, dos pressupostos conceituais acerca de eficiência, eficácia e efetividade, podemos projetar os processos e ações de comunicação em três conjuntos de métricas de avaliação e mensuração, a saber:

---

17. Consideramos, portanto, que informação não é conhecimento. Poderá até ser um passo importante. O conhecimento implica crítica. Ele se baseia na inter-relação, e não na fragmentação. (...) O conhecimento prevê a condição de reelaborar o que vem como um dado, possibilitando que não sejamos meros reprodutores, e inclui a capacidade de elaborações novas. (...) O conhecimento prevê a construção de uma visão que totalize os fatos. BACEGA, Maria Aparecida. BACCEGA, M. A. *Da informação ao conhecimento: ressignificação da escola.* Intercom, 2004.

Quadro 4.1 – Métricas de Avaliação e Mensuração

1. Métricas de eficiência	• Aderência aos objetivos de comunicação da empresa. • Compatibilidade com os objetivos específicos da ação previamente estabelecidos. • Qualidade do conteúdo da mensagem. • Qualidade da forma de apresentação. • Adequação dos meios utilizados. • Qualidade e adequação da execução. • Cumprimento das etapas e prazos, utilização correta dos recursos, de acordo com o previsto. • Outras.
2. Métricas de eficácia	• Quantidade de pessoas/públicos atingidos. • Adequação das pessoas/públicos atingidos. • Resultados da pesquisa de *recall*. • Medição dos *shares: of voice, of mind, of heart, of power, of market* etc. • Avaliação e mensuração de moedas não financeiras relacionadas. • Avaliação e mensuração de moedas financeiras relacionadas. • Apuração dos índices econômicos, financeiros e patrimoniais. • Outras.
3. Métricas de efetividade	• Índice de continuidade da ação e comparativo dos resultados ao longo do tempo. • Pertinência em termos de: tempo de exposição, integração e sinergia com outras ações de comunicação. • Grau de progressão ao longo do processo sistêmico de comunicação (14 objetivos). • Outras.

Fonte: Proposto pelos autores.

Essa diferença não é uma simples questão linguística e terminológica. Entender a diferença entre esses três conceitos é fundamental para que o profissional saiba o que, na verdade, está medindo. Muitas vezes, um trabalho de comunicação não tem resultados finais satisfatórios junto a determinado público, e os gestores não descobrem os motivos. Fazendo uma análise mais aprofundada se pode chegar a razões relacionadas à ineficiência, por exemplo: o trabalho foi desenvolvido de maneira equivocada, com prazos apertados ou fornecedores despreparados. Resultados insatisfatórios podem estar associados a questões de ineficácia: não era exatamente a ação de comunicação que deveria ter sido implementada; e/ou à falta de efetividade: o processo foi interrompido ou não avançou como deveria dentro do contexto dos 14 objetivos de comunicação.

É importante ressaltar que a sequência técnica da tríade eficiência-eficácia-efetividade sugere que, ao iniciar um processo de avaliação e mensuração em comunicação, devemos começar pela utilização das métricas de eficiência, pois, se nem sabemos se estamos fazendo corretamente, é difícil mensurar a eficácia dos meios utilizados. Além disso, recomenda-se que essa análise seja realizada por profissionais não diretamente envolvidos com o planejamento e o processo de criação da ação de comunicação em tela, como: acadêmicos, pesquisadores, consultores *ad hoc* etc. Obviamente, as análises de eficácia e efetividade devem também ser realizadas por esses profissionais.

Devem-se definir os parâmetros e os indicadores de eficiência considerando os objetivos estratégicos da organização em consonância com a análise do ambiente mercadológico, bem como os objetivos do planejamento de curto e médio prazos. Isso faz com que o alinhamento dos parâmetros de eficácia e efetividade seja sempre interpretado à luz das necessidades organizacionais, pois o desempenho das ações de comunicação no ambiente externo, junto aos públicos estratégicos, pode variar significativamente quanto a medida (fatores redutores ou indutores, do ambiente e de eficiência/eficácia) e, mesmo assim, resultar em ganhos expressivos.

Processo da Avaliação e Mensuração de Comunicação

Antes de discorrer sobre o processo da Avaliação e Mensuração em Comunicação, é fundamental percorrermos, mesmo que resumidamente, todas as fases de um planejamento estratégico organizacional, que antecedem o planejamento de comunicação nas três vertentes (administrativa, mercadológica e institucional).

Quadro 4.2 – Sumário do Processo de Planejamento Estratégico/ Planejamento de Marketing/*Business Plan* de uma Empresa

SUMÁRIO

COMO A EMPRESA ESTÁ ATUALMENTE?
• Análise preliminar do processo sistêmico (*inputs, throughputs* e *outputs*).

A RELAÇÃO DA EMPRESA COM O SEU MERCADO ESTÁ EQUILIBRADA?
• Análise da relação de equilíbrio empresa-mercado quanto a potencial, necessidades e expectativas.

DE ACORDO COM ESTA ANÁLISE INICIAL, QUAIS SÃO OS OBJETIVOS E METAS A PERSEGUIR?
• Definição de objetivos e metas preliminares.

O QUE A EMPRESA TEM A OFERECER AO MERCADO E À SOCIEDADE?
• Definição de missão e visão.
• Definição do produto da empresa.

continua...

continuação

QUAL É A SITUAÇÃO ATUAL DA EMPRESA NO MERCADO? VALE A PENA PROSSEGUIR?

- Matriz de análise GE.
- Matriz de análise de crescimento/participação (MCP).

COM QUEM A EMPRESA CONCORRE? O QUE TIRA VENDAS DA EMPRESA?

- Concorrentes similares, substitutos e fatores dificultadores de venda.

QUEM É A RAZÃO DA EXISTÊNCIA DA EMPRESA? PARA QUEM VENDE E/OU DEVE VENDER SEUS PRODUTOS?

- Análise do mercado/segmentação/comportamento de compra e uso do produto.

EM QUE CONDIÇÕES AMBIENTAIS A EMPRESA VAI CAMINHAR?

- Análise ambiental: instituições/organizações, variáveis que afetam a ação da empresa.

COMO OBTER AS INFORMAÇÕES NECESSÁRIAS PARA APOIAR AS DECISÕES GERENCIAIS ROTINEIRAS?

- Sistema de informação para operações rotineiras.

COMO OBTER INFORMAÇÕES NECESSÁRIAS, MAS NÃO DISPONÍVEIS, OU O QUE FAZER QUANDO ACONTECE ALGO IMPREVISTO?

- Sistema de informação para solução de problemas (pesquisa).

---

continua...

continuação

COM QUEM A EMPRESA CONCORRE DIRETAMENTE E QUAIS SEUS PONTOS FORTES E FRACOS, FRAGILIDADES E POTENCIALIDADES?

• SWOT de *outputs*.

QUAIS AS RAZÕES INTERNAS DE SUAS FRAGILIDADES E POTENCIALIDADES?

• SWOT de *inputs* e de *throughputs*.

QUAIS SÃO AS OPORTUNIDADES E AMEAÇAS QUE DETER-MINARÃO SEUS OBJETIVOS, METAS E ESTRATÉGIAS?

• Análise Integrada das Informações obtidas nas aplicações do GE, MCP, Ambiente Mercadológico, Sistema de Informação, Pesquisas e SWOT dos 3 *Puts*.

AS OPORTUNIDADES E AMEAÇAS SÃO PERENES? OBJETIVOS E ESTRATÉGIAS ADEQUADOS PARA AS CONDIÇÕES DE HOJE SERÃO VÁLIDOS SE A SITUAÇÃO MUDAR?

• A resposta a essa questão é NÃO. Por essa razão é que propomos a utilização de Pesos e Notas (Pesos para determinar importância das variáveis de análise e Notas para indicar as condições das variáveis) nos modelos de Análise (GE, Ambiental, SWOT) para possibilitar à empresa a atualização constante das condições mercadológicas e, consequentemente, tomar decisões compatíveis.

O QUE A EMPRESA PODE ALMEJAR NESTE CONTEXTO DE MERCADO?

• Definição dos objetivos e metas.

continua...

continuação

> **QUAIS OS CAMINHOS E OS ATALHOS QUE A EMPRESA DEVE-RÁ TRILHAR E O QUE FAZER PARA ALCANÇAR OS OBJETIVOS E METAS PROPOSTOS.**
> • Definição das estratégias de: produto, preço, distribuição e de comunicação.
>
> **QUAIS OS RECURSOS NECESSÁRIOS PARA VIABILIZAR AS ESTRATÉGIAS E AÇÕES PROPOSTAS NESTE PLANEJAMENTO?**
> • Organização dos recursos financeiros, humanos, materiais, informacionais e tecnológicos.
>
> **O QUE FAZER PARA GARANTIR QUE AS PESSOAS ENVOLVIDAS NESTE PLANEJAMENTO REALMENTE SE COMPROMETERÃO COM OS RESULTADOS ALMEJADOS?**
> • Coordenação dos recursos humanos (capacitação, motivação, envolvimento, comprometimento).
>
> **COMO SABER SE A EMPRESA ESTARÁ NO CAMINHO CERTO NO DECORRER DA REALIZAÇÃO DO PLANEJAMENTO?**
> • Controle/monitoramento das atividades.
>
> **ANTES DE COLOCAR EM PRÁTICA, SERÁ QUE TUDO ISSO VAI VALER A PENA? TEREMOS CAIXA PARA FINANCIAR ESTE PLANEJAMENTO? VAMOS AFINAL TER LUCRO?**
> • Estudo de viabilidade econômico-financeira.

Fonte: Proposto pelos autores.

Fica evidente, ao analisar o sumário apresentado, que a comunicação é totalmente imprescindível em todas as fases e atividades citadas.

No âmbito **administrativo**, a comunicação deve auxiliar os processos gerenciais (planejamento, organização, coordenação e controle), motivando, envolvendo e comprometendo pessoas, setores da empresa e instituições externas (*stakeholders*) que fazem parte ou interagem com a empresa. A comunicação **institucional** tem função de promover boas relações dos setores da empresa com os *stakeholders*; minimizar situações de potenciais conflitos e crises, bem como de auxiliar na gestão do valor da imagem e da reputação da empresa. A comunicação **mercadológica**, por sua vez, deve promover boas negociações junto aos fornecedores, bem como persuadir os clientes a adquirir os produtos da empresa e mantê-los fidelizados, numa relação de longo prazo.

Isso posto, podemos inferir que a comunicação integrada tem um papel estratégico fundamental dentro do processo sistêmico de uma organização e, portanto, sua implementação e sucesso dependem de uma gestão adequada.

Por Gestão de Comunicação entendemos:

ANÁLISE E PLANEJAMENTO DA COMUNICAÇÃO INTEGRADA

1. DEFINIÇÃO DE OBJETIVOS E METAS
- Decorrentes dos objetivos e metas gerais corporativos, ou seja, "o quê" a comunicação deve fazer para garantir que a empresa atinja os seus objetivos para determinado período estipulado no planejamento estratégico;
- que orientam as ações e projetos nas três vertentes (administrativa, mercadológica e institucional);
- que sejam coerentes com os resultados de pesquisas e análises ambientais especificamente direcionadas à compreensão do contexto em que se implementará a comunicação; e
- negociados e definidos junto com os setores "clientes". Por exemplo, os objetivos e metas da comunicação administrativa são usualmente definidos com os setores operacionais (Compras, Produção, Vendas) e gerenciais (RH, Finanças). A definição de objetivos e metas da comunicação institucional, por sua vez, deve ser realizada com a participação da Diretoria/Presidência, enquanto, na defini-

ção da comunicação mercadológica, a interação com o setor de Marketing e Vendas/Comercial é indispensável. Dessas interações é que saem os indicadores (*target agreements*) com base em **moedas financeiras** e **moedas não financeiras**.

2. DEFINIÇÃO DAS ESTRATÉGIAS DE COMUNICAÇÃO

- Maneira pela qual a equipe de comunicação trabalhará para garantir que a empresa alcance os objetivos e metas definidos no planejamento, ou seja, "como" a comunicação deve ser desenvolvida;
- os meios que serão implementados;
- definição das mensagens chave (nas três vertentes);
- coerentes com os objetivos e metas de comunicação definidos;
- alinhadas com os resultados de pesquisas e das análises realizadas; e
- compatíveis com o potencial, necessidades e expectativas da empresa.

ORGANIZAÇÃO DA COMUNICAÇÃO

- Elaboração do orçamento da comunicação: determinação de fontes, valores e destinação dos recursos financeiros a serem despendidos, ou seja, "quanto" deve ser investido para que o planejamento dê certo. Essa fase deve contar com a participação do setor financeiro e também dos setores (cliente) da comunicação;
- atribuições de funções e de responsabilidades para os componentes das equipes internas de Comunicação Institucional, Administrativa e Mercadológica, ou seja, "quem" ficará responsável por cada ação ou projeto a ser operacionalizado;
- contratação de profissionais terceirizados, de agências de comunicação, de produtores e de veículos necessários; e
- definição de fluxogramas e cronogramas de atividades, ou seja, "como", "quando" e "em que sequência" os planos, projetos e ações devem ser executados. Identificação de interdependência, grau de sinergia e de complementaridade entre as ações de comunicação.

COORDENAÇÃO DA COMUNICAÇÃO

- Capacitação dos profissionais, internos ou terceirizados, para a execução de suas tarefas; e
- definição de mecanismos de incentivo, envolvimento e comprometimento dos profissionais e empresas, internas ou terceirizadas, para a execução de suas tarefas (exemplo: bônus, participação nos resultados etc.).

CONTROLE

- Partindo dos indicadores (*target agreements*), baseados em **moedas financeiras** e **moedas não financeiras**, e alinhados com os Objetivos e Metas, definir com os setores "Cliente" os mecanismos de aferição de resultados mais compatíveis;
- essa aferição deve contemplar o desenvolvimento dos indicadores-chave de desempenho – os chamados *key performance indicators* – determinando quais serão, para que servirão e onde impactam quanto a resultados, como devem ser utilizados/analisados, de quanto em quanto tempo devem ser medidos/aferidos, quem ficará responsável por isso (área ou cliente da comunicação) e sua memória de cálculo; e
- o monitoramento constante dos resultados produzirá informações preciosas para retroalimentar todo o processo, redefinindo objetivos, metas e estratégias, e assim por diante.

ESTUDOS DE VIABILIDADE ECONÔMICO-FINANCEIRA

- Devem responder às perguntas: "vale a pena o investimento?" e "temos recursos suficientes para implementar o planejamento?"
- a definição de todas as atividades previstas no planejamento, do cronograma de implementação e dos custos decorrentes possibilitará a previsão de um Fluxo de Saídas de Caixa;
- a definição dos indicadores a serem perseguidos, e de seus respectivos impactos nas Receitas e Custos, permitirá a previsão de um Demonstrativo de Resultados; e

- esses dois instrumentos financeiro-econômicos, devidamente analisados e confrontados com o potencial, necessidades e expectativas da empresa; possibilitarão avaliações das viabilidades econômica e financeira dos planejamentos de comunicação em tela.

Consideramos que a apresentação de planejamentos de comunicação integrada, com os conteúdos aqui relacionados, incrementará a probabilidade de aprovação, além de valorizar o trabalho dos profissionais de Comunicação.

O processo de planejamento da comunicação pode ser sistematizado segundo o fluxograma apresentado na figura a seguir.

Figura 4.1 – Processo de Planejamento da Comunicação

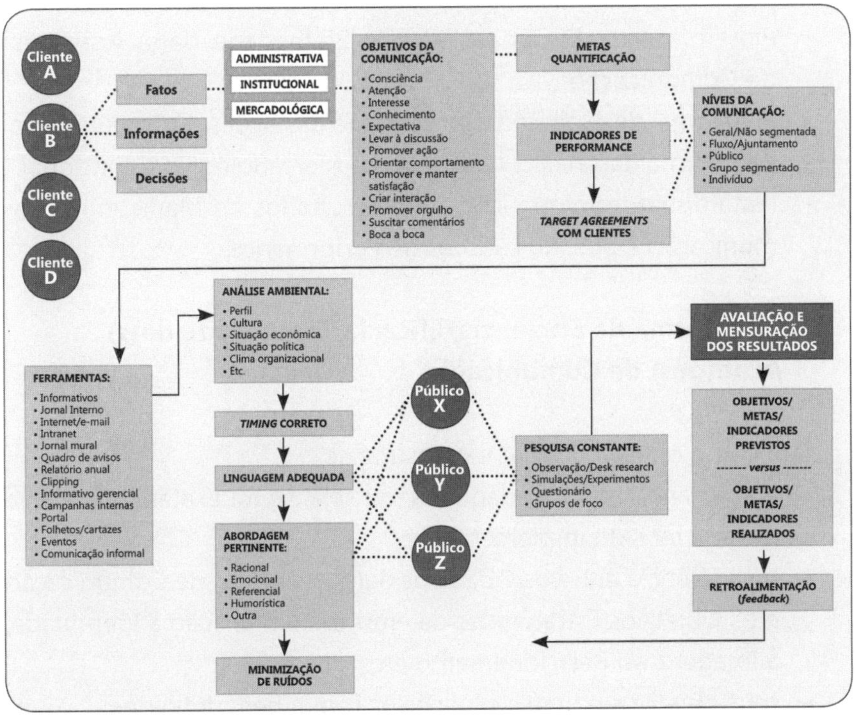

Fonte: Proposto pelos autores.

Plataformas de Gestão e Mensuração de ROI em Marketing e Comunicação

É inegável que os processos de avaliação e mensuração são efetivamente beneficiados pela evolução tecnológica, que permite o desenvolvimento de plataformas de gestão que funcionem independentemente mas amigavelmente, produzindo, por meio das interações e cruzamentos das informações geradas, indicações e constatações importantes para subsidiar as decisões em investimentos e legitimar as definições das estratégias de marketing e comunicação.

Para uma adequada gestão da comunicação, sugerimos o desenvolvimento e interação de, no mínimo, quatro plataformas de monitoramento, a saber:

- Plataforma de Eficiência/Eficácia/Efetividade da(s) Ação(ões) de Comunicação.
- Plataforma de Avaliação da Integração das Ações de Comunicação.
- Plataforma de Análise do Ambiente Mercadológico/Situacional.
- Plataforma de Informações dos Resultados de Marketing e Comunicação e dos Indicadores de Performance.

1. Plataforma de Eficiência/Eficácia/Efetividade da(s) Ação(ões) de Comunicação

Tem como objetivo avaliar e mensurar se:
- a ação analisada foi adequada, ou seja, se foi exatamente a que deveria ter sido implementada;
- há aderência entre os Objetivos da(s) Ação(ões) de Comunicação e os Objetivos Estratégicos da empresa em relação à Identidade, à Imagem, ao Relacionamento etc.;
- seus objetivos e metas específicos foram bem definidos;
- foi bem executada quanto a conteúdo, formato, meios utilizados, período de exposição etc.;

Mensuração em Comunicação | **171**

- os objetivos e metas específicos foram ou não atingidos; e
- houve adequação na quantidade e perfil dos públicos impactados etc.

Esse monitoramento será melhor quando a plataforma implementada possibilitar o armazenamento de imagens (filmes, fotos, ilustrações etc.), de textos (publicitários, técnicos, institucionais, *releases* enviados e/ou publicados, *posts* em blogs/Twitter e sites etc.), de informações resumidas de outras ações de marketing implementadas (linhas de produtos, preços praticados, informações sobre a distribuição etc.), e de informações/imagens/textos relevantes dos principais concorrentes (produtos oferecidos, nível de preços praticados, pontos de venda, principais ações de comunicação etc.) organizados em datas, veículos, locais, objetivos em relação às 14 etapas do processo de comunicação, palavras-chave (*tags*) etc.

Esse armazenamento, quando adequado, possibilita a formação de séries históricas e cronológicas das ações de comunicação implementadas, bem como a identificação de ações de comunicação que ocorrem concomitantemente e de ações que se complementam. Permite, ainda, que cada ação seja avaliada quanto a pertinência da mensagem, adequação dos meios e do *timing*. Recomendamos que essa avaliação seja realizada por analistas não diretamente envolvidos na criação e implementação (equipe de professores e/ou de consultores de comunicação), para garantir uma avaliação isenta dos processos implementados e dos resultados alcançados.

Se a plataforma contiver informações, mesmo que básicas, de outras variáveis de marketing da empresa (nível de qualidade e quantidade de produtos disponibilizados, patamares dos preços praticados, quantidade e qualidade dos pontos de venda etc.), e também das ações mercadológicas de seus principais concorrentes (além de informações básicas dos três *outputs,* um foco maior nas ações concorrenciais de comunicação mais impactantes), possibilitará avaliações que poderão indicar correlações entre as variáveis, subsidiando a plataforma de Análise do Ambiente Mercadológico.

Outra vantagem da plataforma é prover os gestores de informações sobre o perfil e a quantidade do público-alvo impactada, ou seja: se o anúncio foi veiculado no domingo (dia/mês/ano) no jornal X, a quantidade estimada de leitores com o perfil Y foi ZZZ (calculado levando em consideração: posição e caderno, tamanho do anúncio, comportamento de leitura etc.). No caso de um evento de relacionamento, a plataforma deverá armazenar os objetivos e metas específicos, imagens do evento, principais mensagens emitidas durante sua realização, fatos importantes, comentários pós-evento, bem como a quantidade de pessoas participantes, classificados por sua importância estratégica e nível de envolvimento com a empresa (pesos e ponderações). Com isso, pode-se calcular a quantidade do Público Ponderado Atingido (PPA). Como cada ação de comunicação avaliada terá seu investimento registrado, será possível calcular o custo por público ponderado atingido, facilitando a análise dos gestores acerca do retorno dos investimentos realizados.

No caso de veiculações em meios de massa, o sistema já calcula o custo por mil pessoas atingidas. Como nas ações de comunicação mais segmentadas e dirigidas se faz ponderação, dando pesos diferentes aos públicos por sua importância estratégica e envolvimento tendo por base um indivíduo que faz parte do público em geral (não segmentado, portanto, peso 1), os investimentos realizados por diferentes ações podem ser comparados. Exemplo: o investimento realizado para atingir uma pessoa do público ponderado de um evento (maior envolvimento com a empresa e, consequentemente, maior importância estratégica, peso 300, por exemplo) pode ser comparado com o recurso investido para se alcançar uma pessoa do público geral numa veiculação de massa (peso 1). Assim, com tudo isso, pode-se inferir o grau de eficácia da ação referida. O peso será atribuído de acordo com a importância estratégica e institucional do público.

Apresentamos, a seguir, alguns exemplos de planilhas que podem compor a plataforma, complementando o armazenamento de imagens, textos e informações (da empresa e de seus principais concorrentes).

Mensuração em Comunicação | **173**

Exemplo 1

Ação:

Veículos utilizados:

Objetivos:
- [ ] Lançamento de produto
- [ ] Reforço de imagem
- [ ] Aumento de vendas
- [ ] Conhecimento de marca
- [ ] Outros

Objetivos:
- [ ] Consciência/atenção/interesse

Comunicação:
- [ ] Informação/expectativa/desejos
- [ ] Preferência/decisão/ação
- [ ] Interação/fidelização/disseminação

Exemplo 2

Análise do Conjunto da Ação (Eficiência)

Peso   **Nota**

- [ ] Adequação dos meios utilizados (perfil/tiragem etc.) _____
- [ ] Período de veiculação _____
- [ ] Posição do anúncio na revista _____
- [ ] Adequação do tamanho _____
- [ ] Adequação do texto/*tags* (aos objetivos) _____
- [ ] Adequação da imagem _____

(100%)

FATOR DE EFICIÊNCIA/EFICÁCIA: 0,6_____1,0_____1,4

(Menor que 1,0 = desfavorabilidade; maior que 1,0 = favorabilidade.)   Dentro da amplitude definida

A plataforma armazenará os dados e processos, facilitando a análise

Menor que 1 = **desfavorabilidade**
Maior que 1 = **favorabilidade**

Exemplo 3

Ação de Comunicação a ser Analisada/Avaliada

- [ ] Anúncio em revista
- [ ] Anúncio em jornal
- [ ] Folheto
- [ ] Propaganda em TV
- [ ] Ações integradas
- [ ] Outros

Período de Veiculação/Distribuição

De [ ] [ ] [ ] a [ ] [ ] [ ]

Dia Mês Ano   Dia Mês Ano

Exemplo 4

Público Ponderado Evento x (Eficácia)

Peso	Quantidade:	Absoluta	Ponderada
[ ] Diretores de empresas cliente		_____	_____
[ ] Representantes de associações		_____	_____
[ ] Acadêmicos e pesquisadores		_____	_____
[ ] Jornalistas/cronistas		_____	_____
[ ] Consumidores finais potenciais		_____	_____
[ ] Funcionários da empresa			

Total de Público Ponderado (TPP): _____

Investimento na ação: R$ _____

Custo por Público Ponderado Atingido: R$/TTP: R$ _____

A plataforma armazenará os dados e processos, facilitando a análise.

Exemplo 5

Metas previstas:
- Aumento de vendas de _____ %
- Volume de vendas de _____ unidades
- Conhecimento de marca de _____ %
- Reforço de imagem de _____ %

Abrangência:
- ☐ Nacional
- ☐ Regional ⟶ • Sudeste / • Sul / • Nordeste / • etc.
- ☐ Estadual
- ☐ Local (cidade)

Investimento total na ação:

2. Plataforma de Avaliação da Integração das Ações de Comunicação

Tem como objetivo contextualizar a ação avaliada no Processo Geral de Comunicação Integrada. Tem como função a verificação do grau de integração e complementaridade da ação e de outras ações de comunicação da empresa no percurso dos 14 objetivos de comunicação, conforme o exemplo da planilha a seguir.

Quadro 4.3 – Eficácia dos Meios de Comunicação para os Objetivos da Comunicação

Grau de importância dos objetivos da comunicação da Empresa		Anúncios impressos	Imprensa	Eventos	Patrocínios	Comunicação digital	Ações de branding	Campanha
☐	Consciência Atenção Interesse							
☐	Conhecimento Desejo Expectativa							
☐	Preferência Decisão Ação							
☐	Satisfação Interação							
☐	Fidelização Disseminação							
	Porcentagem de eficácia ponderada (%)	☐	☐	☐	☐	☐	☐	☐

Fonte: Proposto pelos autores.

Outra avaliação possível é relativa à sinergia que pode existir entre as diferentes ações de comunicação. Comunicação Integrada pressupõe a utilização comum de imagens, informações e mensagens em várias frentes midiáticas, quando estrategicamente pertinentes, bem como a divulgação de determinada ação e de seus resultados utilizando outras ações de comunicação (exemplo: um filme publicitário utilizando imagens captadas em um evento social apoiado pela empresa etc.), otimizando e complementando o processo como um todo. A planilha que se segue pode ser usada para monitorar o grau de ativação existente entre as diversas ações implementadas.

Quadro 4.4 – Exemplo de Ação de Promoção

ÍNDICE DE ATIVAÇÃO
Ex.: ATIVIDADES DE PROMOÇÃO

EVENTO: _____

Período da ocorrência: _____

Local da ocorrência: _____

ESTA ATIVIDADE TEM/GEROU/ATIVOU FATOS COMUNICÁVEIS PARA:

	A (muito)	B (médio)	C (pouco)
COBERTURA DA IMPRENSA			
COMUNICAÇÃO INTERNA			
PRODUTOS EDITORIAIS			
CRM			
BANCO DE IMAGENS			
MEMÓRIA EMPRESARIAL			

LEGENDA

- Gerou COBERTURA DA IMPRENSA (*releases*, notas, críticas, artigos).
- Gerou COMUNICAÇÃO INTERNA (pauta de sistema informativo interno, apresentação para colaboradores, promoção para colaboradores).
- Gerou PRODUTOS EDITORIAIS (filmes, vídeos, publicações, imagens para filmes publicitários).
- Suscitou PROJETOS INTERNACIONAIS (material para distribuição em eventos internacionais, exibição).

ESTA ATIVIDADE UTILIZOU/APROVEITOU/INTERAGIU COM:

	A	B	C
CRM			
BANCO DE IMAGENS			
PATROCÍNIO CULTURAL			
PATROCÍNIO ESPORTIVO			
PROGRAMAS AMBIENTAIS			
PROGRAMAS SOCIAIS			

LEGENDA

- Utilizou informações contidas no CRM.
- Utilizou fatos, depoimentos, pesquisas etc. que fazem parte do acervo da MEMÓRIA EMPRESARIAL.
- Utilizou material do acervo do BANCO DE IMAGENS.
- Aproveitou produtos, subprodutos, ingressos de algum projeto CULTURAL patrocinado pela empresa.
- Aproveitou produtos, subprodutos, ingressos de algum projeto ESPORTIVO patrocinado pela empresa.

continua...

continuação

- Aproveitou imagens, fatos, informações de algum projeto AMBIENTAL patrocinado pela empresa.
- Aproveitou imagens, fatos, informações de algum projeto SOCIAL apoiado pela empresa.

Exemplos de cálculos possíveis:
- Se forem marcados de 7 a 12 itens, a nota será 10.
- Se forem marcados de 4 a 6 itens, a nota será 7.
- Se forem marcados de 1 a 3 itens, a nota será 4.
- Nenhum, igual à nota 0 (zero).

As notas atribuídas serão multiplicadas por um valor de acordo com sua posição:
- Na posição A, a nota será multiplicada por 1,2.
- Na posição B, a nota será multiplicada por 1.
- Na posição C, a nota será multiplicada por 0,8.

As notas ponderadas serão somadas e o valor obtido será dividido pela quantidade das notas, para se obter a média que representará o potencial de integração.

EXEMPLO:

	A	B	C
Gerou/Ativou:			
COBERTURA DA IMPRENSA			
COMUNICAÇÃO INTERNA			
PRODUTOS EDITORIAIS			
CRM			
BANCO DE IMAGENS			
MEMÓRIA EMPRESARIAL			
Interagiu/Utilizou:			
CRM			
BANCO DE IMAGENS			
PATROCÍNIO CULTURAL			
PATROCÍNIO ESPORTIVO			
PROGRAMAS AMBIENTAIS			
PROGRAMAS SOCIAIS			

Observação: Como foram marcados 4 itens, a nota a ser atribuída a todos será 7. Assim teremos 2 notas 7 colocadas na posição A gerando o seguinte cálculo: 2 X (7 X 1,2) = 16,8; 1 nota 7 na posição B (1 X (7 X 1,0) = 7); e 1 nota 7 na posição C (1 X (7 X 0,8) = 5,6). Somam-se os valores (16,8 + 7 + 5,6) = 29,4. Divide-se o valor somado pela quantidade de nota (4) para obter a média (29,4 : 4 = 7,35). E 7,35 será o grau de integração do projeto.

Fonte: Proposto pelos autores.

3. Plataforma de Análise do Ambiente Mercadológico/Situacional

Conforme discutimos no início desta obra, é importante conhecer as variáveis que podem afetar positiva ou negativamente as ações de comunicação da empresa. Não basta conhecê-las, pois é preciso identificar sua importância relativa no campo das influências, atribuindo pesos a cada uma de acordo com sua relevância quanto ao impacto gerado no caso de incidência. Além disso, faz-se necessário avaliar a intensidade dessa influência conferindo graus de favorabilidade (maior que 1,0) ou desfavorabilidade (menor que 1,0).

No texto a respeito do tema, no início do livro, apresentamos um quadro exemplificativo de uma ação de comunicação mercadológica usando como exemplo o lançamento de um produto. Assim, para demonstrar a relevância da análise ambiental na gestão de outras modalidades de comunicação, apresentaremos uma planilha ilustrativa de uma ação de comunicação interna (exemplo: Campanha Interna de Aumento da Produtividade e Diminuição de Retrabalhos). O quadro a seguir resume a avaliação do ambiente, ou seja, o conjunto de fatos e variáveis que podem influenciar a ação de comunicação positiva ou negativamente.

Quadro 4.5 – Avaliação do Ambiente

PESO	VARIÁVEIS/FATOS	AVALIAÇÃO	NOTA PONDERADA
	Nível de satisfação em relação ao salário e benefícios recebidos		
	Grau de satisfação em relação às condições e ao ambiente de trabalho		
	Condições das instalações e dos equipamentos		
	Relacionamento com a chefia		
	Relacionamento entre a equipe de trabalho		

continua...

continuação

PESO	VARIÁVEIS/FATOS	AVALIAÇÃO	NOTA PONDERADA
	Relacionamento intersetorial (com o setor de compras, por exemplo)		
	Outras ações de comunicação voltadas ao público interno		
	O clima organizacional em função da divulgação dos resultados da empresa		
	Dissonância entre a comunicação e o fato (produtividade)		
	Grau de motivação, envolvimento e comprometimento		
	Contrapartidas (recompensas) oferecidas pelo atingimento das metas		
	Conhecimento dos processos de monitoramento dos resultados		
	Outras campanhas internas em andamento		
	Outras variáveis		
	FATOR:		

Fonte: Proposto pelos autores.

No caso de uma campanha de Comunicação Institucional que tenha como objetivo, por exemplo, posicionar a empresa como uma instituição sólida e confiável junto aos públicos externos, sugerimos o monitoramento das variáveis e fatos enumerados no quadro a seguir.

Quadro 4.6 – Variáveis/Fatos para Monitoramento

PESO	VARIÁVEIS/FATOS	AVALIAÇÃO	NOTA PONDERADA
	Situação da economia local		
	Situação do setor em que a empresa opera		
	Grau de empatia/identificação dos públicos em relação à empresa (obs.: os públicos podem ser especificados e separados em sua avaliação)		

continua...

continuação

PESO	VARIÁVEIS/FATOS	AVALIAÇÃO	NOTA PONDERADA
	Relacionamento da empresa com seus *stakeholders* internos – colaboradores, fornecedores, distribuidores e acionistas (se pertinentes, realizar análises separadas)		
	Relacionamento com outras empresas do setor		
	Ações de comunicação institucional da concorrência		
	Outras ações de comunicação voltadas ao público externo (ex.: publicidade, promoção, *releases*, patrocínios etc.)		
	Percepção do valor da empresa em função da divulgação dos resultados da empresa		
	Dissonância entre a comunicação e os fatos (solidez e confiança)		
	Grau de exposição espontânea na mídia (positiva ou negativa)		
	Grau de conhecimento dos públicos em relação à empresa		
	Outras campanhas institucionais em andamento		
	Outras variáveis		
		FATOR:	

Fonte: Proposto pelos autores.

Essa plataforma deve ser monitorada constantemente, pois as variáveis se apresentam dinamicamente, exercendo influências constantes nos resultados das ações de comunicação da empresa, quaisquer que sejam. Não há uma regra estabelecida em relação à periodicidade da análise, mas é fato incontestável que a plataforma deve ser atualizada quando uma variável ou um fato importante apresenta mudanças relevantes.

4. Plataforma de Informações dos Resultados de Marketing e Comunicação e dos Indicadores de Performance

Tem como objetivo selecionar, organizar, atualizar, congregar e armazenar informações dos resultados econômico-financeiros, mercadológicos, logísticos e dos processos produtivos e de compra da empresa, que tenham aderência às moedas financeiras e não financeiras relacionadas aos objetivos e metas das ações de comunicação. Esse armazenamento, quando adequado, possibilita a formação de séries históricas e cronológicas dos resultados operacionais, financeiros e mercadológicos da empresa, bem como, quando possível, o estabelecimento de relações de causa e efeito com as ações de comunicação que ocorrem concomitantemente à formação dos resultados, influenciados pela situação ambiental (fator de favorabilidade ou desfavorabilidade).

Apresentamos a seguir um exemplo de planilha dos indicadores de performance (financeiros e não financeiros) aderentes e relacionados com as ações de comunicação administrativa, institucional, mercadológica (interna ou externa) analisadas:

Quadro 4.7 – Indicadores de Performance

INFORMAÇÕES OPERACIONAIS	RESULTADO ANTERIOR (APURADO EM (...) ANTES DA COMUNICAÇÃO	RESULTADO ATUAL (APURADO EM (...) DEPOIS DA COMUNICAÇÃO
• Taxa de produtividade		
• Taxa de ociosidade		
• Custo médio de produção		
• Taxa de retrabalho		
• Giro médio do estoque		
• Giro médio dos ativos fixos		
• Prazo médio de pagamento		
• Índice de qualidade		
• Índice de desperdício		
• Taxa de avarias		
• Outras		

continua...

Mensuração em Comunicação | **183**

continuação

INFORMAÇÕES ADMINISTRATIVAS	RESULTADO ANTERIOR (APURADO EM (...) ANTES DA COMUNICAÇÃO	RESULTADO ATUAL (APURADO EM (...) DEPOIS DA COMUNICAÇÃO
• Taxa de *turnover*		
• Taxa de absenteísmo		
• Índice de acidentes de trabalho		
• Receita média por colaborador		
• Índice de satisfação/identificação com a empresa		
• Índice de adesão às campanhas internas		
• Outras		
INFORMAÇÕES MERCADOLÓGICAS	**RESULTADO ANTERIOR (APURADO EM (...) ANTES DA COMUNICAÇÃO**	**RESULTADO ATUAL (APURADO EM (...) DEPOIS DA COMUNICAÇÃO**
• Participação de mercado		
• Venda por região, canal/vendedor		
• Índice de identificação com a marca		
• *Share of mind*		
• Índice de elasticidade preço/demanda		
• Prazo médio de recebimento		
• Prazo do ponto de equilíbrio		
• Taxa de abertura de novos canais de venda		
• Índice de recompra		
• *Recall* das ações de comunicação		
• Outras		

continua...

continuação

INFORMAÇÕES ECONÔMICAS E FINANCEIRAS	RESULTADO ANTERIOR (APURADO EM (...) ANTES DA COMUNICAÇÃO	RESULTADO ATUAL (APURADO EM (...) DEPOIS DA COMUNICAÇÃO
• Receitas brutas		
• Receitas líquidas		
• Lucro bruto		
• Margem de contribuição média		
• Lucro operacional		
• Lucro líquido		
• Taxa média de retorno		
• Valor econômico agregado		
• Aumento do valor de mercado		
• Outras		

Fonte: Proposto pelos autores.

Interações das Plataformas

As informações contidas nessas plataformas devem ser cruzadas, possibilitando a aferição aproximada (lembrem-se da epígrafe de Bertrand Russel no início deste livro...) dos resultados das ações de comunicação:

Figura 4.2 – Interações das Plataformas

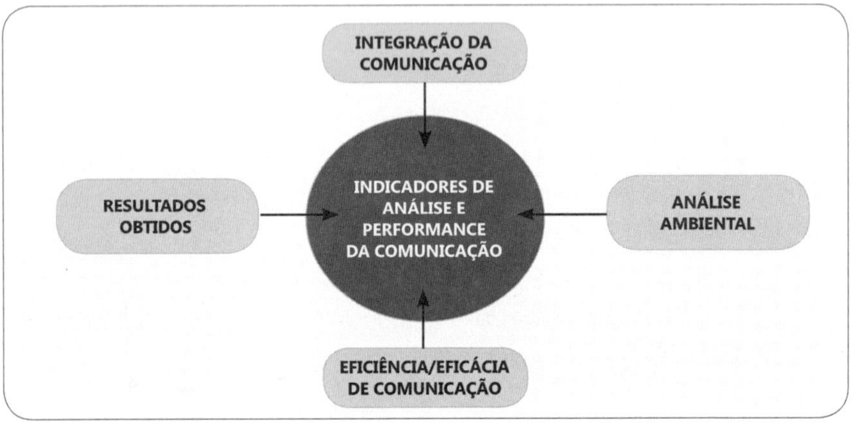

Fonte: Proposto pelos autores.

Os conteúdos dos relatórios resultantes da interação das plataformas devem ser formatados e disponibilizados segundo sua pertinência ao uso que cada gestor fará das informações, de acordo com seu nível hierárquico e sua competência decisória dentro da empresa.

O Quadro 4.8 apresenta exemplos de "entregáveis" que são disponibilizados aos diferentes níveis de gestão envolvidos no processo de comunicação:

Quadro 4.8 – Exemplos de Entregáveis

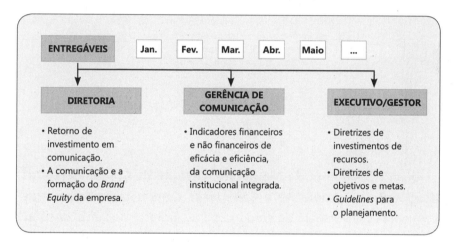

Fonte: Proposto pelos autores.

À Diretoria compete a decisão de aprovar os montantes financeiros totais a serem investidos nos processos de comunicação, bem como avaliar as estratégias propostas e sua integração visando incrementar o valor institucional. Assim, entendemos que as informações mais relevantes para esse nível hierárquico são:

- retorno aproximado dos Investimentos Totais em Comunicação Integrada; e
- indicadores que demonstrem como a Comunicação Integrada contribuiu na Formação do Valor de Mercado da Marca (tangível e intangível).

Quadro 4.9 – Entregável para a Diretoria

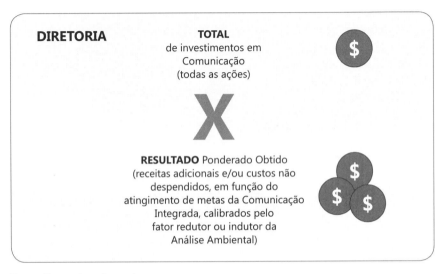

Fonte: Proposto pelos autores.

Quanto a **Gerente de Marketing, Gerente de Comunicação Institucional ou Corporativa e Gerente de Comunicação Interna** (denominações que variam de empresa para empresa), seu nível decisório está relacionado à aprovação do investimento por categoria de ações de comunicação (mercadológica, institucional e interna) e, obviamente, a avaliar suas estratégias específicas. Deve, portanto, receber informações a respeito dos resultados dos indicadores diretamente relacionados com sua especialidade.

No entanto, entendemos que cada um desses gerentes deve receber informações sobre os resultados obtidos por seus colegas, isto é, o gerente de marketing deve ter conhecimento dos indicadores alcançados pela gerência de comunicação institucional e pela gerência de comunicação interna e vice e versa. Além disso, todos devem compartilhar as informações extraídas da **Plataforma de Avaliação da Integração das Ações de Comunicação**, para que possam planejar juntos, ações efetivamente sinérgicas e integradas de comunicação.

Quadro 4.10 – Entregável para a Gerência de Comunicação

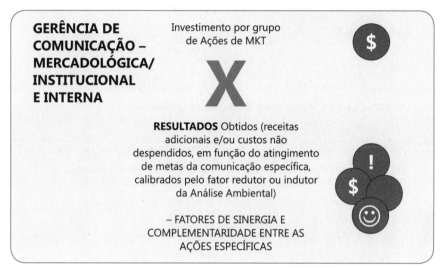

Fonte: Proposto pelos autores.

Aos **gestores de equipes responsáveis pelo planejamento e implementação de ações específicas de comunicação** (**na mercadológica**, por exemplo: publicidade na TV, promoção de vendas, *merchandising* etc.; **na institucional**: eventos, relacionamento com a imprensa, patrocínios etc.; **na interna**: publicações, intranet, campanhas internas etc.), as informações mais importantes são:
- resultados dos indicadores diretamente ligados às atividades de sua competência (exemplo: Publicidade);
- resultados dos indicadores relacionados às responsabilidades de seus pares na gerência a que está subordinado (ex.: Promoção de Vendas, *Merchandising*);
- informações que servirão como base tanto para a definição de objetivos/metas e estratégias de comunicação de sua competência quanto para o estabelecimento de estratégias sinérgicas e de complementação com outras modalidades de comunicação.

Quadro 4.11 – Entregável para o Gestor de Comunicação

EXECUTIVO/ GESTOR

INVESTIMENTO ESPECÍFICO POR AÇÃO

RESULTADOS

Guidelines **para o Planejamento das Ações de Marketing:**

- Adequação do veículo (perfil/audiência)
- Aderência da mensagem (texto e imagem) aos objetivos e metas específicos
- Grau de ativação/sinergia e complementaridade da ação em relação a outras ações visando atender aos objetivos do processo da comunicação corporativa.
- Gestão da ação quando direcionada ao mesmo público, visando à evolução dos objetivos do processo de comunicação.

Fonte: Proposto pelos autores.

Vantagens do monitoramento por meio das Plataformas

- É um instrumento de Gestão da Comunicação Institucional, Mercadológica e Administrativa (interna e externa).
- Demanda o registro das principais informações do planejamento (antes da ação) e do que foi efetivamente realizado (pós-ação). Possibilita comparações e a identificação das razões do não cumprimento das estratégias de comunicação.
- Permite, na Análise Ambiental, a avaliação do papel da Comunicação diante de outras variáveis do *Mix de Marketing* (preço, produto, vendas) e em que condições ambientais as ações de comunicação serão implementadas.
- Permite realizar mensurações em todas as fases do Processo (14 objetivos da Comunicação).
- Identifica o Grau de Integração entre as Ações.
- Monitora e promove a integração efetiva de todas as ações de comunicação.

- Permite Registro Histórico de Ações (o que foi feito), Ambiente (em que condições), e Resultados Obtidos com as Ações (considerando o papel da comunicação diante de outras variáveis do *Mix de Marketing).*
- Permite a identificação de Pontos Fortes e Fracos, e *Gaps* no Planejamento da Comunicação.
- Fornece Diretrizes para a Definição de Objetivos/Metas e de Recursos Financeiros, além de *Guidelines* para a Definição de Estratégias e Ações de Comunicação, principalmente.
- A Análise do ROI é consequência do monitoramento, não o fim.

Alguns estudos coadunam com a ideia de mensuração da performance em comunicação e marketing como uma consequência, e não uma finalidade em si, conforme dissemos anteriormente (ver Panella, 2007, no início do Capítulo 4, e outras referências ao longo deste capítulo). Encarar a comunicação como algo mensurável deve ser, de um lado, esforço da própria área e, de outro, esforço das outras áreas envolvidas na consecução dos objetivos, bem como esforço dos níveis hierárquicos superiores.

O grau de complexidade da tarefa de mensuração e sua capacidade de implementação também devem ser considerados na decisão de mensurar ou não as ações de comunicação. Além disso, atentar para o número de departamentos e pessoas envolvidas e a amplitude de discussão e decisão articulada ao sistema de mensuração escolhido são fatores relevantes para o sucesso ou insucesso de uma ferramenta ou metodologia de mensuração (CLARK; ABELA; AMBLER, 2006).

Seja qual for a natureza do negócio, a cultura da organização, a categoria do produto, os diferentes segmentos do mercado consumidor, se não houver um tomador de decisão com credibilidade e vontade para iniciar um processo de desenvolvimento de sistemas de mensuração de comunicação, o projeto definitivamente não sairá do papel!

Capítulo 5

O QUE OUTROS AUTORES ESCREVERAM SOBRE MENSURAÇÃO DE ROI EM COMUNICAÇÃO

Antes de começarmos a escrever este livro sobre mensuração em comunicação, investigamos o que outros autores já haviam abordado sobre o assunto. Conhecer o que já havia sido produzido foi importante para o desenvolvimento ou aprimoramento dos conceitos e metodologias de mensuração apresentados ao longo dos capítulos.

Vasculhamos bibliotecas, livrarias e sites em busca desse conteúdo. Na verdade, há poucos textos especificamente sobre mensuração em comunicação. Dessa forma, tivemos que estender nossa busca a livros de marketing, de *branding*, de administração e de relações públicas.

Esses livros nos forneceram pontos de tangência que nos ajudaram a enriquecer nosso cabedal conceitual e metodológico em avaliação e mensuração de ROI em comunicação. As páginas a seguir são resultado de um filtro qualitativo que fizemos nas obras que pesquisamos.

Devemos ressaltar que há muitos livros sobre métricas de marketing[18], porém, como alguns desses livros têm um caráter consultivo e técnico/descritivo, sem apresentar um pensamento conceitual sobre mensuração, decidimos deixá-los de lado no contexto de nossas análises.

Strategic Branding Management: building, measuring and managing brand equity (Kevin Lane Keller)

Nesse livro, Keller traz como ponto de partida o pensamento de Jonathan Knowles. Ele diz que, para a área de Comunicação "entregar" para a empresa uma análise de retorno dos investimentos de forma plausível, ela deve considerar três aspectos:

1. Para quantificar os benefícios financeiros, os profissionais devem fazer mensurações que demonstrem a capacidade que as ações têm de gerar fluxo de caixa futuro.
2. Não se pode pensar somente na atitude do consumidor. Mudança de atitude não gera, necessariamente, faturamento adicional.
3. Deve-se mensurar *brand equity* de um modo que se possa identificar a origem e a escala que os componentes emocionais agregaram à funcionalidade do produto (KELLER, 2008).

---

18. Por exemplo: *Métricas de marketing – mais de 50 métricas que todo executivo deve dominar* (FARRIS; BENDLE; PFEIFER; REIBSTEIN, 2006), e *Measuring marketing – 103 key metrics every marketer needs* (DAVIS, 2007).

Brand Tracking Studies

O ponto mais interessante desse texto é quando Keller descreve como elaborar e interpretar estudos de *tracking* ("rastreio") de imagem de marca.

Estudos de *tracking* de imagem de marca configuram-se pela coleta de informações dos consumidores, com frequência predeterminada, por meio de estudos quantitativos que avaliam a performance da marca no período.

Obviamente, à medida que as empresas diversificam suas plataformas de comunicação, torna-se difícil e caro mensurar o resultado de cada uma delas isoladamente. Assim, os estudos de *tracking* têm um papel importante para embasar as decisões de comunicação no dia a dia.

Como fazer um estudo de *tracking*?

Não há regras definidas com relação aos estudos de *tracking*. Cada marca enfrenta uma situação específica: categorias diferentes, concorrentes diferentes, consumidores diferentes. Assim, para ser realmente eficaz, uma pesquisa de *tracking* deve ser customizada de acordo com as necessidades e expectativas dos gestores no momento de planejar a comunicação da marca.

Normalmente, essa pesquisa se concentra nos consumidores da marca, porém, em muitos casos, é aconselhável dividir a amostra entre usuários e não usuários do produto para se identificarem quais atributos distinguem esses dois grupos. Outra possibilidade é escolher a amostra de um filtro que possibilite ao gestor da marca pensar em estratégias de segmentação. Por exemplo: estudo dos *heavy users* da marca, dos consumidores fiéis a seu principal concorrente ou dos que estão mais expostos à comunicação da marca (que assistem à programação na qual ela é veiculada).

O autor apresenta algumas dicas. Por exemplo, partir de um questionário que se afunila (sobre a categoria, depois sobre o produto e, por fim, sobre a marca) é uma boa alternativa para mensurar a imagem da marca. Assumindo que o relacionamento das pessoas com as marcas é construído com base em sua experiência integral, os resultados desse estudo refletirão toda a experiência do entrevistado com a marca – não somente sua aceitação ou empatia com a comunicação.

A comparação das associações e atributos entre concorrentes deve ser feita considerando três pontos: força, favorabilidade e unicidade. A menos que as associações sejam fortes o suficiente para serem lembradas pelos consumidores, a favorabilidade não importa. E, a menos que a favorabilidade seja suficiente para influenciar a decisão de consumo, só a unicidade importa.

Depois de coletar as opiniões dos consumidores, deve-se perguntar se eles chegaram a mudar de atitude, comportamento ou intenção de compra nas últimas semanas ou meses (dependendo do período de intervalo do *tracking*).

É necessário apresentar ao entrevistado as opções de resposta "não sei", "nenhuma delas" etc. Se essas opções não forem disponibilizadas aos respondentes, o resultado, necessariamente, estará distorcido. Um grande número de respostas como essas significa que os entrevistados não ligam muito para esse assunto, nem para sua marca.

Quando fazer um estudo de *tracking*?

Esse é outro ponto importante. Com que frequência uma pesquisa como essa deve ser feita? Em geral, essas pesquisas dependem da frequência média de compra do produto estudado (costuma-se fazer *tracking* de marcas de bens duráveis menos frequentemente porque o intervalo de compra destes produtos é maior). Além do comportamento do consumidor, a movimentação da categoria também é um fator importante. Uma situação de mercado em que há vários processos de fusão ou incorporação (como as operações entre Ponto Frio, Casas Bahia e Pão de Açúcar, feitas no final da primeira década do século XXI) pode gerar reações diversas no consumidor. Nesse caso, recomendam-se estudos de *tracking* mais frequentes.

Como interpretar estudos de *tracking*?

Os dados de *tracking* devem ser sensíveis o mais possível. Muitas vezes os profissionais se deparam com os estudos que mostram estabilidade nos índices. Parece que nada muda ao longo do tempo. Com a mudança das variáveis de marketing das marcas, com o surgimento de novas marcas e com a mudança de comportamento do consumidor, é quase impossível que essa estabilidade esteja refletindo o que se passa na cabeça das pessoas. A estabilidade, muitas vezes, significa que as perguntas não estão sensíveis (calibradas) o suficiente para captar as mudanças.

Outro desafio na hora de interpretar essas pesquisas é como escolher o melhor *benchmark*. O aumento da lembrança da marca foi suficiente? Quão bom é esse nível de força, favorabilidade e unicidade? Keller (2008) acredita que se deve considerar a natureza da categoria (alto ou baixo envolvimento), o nível da concorrência e, principalmente, as metas que foram definidas no planejamento estratégico.

Alastair Gordon, da AC Nielsen, elenca os quatro principais motivos pelos quais os estudos de *tracking* algumas vezes não contribuem muito para o gestor da marca:

1. Muito foco no *top level*[19] dos índices, que acabam deixando muita informação de lado.

2. O *target* não foi definido corretamente ou é "inatingível".

3. Métricas são tratadas de maneira independente – não se integram com outras informações da empresa e da categoria.

4. Muito foco nas atitudes (conexões emocionais com a marca) e pouco *link* com os comportamentos reais dos consumidores (*apud* KELLER, 2008).

---

19. Nas perguntas em que há solicitação de notas para determinados atributos se costuma usar o padrão de análise *Top 2 Boxes* (as duas notas máximas: 9 ou 10) ou *Top 4 Boxes* (notas 7, 8, 9 ou 10). Por exemplo, na pergunta "De 0 a 10, quão inovadora é esta marca?", poucas pessoas responderiam 9 ou 10. Contudo, a marca pode ter evoluído de uma nota 4 (no ano anterior) para uma nota 6. Essa evolução não é captada se forem considerados somente os *top levels*.

No fim das contas, o mais importante em um estudo de *tracking* é saber identificar quais são os fatores que formam o *brand equity*: os que influenciam as atitudes e o comportamento do consumidor e, consequentemente, geram valor para a marca, incrementando seu patrimônio intangível.

Os Quatro Pilares da Lucratividade (Leslie H. Moeller e Edward C. Landry)

Leslie e Edward são sócios da Booz & Company, consultoria que desenvolveu e auxiliou a implementação de sistemas de ROI em marketing para grandes empresas norte-americanas. São autores analíticos, que gostam de colocar seus pontos de vista em tópicos para serem didáticos, como os leitores perceberão no texto a seguir.

Para eles, nestas décadas iniciais do século XXI, o maior desafio dos profissionais de Comunicação e Marketing é saber como fazer o uso mais eficaz das possibilidades propiciadas pelos veículos de comunicação que apareceram nos últimos anos. Cada meio apresenta suas diferentes métricas, e o profissional acaba não sabendo quais delas usar e como relacioná-las.

Assim, o primeiro problema é saber "o que medir":

– métricas de acesso, como *page views* (parâmetros utilizados pelos servidores *Web* para medir a visibilidade de um site) e hora da visita;

– métricas de mensagem, como aceitação, engajamento do anúncio e relevância da mensagem;

– métricas atitudinais, como conscientização primordial, imagens e preferências de marca;

– métricas de resposta comportamental, como *click throughs* (taxa de cliques), registros *opt-in* (processo no qual as pessoas consentem em receber sua comunicação) ou índice *pass-along* (medida da comunicação boca a boca/viral); e

– métricas transacionais, como os números de vendas (MOELLER; LANDRY, 2009, p. 35).

Segundo os autores, uma boa maneira de "cortar esse caminho" é focar em objetivos claros de marketing e calcular o ROI das iniciativas. Algumas vezes, essa conta é simples, como no caso do *click-to-purchase* (clique para comprar) num anúncio de *banner* em um site que leva ao *e-commerce*. No entanto, outras mídias (como *outdoors*, por exemplo), trazem uma complexidade maior para o cálculo.

Moeller e Landry (2009, p. 57) elencam alguns fatores que desencorajam os profissionais a empreenderem um projeto efetivo de implementação da cultura de ROI nas empresas.

1. **Os dados necessários para calcular o ROI não se encontram disponíveis de imediato**: alimentar o conjunto de dados necessários para a análise matemática direcionada pode ser um processo moroso e pode requerer o desenvolvimento de fontes de dados totalmente novas (partindo de novas tecnologias de informação).

2. **Eles não sabem criar e padronizar o procedimento de cálculo de ROI**: muitas vezes, não há recursos humanos capacitados para desenvolver sistemas padronizados nas empresas. Considerando a amplitude de interações possíveis de uma empresa com seus consumidores ao longo de um ano, um cálculo não padronizado impede comparações – o que leva à inutilidade do sistema no momento de tomada de decisão.

3. **Eles não sabem transformar ROI em conhecimento funcional e implementá-lo**: para transformar os resultados em melhorias, os profissionais devem estar capacitados para determinar os fatores que contribuíram para o resultado e manipular essas causas para criar melhores conexões com o cliente e com tomadas de decisões que efetivamente gerem resultados futuros.

4. **Eles não conseguem reunir o suporte organizacional necessário**: o desenvolvimento de um sistema como esse requer não só investimentos financeiros, mas mudanças comportamentais e culturais na empresa – fator que muitas vezes parece impeditivo em determinadas organizações.

5. Eles estão relutantes em empreender esta jornada: profissionais de marketing dependem da obscuridade dessa disciplina para ocultarem resultados negativos e protegerem a si mesmos.

Para os que não se identificaram com o quinto item e pretendem tornar os investimentos de marketing mais transparentes, Moeller e Landry (2009, p. 73) propõem alguns pilares para a implementação de análises de ROI nas empresas:

1. **Análise matemática**: estas análises permitem a compreensão exata dos volumes de vendas incrementais gerados pelas diferentes iniciativas de marketing – ajudando a identificar quais são mais lucrativas e a evitar iniciativas que deem retorno negativo. Essa etapa exige conhecimento específico de Matemática e Estatística, que vai além da compreensão do profissional regular de marketing. Por isso, recomenda-se um trabalho conjunto com um especialista nessa área.

2. **Ferramentas de apoio à tomada de decisão**: esta é a interface amigável entre o complexo resultado analítico e os profissionais de Marketing. As ferramentas coletam, integram e aplicam os dados das mais variadas iniciativas de marketing, permitindo que as diversas equipes tenham, de forma clara, um resumo de seus resultados.

3. **Processos**: asseguram que as atividades de marketing sejam executadas, coordenadas e incorporadas de forma adequada. Para isso, são necessários processos em quatro níveis: estabelecimento de metas realistas, planejamento (definição de ofertas, veículos, recursos que serão usados), execução (garantir que o evento ocorra conforme o planejado) e análise pós-evento (mensuração dos resultados).

4. **Alinhamento organizacional**: garante que a motivação e o suporte organizacional necessários para desenvolver e manter a capacidade de ROI em marketing sejam acessíveis.

Moeller e Landry discordam de Schultz,[20] o qual acredita que somente dados comportamentais (os concretos que demonstram intenção de compra, como visitas a lojas, acessos ao *e-commerce*, *test-drives* etc.) devem ser utilizados para compor uma análise de retorno de investimento da comunicação. Para eles, os dados atitudinais, na figura a seguir, têm grande relevância nesse raciocínio e, procurando ilustrar esse ponto, apresentam o seguinte "funil de compra" com base em atitudes diante da marca.

Figura 5.1 – O Funil de Compra e suas Alavancas e Medidas

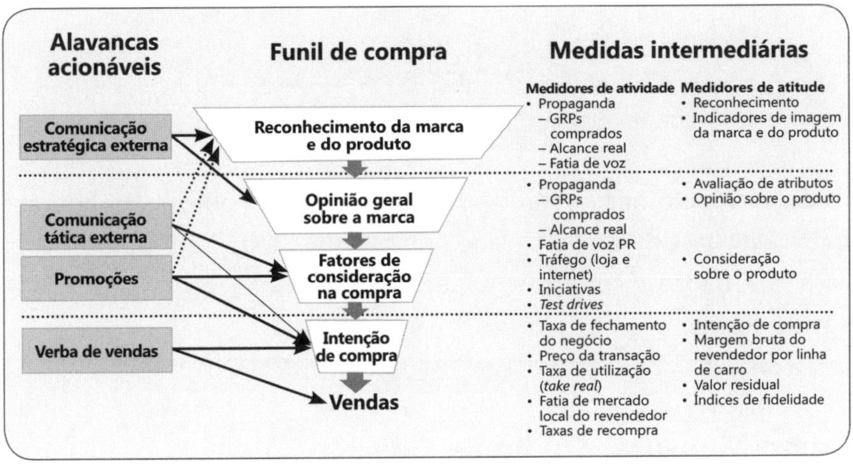

Fonte: Adaptado de Moeller e Landry (2009, p. 97).

Esses dados atitudinais devem ser somados aos dados comportamentais e aos dados de negócio (ponto de equilíbrio, custos das iniciativas, por exemplo).

---

20. No livro *Measuring brand communication ROI*, também analisado neste livro.

Figura 5.2 – A Faixa de Análise de Marketing

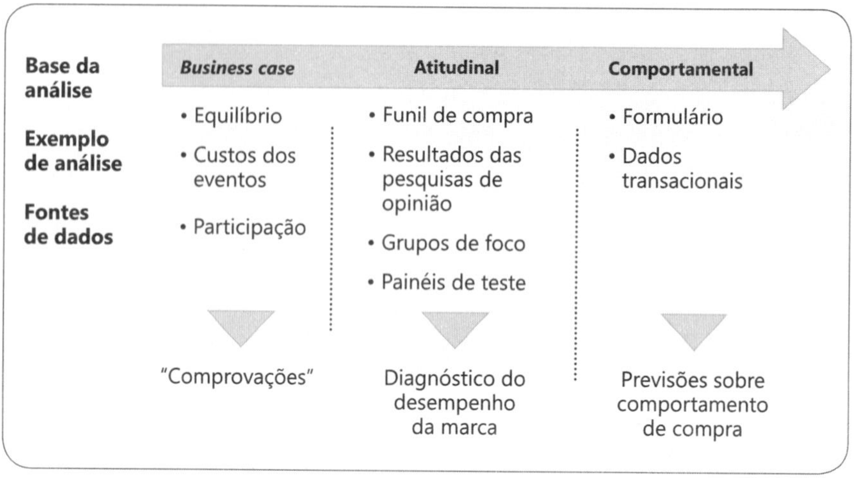

Base da análise	Business case	Atitudinal	Comportamental
Exemplo de análise	• Equilíbrio	• Funil de compra	• Formulário
Fontes de dados	• Custos dos eventos	• Resultados das pesquisas de opinião	• Dados transacionais
	• Participação	• Grupos de foco	
		• Painéis de teste	
	"Comprovações"	Diagnóstico do desempenho da marca	Previsões sobre comportamento de compra

Fonte: Adaptado de Moller e Landry (2009, p. 101).

Esse modelo não pretende ser uma regra. Os autores ponderam que a escolha das análises exige que os profissionais considerem três variáveis: dados disponíveis, capacidades internas, veículos e objetivos de marca.

Como Mensurar Qualquer Coisa (Douglas W. Hubbard)

Douglas W. Hubbard possui mais de 20 anos de experiência como consultor de administração de tecnologia da informação. Nos últimos anos, suas consultorias estão focadas na implementação da Economia das Informações Aplicadas, metodologia de mensuração que ele próprio criou. Tendo trabalhado em diferentes áreas (Capital de Risco, Logística Militar, TI e Problemas Ambientais), ele traz aprendizados inspiradores para a mensuração no campo da comunicação.

Seu pensamento se baseia em uma definição simples que é retomada ao longo de todo o livro. Para ele, mensuração "é um conjunto de observações que reduzem a incerteza (o risco) quando o resultado é expresso como uma quantidade" (HUBBARD, 2008, p. 25).

Muitas pessoas dizem que a maioria das coisas é imensurável. Mas dizem isso porque erram ao definir mensuração como uma certeza – quantificação exata de algo, sem deixar espaço para erro algum, conforme afirmamos desde as epígrafes deste livro. Partindo da premissa da mensuração como certeza, realmente pouquíssimas coisas seriam mensuráveis.

Algumas ações e resultados parecem imensuráveis porque não sabemos fazer a pergunta certa. Não sabemos exatamente o que queremos mensurar. Por exemplo, se alguém diz: "quero mensurar a aceitação do posicionamento da minha marca", devemos perguntar "o que você entende por posicionamento?" e "o que significa marca para você?". Tendo as respostas, é meio caminho andado.

Não há maior impedimento ao avanço da ciência do que a ambiguidade das palavras (Thomas Reid, filósofo escocês). Hubbard (2009, p. 3) defende que, se algo pode ser observado de algum modo, ele se presta a algum método de mensuração. Ou seja, mensuração pode ser entendida como observação quantificada. Dessa forma, elementos ditos "intangíveis" (no sentido de inalcançáveis) não existem. Não importa o quão indistinta ou inovadora seja a mensuração, não deixa de ser mensuração se lhe informar mais do que você sabia anteriormente.

Quando vale a pena investir em mensuração?

O autor desenvolve um raciocínio interessante sobre quando vale a pena (ou não) investir em mensuração. A única base válida para se afirmar que uma mensuração deve ser feita é se seus custos são inferiores aos seus benefícios. Para ele, saber o valor monetário das informações em uma mensuração lança uma nova luz sobre o que é "mensurável" (HUBBARD, 2008, p. 119).

Assim, é preciso saber determinar o valor monetário que uma informação tem – saber quanto vale reduzir incertezas. Nos casos comerciais, somente algumas variáveis básicas merecem esforços de mensuração objetivos. O resto das variáveis tem um "valor de informação de zero ou quase zero" (HUBBARD, 2008, p. 40).

Nesse sentido, quando alguém diz que é muito caro e difícil mensurar uma variável, temos que perguntar: comparado a quê? Não saber essa informação pode custar quanto para a empresa? Reduzir essa incerteza pode resultar em quanto de lucro?

Esses questionamentos são os primeiros passos para tentarmos deixar de lado as opiniões pouco embasadas que acabam sendo decisivas na aprovação dos processos de mensuração. Segundo o autor, esse comportamento leva ao que ele chama de "Inversão da Mensuração": os fatores mais medidos são as informações que têm menos valor para a tomada de decisão na empresa:

> Se calculássemos esse valor, provavelmente escolheríamos mensurar coisas completamente diferentes, gastaríamos mais esforços e dinheiro mensurando coisas que nunca havíamos medido e ignoraríamos algumas coisas que, rotineiramente, mensurávamos no passado (HUBBARD, 2008, p. 107).

Com base nessa reflexão, o autor propõe um método para avaliar o valor de um estudo de mensuração – o valor de se reduzirem incertezas (HUBBARD, 2008, p. 109). Esse método parte do princípio do "custo de estar errado", que é a diferença entre a escolha errada que você fez e a melhor alternativa possível – aquela que você teria selecionado se tivesse informações mais acuradas para tomar a decisão.

Isso pode ser aplicado no âmbito da comunicação. Pode-se calcular o valor de se mensurar a probabilidade de sucesso do investimento em uma campanha publicitária.

Suponha-se o seguinte cenário: se a campanha publicitária for eficaz, a empresa pode lucrar R$ 40.000.000; e se ela não funcionar, pode perder R$ 5.000.000 (custo de produção e veiculação da campanha). Se chegarmos à conclusão de que há 40% de probabilidade de a campanha ser um fracasso e 60% de ela funcionar, teremos o seguinte cenário:

– Perda de Oportunidade se a campanha for aprovada: R$ 5.000.000.
– Perda de Oportunidade se a campanha for rejeitada: R$ 40.000.000.
– Esperada Perda de Oportunidade se aprovada:
R$ 5.000.000 x 40% = R$ 2.000.000.
– Esperada Perda de Oportunidade se rejeitada:
R$ 40.000.000 x 60% = R$ 24.000.000.

Essa esperada perda de oportunidade é a probabilidade de **estar errado** multiplicada pelo custo de **estar errado**.

A pergunta que fica no ar ao se ler esse método é: qual o critério para estimarmos a probabilidade de sucesso de uma campanha publicitária? Hubbard (2008) não responde a esta pergunta quando apresenta esse método, mas temos uma sugestão: utilizar as ponderações da análise de ambiente de mercado (*vide* Capítulo 1).

Como vimos anteriormente, propomos um modo quantitativo de análise do ambiente de mercado que nos leva a fatores indutores ou redutores do potencial de resultados da comunicação. Se o ambiente de mercado é favorável, suas pontuações levaram a ponderação para um valor acima de 1 (média). Por exemplo, se as ponderações do ambiente de mercado leverem ao fator indutor 1,4, podemos inferir que uma ação de comunicação tem 40% a mais de chances de funcionar. Por outro lado, se o ambiente é desfavorável e a ponderação final chegar a 0,8, podemos dizer que a comunicação tem 20% de chances de falhar.

Acreditamos que esse é um meio de tornar o pensamento de Hubbard um pouco menos subjetivo. Ainda é um pequeno passo metodológico, mas de considerável importância se levarmos em conta o montante de investimento em campanhas publicitárias nos dias atuais.

Abordagem Universal de Mensuração

Hubbard também propõe uma Abordagem Universal de Mensuração – perguntas que servem para guiar qualquer projeto de mensuração (HUBBARD, 2008, p. 48).

1. O que você está tentando mensurar? Qual é o verdadeiro significado do "intangível" alegado?
2. Por que você se importa – qual é a decisão e onde está o "limite"?
3. Quanto você sabe agora – que extensões ou probabilidades representam sua incerteza sobre isso?
4. Qual é o valor das informações? Quais são as consequências de estar errado e a possibilidade de estar certo e – se for o caso – quais esforços de mensuração seriam justificados?
5. Dentro do custo justificado pelo valor das informações, que observações confirmariam ou eliminariam as diferentes possibilidades? Para cada cenário possível, o que há de mais simples que deveríamos constatar, se esse cenário fosse verdadeiro?
6. Como você executa a mensuração que justifica os vários grupos de erros evitáveis? (Repetindo: onde o custo é menor do que o valor das informações?)

Considerar o que você já sabe atualmente sobre algo tem impacto importante e quase sempre surpreendente sobre como devemos mensurá-lo ou, até mesmo, se devemos mensurá-lo.

> É fácil ficar desorientado com a quantidade de coisas que não se sabe sobre um problema, e esquecer que há algumas coisas que se sabe. Não há, literalmente, nada de que vamos necessitar mensurar quando nossos únicos limites são o infinito negativo e o infinito positivo (HUBBARD, 2008, p. 65).

Assim, precisamos saber se somos competentes para expressar nossa incerteza em relação a um assunto.

O autor acredita que um bom método para expressar nossa incerteza sobre algo é pensar nele como a variação de dois valores prováveis. Em estatística, uma variação que tenha uma possibilidade específica de conter a resposta correta é chamada de intervalo de confiança (IC). Estatisticamente, se você responde a uma série de perguntas utilizando o parâmetro ("tenho 90% de certeza..."), certamente, 90% de suas respostas estarão corretas.

Por exemplo, se perguntarmos a um aluno de ensino médio quantos presidentes o Brasil teve, ele não saberá ao certo. Mas podemos pedir para ele fazer um exercício de projeção com parâmetros a partir do IC 90%. O aluno ponderaria que tem 90% de certeza que o Brasil teve mais de 15 presidentes e menos que 50.

Mesmo não sabendo o número exato, ele já terá certa noção sobre o assunto: já saberá mais do que sabia antes, quando lhe perguntaram exatamente quantos presidentes o Brasil já teve. Muitas vezes, querer saber um número exato acaba fechando nossos olhos para o que já sabemos atualmente (sem nenhum esforço extra de pesquisa).

De maneira igual, em uma campanha publicitária, não podemos saber ao certo quantas das pessoas atingidas pela distribuição de folhetos visitarão um estande de vendas de um imóvel. Mas podemos dizer (a partir da comparação de uma série histórica de visitações, de resultados de comunicação anteriores ou, até mesmo, pelo simples bom senso) que temos 90% de certeza de que mais do que 2% e menos que 10% das pessoas que receberão os folhetos visitarão o estande, por exemplo.

Portanto, mesmo não tendo uma projeção exata, podemos trabalhar dentro de uma margem de erro aceitável para projetar o retorno do investimento. Muitas vezes, trabalhar dentro desses parâmetros limites já nos ajuda a tomar decisões.

Hubbard (2008, p. 75) propõe alguns métodos para melhorar sua capacidade de definir parâmetros corretamente:

1. Repetição e *feedback*: faça várias tentativas, avalie como você se saiu em cada uma delas e tente melhorar seu desempenho nas próximas.

2. Pense em, pelo menos, duas razões por que você deveria confiar na sua avaliação; e em duas razões por que você poderia estar errado.

Mensurando o risco

Segundo Hubbard (2008, p. 89), risco é um estado de incerteza no qual o resultado possível envolve algum tipo de perda. Algumas empresas utilizam métodos pouco esclarecedores, mas úteis, para mensurar riscos de alguns projetos. Os mais populares dizem apenas se o risco é "alto, médio, ou baixo". Outras usam uma escala de 1 a 5. Entretanto, esses métodos não são capazes de responder a perguntas simples como: "A probabilidade de desperdiçar 5 milhões de reais é alta, média ou baixa?" e "Um investimento de risco alto com possível retorno de 20% é melhor ou pior do que um investimento de risco médio com retorno de 5%?".

Como vimos anteriormente, utilizar variações para representar sua insegurança tem vantagens evidentes. Mas os valores precisos têm a vantagem de serem simples de somar, diminuir, multiplicar e dividir em uma planilha. A pergunta que fica é: como somamos, diminuímos, multiplicamos e dividimos em uma planilha quando não temos valores exatos, somente variações?

Uma opção é fazer simulações de Monte Carlo, que podem ser executadas com o Microsoft Excel® em um computador. Esse método cruza parâmetros de diferentes variáveis para gerar um grande número de cenários com base nas probabilidades para as inserções de dados. Cada uma das variáveis desconhecidas gera um cenário aleatório. O resultado é um gráfico como este.[21]

---

21. Características do gráfico: os valores perto do meio são mais prováveis do que os distantes; a distribuição é simétrica, não desequilibrada; o meio fica exatamente na metade; as extremidades diminuem indefinidamente para valores cada vez mais improváveis; e um valor muito diferente de um intervalo de confiança de 90% é possível, mas improvável.

Figura 5.3 – Intervalo de Confiança de 90%

Intervalo de Confiança de 90%

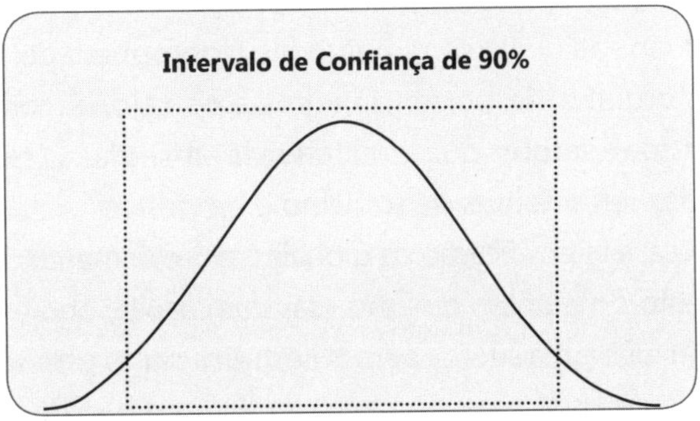

Fonte: Adaptado de Hubbard e Douglas (2009, p. 95).

Uma simples aplicação desse método seria calcular o retorno de um investimento quando não se sabe exatamente quais serão os custos e os benefícios.

Gestão de Ativos Intangíveis (Marco Tulio Zanini)

O livro de Marco Tulio Zanini é uma compilação de sete artigos que abordam, de diferentes maneiras, o tema dos intangíveis nas organizações. Aqui, destacamos os três artigos que consideramos mais relevantes para a compreensão e desenvolvimento da mensuração de ativos intangíveis.

O organizador do livro também apresenta um panorama do surgimento dos estudos de intangíveis. Segundo ele, essas abordagens começaram a ter importância nas empresas a partir da ascensão da indústria japonesa nos anos 1980. Esse movimento revelou a possibilidade de novas formas de competir com base em intangíveis desenvolvidos em larga escala. Até aquele momento, os elementos considerados intangíveis (estilo, qualidade) só estavam disponíveis sob demanda – para uma pequena elite.

Além disso, vários estudos foram realizados na época para entender melhor o sucesso das empresas japonesas. Eles descobriram que a cultura organizacional (sentimento de copropriedade, cooperação espontânea, orgulho de pertencimento) e os valores compartilhados eram os principais fatores que as diferenciavam – muito mais do que a otimização das ferramentas de trabalho e de gestão.

De lá para cá, a intensificação da globalização, o aumento da concorrência e o aumento do número de empresas com capital aberto na Bolsa de Valores deram ainda mais força para os estudos sobre esse assunto. A seguir, vemos alguns pontos de vista apresentados no livro de Zanini (2008).

Artigo – "Elementos intangíveis: o lado obscuro da avaliação das empresas" (Sergio Leal Caldas)

Para Caldas, o assunto dos intangíveis é importante por uma razão muito simples: no processo de venda, fusão, cisão ou incorporação de empresas (nos quais há destinação total ou parcial do patrimônio corporativo), existe a necessidade de avaliação criteriosa do real valor da empresa. Assim, uma visão limitada sobre os intangíveis pode prejudicar ambas as partes, vendedor e comprador, em uma negociação.

Os conceitos apresentados por Caldas serão discutidos no tópico **"Marca: o que é força e o que é valor intangível?"**, no fim do Capítulo 6 deste livro.

Artigo – "*Branding*: identidade, relações e valor de mercado" (Ricardo Guimarães e Romulo Pinheiro)

Ricardo Guimarães é pioneiro na abordagem prática de *branding* no Brasil. Em projetos de consultoria pela Thymos Branding, construiu casos de sucesso como Natura e Banco Real. Seu parceiro nesse texto, Romulo Pinheiro, foi sócio-diretor da BrandAnalytics – consultoria especializada em avaliação financeira de marcas.

Nesse texto, eles não tratam especificamente sobre mensuração, mas nos trazem uma ideia embasada sobre *branding* que pode ser útil ao nosso foco de estudo.

Para os autores, o valor de uma empresa só pode ser determinado em um contexto de relacionamento. Valor é uma atribuição circunstancial que investidores, acionistas, funcionários, consumidores etc. conferem à empresa. "Nesse sentido, (...) deve cair também a noção de dentro para fora da organização." (GUIMARÃES; PINHEIRO, 2008, p. 104)

Com base nisso, os autores propõem algumas definições que balizam seu trabalho:

Marca: é uma cultura e uma dinâmica de relações entre empresa/ produto e seu ecossistema que cria valor para todos os seus integrantes.

Brand Equity: é a força (intangíveis + tangíveis) alavancadora de negócios de determinada marca dentro de seus mercados.

Branding: é uma abordagem de gestão que tem por objetivo aumentar a percepção de valor de marca junto aos públicos de interesse.

Longo prazo: é uma sequência de curtos prazos conectados em que cada período entrega para o seguinte melhores condições de resultado.

Percepção de valor: é um indicador que mede a qualidade do vínculo gerado entre a marca e seus públicos a partir das experiências proporcionadas pela empresa, seus produtos e serviços, com o objetivo de gerar resultados.

Os autores não chegam a formular nenhuma proposta sobre como mensurar o valor da implementação de uma gestão que se baseia no *Branding*, pois esse não era o foco do artigo. Entretanto, deixam algumas pistas que nos levam a perguntas inquietantes:

– Como mensurar o valor de determinada marca, se a consideramos uma cultura, uma dinâmica?
– Como ponderar o valor de cada relação?
– Como comparar a qualidade dos vínculos relacionais gerados pelas marcas?

– Como seria um sistema de mensuração de comunicação que deixasse de ser "de dentro para fora" da organização?

– Como usar esta perspectiva de longo prazo para comprovar o valor da comunicação para o negócio ao longo dos anos?

Não acreditamos que respostas a essas perguntas consigam nos fornecer um modelo de mensuração universal. Qualquer iniciativa com esse objetivo será frustrada porque cada categoria tem suas peculiaridades.

Criar um sistema de pensamento que associe essas perguntas às definições propostas pelos autores pode nos levar a um ponto de vista interessante (e inédito) sobre mensuração.

Artigo – "Uma reflexão sobre a tangibilidade da reputação" (Ana Luisa Castro de Almeida)

Em *The strategic analysis of intangible resources* (1992), Hall diz que reputação é um dos principais ativos intangíveis de qualquer organização, porém, não pode ser vista, tocada, nem mensurada.

Discordando dessa visão, Ana Luisa Castro de Almeida se propõe a estudar para que caminho seguem os estudos de avaliação financeira da reputação das empresas. Para isso, utiliza esta definição:

> A reputação de uma organização é resultado de sua capacidade de gerar valor para seus diversos *stakeholders* ao longo dos anos. Trata-se de uma percepção (...) que se constrói de diversas fontes de informação e experiência tendo como base ações e comportamentos da empresa. Pode ser entendida como um crédito de confiança adquirido pela organização, associado a bom nome, familiaridade, boa vontade, credibilidade e reconhecimento (ALMEIDA, in ZANINI, 2008, p. 124).

De acordo com a autora, podem-se encarar os estudos de reputação das empresas sob quatro perspectivas:

1. **Reputação afeta o desempenho operacional**: quanto maior a reputação da empresa, maior a identificação e o orgulho dos empregados – o que gera mais dedicação e esforço.
2. **Reputação gera valor financeiro**: assegura apoio favorável dos *stakeholders*: atrai novos clientes, estimula recompras, mantém novos talentos, reduz rotatividade da mão de obra, reduz custo de capital, tem mais favorabilidade na cobertura da imprensa, minimiza atritos com comunidades, inibe novos entrantes no setor etc.
3. **Reputação tem valor como ativo corporativo**: pode criar visibilidade, familiaridade, distintividade, além de reduzir o custo de uma crise empresarial (BALMER e GREISER, 2003).
4. **Reputação afeta valor de mercado**: um estudo do Reputation Institute mostra que 10% de aumento no índice de Reputação (*RepTrak Pulse*) de uma empresa pode elevar em 13% seu valor de mercado.

Com base nessas premissas, a autora apresenta a visão do Reputation Institute sobre o assunto, que pode ser resumida na figura a seguir:

Figura 5.4 – Como a Reputação Corporativa é Criada

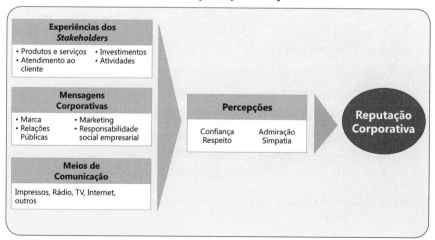

Fonte: Adaptado de Zanini (2009).

Para monitorar a reputação das empresas, o Reputation Institute desenvolveu um modelo chamado *RepTrak Pulse*. Resultado de dez anos de pesquisas iniciadas em 1997 por Fombrun, Gardberg e Server, passou a ser colocado em prática em 2005.

Esse modelo mensura o desempenho das empresas a partir de 23 atributos agrupados em sete dimensões, como podemos ver no quadro a seguir.

Figura 5.5 – Modelo *RepTrak*

Fonte: Riel e Fombrum (2007, p. 255), *apud* Almeida *in* Zanini (2009).

É importante ressaltar que, segundo os autores, essas dimensões podem variar de acordo com a cultura e o desenvolvimento social do país em questão.

O modelo é coerente porque não comete a ingenuidade de dar à comunicação todos os créditos pela construção de percepções (favoráveis ou desfavoráveis) das empresas.

Essa metodologia é adotada pelo Reputation Institute para comparar a reputação de empresas presentes em 27 países, incluindo o Brasil (estudo disponível em www.reputationinstitute.com).

Esse tipo de pesquisa é importante, porém, devemos analisá-la de maneira crítica. Se o estudo de reputação se baseia na capacidade de se gerar valor para os *stakeholders*, esse *ranking* tem uma limitação clara. Qualquer índice de reputação que se proponha a comparar empresas desconsidera que diferentes setores e empresas se relacionam com *stakeholders* específicos que certamente não são levados em conta no desenvolvimento da pesquisa. Apenas alguns tipos gerais de *stakeholders* podem ser comparados: por exemplo, "consumidores finais" ou "investidores".

Por fim, o instituto indica a maneira de gerir uma plataforma de reputação dentro das empresas para que a visão da alta gerência, as percepções dos *stakeholders* e a cultura organizacional estejam coerentemente alinhadas.

Figura 5.6 – Construindo uma Plataforma de Reputação no Longo Prazo

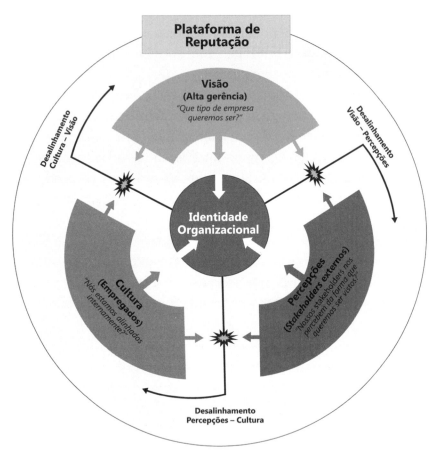

Fonte: Adaptado de Zanini (2009).

Marketing ROI – The path to campaign, customer, and corporate profitability (James D. Lenskold)

James D. Lenskold é um dos principais autores que utilizamos neste livro procurando desenhar um contraponto à nossa perspectiva de abordagem sobre mensuração de resultados em comunicação. Em seu livro *Marketing ROI* (2003, p. 6), o autor apresenta uma visão sobre esse tema totalmente oriunda do campo da Administração, o que acaba sendo limitado para pensarmos em mensuração de Comunicação, visto que esta, assim como a Administração, é disciplina das Ciências Sociais Aplicadas que tem seu campo, suas teorias e epistemes próprias.

De acordo com Lenskold (2003), com base em um investimento, a empresa alcança determinada receita. Subtraindo-se o custo dessa nova operação (custo para vender o produto), chega-se à margem de lucro. Desse montante subtrai-se a parte equivalente à recuperação do investimento realizado. O restante é considerado o retorno sobre o investimento.

O autor enumera algumas etapas essenciais para o desenvolvimento de uma cultura de mensuração de ROI de marketing nas organizações. É importante ressaltar que Lenskold fala sobre todas as ações possíveis de marketing, não só comunicação, quais sejam:

- criar uma equipe multidisciplinar;
- reavaliar as métricas já existentes;
- estabelecer comprometimento com a equipe;
- entender o nível de qualidade e acesso das informações principais;
- mapear todo o processo atual de demonstração de ROI e estabelecer padrões;
- estabelecer um projeto piloto;
- monitorar e ajustar o processo;
- desenvolver um painel executivo de controle;
- entender as estratégias de compra do consumidor;
- gerenciar os investimentos no *mix* de marketing;
- validar projeções e ajustar hipóteses; e
- melhorar o processo constantemente.

Measuring Brand Communication ROI (Don Schultz e Jeffrey S. Walters)

Os autores elencam algumas premissas de metodologias antigas de mensuração importantes nos anos 1950 e 1960, mas que não fazem mais sentido no século XXI (SCHULTZ e WALTERS, 1997, p. 33):

1. Determinadas atitudes levam a determinados comportamentos.
2. Consumidores, clientes e *prospects* estão divididos na população de acordo com determinados tipos de atitudes e potenciais de resposta à publicidade.
3. Os efeitos da comunicação propiciam métricas para mensurar os resultados de publicidade.

Schultz e Walters adotam uma postura muito crítica com relação aos estudos atitudinais, que se propõem a medir o efeito da comunicação como se estivessem medindo um processo que, inevitavelmente, resultaria em compra (faturamento para a empresa). Para eles, a maior dificuldade dessa linha de pensamento é relacionar consistentemente os dados de atitude (lembrança, estima, fidelidade) com os dados comportamentais (compra, visita à loja, indicação). No entendimento dos autores, os efeitos resultantes da comunicação e os resultados de negócio ficam "descolados".

Por isso mesmo, propõem um modelo com base no comportamento, no que o consumidor realmente faz (transação, por exemplo), não no que ele sente ou pensa a respeito da marca.[22]

---

22. (...) *the time has come to move to behavioral approaches, to measure what costumers or prospects actually does or did in the marketplace based on some sort of transactional* (i.e., *financial*) *measure rather than on how they feel or how they felt leading up to that behavior* (SCHULTZ; WALTERS, 1997, p. 49). (Trecho original.)

Figura 5.7 – Comparação entre Mensuração de Atitude e de Comportamento

Fonte: Adaptado de Schultz (1997, p. 50).

Levando em consideração a sequência apresentada por esse quadro, são necessárias duas medidas de comportamento:
1. Transação financeira entre o consumidor e a empresa.
2. Medida em que se possa relacionar a intenção de compra de um consumidor/*prospect* ou que mostre a satisfação com uma compra já realizada de determinada marca. Exemplo: visita a uma concessionária, *test drive*, simulação de financiamento etc.

Com essa visão, Schultz e Walters (1997) acreditam que o faturamento da empresa (*income flows*) é a melhor métrica para se mensurar a comunicação da marca, pois pode ser rapidamente comparado com o investimento realizado e com outras ações de *marketing* da empresa.

Os autores propõem um raciocínio que se baseia na ideia do consumidor no centro das avaliações. Para eles, a "comunicação de marca engloba todas as formas de comunicação, ações e atividades que influenciam e impactam a relação entre o consumidor e a marca" (SCHULTZ; WALTERS, 1997, p. 5).

Comunicação de marca, portanto, não mais trata somente do que a empresa fala, mas de tudo que os consumidores ou *prospects* recebem sobre determinada marca de qualquer fonte (*customer-focused-*

-*approach*). Os próprios autores assumem a dificuldade de se mensurar os resultados da publicidade (comunicação espontânea) quando a empresa não controla totalmente o conteúdo que é divulgado.[23] É impressionante como, em 1997, Schultz e Walters já estavam pensando sobre o contexto extremamente contemporâneo: o de criação de conteúdos espontâneos por pessoas comuns para diversas marcas na internet e as consequências que isso teria para a mensuração em comunicação.

Nesse sentido, Schultz e Walters procuram ilustrar na figura a seguir como acreditam que deva acontecer a evolução do processo de mensuração em comunicação nas empresas no século XXI.

Figura 5.8 – Sistema Tradicional de Comunicação de Marca

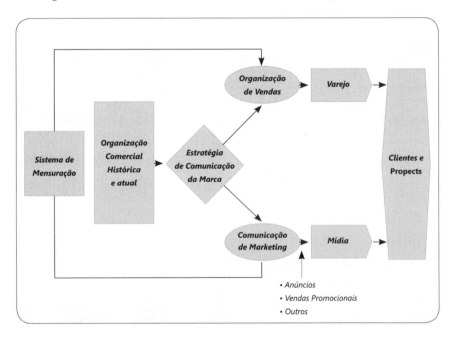

Fonte: Adaptado de Schultz (1997, p. 60).

---

23. *Thus, the ability to measure the impact of "advertising" is only relevant when the market organization can control the elements to be measured. In an interactive marketplace, that becomes quite difficult.* SCHULTZ, 1997, p. 43. (Trecho original.).

Figura 5.9 – Sistema de Comunicação de Marca do Século XXI

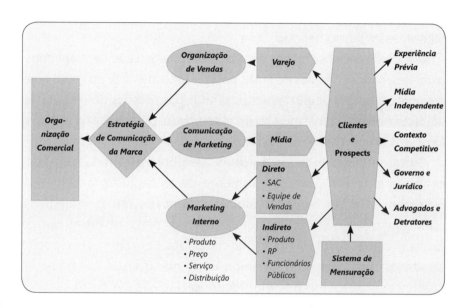

Fonte: Adaptado de Schultz (1997, p. 61).

Aí percebemos duas mudanças significativas que caracterizam esse modelo que tenta não ser "de dentro para fora" da organização:

1. a "posição" em que se encontra o sistema de mensuração – no segundo modelo, a mensuração parte de observações diretas de comportamentos do consumidor que, posteriormente, possam ser relacionados com os resultados financeiros; e
2. a marca não é a única emissora de mensagens que influenciam os consumidores e *prospects*. Assume-se que a comunicação "oficial" da marca é somente mais uma fonte de experiências das pessoas com ela.

Nesse novo contexto, Schultz e Walters (1997) entendem que os gestores de marcas terão dois grandes desafios: (1) identificar os consumidores mais valiosos para concentrar seus esforços de mensuração de comunicação neles; e (2) gerir um processo de mensuração contínua – que consiga atualizar-se constantemente, gerando informações relevantes em curto período.

O método proposto pelos autores é pragmático e eficaz para mensurar resultados pontuais de curto prazo. Preocupa-se de maneira mais eminente com os comportamentos diretos das pessoas que resultarão em faturamento no mesmo ano fiscal estudado, porém, desconsidera o valor dos ativos intangíveis da marca.

Os fatores relacionados à atitude (lembrança, estima, respeito, conhecimento etc.) não são somente parte de um processo que resulta na compra ou indicação. São, também, ativos intangíveis da organização que podem gerar valor por meio de vários outros fatores, como: favorabilidade na cobertura da imprensa, redução de atritos com comunidades, inibição de novos entrantes no setor, identificação, orgulho dos empregados, redução do custo de uma crise empresarial, e até aumento do valor de mercado da empresa de capital aberto, como tratado neste livro (ver página 210), na análise do artigo "Uma reflexão sobre a tangibilidade da reputação", de Ana Luisa Castro Almeida.

O Valor Estratégico dos Eventos: como e por que medir ROI
(Jack J. Phillips)

Todo o raciocínio do autor ao longo do livro baseia-se na Figura 5.10, que resume sua metodologia de mensuração de retorno de investimento em eventos:

Figura 5.10 – Ligando Necessidades à Avaliação

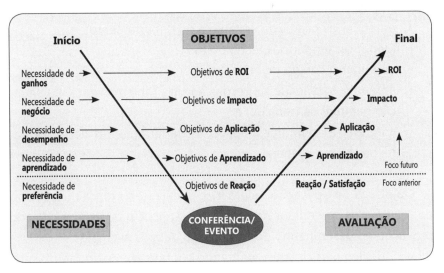

Fonte: Adaptado de Phillips (2008, p. 58).

Objetivos de reação: trata-se da percepção favorável ou desfavorável dos públicos interessados no evento – satisfação dos participantes. Os objetivos mais recorrentes de reação são:
- relevância do evento para o meu trabalho;
- importância do evento para o meu sucesso;
- eficácia do palestrante;
- adequação dos tópicos abordados no evento;
- quantidade de novas informações;
- aspecto motivacional do evento;
- uso planejado de conceitos/dicas apresentados;
- se o evento é recomendável para outras pessoas;
- localização do evento;
- facilidades; e
- serviços prestados pela equipe.

Objetivos de aprendizado: se cumpridos, garantem que todos os participantes aprendam o que é proposto e que deve ter um valor importante para o negócio. A seguir, relacionamos alguns possíveis objetivos de aprendizado, a saber:

- entender os pilares da estratégia do departamento;
- identificar tendências tecnológicas;
- aprender o código de ética do setor;
- aprender habilidade de resolução de problemas em uma situação habitual de trabalho; e
- aprender e aprimorar a aplicação de ferramentas de relacionamento com o cliente.

Objetivos de aplicação: referem-se à aplicação prática no trabalho dos conteúdos aprendidos no evento – é o impacto que o aprendizado provocou no desempenho do funcionário. Alguns exemplos:

- 50% dos participantes mantendo contato com pelo menos uma pessoa que conheceram no evento;
- representantes de vendas e atendimento ao consumidor aplicando habilidades específicas de relacionamento com pelo menos 50% dos clientes;
- pelo menos 99,1% dos usuários do *software* sabendo utilizá-lo adequadamente depois de três semanas de uso; e
- 80% dos funcionários utilizando um – ou mais – dos três atributos de contenção de custos do plano de saúde.

Objetivos de impacto: indicadores-chave do negócio que deveriam ser aperfeiçoados no momento em que os objetivos de aplicação e implementação são alcançados. Definem resultados mínimos que o evento deve gerar para o negócio. Alguns exemplos:

- o reconhecimento da empresa entre os médicos deve aumentar em dez pontos percentuais ao longo dos dois anos seguintes ao evento;
- o número médio de novas contas abertas no banco deve aumentar de 300 para 350 ao mês;
- atrasos devem diminuir cerca de 20% no próximo ano;

- deve ocorrer uma redução global no total de horas extras dos gerentes de atendimento;
- reclamações dos funcionários devem ser reduzidas de uma média de três por mês para uma;
- o índice geral de satisfação com o trabalho deve aumentar cerca de 2% durante o próximo ano; e
- as despesas de vendas para todos os títulos da editora devem diminuir em 10% no quarto trimestre.

Objetivos de ROI: trata-se do retorno (aceitável) sobre o investimento – o impacto financeiro no negócio. Aqui se definem os ganhos esperados e compara-se o custo aos benefícios. Normalmente, é expresso em porcentagem. Um ROI de 0% indica um evento que atingiu o ponto de equilíbrio – não teve lucro nem prejuízo. Um ROI de 50% indica que o custo do evento é recuperado e que os 50% restantes são ganhos obtidos (50 centavos para cada real investido).

Phillips (2007) acredita que, para manter o foco nos resultados esperados pelo evento, deve-se estabelecer uma diferenciação entre dados *hard* (objetivos, tangíveis) e *soft* (subjetivos, intangíveis).[24]

Os dados *hard* seriam medidas primárias de melhoria gerada para a organização – dados indiscutíveis, que são facilmente convertidos em valores monetários. Para melhor compreensão, o autor apresenta o Quadro 5.1 a seguir.

---

24. *Idem, ibidem.*

Quadro 5.1 – Exemplo de Dados *Hard*

DADOS *HARD* (TANGÍVEIS)			
PRODUÇÃO		**TEMPO**	
• Vendas	• Pacientes visitados	• Ciclo de vida/ produção	• Tempo de aprendizagem
• Unidades produzidas	• Solicitações processadas	• Inatividade de equipamentos	• Programação do evento
• Toneladas produzidas	• Estudantes graduados	• Horas extras	• Tempo de reparo
• Itens montados	• Participantes inscritos	• Remessa entregue no prazo	• Eficiência
• Dinheiro angariado	• Produção por hora	• Duração de projeto	• Interrupções do trabalho
• Novas contas criadas	• Produtividade	• Tempo de processamento	• Resposta aos pedidos
• Formulários processados	• Lista de pendências	• Tempo de supervisão	• Relatórios atrasados
• Empréstimos aprovados	• Bônus de incentivo	• Tempo de proficiência	• Dias perdidos
• Inventário de rotatividade	• Remessas		
CUSTOS		**QUALIDADE**	
• Custos unitários	• Custos com *overhead*	• Descarte	• Desvio-padrão
• Custos por conta	• Custos operacionais	• Desperdício	• Falhas do produto
• Custos variáveis	• Economias de custos em projetos	• Refugos	• Inventário de ajustes
• Custos com saúde	• Custos eventuais	• Taxa de erros	• Correções do cartão de ponto
• Variações no orçamento	• Custos com reuniões	• Taxa de falhas	• Incidentes
• Custos fixos	• Despesas de vendas	• Taxa de desistências	• Discrepâncias por não conformidade
	• Custos participativos	• Retrabalho	• Multas
		• Escassez	
		• Defeitos no produto	

Fonte: Adaptado de Phillips e Jack (2007, p. 62).

Os dados *soft* estão mais ligados à condição ou organização humana. Assim, devem ser utilizados para complementar os dados *hard*, ou quando estes últimos não estão disponíveis. São eles:

O que Outros Autores Escreveram sobre Mensuração de ROI em Comunicação | **225**

Quadro 5.2 – Exemplo de Dados *Soft*

DADOS *SOFT* (INTANGÍVEIS)			
HÁBITOS DE TRABALHO		**SERVIÇO AO CONSUMIDOR**	
• Atrasos • Absenteísmo	• Violações das normas de segurança • Problemas de comunicação • Intervalos excessivos	• Reclamações do cliente • Satisfação do consumidor • Insatisfação do consumidor • Impressões do consumidor	• Fidelidade do consumidor • Retenção do consumidor • Valor do consumidor
AMBIENTE DE TRABALHO/ SATISFAÇÃO		**DESENVOLVIMENTO E EVOLUÇÃO PESSOAL DO FUNCIONÁRIO**	
• Denúncias de discriminação • Reclamações dos empregados • Satisfação com o trabalho • Comprometimento com a organização	• Queixas • Engajamento do funcionário • Lealdade do funcionário • Desejo de demitir-se • Estresse	• Promoções • Habilidade • Capital intelectual • Programas concluídos • Solicitações de transferência	• Taxas de avaliação de desempenho • Prontidão • *Networking*
INICIATIVA / INOVAÇÃO		**IMAGEM**	
• Criatividade • Inovação • Novas ideias • Sugestões • Novos produtos e serviços	• Marcas • Direitos autorais e patentes • Melhoramentos no processo • Parcerias • Alianças	• Reconhecimento da marca • Reputação • Liderança • Responsabilidade social	• Simpatia pela causa ambiental • Consciência social • Diversidade • Premiações externas

Fonte: Adaptado de Phillips e Jack (2007, p. 63).

A partir dessa ideia dos dados *soft*, o autor ainda traz à tona a discussão sobre mensuração do valor intangível dos eventos. Ele diz que "qualquer processo, item ou percepção pode ser mensurado; (...) o desafio é definir essas medidas e calculá-las de forma econômica e rápida" (PHILLIPS, 2007, p. 61).

Ele propõe alguns modos de mensurar esses resultados intangíveis. Por exemplo, alguns benefícios intangíveis podem ser contados, como o número de reclamações dos empregados. Mas, como a maioria dos intangíveis está relacionada com percepções ou atitudes, uma opção é discriminar o benefício e pedir aos participantes que, usando uma escala de cinco pontos, indiquem a proporção em que o evento influenciou o benefício.

Quadro 5.3 – Exemplos de Variáveis Intangíveis

MEDIDA DE NEGÓCIO	NÃO SE APLICA	APLICA-SE MAS NÃO TEM INFLUÊNCIA	TEM ALGUMA INFLUÊNCIA	TEM INFLUÊNCIA SIGNIFICATIVA	TEM INFLUÊNCIA MUITO SIGNIFICATIVA
Satisfação do cliente	( )	( )	( )	( )	( )
Nível de estresse	( )	( )	( )	( )	( )
Comunicação	( )	( )	( )	( )	( )
Reconhecimento de marca	( )	( )	( )	( )	( )
Tempo de resposta	( )	( )	( )	( )	( )
Trabalhos em equipe	( )	( )	( )	( )	( )

Fonte: Adaptado de Phillips (2007, p. 402).

Outra alternativa é relacionar os benefícios intangíveis com os benefícios tangíveis. "A maioria das medidas de difícil mensuração possui algum tipo de correlação com medidas mais facilmente mensuráveis" (PHILLIPS, 2007, p. 401). Ou seja, é melhor ter uma evidência empírica com base em uma análise de correlação do que não ter informação alguma.

Mesmo com esse nível de sofisticação da mensuração do retorno, mesmo por meio dos intangíveis, o autor acredita que a análise de ROI não deve ser realizada em qualquer evento. Para ele, o cálculo de ROI é adequado em eventos que:

- são importantes porque auxiliam a organização a atingir objetivos operacionais e planejados para adicionar valor;
- estão intimamente relacionados às iniciativas estratégicas;
- demandam custo elevado;
- são muito visíveis e, eventualmente, controversos;
- têm grande público; e
- referem-se aos interesses dos principais executivos e administradores (PHILLIPS, 2007).

Por outro lado, o autor não indica a análise de ROI para eventos que:
- têm curta duração;
- não são caros;
- são orientados por legislação específica, exigidos ou controlados por alguma norma, situação na qual seria muito difícil mudar algo em seu formato por conta de um resultado de avaliação;
- são solicitados pela administração. Pode ser que eventos desse tipo continuem inalterados, independentemente das descobertas encontradas em uma avaliação; e
- sirvam para agregar informação básica ou necessária para trabalhos específicos. Pode ser mais adequado mensurá-los apenas nos níveis 1, 2 e 3 para garantir que os participantes saibam como usar a informação de maneira adequada.

O livro ainda apresenta diversos estudos de caso e exemplos de questionários de pesquisa que podem ser aplicados para avaliar cada um dos níveis de objetivos propostos pelo autor.

Accountable Marketing
(Peter J. Rosenwald)

Peter Rosenwald foi um dos fundadores da Wunderman Worldwilde, que é a maior agência especializada em marketing direto do mundo na atualidade. Também foi vice-presidente de Marketing Direto do Grupo Abril, onde trabalhou por vários anos antes de se tornar consultor independente.

Por seu *background* profissional, Rosenwald é um entusiasta da comunicação direta (chamada por ele de "marketing direto") e de CRM (*Customer Relationship Management*), e traz consigo uma grande desconfiança no que diz respeito aos investimentos em mídias de massa.

Ele acredita que, diante da incapacidade desses meios de medir seus resultados de maneira confiável, os clientes tendem a direcionar suas verbas cada vez mais às iniciativas e mídias mais facilmente mensuráveis.

Nesse sentido, em seu livro, Rosenwald (2005) limita o termo *accountable marketing* à comunicação direta e CRM, apesar de entender que os profissionais devem sempre procurar maneiras de mensurar os resultados de suas ações, mesmo fora do escopo direto.

Para ele, comunicação direta e CRM são metodologias de marketing dirigidas com base em dados de consumidores específicos, não em dados gerais de mercado, e são sempre quantificáveis e mensuráveis (*accountable*). São disciplinas que pensam os consumidores e *prospects* de acordo com seu potencial e seus históricos (de compra e comportamento).

Apoiado nisso, Rosenwald (2005) fala sobre mais dois pilares essenciais do *Accountable Marketing*: Ciclo de Vida do Consumidor e Custo Permissível por Pedido (ou Custo Aceitável por Pedido/Consumidor, em função de quanto a empresa pode auferir de retorno em cada ciclo de Pedido/Consumidor).

Ciclo de Vida do Consumidor

Clientes não são iguais; geram margens de contribuição diferentes para a empresa e têm ciclos de vida diferentes. Assim, Rosenwald (2005, p. 13) diz que a palavra mais perigosa do marketing é "média". Não existe uma média de clientes; existem diferentes segmentos de clientes que trazem diferentes resultados para a empresa. Tratar os clientes como se todos tivessem a mesma importância para a empresa é, inevitavelmente, desperdiçar recursos e perder oportunidades.

Portanto, deve-se entender o ciclo de vida como a soma de todas as interações comerciais entre o consumidor e a empresa. Calcular o ciclo de vida do consumidor permite à empresa saber quanto vale a pena investir para mantê-lo ou quanto valeria a pena investir para conquistar um novo cliente.

Custo Permissível por Pedido

Quanto dinheiro vale a pena investir em CRM para manter um cliente? Quanto investir para conquistar um novo cliente/pedido? Quanto investir para reativar antigos clientes?

Segundo o autor, a resposta para todas essas perguntas parte de um mesmo pressuposto: conhecer o Custo Permissível por Pedido (ou Custo Aceitável por Consumidor). Ou seja, saber o quanto a empresa pode se permitir gastar para obter os resultados esperados. Para o autor, "determinar o CPP é o primeiro passo para tornar o marketing mais mensurável" (ROSENWALD, 2005, p. 23).

Para chegar a esse número, é necessário arregimentar dados exatos sobre os custos de cada iniciativa e projeções confiáveis sobre o faturamento incremental possivelmente gerado. Os dados de custo já estão disponíveis, de algum modo, na organização. Basta o gestor de marketing criar um sistema organizado para consegui-los sem despender muito tempo.

As projeções de faturamento, por sua vez, são mais complexas. Podem ser obtidas por histórico de iniciativas iguais ou semelhantes da própria empresa ou por meio de testes. Estes indicam quais variáveis são, potencialmente, mais lucrativas para a empresa que planeja fazer comunicação direta.

Por exemplo, uma Companhia Aérea que divide seus clientes em quatro grupos de acordo com o valor de seus Ciclos de Vida faria o seguinte processo: testaria a campanha com uma amostra equivalente entre os quatro grupos para medir a taxa de conversão de cada um em relação à mensagem comunicada. Tendo em mãos os resultados, poderia projetar seu faturamento com essa ação.

O segundo passo seria cruzar o faturamento com cada uma das opções de custos de veículos para saber quais resultariam em margens de lucro aceitáveis para a empresa. Dessa forma, nem todos os segmentos, nem todos os veículos merecerão o investimento de comunicação direto, porque seria incabível colocar dinheiro em algo que, provavelmente, "corroeria" as margens de lucro, como procuramos demonstrar no quadro a seguir.

Figura 5.11 – Projeção de Lucro em Comunicação Direta

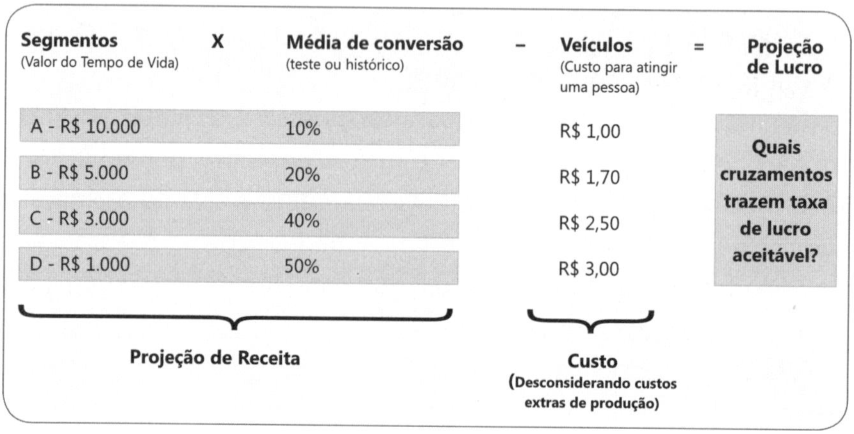

Segmentos (Valor do Tempo de Vida)	X	Média de conversão (teste ou histórico)	–	Veículos (Custo para atingir uma pessoa)	=	Projeção de Lucro
A - R$ 10.000		10%		R$ 1,00		
B - R$ 5.000		20%		R$ 1,70		Quais cruzamentos trazem taxa de lucro aceitável?
C - R$ 3.000		40%		R$ 2,50		
D - R$ 1.000		50%		R$ 3,00		

Projeção de Receita — Custo (Desconsiderando custos extras de produção)

Fonte: Proposto pelos autores.

Outra premissa desse tipo de análise é considerar o lucro como custo no momento de medir os resultados. Afinal, a intenção é descobrir o quanto vale a pena investir em ações de marketing direto e CRM. Esse valor é a quantia restante depois de a ação ter pago seus custos e gerado a margem de lucro estabelecida como meta.

Nas palavras do autor:

Existe a receita que esperamos auferir. Dessa receita, precisamos deduzir o custo do produto que pretendemos vender, o custo de todos os incentivos de venda, o custo para processar e entregar o pedido, de fazer a cobrança e muito mais. Existe também o índice de redução gradual do número de clientes quando o produto é entregue e pago ao longo do tempo, e o custo de manter o relacionamento com o cliente. Finalmente, e muito importante, existe o lucro ou margem de contribuição que planejamos realizar. O que podemos gastar em promoção é aquilo que resta após todos esses custos serem deduzidos (ROSENWALD, 2005, p. 23).

Entender o funcionamento destes dois pilares (Ciclo de Vida do Consumidor e Custo Permissível por Pedido) dentro de uma organização vai possibilitar o cálculo do ROMI (*Return on Marketing Investment*).

Este cálculo é simples: o faturamento incremental gerado (em média) em todo o ciclo de vida do consumidor dividido por quanto a empresa se permite gastar para conquistar ou manter esse consumidor. O resultado (em porcentagem) é o retorno de investimento de marketing.

Cálculo do ROMI[25]

$$ROMI = \frac{\text{Contribuição acumulada e descontada do valor de um consumidor}}{\text{Custo Permissível por Pedido/por Cliente}}$$

Para se alcançar um resultado mais preciso das ações de marketing, seria interessante incluir neste raciocínio um estudo sobre a influência que a mídia de massa tem sobre a eficácia das ações de marketing direto. Uma pessoa impactada por um comercial de TV com uma mensagem institucional relevante estará provavelmente mais predisposta a dar maior atenção ao material direto que chega à sua casa ou em seu e-mail.

Rosenwald já desenvolveu uma metodologia que incluía pesquisas e testes com grupos de controle para medir o impacto de uma ação direta isoladamente e de ações integradas, especificamente para um de seus clientes. A diferença de conversão entre os grupos indicou à

---

25. Adaptado de uma palestra que Peter Rosenwald ministrou para a turma de pós-graduação em Marketing da ECA-USP, em 20 de abril de 2010, em São Paulo, SP.

empresa como parte do resultado era influenciada pela comunicação de massa, com base no retorno em vendas no curto prazo. No entanto, como não houve repetição desse tipo de estudo, ele não desenvolveu o raciocínio em seu livro.

Portanto, cabe às empresas (e às agências de publicidade – maiores interessadas em demonstrar seu retorno) desenvolver metodologias mais precisas de mensuração de resultados de ações diretas de comunicação e CRM, e não somente acreditar que, ao comprar um *software*, todos os problemas serão resolvidos.

Voltamos a frisar a necessidade de customização dos métodos de apuração de resultados de comunicação em função dos objetivos, metas e estratégias especificamente desenhados para determinada organização.

The Green Scorecard
(Patricia Pulliam Phillips e Jack J. Phillips)

O livro trata de como um gestor pode tentar provar o retorno de investimento de projetos sustentáveis dentro das organizações.

Em nossa obra *Retorno de Investimentos em Comunicação* afirmamos que, neste livro, o primeiro tipo de mensuração de projetos sociais e ambientais deve ser o quanto eles impactam positivamente na própria sociedade (raciocínio com base na ideia de Balanço Social). Afinal de contas, esse é o objetivo inicial de qualquer projeto desse tipo.

Em *The green scorecard*, por sua vez, Patricia e Jack buscam indicar como um gestor de marketing pode desenvolver um raciocínio para tentar provar o retorno de investimento financeiro que projetos ambientais podem gerar para as organizações.

O livro deles, basicamente, é uma sequência de etapas de gerenciamento de projetos "verdes". Portanto, não trata somente da mensuração de resultados. Num primeiro momento, os autores mostram os principais problemas e oportunidades de mensuração nos atuais sistemas de gerenciamento de projetos sustentáveis. Também comentam

O que Outros Autores Escreveram sobre Mensuração de ROI em Comunicação | **233**

que a falta de conhecimento dos gestores em relação ao ROI e o medo de falar sobre esse assunto constituem grande entrave para o desenvolvimento de projetos mais audaciosos e efetivos nas empresas.

Para Patricia e Jack Phillips, a mensuração de ROI de Projetos Sustentáveis só fará sentido quando tais projetos estiverem inseridos com força na cultura organizacional, deixando de ser iniciativas isoladas.

O quadro a seguir ilustra o pensamento dos autores em relação à gestão dos processos de um projeto "verde".

Quadro 5.4 – Níveis e Tipos de Dados

NÍVEL	FOCO DA MENSURAÇÃO	MÉTRICAS TÍPICAS
0. *Inputs* e indicadores	*Inputs* do projeto, incluindo custos, escopo do projeto e duração.	Tipos de projeto; número de projetos; número de pessoas; horas de envolvimento; custo do projeto.
1. Reação e valor percebido	Reação ao projeto, incluindo valor percebido do mesmo.	Relevância; importância; valor; adequação; comprometimento; motivação.
2. Aprendizado e *awareness*	Aquisição de conhecimento, habilidades e/ou informação que preparem as pessoas para continuarem o projeto.	Habilidades; conhecimento; capacidade; competências; confiança; *awareness*; atitude.
3. Aplicação e conhecimento	Uso do conhecimento, habilidades e/ou informação que preparem as pessoas para continuarem o projeto.	Extensão do uso; ações completas; tarefas completas; frequencia de uso; mudança de comportamento; sucesso no uso; barreiras de aplicação; viabilizadores da aplicação.
4. Impacto	Consequências imediatas e de longo prazo da aplicação e implementação, expressas em métricas de negócio.	Produtividade; faturamento; qualidade/desperdício; custo; tempo/eficiência; emissão de CO_2; marca; imagem públicas; satisfação do consumidor; satisfação do empregado.
5. ROI	Comparação dos ganhos monetários do projeto em relação a seus custos.	Taxa de lucratividade; percentual de ROI; período de *payback*.

Fonte: Philips (2010, p. 71). (Tradução livre de Diego Senise.).

Por fim, esses autores concebem um modelo em "V" para, visando ao leitor, ilustrar como deve ser pensado o processo de mensuração de retorno de investimento, começando pela necessidade de desembolso e chegando ao final, onde se isola o impacto do projeto nos aspectos financeiros da empresa.

Esse é o ponto que gera mais curiosidade no leitor: como isolar o impacto de projetos "verdes" na vida financeira da empresa, porém, os autores não se aprofundam no assunto. Apenas citam metodologias conhecidas, como:

– grupos de controle/comparação (*Project versus No Project*);
– análise de tendência;
– modelos de regressão (estatística);
– opinião de especialistas (Delph); e
– pesquisas quantitativas analisando a melhoria dos processos e lembrança dos projetos.

Obviamente, os Phillips não falam somente de comunicação ao propor que esse raciocínio desemboque em uma equação como esta:

$$ROI = \frac{\text{Custo do projeto}}{\text{Benefícios do projeto}}$$

Por fim, eles fazem uma boa abordagem consistente de gerência de projetos, mas não trazem nenhuma grande inovação metodológica para pensarmos de forma diferente esse contexto em que marcas fazem investimentos para se posicionar como sustentáveis.

Always On
(Christopher Vollmer)

O livro *Always on – advertising, marketing, and media in an era of consumer control* analisa o cenário de transformações que a indústria da comunicação (especificamente investimentos e mensuração de mídia) estão sofrendo nos últimos anos. Assim, pretende indicar ao leitor os caminhos futuros diante de um mercado que está "sob controle dos consumidores".

A parte que mais nos interessa desse livro está em seu Capítulo 4, no trecho em que o autor afirma que as mensurações em comunicação, principalmente as medidas de audiência, sempre foram frustrantes para o mercado e cientificamente imperfeitas.

A grande mudança que teria ocorrido na primeira década do século XXI é a "mensurabilidade" daquilo que nós fazemos. As novas tecnologias nos permitiriam entender não só a quantidade de pessoas "alcançadas" por uma mensagem, mas também o que elas fazem a partir desse estímulo. Isso gera mais possibilidades de rápidas mudanças na rota da comunicação.

O autor diz que o mercado americano não está mais satisfeito apenas com dados de *awareness* e consideração:

> Um ponto crucial para nós foi quando percebemos que alcance, frequência e outras medições passivas não seriam suficientes, porque elas não refletem se nossos clientes estão realmente engajados. Sem clientes engajados, nós não teremos os dados necessários para os resultados dos negócios. Nós paramos de olhar para o conhecimento como uma medida importante (John Hayes, diretor de Marketing da American Express, p. 112).[26]

Nesta segunda década do século XXI os diretores de marketing demandariam métricas mais substantivas sobre o efeito da propaganda ao influenciar preferência, compra e lealdade à marca, como as listadas no Quadro 5.5 a seguir.

---

26. *A pivotal point for us was when we realized that reach and frequency and other passive measurements were not going to be sufficient because they did not reflect whether or not we were really engaging our customers. Without engaged customers, we are not going to get what we need in terms of business outcomes. We stopped looking at awareness as an important measure* (John Hayes, CMO da American Express, p. 112). (Trecho original.).

Quadro 5.5 – Necessidade dos Profissionais de Marketing por Novas Métricas

A maneira como os profissionais de marketing avaliam suas campanhas está evoluindo de métricas definidas em relação a:

• Cobertura e frequência (GRP tradicional).

• Dados demográficos (idade, renda, sexo, localização).

• Métricas de marca (*awareness* da marca, *awareness* da campanha, associações à mensagem, "favorabilidade", intenção de compra e consideração).

Para métricas que são tanto focadas em comportamento específico quanto focadas na ação:

• Engajamento: *recall* da campanha, tempo no site, acesso ao site, métricas de atenção efetiva ao conteúdo e "transferência".

• Qualidade e concentração da audiência (influência do *early adopter*, métricas de boca a boca etc.).

• Impacto no comportamento de compra (ida à loja, experimentação, repetição da compra etc.).

• Visualização verdadeira (visualizações únicas, taxa de cliques, downloads, *ratings* de comerciais etc.).

Fonte: Adaptado de Vollmer (2010, p. 113). (Tradução livre de Diego Senise)

Vollmer identifica alguns tipos de serviço que seriam adequados a essa nova realidade do mercado. Um deles é o da IAG Research, empresa que se propõe a mensurar a eficácia de comerciais televisivos, *tie-in* e *product placements* em todo o território norte-americano. Os dados de audiência, monitorados pela Nielsen, nos EUA, "entregam" aos clientes quantas pessoas tiveram oportunidade de ver o comercial (*opportunity to see* – OTS), por meio de um painel de pesquisas *on-line* que funciona 365 dias por ano medindo não só a lembrança das marcas, mas também métricas de engajamento. O serviço contempla todos os programas *"prime time"* da maioria das emissoras norte-americanas.

Por fim, Vollmer constata que o volume de informações disponível na atualidade é tão grande que desperta nos profissionais de Marketing um desejo de dispor de *dashboards* que resumam em uma só tela todas as métricas importantes para a gestão dos investimentos em comunicação.

Nós realmente nos concentramos em um painel de marketing com mais de 30 métricas para vermos a base trimestral (Keith Pardy, vice-presidente de Marketing Estratégico da Nokia) (Vollmer, 2010, p. 134).[27]

Integrated Brand Marketing and Measuring Returns (organizado por Philip J. Kitchen)

O livro é dividido em seis artigos que abordam diferentes temas relacionados com comunicação integrada de marketing e mensuração de retorno de investimentos. Escolhemos apenas um dos artigos para comentar. Ele é intitulado "Brand valuation and IMC" e foi escrito por Joanna Seddon.

A autora começa o artigo comentando que a preocupação com a avaliação das marcas surgiu nos anos 1980, quando os profissionais de Marketing perceberam que parte dos produtos podia ser negociada a preços acima do mercado (preços *premium*) sem, necessariamente, ter um grande diferencial tangível. *A priori*, pareceria uma questão simples: o valor da marca seria a diferença entre um produto com marca (*branded product*) e um produto sem marca (*unbranded product*).

Dada essa preocupação, surgem diversos *rankings* no mercado que tentam demonstrar quais são as marcas mais fortes. A maior parte deles propõe um cruzamento entre aspectos financeiros de empresas de capital aberto e percepção de marca (pesquisa quantitativa). De acordo com Kitchen, alguns aspectos levados em conta por esses tipos de estudo são:

- valor financeiro da marca (em geral e em cada segmento);
- a contribuição da marca para esse valor financeiro;
- eficácia da marca em gerar valor para os consumidores; e
- comparação com a força de marca dos concorrentes.

---

27. *We really focus on the marketing dashboard of 30-plus metrics that we look at on a quarterly basis* (Trecho original.) (Vollmer, 2010, p. 134).

Independentemente do instituto que faça esse tipo de estudo, o autor considera que a análise de robustez do valor de marca é pré-condição para o uso de sua avaliação em nível estratégico pela organização.

Por fim, Kitchen traça um quadro que resume os diferentes tipos de *approach* de avaliação de marca.

Quadro 5.6 – Métodos Comuns para Avaliar o Valor da Marca

EXTERNO		
1. Com base em mercado 2. Com base em *royalties*	Valor da marca é determinado por transações comparáveis.	Limitado. Útil para calcular normas e como meio de checar outras formas de avaliação.
INCOMPLETO		
3. Com base em custos 4. Com base em preço 5. *Brand Equity*	Cada um avalia um aspecto de como a marca cria valor.	Deficiente. Não deve ser usado em sua próprias marcas valiosas.
INTERNO		
6. Uso econômico	Mensura um número de aspectos de como uma marca cria valor.	Melhores práticas, mas implementação varia no quanto ela é robusta e compreensível.

Fonte: Adaptado de Seddon (2010, p. 18). (Tradução livre de Diego Senise.).

Return on Influence (Marl W. Schaefer)

A Klout é uma das inúmeras empresas que desenvolveram ferramentas as quais medem o quão influenciadora é uma pessoa no meio digital. O cálculo é feito com base em diversas variáveis e num complexo algoritmo. Em resumo, isso nos ajuda a entender quem é mais ou menos importante na imensidão de pessoas que podem falar sobre algum assunto nas redes sociais.

Ferramentas como essa surgem num contexto em que a importância das redes é crescente. Semana após semana dados são divulgados dizendo que as pessoas clicam, se interessam, buscam conhecer e compram mais produtos recomendados por amigos *on-line*.

Para embasar como uma pessoa ou empresa pode ser mais influente nas redes sociais, Schaefer recorre ao livro *Influence: the psychology of persuasion*, de Robert Cialdini. Entre os aspectos que menciona estão:

- autoridade;
- consistência;
- *likability*; e
- escassez.

O autor ainda traz diversas dicas para que uma pessoa ou marca seja mais influente no mundo digital, ou seja, tenha um *score* maior em ferramentas como a Klout ou a PerrIndex.

Na prática, o livro não se aprofunda em novas maneiras de se mensurar retorno sobre investimento em redes sociais. Atenta apenas para o fato de que esse tipo de *scoring* pode ser considerado no momento de se mensurar qual objetivo foi atingido e qual foi o custo por pessoa que viu e que replicou a mensagem de determinada marca.

Power Brands
(Hajo Riesenbeck)

No livro, Hajo traz à tona alguns pontos de vista da consultoria Mckinsey sobre a avaliação de marca e mensuração de resultados de comunicação.

O BrandMatics tenta determinar qual é a relevância de dada marca para o negócio. Para isso, analisa por meio de pesquisa quantitativa não só a percepção dos consumidores sobre elas, mas, principalmente, três funções essenciais das marcas:

1. Eficiência em levar informação sobre o produto aos consumidores.
2. Redução de risco de o cliente ter feito uma má escolha.
3. Identificação: ajudar o consumidor a passar uma imagem social de si próprio.

Mais de 12 mil pessoas de nove países diferentes participaram dessa pesquisa *on-line* na qual se analisavam 18 categorias de produtos.

A empresa criou a ferramenta *Brand Relevance Calculator*, que considera as correlações existentes na pesquisa realizada para inferir possíveis resultados referentes à relevância das categorias de produtos que não foram pesquisados. Para isso, se utilizam perguntas simples que não necessitam de um campo extra de pesquisa, como "Que tipo de produto é esse?" e "Com que frequência é comprado?" Assim se chega a uma escala de 0 a 5 para avaliar as categorias que não fizeram parte do estudo inicial.

A McKinsey tem um jeito próprio de analisar as marcas, o qual fica claro observando-se o quadro a seguir.

Figura 5.12 – Uma Perspectiva Holística das Marcas: O Diamante de Marca da McKinsey

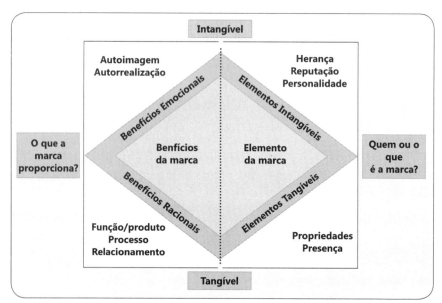

Fonte: Adaptado de Riesenbeck (2010, p. 114). (Tradução livre de Diego Senise.).

Porém, além de visualizarmos a estrutura de marca, é necessário entender como quantificar e mensurar a relação entre a relevância da marca e o comportamento do consumidor. Para tanto, a McKinsey utiliza o que se chama de funil de marca, o qual se baseia totalmente no modelo AIDA (atenção, interesse, desejo e ação). Na prática, o funil responde às perguntas:

1. Qual a porcentagem do público está ciente de que a marca existe?
2. Qual a porcentagem do público se familiariza com os produtos e serviços que ela vende?
3. Qual a porcentagem do público vai considerar a marca no momento de compra?
4. Qual a porcentagem do público já comprou esta marca alguma vez?
5. Qual a porcentagem do público compraria esta marca novamente?

Figura 5.13 – Aplicando o Funil de Marcas para Carros

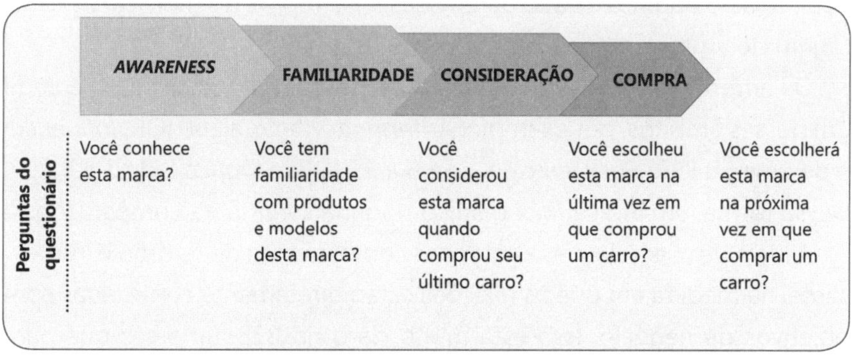

Fonte: Adaptado de Riesenbeck (2010, p. 119). (Tradução livre de Diego Senise.).

Social Media IOR – Las Relaciones como Moneda de Rentabilidad
(Johana Cavalcanti e Juan Sobejano)

Essa referência foi retirada do livro *Social Media IOR – Las Relaciones como Moneda de Rentabilidad*, de Johana Cavalcanti e Juan Sobejano.

Para os autores, o ROI nas mídias sociais deve ser visto como IOR – *Impact of Relationship*. Para tanto, sugerem que o foco da mensuração esteja nas relações adquiridas.

A Autoridade seria a variável que tem mais impacto nas relações e, por isso, a mais importante. Está associada às menções da marca fora de seus perfis e redes oficiais. Exemplos de métrica: difusão de conteúdo, citação a marcas, menções da marca como "exemplos".

A Influência se refere ao número de agentes nas diversas mídias sociais. Geralmente, é a única variável levada em conta, mas sozinha não traz muito valor. Exemplos de métrica: assinantes de *feeds*; número de fãs, número de seguidores etc.

A Participação permite analisar a relação da marca com seus seguidores, assim como suas reações. Exemplos de métrica: comentários no blog; menções e *retweets* etc.

O Tráfego permite avaliar o direcionamento das mídias sociais aos sites, lojas e páginas-chave da empresa. Exemplos de métrica: porcentagem de visitas geradas, tempo médio etc.

Os autores propõem a atribuição de pesos (em índices IOR) a cada um desses âmbitos, por exemplo: *Autoridad* – de 51 a 100 IOR; *Influencia* – de 26 a 50 IOR; *Participación* – de 6 a 25 IOR; e *Tráfico* – de 1 a 5 IOR. Dessa forma, um índice final e único poderia servir para comparações.

A ideia de usar relações adquiridas como métrica de retorno é interessante, na medida em que as relações estão diretamente conectadas com objetivos de negócio. Isso está muito claro no B2B, uma vez que para empresas desse ramo os contatos (*networking*) são muito importantes.

Ao pensar nesse modelo sendo usado na análise de empresas B2C (*Business to Consumer*), surge uma limitação clara: o título do método fala sobre relações adquiridas, mas sua descrição é a de um *ranking* como muitos outros existentes no mercado, não contemplando nenhuma métrica nova, especial ou prioritária para responder às perguntas:

- Essa relação foi realmente adquirida/criada?
- O que caracteriza essa relação?
- Como ela pode gerar benefícios futuros para negócio?

De qualquer forma, é um bom *insight* para consideração de metodologias ou raciocínios futuros de mensuração.

ROI de Consumer Insights
(Dag Holmboe)

Dag Holmboe, CEO da Klurig Analytics nos EUA, escreveu um *post* sobre ROI em *Social Media* no qual cunhou a expressão "ROI de *Consumer Insights*" e propôs um método para se chegar ao cálculo. Mesmo não se tratando de um livro ou artigo científico, resolvemos trazer a discussão para o nosso livro, já que há uma reflexão importante a ser feita.

Segundo Holmboe, a investigação de menções em redes sociais traz um terreno muito fértil para que as empresas busquem *insights* e tenham ideias para inovação ou campanhas de comunicação, algo que é feito em pesquisas de mercado normalmente. Nesse sentido, o autor é muito conciso e claro ao definir passos para que seja mensurado o retorno sobre *insights* do consumidor. Seriam eles:

Passo 1 – Definir o objetivo da *social media* para a empresa – no caso, conseguir alto número de bons *consumer insights*.

Passo 2 – Definir o ROI a partir do valor que os *insights* têm.

Passo 3 – Comparar os custos de *social media* com os custos para conseguir os mesmos *insights* em grupos de discussão – pesquisa qualitativa tradicional.

Do nosso ponto de vista de ROI, esse método é errado porque é impossível:

1. Definir qual é o valor do *insight*. Mesmo que conseguíssemos medir a qualidade de um *insight* (o que é difícil), saberíamos somente seu custo, não seu valor.
2. Prever a maneira como o *insight* será aplicado (campanha publicitária, ajustes no pós-venda, mudança no site etc.).
3. Saber qual objetivo de comunicação o *insight* ajudará a atingir.

Do ponto de vista de métodos qualitativos de pesquisa em ciências sociais, essa proposta é mais grave ainda porque desconsidera os potenciais e limitações de cada método de investigação, colocando tudo num bolo amorfo chamado "pesquisa de *consumer insights*".

Utilizam-se discussões em grupo quando se acredita que a interação entre pessoas de um grupo homogêneo pode ser frutífera para os aprendizados. Procuram-se observar, por exemplo:

- questões de hierarquia de pessoas e opiniões nos grupos;
- aspectos de linguagem entre as pessoas; e
- surgimento de novos assuntos/inquietações/ideias que não surgiriam sem o confronto de opiniões etc.

Por isso, as características e os resultados de investigações em discussões em grupo ou redes sociais são extremamente diferentes. Quem trabalha em agências digitais sabe o quanto é limitado ter somente *insights* de redes sociais para conhecer seu público.

Então, o que Dag Holmboe propõe é uma simples comparação de preços, não ROI. Comparação de preços de coisas diferentes. É como dizer que vale mais a pena ler um *post* do que um livro (você economiza tempo e dinheiro): um raciocínio de economia que pode sair pela culatra.

Assim como o ROI de *Consumer Insights*, muitos outros textos têm sido publicados aplicando a palavra ROI. A seguir, citamos um exemplo que nos ajuda a compreender o surgimento dessas expressões.

Por exemplo, ROE – *Return on Engagement* (retorno sobre engajamento) – tem se tornado recorrente em artigos e blogs que falam sobre métricas em mídias sociais.

A ideia é simples: como o objetivo das campanhas de mídia social é engajar as pessoas em torno de algum assunto, atividade ou marca, nada mais óbvio do que falar em retorno sobre engajamento. Certo? Errado. Um dos aprendizados mais básicos ao se pensar em mensuração de resultados é que o objetivo da comunicação deve ser redigido de forma mensurável. Um objetivo não mensurável é o ponto de partida para uma análise equivocada de retorno de investimento.

Por exemplo, uma campanha de comunicação interna que tenha o objetivo de "integrar" os funcionários certamente terá dificuldades de ser mensurada. A integração pode ser interpretada como necessidade de mais reuniões, mais cafezinhos de corredor ou até mesmo mais *happy hours*. Assim, um objetivo não mensurável gera dificuldade de definição de KPIs e torna quase impossível sabermos como isso influencia nos objetivos de negócio.

ROE (*Return on Engagement*) é um caso similar. Engajamento também é uma palavra polissêmica – gera possibilidades de muitas interpretações e isso torna frágil o processo de mensuração. Não só porque seria difícil definir o cálculo de ROE (usaríamos *tweets* do Twitter e *curtir* do Facebook como métricas que têm o mesmo peso?), mas porque gerar boca a boca é o único dos 14 objetivos que não é final, mas intermediário para os outros 13. Nenhuma campanha tem finalidade de criar *buzz*. Esse boca a boca é um meio de alcançarmos outro objetivo (ser conhecido, mudar imagem de marca, suscitar curiosidade etc.).

Por isso, antes de aderir aos termos da moda em nossa mensuração de resultados, precisamos refletir sobre o que eles significam e podem ocasionar de consequência para o processo de gestão.

Capítulo 6

METODOLOGIAS DE MENSURAÇÃO DE RESULTADOS

Conforme ressaltamos, investimento é a soma total dos esforços de uma organização para atingir algum objetivo (YANAZE, 2007; e FREIRE, 2008). Essa definição nos ajuda a entender que não existe somente o investimento financeiro para viabilizar estratégias, mas também o investimento de recursos humanos, materiais, tecnológicos, intelectuais, de tempo, de deslocamento, de influências, de escolhas etc.

Se investimento não significa somente gasto financeiro, a mensuração dos resultados desses investimentos também não pode se limitar aos valores financeiros alcançados. Esse é um dos principais pontos destacados neste livro. Devemos enfatizar que "mensuração de retorno de investimentos em comunicação" não se trata tão somente de apurar o "dinheiro" que retorna, ou seja, não pode ser encarada por seu lado meramente monetário, e de curto prazo.

Por isso, no processo de mensuração, quando nos referimos às "metas quantificáveis", não estamos falando somente das que podem ser expressas em valores monetários. Pelo contrário, as metas das três vertentes da comunicação integrada (administrativa, institucional e mercadológica) devem estar relacionadas tanto a moedas financeiras (receitas, despesas, valor patrimonial, entre outras) quanto a moedas não financeiras (percentual de produtividade, grau de empatia, intenção de compra, valor de marca etc.).

Identificamos certa polêmica em relação à conversão financeira dos resultados de comunicação. Galerani (2006, p. 41) acredita que ao insistir em resultados financeiros se corre o risco de a comunicação organizacional recorrer a atividades que possam oferecer resultados puramente quantificáveis, e, então, ser reduzida a um nível tático ou operacional.

No entanto, acreditamos que o trabalho de comunicação não precisa ser essencialmente subjetivo para ser considerado estratégico. Quanto maior o nível de objetividade (valores quantificáveis) que conseguirmos inserir no trabalho da comunicação dentro das organizações, mais respeitados serão os comunicadores, ou seja, considerados mais estratégicos e menos táticos ou operacionais. Trata-se, também, de uma questão de capital político no âmbito organizacional, ou seja, quanto mais o comunicador apresentar seus resultados de forma que as demais áreas da organização e seu corpo diretivo os apreendam objetivamente, maior será a percepção de que seu trabalho é essencial para a consecução dos objetivos gerais da organização.

O mais importante é que se deve fazer uma avaliação crítica sobre essa conversão, levando em consideração seu papel dentro de cada organização. A tradução dos resultados "em dinheiro" está sendo útil para a empresa? É relevante no momento da tomada de decisão? Sem essa informação tomaríamos as mesmas decisões? Ela propicia

Metodologias de Mensuração de Resultados | **249**

discussões importantes para o planejamento estratégico? É usada com sucesso perante a alta direção? É útil para se obter mais verba para a área de comunicação?

Feita essa ressalva, prosseguimos com alguns exemplos de como podemos trabalhar com indicadores financeiros e não financeiros para mensurar os resultados de ações específicas relacionadas aos três âmbitos da comunicação integrada.

Acreditamos ser importante a descrição e análise de algumas metodologias de mensuração em comunicação já existentes. Assim, o leitor pode relacioná-las com sua realidade profissional, tendo em mente as considerações teóricas feitas nos capítulos anteriores.

Algumas dessas metodologias são referências a trabalhos de empresas no Brasil e no exterior. Outras foram desenvolvidas em trabalhos de consultoria para algumas empresas que, por questão de sigilo profissional, não citamos nesta publicação.

Não temos a pretensão de esgotar o assunto *mensuração em comunicação* trazendo todas as metodologias existentes – o que seria impossível. Nossa intenção é trazer referências de excelência para inspirar o profissional de Comunicação a desenvolver um sistema de mensuração customizado na organização em que trabalha.

1. Mensuração de Resultados de Relacionamento com a Imprensa

Medir a eficácia das iniciativas de Relações Públicas ainda é um grande desafio. No caso específico de Relacionamento com a Imprensa, ainda se utiliza o método de comparação com a mídia publicitária por meio de centimetragem. Mede-se o espaço ocupado pela notícia que fala sobre a empresa em questão ou os segundos de uma notícia veiculada no rádio ou na TV (STACKS, 2008). A comparação desses valores com o preço de tabela do espaço publicitário resultaria no retorno de investimento do trabalho de assessoria de imprensa.

Quadro 6.1 – Retorno de Assessoria de Imprensa

Tamanho do artigo impresso	3 colunas x 30 cm
Tamanho total do artigo impresso	90 cm
Preço de tabela para investimento publicitário	R$ 80/cm
ROI da Assessoria de Imprensa	R$ 7.200

Fonte: Adaptado de Macnamara, *Advertising Values to Measure PR: Why They Are Invalid* (2006).

Existe uma grande discussão sobre a validade desse método, principalmente porque a notícia teria mais credibilidade do que um anúncio, portanto, teria um valor maior. Em 2006, o Professor Jim MacNamara escreveu o artigo *Advertising Values to Measure PR: Why They Are Invalid*, que nos dá perspectivas sobre essa discussão.

Os principais argumentos contra a comparação de resultados monetários de notícias e de anúncios publicitários são:

- A notícia pode ser negativa ou neutra, devendo falar também dos concorrentes.
- A notícia pode estar num veículo irrelevante para o *target* da empresa.
- Pode estar malposicionada na publicação.
- A empresa pode ser apresentada de maneira ambígua, imprecisa.
- A comparação é feita com base no preço de tabela de compra de mídia, não no preço real pago pelo anunciante.
- A comparação leva em conta somente o preço de compra de mídia, não o impacto e os efeitos que são gerados no público, assim como o modo que a publicidade é medida.

Para MacNamara (2006), deve-se também ir além da análise "notícia positiva, negativa ou neutra". Pode-se ainda analisar:

- Importância da mídia (audiência atingida).
- Onde a notícia está posicionada (na capa, nas primeiras páginas etc.).

- Onde a empresa é apresentada (na manchete, no *lead* etc.).
- Tamanho da notícia ou artigo.
- *Share of Voice* (comparação com a exposição dos concorrentes).
- Presença de fotos, logo etc.
- Mensagem comunicada.
- Fonte das declarações e citações.
- Tom (aplicando princípios semióticos).

Os pesquisadores Michaelson e Stacks, da Universidade de Miami, nos Estados Unidos, realizaram estudos comparando conteúdo editorial (notícias) com propaganda nos EUA em 2006. A pesquisa avaliou o impacto (lembrança da mensagem-chave, lembrança da marca, crenças sobre o produto anunciado e intenção de compra) de mensagens de notícias e propagandas que promoviam o mesmo produto para a mesma audiência. Foram pesquisados 351 adultos que liam jornal pelo menos uma vez por semana. O estudo descobriu que propagandas bem feitas e criativas são mais eficazes que conteúdo editorial (notícias sobre o produto).

Apesar dessas pesquisas, qualquer generalização sobre esse assunto é precipitada. Segundo MacNamara (2006), outros estudos mostram que o conteúdo editorial pode ser mais, menos ou igualmente eficaz às propagandas. Entre outros fatores, essa relação depende da categoria de produtos, da praça estudada e das condições mercadológicas.

Além disso, deve-se considerar também que nem toda publicação editorial é resultado direto dos esforços de relações públicas. Em muitos casos, a notícia é tão relevante que seria publicada em alguns veículos independentemente das estratégias de Relações com a Imprensa. Então, o ideal seria a existência de um estudo sobre o comportamento de publicação dos veículos com relação a cada tema para que se pudesse identificar quando, onde e quando, realmente, o Relacionamento com a Imprensa faz a diferença.

A seguir, apresentamos como esses conceitos sobre mensuração de resultados em Relacionamento com a Imprensa se traduzem em metodologias.

a) Índice de Qualidade de Exposição na Mídia (IQEM®) da CDN Comunicação Corporativa (empresa brasileira especializada em comunicação corporativa, pesquisas e análises de tendência e outros serviços)

O IQEM® é um índice gerado a partir de um robusto sistema de análise de imagem na mídia que congrega uma série de informações e serviços de comunicação – Análise Editorial, Auditoria de Imagem, Mapa das Fontes e Mapa dos Jornalistas – que servem como instrumentos de gestão da comunicação corporativa.

Na Análise Editorial, a empresa fornece as principais notícias do dia, com sugestões de ação – sempre que necessárias. Essas notícias ajudam a conformar os dados que posteriormente são analisados para compor o IQEM®.

Na Auditoria de Imagem, a empresa entrega relatórios semanais, mensais e anuais com a variação da exposição da marca por critérios mensuráveis.

O Mapa das Fontes congrega as fontes de informação mais consultadas pelos profissionais da mídia para pesquisar assuntos que sejam relacionados à área de atuação do cliente desse tipo de serviço. Por outro lado, o Mapa dos Jornalistas fornece a relação dos jornalistas dedicados à cobertura do setor de atuação do cliente do serviço, analisando qualidade, abrangência e impacto do noticiário produzido pelo profissional de imprensa.

Para gerar o índice de qualidade da imagem, a CDN agrega informações captadas em pesquisa anual de credibilidade da mídia e sondagem com jornalistas. Conta, ainda, com dados sobre tiragem e audiência, atualizados permanentemente. Além disso, procura avaliar se há lacunas entre a mensagem desejada e os níveis de sua recepção, bem como análise dos aspectos éticos e legais.

Há, ainda, a observação de temas sensíveis ao setor do cliente, procurando elencar as tendências, riscos e oportunidades do ponto de vista das informações apresentadas pela mídia.

Para cada etapa descrita são criados indicadores de qualidade da imagem. Ou seja, é analisado como cada uma das notícias gera impacto positivo ou negativo na imagem da empresa contratante do serviço e de seus principais concorrentes.

Vale ressaltar que a modelagem da mensuração foi elaborada pelo economista Heron do Carmo, especialista em Teoria Estatística de Números e Índices Econométricos.

A modelagem da mensuração do IQEM® sustenta-se em três pilares:

1. Sondagem com jornalistas de notória credibilidade e experiência, que aferem o peso e a pertinência de cada veículo e o formato comunicacional noticioso.

2. Pesquisa com executivos do Rio de Janeiro e de São Paulo, de grandes e médias empresas, para aferir a relevância de cada segmento da mídia e a credibilidade da imprensa, calibrando a sondagem anterior.

3. Dados numéricos apontados pelo Instituto Verificador de Circulação (IVC) e do ComScore, para os veículos da internet.

O IQEM® é, portanto, um índice que sintetiza a qualidade da imagem da empresa contratante projetada pela mídia. Varia de zero a dez, onde "zero" seria o pior resultado possível para a imagem e a credibilidade da empresa contratante. Na outra ponta, "dez" significaria o máximo de repercussão positiva para a empresa na mídia.

Os valores positivos ocorrem quando a notícia reflete a imagem desejada pela empresa contratante ou quando há vínculos da empresa a temas caros para o conjunto da sociedade, como a sustentabilidade econômica e socioambiental.

Como há um nível analítico de relatórios produzidos depois da geração do índice, a equipe de comunicação da empresa contratante pode tomar as medidas necessárias imediatamente após a análise dos resultados. Isso porque a ponderação e as notas facilitam o entendimento dos pontos críticos para a imagem da empresa, facilitando o direcionamento dos esforços para o aproveitamento ou minimização do impacto das notícias veiculadas em cada canal da mídia.

Além do IQEM®, a CDN pode entregar ao contratante o IQEM-V® (Índice de Qualidade de Exposição na Mídia Valorado), que procura revelar, em valores monetários, quanto valor agregaram à sua imagem as notícias disseminadas acerca do contratante em determinado período.

A CDN acredita que esse indicador possa ser utilizado para medir o retorno do investimento em comunicação feito pelo cliente contratante do IQEM-V®.

Nossos comentários sobre a metodologia

Trata-se certamente de uma série de serviços e sistemas informacionais integrados muito sólidos que dão condições para que o profissional de Comunicação faça a gestão da comunicação com foco em resultados predeterminados pela organização usuária dos serviços.

Apesar disso, existem alguns pontos que merecem destaque. Um deles é a determinação de que o jornalista sempre tem uma intencionalidade – positiva ou negativa – quando noticia um fato acerca de determinada empresa/ramo de atividade. Esse raciocínio, primeiramente, é maniqueísta, ou seja, gera uma chave dicotômica em que sempre há uma polaridade, não havendo possibilidade de a notícia ser neutra em função dos objetivos empresariais de imagem, como o próprio método determina. Quando falamos de intencionalidade do jornalista, estamos nos apoiando no emissor da mensagem. De acordo com a metodologia, isso se deve à natureza da profissão (jornalista). Se é esse o caso, o índice determina a imagem que os jornalistas procuram construir a respeito de determinada empresa e isso deve ficar claro, pois quando o leitor – que, portanto, está operando no nível da recepção – ressignifica de maneira diversa do emissor a mesma mensagem, certamente não fará valoração maniqueísta.

Outra questão que se coloca é o fato de a notícia ser considerada positiva do ponto de vista dos objetivos da empresa. Novamente, não estamos mais no polo disseminador, portanto, poderíamos utilizar outras lentes para empreender essa análise, e não somente a valoração positiva ou negativa.

O IQEM-V® também deve ser visto com ressalvas, apesar de dar condições de avaliar investimento e retorno que não existiam anteriormente. Ocorre que tudo que já mencionamos acerca da mensuração de resultados em comunicação institucional – por exemplo, comparações com medidas de desempenho e investimento em comunicação mercadológica *versus* ações institucionais, como vimos em MacNamara (2006), no início deste tópico sobre mensuração de imprensa – deve ser considerado na apreciação do índice valorado.

Finalmente, observa-se que, apesar de se tratar de uma ferramenta de comunicação corporativa, o IQEM® opera no nível de imprensa; por isso, consideramos a sua colocação mais pertinente no item *mensuração de imprensa*. Mas vale ressaltar que a sua lógica de funcionamento, com as devidas calibragens, dá condições de ampliar a mensuração para praticamente todas as vertentes da comunicação, podendo evoluir a ferramenta para um sistema de mensuração da comunicação integrada.

b) Valor da Notícia (VN) do Grupo Máquina PR (empresa brasileira especializada em prover a seus clientes serviços de Relações Públicas e soluções em comunicação)

Os cálculos são fundamentados pelo Valor da Notícia (VN), obtido por meio da soma ponderada de todos os fatores que determinam a valorização da notícia sobre a empresa (veículo, jornalista, presença na capa, localização, elementos de imagem e nível de destaque), multiplicados pelo teor da notícia.

A ponderação se baseia em pesos distintos para cada uma das variáveis, estabelecidos por meio de pesquisas feitas junto à população, para determinar hábitos de informação, e outra com quinhentos formadores de opinião. Os critérios técnicos que qualificam as matérias são definidos por um comitê de especialistas criado pela Máquina e em permanente discussão.

A multiplicação do VN médio de cada veículo (Exemplo: VN Médio do Jornal/XX/março/2010 = 1,1) vezes a quantidade de notícias (10) resulta no saldo de VN do veículo (11).

O grau de aderência é calculado confrontando a quantidade de notícias veiculadas com o número de reportagens motivadas por *releases* ou avisos de pauta divulgados pela área de comunicação.

Nesse universo de notícias motivadas, avalia-se o grau de aderência em relação aos argumentos defendidos pela empresa e a eficácia da estratégia de comunicação.

Nossos comentários sobre a metodologia

Não identificamos a fórmula utilizada para calcular os valores monetários, provavelmente baseados no custo por centimetragem. Assim, não conseguimos relacionar o VN com a valoração monetária.

Cremos que, esclarecidas as fórmulas utilizadas e com os pesos dos fatores devidos, trata-se de uma metodologia interessante que, bem compreendida e monitorada constantemente, subsidia futuras ações de relacionamento com a imprensa propiciando bons resultados à empresa.

c) **Boxnet** (empresa brasileira especializada em prover a seus clientes serviços de gestão do relacionamento com a imprensa)

O Sistema Boxnet pode ser entendido como uma ferramenta de gestão do impacto das notícias e as devidas contramedidas por parte da equipe de Comunicação de determinada empresa, num curto período, a partir do momento de sua propagação. O ciclo do sistema ocorre basicamente conforme os passos a seguir.

Do momento do fechamento do contrato, a empresa fornecedora prepara, junto ao cliente, o plano estratégico para a configuração e utilização do Boxnet, que envolve a definição da abrangência do monitoramento – diversos tipos de mídia (TV, rádio, *on-line* etc.) e das métricas ou indicadores que serão aplicados. Além disso, se definem as formas de avaliação das notícias que serão monitoradas e o grau de importância e amplitude de impacto de cada veículo para a empresa em questão.

As informações são capturadas das diversas mídias, em período 24x7 – ou seja, absolutamente em todos os horários de todos os dias da semana – e analisadas individualmente por uma equipe especializada que identifica a tonalidade da informação, importância da fonte, mensagem-chave que foi transmitida. Sempre que isso ocorre, alertas são disparados aos gestores de comunicação sobre as informações que necessitam de uma ação urgente ou imediata.

O gestor e sua equipe fazem uma leitura imediata da análise elaborada no Boxnet, podendo, inclusive, recalibrar as avaliações numéricas e discutir as possíveis contramedidas junto ao veículo/fonte responsável pela notícia e monitorar os resultados de suas ações de intervenção.

O sistema gera relatórios diversos, para que o gestor possa acompanhar e monitorar com boa intensidade como cada caso vai se encaminhando. Com isso, é possível mensurar os volumes, comparar desempenho e fornecer análises detalhadas que vão gerar conhecimento e entendimento, formando um quadro geral dos resultados da equipe de comunicação junto à imprensa.

Com um cenário consolidado, agregado de planilhas analíticas, é possível corrigir distorções, realinhar objetivos de comunicação e definir novas estratégias. Ou seja, o sistema faz uma retroalimentação importante para que a comunicação da empresa seja planejada com mais garantias de sucesso e direcionamento dos investimentos em função da obtenção de resultados satisfatórios.

Nossos comentários sobre a metodologia

Trata-se novamente de uma ferramenta bastante sólida e de excelente utilização por parte de empresas e demais organizações que mantêm forte contato com a opinião pública, por exemplo, empresas de serviços públicos.

Importante frisar, porém, que qualquer demora na avaliação do impacto da notícia e seu disparo tardio para a equipe de Comunicação podem comprometer significativamente a gestão.

Além de depender de uma boa interface *on-line* entre o contratante e a Boxnet, há que se ressaltar a importância da qualificação da equipe que faz a primeira análise da notícia. Devem ser profissionais que conheçam profundamente o setor e a empresa em questão. Outro ponto importante no fornecimento de análises de qualidade é a lacuna entre *turnover* e substituição do profissional, que deve ser bastante controlada para minimizar a ocorrência de falhas ou falta de solidez e prontidão nas análises.

d) Índice de Eficácia da Comunicação (IEC) da Agência Burston-Marsteller da Espanha

Consiste numa metodologia de mensuração de resultados do relacionamento com a imprensa. Foi desenvolvida pela agência Burston-Marsteller da Espanha para a Telefônica no final de 2007.[28] Essa metodologia é igualmente usada nos 24 países em que o Grupo Telefônica tem operações e procura ir além da classificação das notícias em positivas, negativas e neutras. Assim, o objetivo dessa análise é saber quantas das notícias publicadas (e consideradas positivas) realmente transmitem os valores da empresa. As notícias que passam por esses dois filtros são consideradas eficazes para a organização. O IEC varia de 0% a 100%, sendo que um resultado acima de 50% já é considerado positivo para a companhia.

Nessa metodologia, são analisados apenas revistas e jornais impressos. No Brasil, alguns dos veículos monitorados são: **Gerais**: *Folha de S. Paulo, Jornal da Tarde, O Globo* e *O Estado de S. Paulo*; **Econômicos**:

---

28. FERRARI, Michelle B. *Índice de eficácia da comunicação (IEC)*: medindo resultados do relacionamento com a imprensa do Grupo Telefônica. São Paulo: Gestcorp - ECA-USP, 2009.

Época Negócio, Exame, Gazeta Mercantil, IstoÉ Dinheiro e *Valor Econômico*; **Regionais**: *A Cidade, A Tribuna, Agora São Paulo, Correio Popular, Diário de S. Paulo, Diário do Grande ABC, Jornal Vale-Paraibano* e *Vale-Paraibana São José*.

Para a escolha desses veículos considerou-se que São Paulo deveria ter maior importância, uma vez que 70% das atividades da empresa estão nesse Estado, e que a maioria das notícias sobre a empresa é publicada em diários econômicos.

À exceção das revistas econômicas, nenhuma outra revista semanal é monitorada, pois se acredita que as revistas semanais, na maior parte das vezes, publicam aquilo que os jornais já publicaram. A TV e o rádio também são descartados, pois não têm uma cobertura sistemática e não compõem massa crítica para serem analisados.

Outro fator que influi na escolha desses critérios é o alinhamento global da metodologia para fins de comparação da eficácia da comunicação entre diferentes países. Se o índice não monitora revistas semanais nos outros países, a Burston-Marsteller também não poderia medi-lo no Brasil.

De acordo com Ferrari (2009, p. 71), a Telefônica considera que a inserção da internet no índice deverá ser realizada futuramente, quando ela estiver mais madura e com audiências mais precisas de serem calculadas.

Com base no planejamento estratégico, a Telefônica definiu quais são os valores que devem formar a imagem da organização – como ela quer ser vista. Para cada valor, foram definidos alguns assuntos específicos para facilitar o trabalho de mensuração. A seguir, reproduzimos a tabela de valores e assuntos que guiam o processo de mensuração da Telefônica em todos os países em que ela atua.

Quadro 6.2 – Valores e Assuntos que Guiam o Processo de Mensuração da Telefônica em Todos os Países em que Ela Atua

EIXOS ESTRATÉGICOS	TEMAS	GRAU DE IMPORTÂNCIA
Solidez financeira	• Resultados/receita/lucro	• Muito importante
	• Dividendo/retribuição ao acionista/ rentabilidade	• Muito importante
	• Capitalização em bolsa	• Muito importante
	• Geração de caixa (*cash flow*)	• Importante
	• Dívida	• Importante
	• Carteira de clientes	• Muito importante
	• Fusões e aquisições/Ofertas Públicas de Ação (OPAs)	• Importante
Liderança	• Potencial de crescimento	• Muito importante
	• Visão clara de futuro	• Muito importante
	• Líderes fortes e respeitados	• Importante
	• Liderança	• Importante
Qualidade de produtos e serviços	• Qualidade de produtos e serviços	• Muito importante
	• Garantia de serviço	• Importante
	• Relação qualidade/preço	• Importante
	• Atendimento/orientação ao cliente	• Muito importante
	• Cumprimento	• Importante
	• Reclamações/demandas/queixas	• Importante
	• Serviço responsável	• Importante
	• Proteção de dados/*spam*	• Muito importante
	• Conteúdo para adultos	• Muito importante
Inovação	• Pesquisa e desenvolvimento	• Muito importante
	• Inovação	• Muito importante
	• Novos produtos e serviços	• Muito importante
	• Adaptação às mudanças	• Importante

continua...

Metodologias de Mensuração de Resultados | **261**

continuação

EIXOS ESTRATÉGICOS	TEMAS	GRAU DE IMPORTÂNCIA
Inovação	• Novas tecnologias	• Importante
	• Patentes	• Muito importante
	• Geração de ideias	• Muito importante
	• Certificado de qualidade	• Muito importante
	• Políticas e processos	• Muito importante
	• Boa gestão	• Importante
	• Controle de custos	• Importante
Compromisso com os empregados	• Paga bem aos empregados/salários	• Muito importante
	• Segurança no emprego/demissões em massa/PDVs	• Muito importante
	• Terceirização de atividades	• Muito importante
	• Condições de trabalho	• Importante
	• Empregos temporários	• Importante
	• Formação e desenvolvimento profissional	• Importante
	• Bom lugar para trabalhar	• Importante
	• Relações sindicais	• Importante
	• Casos de *mobbing* e assédio	• Importante
	• Processos de seleção de emprego	• Muito importante
Responsável com a comunidade	• Responsabilidade corporativa	• Muito importante
	• Proximidade e compromisso	• Muito importante
	• Apoio a causas sociais/ação/ filantropia	• Muito importante
	• Pessoas com deficiência	• Muito importante
	• Desenvolvimento econômico do país	• Importante
	• Proteção ao meio ambiente	• Importante
Boa governança	• Ética/códigos de ética	• Muito importante
	• Abusos de poder/monopólio	• Muito importante
	• Multas/sanções/concorrência	• Muito importante

continua...

continuação

EIXOS ESTRATÉGICOS	TEMAS	GRAU DE IMPORTÂNCIA
Boa governança	• Monopólio	• Muito importante
	• Conduta empresarial	• Muito importante
	• Governança corporativa	• Muito importante
	• Transparência empresarial	• Muito importante
	• Patrocínio/apoio cultural	• Importante

Fonte: Adaptado de Ferrari (2009).

Anualmente, os executivos de comunicação da Telefônica em todo o mundo se reúnem para discutir o grau de importância de cada tema e decidir qual deles merece ser mais valorizado que outros. Mas, na prática, o grau de importância dos temas não muda substancialmente de um ano para outro.

Metodologia

As notícias negativas e neutras são descartadas do material de análise pela Burston-Marsteller, pois somente as notícias positivas são analisadas.

O método é dividido em duas partes: análise quantitativa (presença) e análise qualitativa (eficácia). Cada análise chega a um número. O IEC é o resultado da divisão da presença pela eficácia.

Quadro 6.3 – Índice de Eficácia da Comunicação

$$IEC = \frac{Presença}{Eficácia}$$

$$IEC = \frac{\text{Tiragem do veículo} \times \text{Tamanho e destaque da notícia} \times \text{Destaque dado à empresa}}{\text{Pontuação do tema} \times \text{Pontuação do grau de importância}}$$

Fonte: Proposto pelos autores.

O nível de presença se calcula com a multiplicação da tiragem do veículo (milhares de exemplares) pelo tamanho da notícia (centímetros) e pelo destaque dado à matéria, que recebe uma nota de 1 a 3 (1= mera citação; 2 = citação sem ser o principal destaque; e 3 = assunto principal da matéria). Chega-se, então, a um número: A.

Por sua vez, na análise qualitativa, cada tema recebe um peso de 0 a 10. Os graus também são ponderados. A multiplicação "tema" *vezes* "grau de importância" fornece outro número: B.

Como o cálculo do IEC é feito mensalmente, é necessário somar os números obtidos pela análise quantitativa (A) de todas as matérias do mês e dividir esse enorme número pela soma de todas as análises qualitativas (B) do mês.

O resultado dessa conta é uma porcentagem que representa quanto das notícias positivas publicadas sobre a empresa são eficazes, ou seja, transmitem seus valores.

e) Metodologia de Análise de Correspondência

Essa metodologia foi desenvolvida pelos pesquisadores Mitsuru Yanaze, José Carlos de Barros e Kleber Markus, em 2005.

Apresentamos um sumário de seu desenvolvimento, alertando que este deve ser totalmente customizado para cada organização que pretenda utilizá-lo:

- Seleção das publicações adequadas aos públicos-alvo relevantes para o monitoramento: **Exemplo**: revistas de negócios, público A/B, 25-40 anos, residentes em SP. Atribuem-se pesos de 1 a 5 (menos importantes mais importantes) aos veículos selecionados de acordo com as expectativas da empresa. É importante ressaltar que o critério a ser adotado para a pontuação pode ser construído de dados sobre os veículos, como: adequação em relação aos temas (listagem no Quadro 6.4), tiragem, perfil do leitor/audiência, credibilidade perante o *target* e os formadores de opinião, repercussão de suas notícias *on-line* etc.

Quadro 6.4 – Importância do Veículo de Comunicação na Análise de Correspondência

Importância do veículo de comunicação	• 5. Muito importante • 4. Importante • 3. Mais ou menos importante • 2. Pouco importante • 1. Nada importante

Fonte: Desenvolvido pela Mitsuru H. Yanaze & Associados.

A definição da importância deve ser congruente com a classificação das notícias de acordo com seus temas. Relacionamos no Quadro 6.5 alguns exemplos de temas que, possivelmente, seriam publicados espontaneamente na mídia.

Quadro 6.5 – Exemplos de Temas de Publicação Espontânea na Mídia

• Lançamento de produto	• Funcionários/política de recursos humanos
• Oferta de produtos/serviços	• Lembrança de marca
• Oferta de novos produtos/serviços	• Propaganda/campanha publicitária
• Atendimento ao consumidor	• Política de preço
• Relação com acionistas	• Canais/intermediários de mercado
• Relação com a comunidade	• Legislação e política do setor
• Faturamento e lucro da empresa	• Patrocínios sociais, esportivos e culturais
• Assistência técnica	• Fusões, aquisições e *joint-ventures*
• Comparação com a concorrência	• Celebridades nas campanhas da empresa
• Segmentação de mercado e comportamento do consumidor	• Outros

Fonte: Desenvolvido pela Mitsuru H. Yanaze & Associados.

- Ponderar o grau de importância do veículo ao tema da notícia. Exemplo: **temas relacionados ao mercado e às questões financeiras**: revista *Exame* = Muito Importante; revista *Caras* = Pouco Importante; **celebridades nas campanhas da empresa**: revista *Caras* = Muito Importante; revista *Exame* = Pouco importante.

- Após ponderar a relevância dos veículos é preciso considerar o conteúdo das notícias. Nessa etapa, cada notícia deve ser avaliada (nota de 1 a 5) de acordo com a escala no quadro a seguir.

Quadro 6.6 – Avaliação do Conteúdo da Mensagem na Análise de Correspondência

Avaliação do conteúdo da mensagem	• 5. Muito favorável • 4. Favorável • 3. Nem favorável, nem desfavorável • 2. Desfavorável • 1. Muito desfavorável

Fonte: Desenvolvido pela Mitsuru H. Yanaze & Associados.

- A metodologia permite que os dados ponderados sobre a relevância dos veículos e do grau de favorabilidade das notícias sejam colocados numa matriz, como vemos a seguir.

Quadro 6.7 – Análise de Correspondência

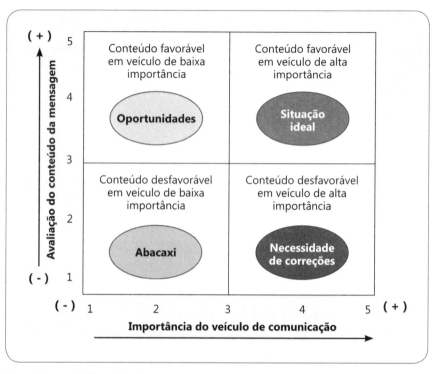

Fonte: Desenvolvido pela Mitsuru H. Yanaze & Associados.

Essa matriz também permite visualizar os resultados do trabalho de relacionamento com a imprensa quanto à inserção dos diversos temas das notícias de acordo com o grau de favorabilidade e o grau de importância dos meios.

Quadro 6.8 – Análise de Correspondência por Tema

Fonte: Desenvolvido pela Mitsuru H. Yanaze & Associados.

Assim, o modelo pode indicar que preocupações o gestor deve ter em relação a cada veículo e tema:

- Manter o relacionamento e o tipo de pauta das notícias que estão no quadrante "situação ideal".
- Fazer com que as notícias do quadrante "oportunidades" sejam interessantes para veículos mais importantes.
- Corrigir a maneira como os *releases* estão sendo escritos, analisando se as mensagens-chave da organização ficam claras e contextualizadas.
- Tentar evitar que pautas do quadrante "abacaxi" sejam publicadas. Como, em muitos casos, isso não é possível, podem-se amenizar ao máximo os danos para a organização.

Com base nesse modelo são possíveis vários tipos de análise:

- Pelo total dos meios – análise geral da comunicação.
- Para cada meio de comunicação (exemplo: seleção e classificação somente dos artigos publicados em jornais).
- Para cada veículo de comunicação (exemplo: revista *Veja* – nesse caso, o atributo *importância* poderia ser em relação à localização ou centimetragem).
- Por segmento de mercado/segmentação do público dos meios (exemplo: seleção e classificação das matérias que foram veiculadas em meios dirigidos ao público feminino – classes B/C e com idade entre 15 e 20 anos).
- O modelo pode ser utilizado para monitorar marcas concorrentes, a fim de comparação de eficácia/efetividade de estratégias utilizadas por cada empresa/marca.
- Utilizando uma escala de diferencial semântico (Osgood),[29] é possível avaliar quais objetivos estão sendo atingidos com base nas notícias divulgadas em cada veículo. Pode-se fazer uma análise semelhante comparando com os resultados dos concorrentes, e obtendo as médias das notas de todos os veículos, como vemos nos quadros a seguir.

A metodologia prevê ainda discussões em grupos de foco, com os públicos estratégicos da empresa, para entender o ponto de vista do receptor sobre o conteúdo veiculado.

Esse modelo permite a comparação dos resultados ao longo do tempo. A partir da identificação dos movimentos dos temas e veículos nos quadrantes é possível fazer uma avaliação mais efetiva das estratégias de comunicação.

---

29. Numa escala de diferencial semântico (Osgood), considera-se um intervalo de sete níveis, por exemplo, para uma determinada ação de comunicação, em que o número 7 significa que a ação efetivamente chamou a atenção do leitor e, na outra ponta, o número 1 significa que a ação não chamou a atenção.

Assim, fazendo uma análise histórica dos resultados e um acompanhamento frequente, é possível definir uma orientação estratégica ao trabalho de relacionamento com a imprensa, pois o modelo permite:
1. Avaliação específica dos veículos mais importantes para se levantar dissonâncias de pautas e de argumentos, incidência de problemas, tendência da atitude desses veículos em relação à empresa, problemas pontuais com jornalistas, articulistas etc.
2. Avaliação das mensagens segundo os 14 objetivos (resumidos em nove nos Quadros 6.9 A e B) do processo comunicacional, para checar o processo evolutivo das pautas.
3. Estudo qualitativo por meio de discussões em grupo com públicos de relacionamento da empresa.

Análises do processo comunicacional: avaliação de nove objetivos da comunicação em escala de diferencial semântico. Veja nos quadros a seguir exemplos para avaliação do material gerado por assessoria de imprensa.

Quadro 6.9a – Eficácia da Assessoria de Imprensa para Atingir Objetivos de Comunicação

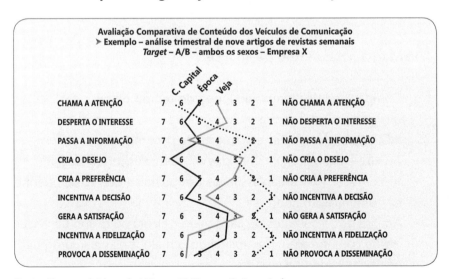

Fonte: Desenvolvido pela Mitsuru H. Yanaze & Associados.

Quadro 6.9b – Eficácia da Assessoria de Imprensa para Atingir Objetivos de Comunicação

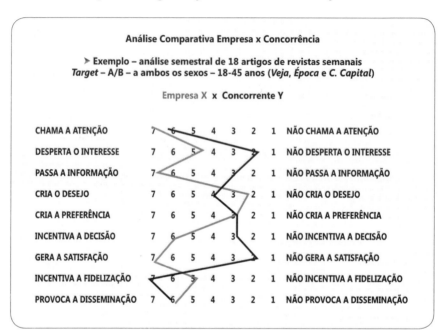

Fonte: Desenvolvido pela Mitsuru H. Yanaze & Associados.

Vantagens desse tipo de análise

- Comparação dos mapas ao longo do tempo permite análise dos deslocamentos dos temas nos quadrantes; portanto, é possível avaliar a eficiência das estratégias de comunicação.
- Análise e acompanhamento das ações da concorrência.
- Visualização das áreas/assuntos de melhor e pior desempenho na comunicação impressa.
- Análise dos resultados de cada meio, veículo ou grupo de veículos de comunicação, possibilitando o melhor planejamento para os títulos/grupo de veículos.

- Verificação da coerência/integração dos resultados da comunicação impressa em relação aos objetivos e estratégias de todo o *mix* de comunicação.

Inferências Estatísticas. Possibilidades de cruzamento de informações do banco de dados:

Figura 6.1 – Participação dos Meios nas Publicações

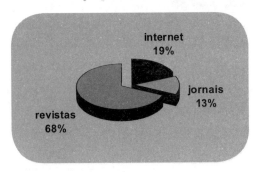

Fonte: Desenvolvido pela Mitsuru H. Yanaze & Associados.

Figura 6.2 – Incidência de Assuntos Publicados (em %)

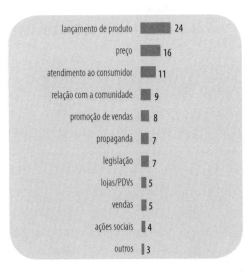

Fonte: Desenvolvido pela Mitsuru H. Yanaze & Associados.

Figura 6.3 – Avaliação de Conteúdo das Publicações

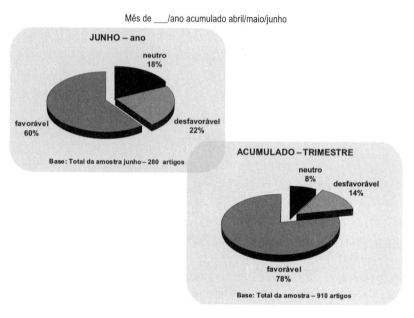

Fonte: Desenvolvido pela Mitsuru H. Yanaze & Associados.

Figura 6.4 – Distribuição Geral dos Artigos por Veículos de Comunicação (em %)

Fonte: Desenvolvido pela Mitsuru H. Yanaze & Associados.

Figura 6.5 – Avaliação Geral de Conteúdo por Título (em %)

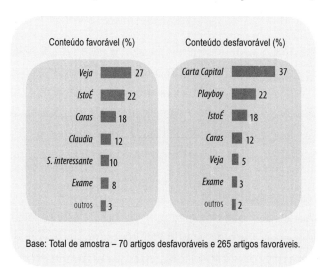

Fonte: Desenvolvido pela Mitsuru H. Yanaze & Associados.

"Entregáveis" que esta metodologia pode fornecer às empresas mensalmente:

- Estatística descritiva da produção mensal de relacionamento com a imprensa.
- Mapas com a análise de correspondência – avaliação do conteúdo e da importância do veículo de comunicação para as categorias/ segmentos dos veículos de comunicação.
- Gráficos de análise do processo comunicacional para as ações de propaganda, promoção e assessoria de imprensa (Análise Integrada).
- Relatório de conclusões do estudo qualitativo (Grupos de Foco).
- Análise geral das ações de comunicação e recomendações.

f) Metodologia de Avaliação e Mensuração Desenvolvida pela Mitsuru H. Yanaze & Associados

Esta metodologia foi desenvolvida com o objetivo de extrair da análise dos *Clippings* indicadores que pudessem ser comparáveis com os resultados (indicadores) obtidos por meio da avaliação de outras ações de comunicação da empresa (publicidade, promoções, eventos, programas de relacionamento, patrocínios, mídias digitais etc.)

Para tal foram criadas quatro métricas de avaliação e mensuração:

- **Métrica de Aderência**
  Atribuição de nota classificatória do grau de aproveitamento dos *releases* enviados e do grau de alinhamento entre o que a empresa desejava que fosse informado com o que efetivamente foi publicado.

RELEASES	A	B	C
	até 10%	de 11% a 20%	acima de 21%
1. Aproveitamento dos *Releases*			
	até 25%	de 26% a 50%	acima de 51%
2. Alinhamento aos conteúdos dos *Releases*			

Podem-se atribuir notas, por exemplo: Coluna A = 5; Coluna B = 7,5; Coluna C = 10

- **Métrica de Extensão**
  Centimetragem, posição no meio veiculado, período de publicação etc.

	A	B	C
	Abaixo do previsto	Dentro do previsto	Acima do previsto
1. Centimetragem			
	Pouco destaque	Médio destaque	Grande destaque
2. Posição nos veículos			
	Timing inadequado	*Timing* adequado	*Timing* mais que adequado
3. Período da publicação, considerando as variáveis ambientais			

Podem-se atribuir notas, por exemplo: Coluna A = 5; Coluna B = 7,5; Coluna C = 10

- **Métrica de público ponderado atingido**

  Cálculo do Público Ponderado Atingido, levando em conta sua importância estratégica para a empresa e considerando que a quantidade de pessoas a serem atingidas pela publicação não deve ser calculada diretamente da tiragem dos veículos, mas por um fator de retenção, que neste exemplo definimos como 20%, de acordo com pesquisa realizada pela CDN em 2008. Recomendamos que no cálculo das notícias sejam consideradas apenas as que tiverem teor neutro ou positivo. Assim procedendo, o índice de Público Ponderado Atingido pela notícia publicada fica comparável ao *Target Rating Point* [Frequência (quantidade de anúncios veiculados) *vezes* Audiência (quantidade de pessoas atingidas)], possibilitando a comparação dos Custos por Público Atingido (investimentos realizados *divididos* pela quantidade dos Públicos Ponderados atingidos) de cada uma dessas iniciativas de comunicação.

	QUANTIDADE ABSOLUTA (*TARGET RATING POINT*)	PESO	PÚBLICO PONDERADO (PP)	PÚBLICO PONDERADO EFETIVAMENTE ATINGIDO X 0,20(*) (PPATP)
Público Atingido por Teor Positivo (PATP) **				

(*) De acordo com pesquisa da CDN sobre Credibilidade da Mídia, realizada em 2008.

(**) Público atingido por Notícia (PAN) = $\dfrac{\text{Total de pessoas impactadas}}{\text{Número Total de Notícias}}$

Público Atingido por Teor Positivo (PATP) = PAN X Número de Notícias Positivas

Esta métrica permite a apuração do Custo por Público Ponderado efetivamente Atingido por Teor Positivo (PPATP):

$$\text{CPM/PPATP} = \frac{\text{CUSTO (*)}}{\text{PPATP}}$$

(*) Custo = Custo Mensal da prestação de serviços de Assessoria de Imprensa e de *clipping* mais custo mensal da estrutura interna.

- **Métrica de Ativação**
  Esta métrica permite apurar o grau de sinergia entre o trabalho de relacionamento com a imprensa e outras ações de comunicação da empresa.

OS CONTEÚDOS DOS *RELEASES* ENVIADOS UTILIZARAM-SE DE:

	A	B	C
ARQUIVOS DA MEMÓRIA EMPRESARIAL			
PATROCÍNIO CULTURAL			
PATROCÍNIO ESPORTIVO			
PROGRAMAS AMBIENTAIS			
PROGRAMAS SOCIAIS			
PUBLICIDADE/PROMOÇÃO			
EVENTOS			

Podem-se atribuir notas, por exemplo: Coluna A = 5; Coluna B = 7,5; Coluna C = 10

- **Métrica complementar**
  Mensuração quantitativa de moedas não financeiras relaciona-das por tema e conversão à moeda financeira, quando for o caso.

2. Mensuração de Resultados em Eventos

a) Metodologia Desenvolvida pela Mitsuru H. Yanaze & Associados

O modelo proposto considera que a organização de Eventos é parte integrante e complementar de um processo de comunicação (14 objetivos, conforme discutido); portanto, seus resultados devem ser avaliados e mensurados de acordo com os objetivos e, consequentemente, metas (moedas financeiras e não financeiras) a eles relacionados.

Geralmente, a organização de um evento é solicitada ao setor de Comunicação por outro setor da empresa. Assim, é fundamental que os objetivos e metas sejam definidos em conjunto. Além disso, o evento pode ser realizado como ação de comunicação administrativa (anúncio de implantação de nova política salarial e de participação nos resultados), institucional (apresentação das novas instalações da empresa para potenciais clientes), mercadológica (apresentação da nova linha de produtos) ou ter a característica de ação integrada.

Dessa forma, foram desenvolvidas três métricas que produzem indicadores que complementam o conjunto de indicadores que advêm da avaliação e mensuração de outras ações de comunicação.

Métricas de cumprimento de objetivos e metas quantitativas

Análise quantitativa com a utilização de índice indutor ou redutor da eficácia da mensagem por análise ambiental – situação política, econômica e social no período de ocorrência.

Métrica de público e custos

Análise quantitativa dos públicos atingidos, ponderados por sua importância relativa e pela intensidade do contato. Cálculo do Custo por Mil do Público Ponderado Atingido (CPM/PPA).

Métrica complementar

Mensuração quantitativa de moedas não financeiras relacionadas por tema e conversão à moeda financeira, quando for o caso. Sugerimos que as métricas sejam representadas em planilhas, como apresentado a seguir.

Caracterizações

- Nome do evento.
- Característica (administrativa, institucional, mercadológica, integrada).
- Período da realização.
- Abrangência territorial.
- Área(s) solicitante(s)/cliente(s) da comunicação.
- Públicos-alvo.
- Objetivos (conceitual/qualitativo).
- Metas (indicadores/quantitativo).
- Investimentos Totais (execução do fato + comunicação):

- custo RH (setor de comunicação – custos gerais do setor de comunicação x tempo despendido neste evento);
- custo dos materiais não previstos diretamente na produção da comunicação; e
- produção e veiculação da comunicação.
- Condições ambientais (somente da Avaliação).

GRAU DE ADERÊNCIA

OBJETIVOS
Alinhamento aos cinco níveis dos **objetivos** da **comunicação**:

1º: Consciência, atenção e interesse.
2º: Conhecimento, desejo e expectativa.
3º: Preferência, decisão e ação.
4º: Satisfação e interação.
5º: Fidelização e disseminação.

- Grau de aderência aos objetivos estratégicos da empresa.
- Grau de aderência aos objetivos específicos do setor solicitante.
- Grau de aderência aos atributos de imagem da empresa.

(A = Alto; M = Médio; B = Baixo)

METAS
Análise: descrição e detalhamento dos **indicadores** (moedas financeiras e não financeiras) que se buscam com o **fato comunicado** no Evento. Exemplos: índice de aprovação/satisfação dos presentes, quantidade de pedidos realizados pelos presentes.

Avaliação: percepção de atingimento dos indicadores determinados na **análise**.
- 81% - 100%
- 61% - 80%

- 41% - 60%
- 21% - 40%
- 0% - 20%

CUSTO POR PÚBLICO PONDERADO ATINGIDO
- Públicos-alvo (definição de pesos).
- Quantidade de pessoas ponderadas atingidas (PPA).
- Investimento Total (IT) = os custos do evento e da comunicação.
- IT/PPA = Custo por PPA.

Obs.: Resultado financeiro da Meta Alcançada x Investimento Total.

GRAU DE ATIVAÇÃO
- Esta ação de comunicação (fato + comunicação) pode ativar (ativou) outra ação?
- Esta ação de comunicação (fato + comunicação) pode se utilizar (se utilizou) de outra(s) ação(ões)?

Obs.: esta métrica tem o objetivo de criar e/ou maximizar a integração e sinergia entre o evento analisado e outras ações de comunicação.

AVALIAÇÃO (PÓS)
Avaliação Ambiental: variáveis que influenciaram positivamente ou negativamente.

VARIÁVEIS x PESO x NOTA = Fator Indutor ou Redutor

b) Exemplo de Análise de Retorno Financeiro de um Evento

Vamos considerar as seguintes informações a respeito de um evento a ser organizado pela empresa Tákuntudo:

- Evento: Palestra do eminente publicitário Nissan Kermais, vencedor do prêmio Cléu de publicidade.
- Custos do evento.
  - Palestrante: R$ 20.000.
  - Aluguel do Auditório: R$ 3.000.
  - Pessoal de apoio/Divulgação: R$ 17.000.
  - Material impresso (apostila/pasta): R$ 15 por participante.
  - Almoço/*Coffee break*: R$ 30 por participante.
- Custo fixo da empresa: R$ 10.000 (incluindo pró-labore).
- Média de eventos que a empresa organiza por mês: dois eventos do mesmo porte..
- Impostos: Aproximadamente 10%.
- Expectativa de lucro: 15%.

QUESTÕES

No auditório cabem 400 pessoas, mas os organizadores consideram realista prever a participação efetiva de 300 pessoas. Quanto, portanto, devem cobrar por pessoa?

Qual é o ponto de equilíbrio deste evento quanto ao faturamento total e número de participantes?

Qual deve ser o faturamento total para obter o lucro esperado (15%)?

Faça o Demonstrativo de Resultados para um público de 350 pessoas e para um público de 200 pessoas.

SOLUÇÃO DO PROBLEMA
a) Determinação do Preço de Venda

P = CFU + CVA + I + L

P = Preço de venda
CFU = Custo Fixo Unitário
CVA = Custo Variável Atribuído
I = Impostos
L = Lucro

Em que:

CFU = (CFEvento + CFEmpresa) / PP

CFU = Custo Fixo Unitário

CVEvento = Custo Fixo do Evento = R$ 40.000

CVEmpresa = Custo Fixo da Empresa (R$ 10.000/mês) por evento (2/mês) = R$ 5.000

PP = número de Participantes Previstos = 300

CFU = (R$ 40.000 + R$ 5.000) / 300 = R$ 150

CVA = CV x PC / PP

CVA = Custo Variável Atribuído

CV = Custo Variável (apostilas + *coffee break*) = R$ 15 + R$ 30 = R$ 45

PC = Participantes Considerados (é necessário estar preparado para atender a um público além do previsto) = 400 (capacidade total)

PP = número de Participantes Previstos = 300

CVA = (R$ 45 x 400) / 300 = R$ 18.000 / 300 = R$ 60

Impostos = 10% sobre o Preço = 0,10P

Lucro = 15% sobre o Preço = 0,15P

Assim, temos:

P = CFU + CVA + I + L

P = 150 + 60 + 0,10P + 0,15P

P = 210 + 0,25P   0,75P = 210   P = 210/0,75

P = R$ 280

b) Qual o Ponto de Equilíbrio deste Evento (participantes e receita)?

Conforme já vimos, o Ponto de Equilíbrio (PE) acontece quando a Receita Total (RT) é igual ao Custo Total (CT), em que:

RT = P x Q

RT = Receita Total

P = Preço por pessoa = R$ 280

Q = Quantidade de pessoas pagantes

RT = 280Q

CT = CFU + CVT + I
CFU = Custo Fixo Unitário = R$ 45.000
CVT = Custo Variável Total = R$ 60 x Q
I = Impostos de 10% sobre a receita total = 0,10 (280Q)
CT = 45.000 + 60Q + 0,10(280Q)

Então, o Ponto de Equilíbrio (PE) acontece quando:

RT = CT ➜ 280Q = 45.000 + 60(Q) + 0,10(280Q)
280Q = 45.000 + 60Q + 28Q ➜ 280Q = 45.000 + 88Q
280Q – 88Q = 45.000 ➜ 192Q = 45.000 ➜ Q = 45.000 / 192
Q = 235

PE = 235 participantes
Receita no PE = 235 X 280 = R$ 65.800

Obs.: Margem de Contribuição = Preço – Custos Variáveis – Impostos

MC = 280 – 60 – 28 = 192.
Conhecendo a Margem de Contribuição, divide-se o Custo Fixo Total pela
MC para obter o PE;   45.000 / 192 = 235.

c) Quanto a empresa deverá faturar para obter o lucro esperado de 15%?

Para responder a essa questão não é necessário cálculo, mas apenas considerar as premissas utilizadas para a definição do preço de vendas.

Assim, o evento deverá produzir uma receita de R$ 84.000 (trezentos participantes pagando R$ 280) para propiciar à empresa um lucro de 15%, pois as condições consideradas na determinação do preço de vendas foram trezentas pessoas e 15% de lucro.

d) Faça o Demonstrativo de Resultados para um público de 350 pessoas e para um público de 200 pessoas.

PARA 200 PARTICIPANTES	PARA 350 PARTICIPANTES
Receita Total = 200 X 280 = 56.000	Receita Total = 350 X 280 = 98.000
Custo Fixo Total = (-) 45.000	Custo Fixo Total = (-) 45.000
*Custo Variável Total = 60 X 200 = (-)12.000	*Custo Variável Total = 60 X 350 = (-)21.000
Impostos = 10% de 56.000 = (-) 5.600	Impostos = 10% de 98.000 = (-) 9.800
56.000 - 45.000 - 12.000 - 5.600 = - 6.600 Prejuízo = (-) R$ 6.600 Obs.: Na realidade, este prejuízo foi maior porque o "custo variável" efetivo foi R$ 18.000 (para garantir refeições e apostila para 400 pessoas). Assim, o prejuízo foi de R$ 12.600.	98.000 - 45.000 - 21.000 -9.8000 = + 22.000 Lucro = (+) R$ 22.200 Obs.: Conhecendo a Margem de Contribuição (R$ 192) e a quantidade no Ponto de Equilíbrio (235), pode-se calcular o lucro multiplicando a diferença do público efetivo (350) e a da quantidade no PE (235) pela MC. Assim, temos = (350 – 235) X 192 = 115 X 192 = 22.080 (a diferença com os 22.200 é por conta de arredondamentos). Na realidade, o lucro foi maior, pois a empresa despendeu R$ 18.000 em "custos variáveis", e não R$ 21.000. Assim, o lucro já foi de R$ 25.200.

*O valor efetivamente despendido foi R$ 18.000.

Além desse demonstrativo financeiro, o gestor do evento poderá incluir as Moedas não Financeiras relacionadas com os Objetivos desse evento. Exemplo: grau de satisfação com a palestra, com as condições do local, com o *coffee break*, com a apostila, qualificação do público participante, repercussão pós-evento etc.

3. Mensuração de Resultados em Patrocínios (Culturais e Esportivos)

a) Metodologia de Mensuração da Visibilidade da Marca

Algumas empresas se propõem a mensurar o retorno de investimento em patrocínios partindo de uma metodologia que se baseia na captação de todas as exposições da marca na TV ou mídias impressas (transmissão de um jogo, entrevistas, fotos em jornais, reprise de lances etc.). Com essa captação se mede o impacto de visibilidade dessas exposições para o público.

Para TV se utiliza um *software* de monitoramento e reconhecimento de imagens. Normalmente, a exposição só é considerada no cálculo de mensuração se obtiver 75% de visibilidade clara e no sentido da leitura (da esquerda para a direita).

Os meios de exposição são ponderados por meio de critérios estabelecidos em estudos de *recall* que cada um deles gera em quem assiste a um programa ou lê uma matéria. Para estabelecer um parâmetro de comparação entre os níveis de exposição do patrocínio e a compra de mídias tradicionais se utiliza a tabela de preços dos veículos em questão aplicando-se os possíveis descontos praticados no mercado.

Aqui, devemos fazer um pequeno comentário sobre o potencial e a limitação desse tipo de estudo. Obviamente, visibilidade é algo importante para qualquer marca. Essa metodologia capta os níveis de visibilidade de forma criteriosa, porém, um alto nível de exposição da logomarca cumpre somente um objetivo de comunicação – gerar *recall*.

Se lembrarmos que há 14 possíveis objetivos de comunicação, concluiremos que uma empresa que busca alcançar outras metas (além de gerar *recall*), mas que só utiliza esse método de mensuração, obterá informações incompletas e insuficientes para avaliar os resultados dos patrocínios esportivos.

O caso da LG Eletronics nos faz entender que visibilidade não é o único critério a ser mensurado em um patrocínio esportivo. A empresa foi a principal patrocinadora do São Paulo Futebol Clube desde 2001. Em 2009, a própria TNS divulgou uma pesquisa[30] que mostrava que a empresa vendia quase 40% de celulares a mais aos torcedores do São Paulo em comparação com os de outros times brasileiros.

A investigação partiu de uma pergunta simples: "Qual a marca do seu telefone celular?". A conclusão da pesquisa foi que 19,3% dos são--paulinos dizem ter comprado um aparelho da LG contra 13,9% do universo de torcedores de outros clubes. Assim se pode inferir que a marca, além de gerar visibilidade por meio do logotipo aparecendo nas transmissões dos jogos, também alcançou outros objetivos de comunicação muito importantes: gerar preferência e fidelidade.

Considerando os patrocínios esportivos e culturais como ações de comunicação que as empresas utilizam para atingir seus públicos, entendemos que as metodologias de mensuração devem ser pensadas posteriormente à definição dos objetivos. Não há uma metodologia definitiva e precisa para patrocínio esportivo nem para nenhum outro tipo de comunicação. A definição dos objetivos e as circunstâncias em que se dá a comunicação são os fatores cruciais para se determinar os melhores modos de mensurar o retorno de investimento.

b) Sistema de Avaliação das Ações de Comunicação Desenvolvido pela Mitsuru H. Yanaze & Associados

A metodologia desenvolvida considera que patrocínios esportivos e culturais são também parte integrante e complementar do processo de comunicação que contempla os já citados 14 objetivos. Assim sendo, seus resultados devem ser avaliados e mensurados de acordo com os objetivos gerais de comunicação da empresa, especificamente com os objetivos atrelados às ações de patrocínio, e, consequentemente, com metas, convertidas em moedas financeiras e não financeiras.

---

30. Disponível em: <www.propmark.com.br/publique/cgi/cgilua.exe/sys/start.htm?UserActiveTempl ate=propmark&infoid=51337&sid=3&tpl=printerview>. Acesso em: 6 mar. 2013.

Quadro 6.10 – Contexto do Sistema de Mensuração da Eficácia dos Processos de Comunicação

Fonte: Desenvolvido pela Mitsuru H. Yanaze & Associados.

O sistema proposto auxilia a equipe de gestores de comunicação nos seguintes itens:

- Desenvolvimento de indicadores claros e objetivos para os processos de comunicação.
- Sistematização da análise (prévia) e da avaliação (posterior) dos resultados dos projetos de comunicação.
- Auxílio na gestão dos projetos de comunicação.
- Suporte objetivo do processo decisório dos gestores.
- Atendimento de auditorias internas e externas.
- Com base no *mix* de comunicação, a empresa deve formular os objetivos estratégicos que servirão de base para o desenvolvimento dos indicadores estratégicos, usualmente atrelados à imagem e à marca da organização em análise. Dos objetivos surgem os projetos de comunicação, ligados aos objetivos específicos, que devem ser traduzidos em indicadores de resultado (usualmente agrupados por projeto, mas que devem dar condições para a geração de índices gerais de eficácia).

Quadro 6.11 – Sequência de Desenvolvimento dos Indicadores do Sistema

Fonte: Desenvolvido pela Mitsuru H. Yanaze & Associados.

Partindo dessas considerações, foram desenvolvidas três métricas que produzem indicadores que complementam o conjunto de indicadores que advêm da avaliação e mensuração de outras ações de comunicação:

Métrica de Aderência do Patrocínio avaliado em relação a:
- Objetivos estratégicos gerais da empresa em relação à comunicação.
- Diretrizes da empresa para a comunicação.
- Identidade corporativa (o que ela quer comunicar institucionalmente).
- Objetivos específicos, ou seja, o que a empresa quer "tornar comum/comunicar/compartilhar" com seus públicos por meio do patrocínio de:
  – Esportes.
  – Cultura.

Atributos desejados – Imagem da empresa

Por meio da atribuição de notas e pesos de importância, obtém-se um valor que será comparável aos valores conferidos a outras ações de comunicação.

Veja a seguir um exemplo de quadro analítico:

ADERÊNCIA	PESO	A (BAIXA)	B (MÉDIA)	C (ALTA)
Objetivos estratégicos da empresa				
Objetivos em relação à comunicação				
Atributos da imagem				
Objetivos específicos em relação ao patrocínio				

Podem-se atribuir notas, por exemplo: Coluna A = 5; Coluna B = 7,5; Coluna C = 10

Métrica de Custos e Públicos

Quadro 6.12 – Desenho Geral da Mensuração dos Públicos

Fonte: Desenvolvido pela Mitsuru H. Yanaze & Associados.

- Categorização e ponderação dos públicos quanto a sua importância relativa aos objetivos da empresa e ao seu grau de envolvimento com o evento patrocinado (público em geral, imprensa especializada, artistas, esportistas famosos, formadores de opinião etc.).
- Controle dos custos, valor investido no patrocínio.

- Cálculo do custo por mil para o público ponderado atingido (CPM/PPA). Índice que possibilita comparação com o Custo Por Mil, sobejamente calculado em Campanhas Publicitárias.

Veja a seguir um exemplo de quadro analítico:

DESCRIÇÃO	QUANTIDADE ABSOLUTA	PESO	PÚBLICO PONDERADO (PP)
Público em Geral atingido pela divulgação do evento, com menção do patrocínio			
Imprensa especializada			
Stakeholders da Empresa			
Celebridades presentes			
Artistas/Esportistas/Pessoal de apoio beneficiados pelo patrocínio			
Pessoas impactadas pelos comentários jornalísticos pós-evento			
Quantidade de comentários positivos nas mídias sociais			
Quantidade de pessoas impactadas pelas repercussões nas mídias sociais			
Outros			

Esta métrica permite a apuração do Custo por Público Ponderado Atingido:

$$\text{CUSTO POR PÚBLICO PONDERADO ATINGIDO} = \frac{\text{CUSTO*}}{\text{PPA}}$$

*CUSTO = Custo Total do Patrocínio

Métrica de Integração

Quadro 6.13 – Quadro Explicativo das Métricas de Integração

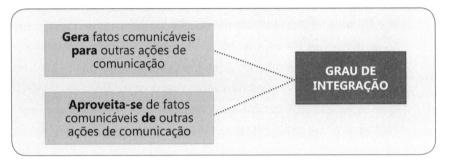

Fonte: Desenvolvido pela Mitsuru H. Yanaze & Associados.

- Mede a capacidade de gerar fatos comunicáveis utilizáveis por outras modalidades de comunicação que a empresa realiza (jornal interno, publicidade, assessoria de imprensa etc.).
- Mensura a capacidade de usufruir fatos gerados por outras modalidades.

c) Exemplo de Análise de Retorno Financeiro em Patrocínio Cultural

Ilustramos este conceito apresentando um **caso** prático:

Patrocínio de Concerto da Orquestra Sinfônica de Boston

- O Banco Meirelles está planejando patrocinar a vinda da Orquestra Sinfônica de Boston a São Paulo para três apresentações, duas no Teatro Municipal e uma no Parque do Ibirapuera.
- Essa atividade visa apresentar o Banco e, consequentemente, estender seus serviços ao público, composto por aplicadores Pes-

soa Física, uma vez que o Banco Meirelles atua essencialmente junto ao mercado corporativo.

- Outras ações de comunicação serão implementadas: anúncios em revistas e em jornais de negócio, visando atingir os segmentos A1, A2 e B1 por meio de mensagens institucionais. Obviamente, serão ações de caráter mais informativo do serviço bancário a ser oferecido pelo Banco Meirelles. A avaliação dos resultados específicos dessas ações não será objeto deste trabalho. É óbvio que se espera que ocorra uma sinergia entre as ações: o evento (com sua divulgação e repercussões) e os anúncios institucionais.

INFORMAÇÕES SOBRE O EVENTO: (Todas hipotéticas, somente para demonstrar os cálculos)

Investimento Total (Cachê, Passagens, Hotel, Transporte, Divulgação etc.): R$ 2.000.000.

Planejamento de Comunicação do Evento

- Quatro anúncios (quatro sextas-feiras que antecedem o evento) de ¼ de página no suplemento Folha Ilustrada (tiragem de 330 mil exemplares em São Paulo).
- Quatro anúncios (quatro sextas-feiras que antecedem o evento) de ¼ de página no "Caderno 2" do *OESP* (tiragem de 250 mil exemplares em São Paulo).
- *Releases* sobre o evento para todos os veículos de comunicação impressa que visam aos públicos A1, A2 e B1 do estado de São Paulo e, também, os apreciadores de música de qualidade.
- Cartazes (2 mil) para serem afixados em locais estratégicos (*Shoppings*, Universidades, Agências do Banco Meirelles, Teatros, Museus, Centros Culturais, clubes e restaurantes seletos etc.).
- Convites gratuitos para críticos de Arte, artistas, políticos, empresários, acadêmicos, formadores de opinião em geral.

Metodologias de Mensuração de Resultados | **293**

- Nos anúncios de divulgação será enfatizado que o patrocinador do evento, Banco Meirelles, destinará a receita obtida da venda de ingressos, a módicos R$ 50 cada, à instituição AACD.
- Haverá farta distribuição de convites. A apresentação no Ibirapuera naturalmente não será cobrada.
- Informações obtidas junto a empresas (Bancos) que já realizaram eventos dessa natureza no passado indicam que atividades semelhantes (de boa qualidade, com repercussão positiva da crítica, gerando matérias antes e depois do evento) podem, por si só, resultar numa efetividade de venda de 0,1%. De 1 mil pessoas, fortemente identificadas com o evento e pertencentes ao segmento de interesse, uma (0,1%) poderá realizar a compra do produto, ou seja, preferir operar com o Banco patrocinador em detrimento de outras instituições financeiras, quando num processo de escolha (Informações hipotéticas).
- Análises do setor bancário indicam que os clientes Pessoa Física das classes A1, A2 e B1 mantêm um saldo médio anual de movimentações de R$ 20.000 e que os bancos obtêm um lucro líquido de cerca de 10% sobre esse valor (Informações hipotéticas).
- Outro dado relevante aponta que, no estado de São Paulo, cerca de 10% da população pertence à Classe A1, A2 e B1 (Informações hipotéticas).

Com esses dados, demonstre a viabilidade econômica (retornos financeiros) e os retornos não financeiros do evento.

POPULAÇÃO do estado de São Paulo: cerca de 41.000.000.

POPULAÇÃO da Grande São Paulo: cerca de 19.900.000.

Considerando que todas as ações de comunicação, bem como as agências do Banco Meirelles, estão concentradas na Grande São Paulo, vamos realizar o estudo de viabilidade econômica restrito a essa área:

População Total: 19.900.000.

Classes A1, A2 e B1 = 10% de 19.900.000 = 1.990.000.

Expectativa de conquista de Clientes: 0,1%, ou seja:

0,001 X 1.990.000 = 1.990 novos clientes previstos.

Movimentação anual prevista = 1.990 X R$ 20.000 = R$ 39.800.000.

Lucro Líquido Previsto = 10% de R$ 39.800.000, ou seja: **R$ 3.980.000.**

Retorno Previsto → Lucro Líquido Incremental Previsto – Investimento:

R$ 3.980.000 – R$ 2.000.000 (investimento no patrocínio) = <u>R$ 1.980.000</u>

Obs.: aqui não consideramos os possíveis benefícios e incentivos provenientes da Lei Rouanet, em que esse tipo de patrocínio pode ser enquadrado.

Retorno não financeiro:
- Identificação com os públicos-alvo.
- Imagem corporativa positiva.
- Repercussão junto à mídia pré e pós-evento.
- Lembrança da Marca.
- Entre outros.

Obviamente, trata-se de um demonstrativo que visa justificar o investimento. Após a realização do evento, devem-se avaliar seus efetivos resultados.

4. Mensuração de Resultados de Apoios/Patrocínios de Programas Sociais e Ambientais

Diferentemente dos Patrocínios Culturais e Esportivos, Patrocínios Sociais e Ambientais não são essencialmente Ações de Comunicação (nesse caso, as empresas não podem priorizar o objetivo de exposição junto aos públicos-alvo, mas sim, e efetivamente, a melhoria das condições humanas, sociais e ambientais); portanto, devem ser primeiramente mensurados em relação aos resultados específicos esperados por meio dos programas apoiados/patrocinados junto à sociedade e ao meio ambiente. Exemplos: índice de analfabetismo, de nutrição, de violência, de desmatamento, de poluição, indicadores relacionados ao IDH (Índice de Desenvolvimento Humano) etc.

Portanto, entendemos que é somente após a constatação do atingimento dos índices objetivados que se pode usar o mesmo processo de métricas utilizado nos Patrocínios Culturais e Esportivos.

a) Patrocínio/Apoio de Ações Sociais: metodologia desenvolvida pela Mitsuru H. Yanaze & Associados

ÍNDICE DE ADERÊNCIA DO RESULTADO ESPECÍFICO

AVALIAÇÃO DO POTENCIAL COMUNICATIVO DAS AÇÕES E RESULTADOS DO PROJETO SOCIAL

Após aferir se os índices socioambientais objetivados foram alcançados, esta avaliação tem como objetivo verificar o grau de aderência do(s) Fato(s) Comunicável(eis), resultante(s) do Patrocínio Social, em relação à Missão e aos Valores da Empresa, à sua Política de Cidadania, aos seus Objetivos Corporativos e Estratégicos, e aos Atributos de Imagem desejados.

DESCRIÇÃO	PESO	A (POUCO)	B (MÉDIO)	C (MUITO)	NOTA PONDERADA
À política de desenvolvimento de cidadania corporativa	%				
À identidade corporativa	%				
Aos objetivos estratégicos	%				
Aos focos estratégicos da comunicação	%				

DESCRIÇÃO	PESO	A (POUCO)	B (MÉDIO)	C (MUITO)	NOTA PONDERADA
Aos atributos de imagem	%				
ÍNDICE PONDERADO	100%				

Notas: A = 5; B = 7,5; C = 10

CUSTO POR PÚBLICO PONDERADO ATINGIDO

Nesta avaliação, os pesos devem ser atribuídos de acordo com o grau de envolvimento das pessoas em relação ao projeto patrocinado. Recomenda-se atribuir peso 1 para pessoas que apenas conheceram o projeto por divulgação. Com base nesse número, estima-se o valor da pessoa segundo seu grau de benefício e envolvimento em relação às atividades do projeto em tela.

DESCRIÇÃO	PESO	QUANTIDADE DE PESSOAS	PÚBLICO PONDERADO ATINGIDO
Quantidade de pessoas capacitadas – participação em oficinas, cursos etc.			
Quantidade de pessoas mobilizadas – participação direta em atividades do projeto			
Quantidade de pessoas empregadas – entende-se por emprego todo e qualquer posto de trabalho gerado em conformidade com a legislação brasileira			
Quantidade de pessoas beneficiadas indiretamente			

DESCRIÇÃO	PESO	QUANTIDADE DE PESSOAS	PÚBLICO PONDERADO ATINGIDO
Quantidade de pessoas que acessam os bancos de dados e de informações gerados pelo projeto			
Quantidade de pessoas que conhecerão o projeto por meio das divulgações geradas COM MENÇÃO			
PÚBLICO PONDERADO ATINGIDO			

Este Projeto Social será realizado/foi realizado em área estratégica para a empresa? Em caso positivo, fator de multiplicação x 1,2

INVESTIMENTO REALIZADO NO PATROCÍNIO: R$ ZZZZZZ

CUSTO POR PPA: R$ ZZZZZ dividido pelo Público Ponderado Atingido

ÍNDICE DE ATIVAÇÃO

Espera-se que este Patrocínio ative/gere conteúdo para outras ações de comunicação.

DESCRIÇÃO	PESO	A (POUCO)	B (MÉDIO)	C (MUITO)
Cobertura da Imprensa				
Publicação Interna				
Produtos Editoriais / Brindes sociais				
CRM Operacional				

DESCRIÇÃO	PESO	A (POUCO)	B (MÉDIO)	C (MUITO)
Banco de Imagens				
Eventos				
ÍNDICE PONDERADO				

Notas: A = 5; B = 7,5; C = 10

Obs.: com pequenas alterações, esta metodologia pode ser aplicada em Projetos Ambientais.

Exemplo de Mensuração de Resultados em Patrocínio Social

A integração adequada de ações de comunicação institucional com efetivos de comunicação mercadológica pode resultar em ganhos de moedas "financeiras" e "não financeiras".

Ilustramos este conceito apresentando um **caso** prático:

Rede Broa de Sal: Patrocínio de um Programa Social.

- A empresa, do ramo varejista, planeja desencadear um projeto de trabalho voluntário junto a seus colaboradores.
- Um dia por mês, os funcionários serão incentivados a trocar o trabalho na empresa por um serviço voluntário nas organizações sociais conveniadas com a rede de supermercados Broa de Sal.
- Além disso, a empresa pensa em destinar 0,1% do Faturamento Bruto para as instituições.
- A empresa planeja desenvolver um programa de comunicação (como suporte ao Patrocínio Social) com as seguintes atividades:
  - Comunicação Interna incentivando os colaboradores a prestarem serviços voluntários (jornal interno, cartazes, volantes etc.). Investimento: R$ 20.000/ano.

- Eventos anuais nas instituições conveniadas.

Investimento: R$ 120.000/ano.

- Assessoria de Imprensa para divulgar o patrocínio Social.

Investimento: R$ 40.000/ano.

- Além dessas atividades de Comunicação, diretamente relacionadas com o Patrocínio Social, a empresa comercial divulgará, sem custo adicional, mensagens curtas e objetivas sobre o Programa (ressaltando o aspecto da Responsabilidade Social da Empresa) nos materiais publicitários e promocionais normalmente produzidos e veiculados.

- A empresa conta com cerca de 2 mil colaboradores, sendo que uma previsão realista considera que apenas 10% participarão do programa. O custo médio mensal por colaborador é de R$ 3.000. Para substituir os funcionários voluntários, a empresa despende 50% adicionais com horas extras.

- O Faturamento Bruto atual da empresa é de R$ 500.000.000 com Margem de Contribuição média de 30%.

- Estima-se que a divulgação do Patrocínio Social e a motivação extra resultante do trabalho voluntário (com consequente melhoria do atendimento, da imagem organizacional e de outros serviços relacionados) possam contribuir para o incremento de 1% no movimento das lojas.

- Com essas perspectivas, qual será retorno financeiro (sem considerar os abatimentos possíveis no Imposto de Renda a pagar)? Quais os retornos não financeiros que a empresa obterá?

Demonstrativo de Retorno

CUSTO DO PROJETO

Custo de Recursos Humanos (remuneração de horas extras):

- 2.000 colaboradores x 10% (que aderiram ao programa) = 200 colaboradores a serem repostos um dia por mês.

Retorno de Investimentos em Comunicação

- Custo de reposição: R$ 3.000 (custo mensal/colaborador): 30 dias = R$ 100 (custo-dia) x 1,5 (acréscimo de 50% para hora extra) = R$ 150 (para repor um dia de falta).
- 200 colaboradores x R$ 150 = R$ 30.000/mês.
- Custo anual de reposição: 12 meses x R$ 30.000 = R$ 360.000.

Custos com divulgação interna, eventos nas entidades e assessoria de imprensa:

- R$ 20.000 + R$ 120.000 + R$ 40.000 = R$ 180.000.

Doações de 0,1% do faturamento bruto:

- Faturamento atual = R$ 500.000.000.
- Faturamento previsto após as ações = R$ 505.000.000 (incremento de 1%).
- Valor a despender com as Doações: **R$ 505.000** (0,1% do faturamento bruto).
  - **Custo Total do Projeto: R$ 1.045.000**.

RETORNO DO PROJETO

- O Faturamento Bruto Atual de R$ 500.000.000 resulta em R$ 150.000.000 de Margem de Contribuição que, após dedução dos Custos Fixos, já aufere Lucro à empresa.
- O Faturamento Incremental de R$ 5.000.000 (incremento de 1% em função da campanha de trabalho voluntário) propiciará uma Margem de Contribuição de R$ 1.500.000 (que, sem a obrigação de pagar custos fixos, reverterá totalmente em Lucro).
- Investimento de **R$ 1.045.000** *versus* Retorno de **R$ 1.500.000** resulta em superávit de **R$ 455.000**.

CONCLUSÕES

- A previsão de incremento do Faturamento em 1% é perfeitamente viável, visto que as moedas financeiras a serem obtidas (Lucro Incremental de R$ 455.000) justificarão esse montante.
- Moedas não Financeiras: maior motivação dos colaboradores, melhor atendimento aos clientes, melhoria na imagem corporativa, identificação da empresa à questão da responsabilidade social etc.

5. Mensuração de Resultados dos Investimentos em Publicidade

A mensuração dos resultados dos investimentos em Publicidade está fortemente atrelada às Moedas Financeiras, pois o objetivo central da comunicação mercadológica é o de gerar vendas e, consequentemente, propiciar Receitas. No entanto, outros indicadores, financeiros ou não, também deverão ser considerados.

a) Mensuração de Mídia Exterior – *Eyes On*

O Traffic Audit Bureau lidera um consórcio entre agências, anunciantes e empresas de mídia *out-of-home* dos EUA que realizam estudo sobre o número real de pessoas atingidas por mídias exteriores no país.

Para saber com mais precisão sobre o número de pessoas que realmente viu um *outdoor*, por exemplo, o estudo cruzou duas variáveis:

Circulação
- Números oficiais do governo sobre o trânsito de pessoas em cada rua da cidade.
- Relatórios sobre a rota dos carros, do transporte público e das pessoas em cada rua.
- Número de pedestres que passam por uma rua diariamente.

Visibilidade
- Levantamento da posição de milhares de mídias exteriores.
- Estudo de visibilidade, que calcula a probabilidade de cada mídia exterior ser vista, considerando os seguintes aspectos: posição, tamanho, iluminação durante a noite, "pontos cegos" (em que algo impede a visualização da mensagem).

Assim, multiplicando-se o índice de circulação pelo índice de visibilidade se chega ao número real da audiência – que foi chamado de

Eyes On Audience. Esses resultados geram um *ranking* que é usado como critério de comparação para o profissional de mídia planejar sua campanha.

Acreditamos que um grande complemento para a métrica *Eyes On* seria um estudo que contemple entrevistas com uma amostra de transeuntes e motoristas de cada região estudada. Assim, conseguimos dados estimados sobre os hábitos de consumo, atitudes, estilo de vida, renda etc. do público atingido que passa em frente a cada *outdoor*.

b) Mensuração de Mídia Exterior – *Track Lumicam*[31]

O Lumicam é um sistema que utiliza uma microcâmera acoplada ao *outdoor* para mensurar seus resultados de visualização. Além de identificar se o receptor da mensagem é homem ou mulher, o sistema consegue mensurar:

- Quantos transeuntes olham para a peça publicitária.
- Quanto tempo as pessoas passam olhando para ela.
- O movimento do olhar das pessoas (para qual parte da peça elas olham).

No fim das contas, é um estudo de *eye tracking*, cujo grande diferencial é evitar qualquer tipo de interferência na espontaneidade da pessoa que recebe o estímulo.

Tendo mais precisão sobre o número de pessoas atingidas e o nível de atenção que a mensagem recebeu, o gestor de comunicação pode projetar com mais precisão o retorno que a peça trará para a organização.

Podem-se ainda aplicar metodologias de pesquisa que isolem o público atingido pela comunicação do público não atingido (*vide* o estudo de caso do supermercado Waitrose, no Capítulo 2 da Parte I deste livro). Assim, consegue-se saber a influência da campanha publicitária para o atingimento de objetivos de comunicação e até o resultado financeiro que isso traz para a empresa.

---

31. Disponível em: <www.lumicam.net/node/7>. Acesso em: 25 set. 2012.

Esses estudos são muito interessantes, porém ainda são raros no Brasil. Não existe nenhum instituto que meça a quantidade de pessoas que passam em determinados locais/mídias. Consideram-se apenas os números das Companhias de Engenharia de Trânsito (sobre o número de carros que passa em cada rua) e, no caso do metrô, o número total de usuários – que é muito superior ao número de pessoas que realmente veem as peças.

Assim, os profissionais de mídia têm dois grandes problemas decorrentes da falta de dados: chegar a um valor justo na negociação com o veículo e justificar para o cliente a utilização daquela mídia.

c) Mensuração do Valor de uma Celebridade na Propaganda

Uma pesquisa feita por Ana Rumschisky, professora de Marketing da Escola de Negócios IE, mostrou que a utilização de celebridades em anúncios tem relação direta sobre o retorno do investimento feito. Entre outras razões, a pesquisa indicou que o público está disposto a pagar até 20% a mais por um mesmo item em função de quem o anuncia.

Para realizar a pesquisa intitulada "O valor da utilização de personagens famosos na comunicação publicitária: uma análise quantitativa de preços de um produto da moda", Rumschisky escolheu um relógio de pulso de determinada marca de prestígio internacional e criou um anúncio publicitário com dois modelos: um anônimo e outro conhecido. Dos 513 universitários espanhóis, de 18 a 25 anos de idade, escolhidos para participar da pesquisa, metade viu o anúncio apresentado pelo personagem anônimo; a outra metade viu a peça apresentada por um rosto conhecido. O personagem famoso escolhido para o anúncio foi Jesús Vázquez, um apresentador de televisão muito conhecido na Espanha e que na época fazia grande sucesso entre os jovens do país.

Em novembro de 2009, em entrevista[32] para o Universia Knowledge Wharton, Rumschisky assim explicou a pesquisa:

A pesquisa concluiu que o famoso pode elevar o preço do produto que anuncia quando se trata de produtos para presentear e que têm boa aceitação entre os jovens estudantes universitários.

Para os homens, o efeito direto do aumento do preço provocado pelo famoso é de 8%, embora haja um efeito indireto de 11% transmitido pelo famoso ao produto que anuncia e do personagem em si. Portanto, o valor total comunicado pelo famoso, entre o público masculino jovem, corresponde a um aumento de preço de mais de 19%.

No caso das mulheres, o efeito é menor. Contudo, essa mudança também é significativa: o efeito direto do famoso aumenta os preços do relógio em 5,4%. Há também um efeito indireto entre as mulheres, o qual deriva igualmente da influência do famoso sobre o objeto testado e do personagem, que seria de mais de 8%. Como consequência, o valor total comunicado pelo famoso entre as mulheres jovens equivale a um aumento de preço de mais de 13,4%.

A celebridade aumenta o preço de forma indireta através de uma cadeia causal baseada nas qualidades observadas nela mesma e nas qualidades que transmite ao produto que anuncia. De forma direta, o famoso aumenta o preço pelo mero fato de ser famoso.

As qualidades do produto e do personagem que o anuncia podem também aumentar o preço independentemente da presença de um personagem famoso. Nesse caso, o aumento corresponderia à parte indireta contribuída pelo famoso. Pode-se dizer que a presença do famoso garantirá o aumento da percepção dessas qualidades. Nem todas as variáveis incrementam o preço com a mesma intensidade. De acordo com algumas pesquisas feitas anteriormente, **os modelos anônimos transmitem uma informação de caráter demográfico: sexo, idade, *status*, mas todos esses significados são relativamente imprecisos. Os famosos podem oferecer tudo isso com uma precisão especial.** Além disso, as celebridades oferecem uma gama de significados relativos à personalidade e ao estilo de vida que um modelo anônimo não pode conferir do mesmo modo.

---

32. Disponível em: <www.wharton.universia.net/index.cfm?fa=viewArticle&id=1803&language= portuguese>. Acesso em: 25 set. 2012.

Semelhante pesquisa[33] sobre o mesmo assunto, realizada por Jagdish Agrawal e Wagner Kamakura, nos dá outra perspectiva sobre o efeito das celebridades para as empresas. O texto propõe que o anúncio de contratação de celebridades tem um efeito direto na percepção dos investidores, fazendo com que ocorra o aumento do valor das ações dessas marcas na Bolsa de Valores.

Em vez de um experimento com amostras de investidores, eles fizeram um estudo retroativo no qual mergulharam em arquivos para cruzar dados que indicassem se realmente essa relação existe.

Eles consultaram os maiores jornais americanos desde 1980 até 1992 em busca de notícias de contratação de celebridades por marcas. Tendo em mãos as datas das notícias, eles foram à busca de outras informações sobre as empresas que pudessem ter influenciado a expectativa dos investidores: colheram as notícias publicadas até cinco dias antes ou um dia depois da notícia sobre a celebridade. Foram selecionados 207 casos, outros 97 casos foram excluídos da análise porque tratavam de empresas de sociedade limitada ou empresas estrangeiras cujas ações não estavam disponíveis aos investidores americanos. Ao final, 110 observações passaram por todos esses filtros. A amostra final foi composta por 35 empresas e 87 celebridades.

Com base nisso, os pesquisadores levantaram a cotação das ações dessas empresas no Center for Research in Security Prices da Universidade de Chicago. A ideia era procurar oscilações anormais do preço das ações nos dias em que a contratação de celebridades foi anunciada.

O cruzamento dos dados indicou que o mercado reage tanto positiva como negativamente ao anúncio de contratação de celebridades. Mas, em geral, há uma grande expectativa com relação aos lucros futuros.

Na média, as empresas registraram um ganho excedente de 44% de valor de mercado, considerando que só o próprio dia do anúncio tem influência nesse resultado.

---

33. O artigo "The economic worth of celebrity endorsers: an event study analysis" resume essa pesquisa e está disponível em: www.incommetrics.com/wp-content/uploads/2010/01/the-economics-worth-of-celebrity-endorsement.pdf. Acesso em: 25 set. 2012.

Obviamente, esses resultados são limitados aos contextos em que as pesquisas foram realizadas, só sendo conclusivas em relação ao momento histórico em que foram produzidas e às categorias e aos públicos selecionados para o estudo.

O aprendizado mais importante é que a escolha de celebridades tem um impacto mensurável (e, inclusive, possível de ser projetado antes da contratação e do lançamento de campanhas). Assim, acreditamos que, para haver redução dos riscos e projeção mais precisa dos resultados de campanhas publicitárias, a escolha de celebridades deve ser feita com base em critérios mais objetivos e técnicos.

d) Persona – método de análise de celebridades em comunicação desenvolvido pela Ilumeo Marketing & Comunicação

Estudo realizado pela Ilumeo, empresa de consultoria e pesquisa de mercado, demonstrou que 25% das propagandas brasileiras utilizaram celebridades de alguma forma no período de 2008 a 2010. Mesmo sendo uma tática consagrada e antiga na publicidade e que demanda altos recursos financeiros para pagar os cachês, as decisões sobre o uso ou não de celebridade continuam sendo tomadas a partir de critérios subjetivos (opinião, *feeling*) ou simplesmente pela utilização de dados secundários, principalmente notícias sobre os famosos em questão.

Diante desse contexto, a Ilumeo criou o Persona, método de análise do potencial de celebridades para comunicação e ajudar as empresas na tomada de decisão sobre o uso desse recurso.

Para tanto, a Ilumeo mantém um *tracking* de imagem constante das cem principais celebridades nacionais. As ondas do *tracking* acontecem a cada quatro meses. Trata-se de uma pesquisa quantitativa realizada nos dez principais mercados brasileiros segundo o IPC (índice de Potencial de Consumo) para avaliar a opinião dos brasileiros sobre as principais celebridades brasileiros.

São cerca de 5 mil respostas no total, já que cada respondente analisa entre três a quatro famosos de diferentes áreas (músicos, artistas, modelos, apresentadores, humoristas e atletas) para que se evite um efeito de comparação que gerasse viés nos resultados.

São pesquisados os seguintes aspectos:
- *Awareness* da celebridade: o quanto ela é conhecida pela população.
- Impressões qualitativas sobre sua imagem (menções espontâneas).
- Lembrança de propagandas: quais categorias e marcas estão atreladas à imagem da celebridade.
- Vinte e seis atributos de imagem medidos em escala de diferencial semântico: o que a celebridade transmite.

Antes de lançar o serviço no mercado, a Ilumeo realizou uma sondagem com diretores e gerentes em agências e anunciantes que são efetivamente responsáveis por esse tipo de decisão. O objetivo era entender quais atributos eles desejam transmitir para suas marcas. Os atributos pesquisados no *tracking* foram definidos com base no padrão encontrado nesta sondagem.

Como a pesquisa é contínua, ela possibilita o entendimento da trajetória da imagem das celebridades ao longo do tempo. Assim, os dados secundários passam a servir como apoio à análise, uma vez que se pode enxergar a oscilação de atributos após notícias ou fatos midiáticos importantes que envolvem esses famosos.

Como gera critérios para saber qual celebridade tem mais potencial de gerar resultados, o sistema é utilizado não só por empresas que desejam fazer propaganda, mas também que querem contratar celebridades para eventos ou ações específicas de relações públicas.

e) Exemplo de Análise Financeira de Retorno de Investimentos em Publicidade

Ações publicitárias isoladas, com objetivos específicos de aumento de vendas, são totalmente mensuráveis. Ilustramos esse conceito por meio de um caso fictício:

A empresa Kakus contrata uma consultoria de marketing para a elaboração de um planejamento estratégico com o objetivo de diminuir a ociosidade em sua capacidade de produção e aproveitar as oportunidades do mercado em crescimento. A seguir, relacionamos informações sobre esse caso:

- Faturamento atual da empresa: R$ 2.000.000 mensais, com margem de contribuição média de 45%.
- Ociosidade de 40%.
- A consultoria cobra R$ 200.000 pelo planejamento.
- Depois de aplicar todos os modelos de análise de mercado (YANAZE, 2011) – como matriz GE, matriz de crescimento/participação, análise ambiental, pesquisas com segmentos-alvo de mercado e análise Swot, com a participação de todos os setores da empresa (produção, compras, vendas, finanças, diretoria etc.) –, define-se que um crescimento de vendas de 25% nos próximos 12 meses será possível desde que sejam implantadas estratégias adequadas de comunicação, visto que os preços que a empresa pratica são competitivos, seus produtos são de boa qualidade e sua distribuição cobre os melhores canais de venda.
- A análise ambiental, no entanto, revela que algumas variáveis podem influenciar negativamente as ações estratégicas de comunicação previstas. O Quadro 6.14 mostra um resumo da análise ambiental.

Quadro 6.14 – Resumo da Análise Ambiental

VARIÁVEIS	PESO	NOTA	NOTA PONDERADA	CRIAÇÃO
Concorrência	40%	0,7	0,4 x 0,7 = 0,28	É prevista uma reação forte da concorrência.
Relação com fornecedores	20%	1,0	0,2 x 1 = 0,2	A relação é boa. Não se espera nenhuma interferência negativa.

continua...

continuação

VARIÁVEIS	PESO	NOTA	NOTA PONDERADA	CRIAÇÃO
Situação do mercado local	20%	1,1	0,2 x 1,1 = 0,22	O mercado local apresenta uma leve tendência de favorabilidade.
Fatores macroeconômicos	20%	1,0	0,2 x 1 = 0,2	Não se espera nenhuma mudança negativa nos fundamentos macroeconômicos.
FATOR FINAL			0,90	Esta nota ponderada final se constitui em Fator Redutor, ou seja, há possibilidade de a empresa alcançar um montante 10% abaixo de suas metas.

Situação Favorável = acima de 1; Neutra=1; Desfavorável = abaixo de 1

Fonte: Proposto pelos autores.

- O investimento total em publicidade nos próximos 12 meses será de R$ 1.000.000.
- Com as informações disponíveis, elabore um estudo de viabilidade econômica (verificar se o planejamento trará retorno à empresa), considerando que a empresa conta com um fluxo de caixa favorável; portanto, tem viabilidade financeira.

Estudo de Viabilidade Econômica

- Faturamento bruto médio anual: R$ 2.000.000 x 12 meses = **R$ 24.000.000.**
- Investimento total no planejamento estratégico de comunicação: custo da consultoria (R$ 200.000) + investimento em publicidade (R$ 1.000.000) → **Total = R$ 1.200.000 anual.**
- Previsão de crescimento das vendas no próximo ano = 25% → R$ 24.000.000 x 1,25 = **R$ 30.000.000.**

- Fator redutor do ambiente mercadológico = 0,90 → O faturamento bruto no próximo ano pode variar de **R$ 30.000.000** a **R$ 27.000.000.**
- Faturamento bruto incremental previsto: de **R$ 6.000.000** a **R$ 3.000.000.**
- Margem de contribuição incremental prevista: de **R$ 2.700.000** (45% de R$ 6.000.000) a **R$ 1.350.000** (45% de R$ 3.000.000).

Retorno Econômico Previsto

- Considerando que a empresa já superou em muito o seu ponto de equilíbrio, a margem de contribuição incremental prevista para o próximo ano não terá mais o compromisso de pagar custo fixo/indireto. Assim, seu montante ajudará a compor diretamente o Lucro Antes do Imposto de Renda (Lair) da empresa.
- No entanto, o investimento em publicidade, cujo total será de R$ 1.200.000, deverá ser deduzido da margem obtida, visto que se trata de um dispêndio não realizado no ano vigente. Resumindo, a empresa deverá contabilizar, no próximo ano, um lucro incremental antes do imposto de renda de **R$ 1.500.000** a **R$ 150.000.**

Outros Retornos Previstos

- Incremento de sua participação no mercado.
- Maior *share of mind*.
- Diminuição em sua ociosidade produtiva de 40% para até 25%.
- Maior valorização de sua marca.
- Maiores condições de negociação com os fornecedores dado o aumento de aproximadamente 25% nas compras.
- Entre outros.

f) Análise de Investimentos em Comunicação Integrada, Utilizando as Plataformas de Avaliação Desenvolvidas pela Mitsuru H. Yanaze & Associados

Para a avaliação e mensuração de processos de comunicação integrada, que têm campanhas publicitárias como "carro-chefe", deverão ser desenvolvidas além das plataformas apresentadas anteriormente nesta obra (Capítulo 4) outras metodologias de aferição de métricas complementares que são fundamentais para possibilitar uma análise sistêmica.

Como instrumentos de gestão estratégica de comunicação (mercadológica, institucional e interna), as métricas demandarão aplicações em dois momentos: (1) Antes da ação, com o registro das principais informações do planejamento (objetivos e metas previstos, públicos desejados quanto a perfil e quantidade, situação ambiental prevista etc.). Para essa aplicação inicial, as métricas serão abrigadas na plataforma de análise, que subsidiará o processo de aprovação. (2) Após a ação, com o registro de informações do que foi efetivamente realizado (objetivos e metas cumpridos, públicos atingidos, situação ambiental real etc.). As aplicações das métricas, neste momento, comporão a plataforma de avaliação.

A comparação constante das informações das plataformas de análise e de avaliação permitirá a identificação de pontos fortes e fracos e *gaps* no planejamento da comunicação, fornecendo diretrizes para a definição de objetivos e metas e de recursos financeiros a investir; além de *guidelines* para a definição de estratégias e ações de comunicação.

As oito métricas básicas são:

1. Métrica de aderência à Missão, Valores, Visão e Atributos de Imagem: AD

Metodologia de avaliação da contribuição de Campanhas, ou de cada uma das ações de comunicação, para o fortalecimento da marca da empresa, por meio de sua coerência com os atributos de imagem desejada, com as diretrizes da Direção em relação à Comunicação; e com as demais especificações de cada processo de comunicação.

2. Métrica do Custo para o Público Ponderado Atingido: CPPA

Metodologia de avaliação da quantidade de pessoas atingidas, ponderadas pela intensidade quantitativa com que a mensagem é comunicada e pela importância relativa das mesmas, de acordo com a categorização de públicos de interesse da empresa a que pertencem. Nos processos de Publicidade, esta métrica proporcionará informações que servirão como base para os planos de investimentos de mídia. O cálculo do Público Ponderado Atingido deve levar em conta a quantidade total de pessoas potencialmente atingidas pela campanha, calibrada por um índice redutor (porcentagem de pessoas que mudam de canal nos intervalos, porcentagem de leitores que não leem anúncios, quantidade de passantes que não prestam atenção a cartazes, *outdoors* etc.),

3. Métrica de Eficácia e Eficiência: EE

Como visto, trata-se de metodologia de avaliação e mensuração do grau de adequação da Campanha ou da Ação de Comunicação em análise, ou seja, se foi exatamente a que deveria ter sido implementada e se seus objetivos e metas foram bem definidos (Eficácia); e se foi bem executada quanto a conteúdo, formato, meios utilizados, período de exposição etc. (Eficiência). No caso de Campanhas, a avaliação será realizada para o conjunto de Ações que as compõem. Essas avaliações deverão ser realizadas por profissionais sem ligação direta com o planejamento e execução da campanha, preferencialmente professores e consultores de comunicação.

4. Métrica de Efetividade: EF

Metodologia de avaliação e mensuração dos resultados (moedas financeiras e não financeiras) obtidos por meio de cada ação de comunicação, levando em consideração os valores Previstos e Realizados. Esta métrica demandará a classificação das diferentes Ações de Comunicação, definição de seus objetivos gerais e específicos (14 objetivos da comunicação), definição de metas (quantificação dos objetivos) e formas de aferição dos resultados (exemplos: pesquisa de *recall*, de satisfação, registro de presença em eventos, volume de vendas, índice de produtividade etc.).

5. Métrica de Análise Ambiental: AA

Os resultados de uma Campanha ou de uma Ação de Comunicação são influenciados pelo contexto em que elas são implementadas. Assim, é imperativo a formatação de uma Métrica de Análise Ambiental, que considera todas as variáveis que influenciam, positiva ou negativamente, o alcance dos objetivos e metas, possibilitando um monitoramento constante com o registro das mudanças no momento de sua ocorrência. Campanhas publicitárias são afetadas pela ação da Concorrência, situação econômica do país e dos potenciais clientes, variáveis socioculturais etc. Essa métrica possibilita simulações de cenários de investimento em ações de Comunicação.

6. Métrica de Ativação: AT

Essa métrica tem como objetivo levantar sinergias possíveis entre as diferentes ações de comunicação. Comunicação Integrada pressupõe a utilização comum de imagens, informações e mensagens em várias frentes midiáticas, quando estrategicamente pertinente, bem como a divulgação de determinada ação e de seus resultados utilizando outras ações de comunicação (exemplo: um filme publicitário utilizando imagens captadas em um evento social ou esportivo apoiado pela empresa etc.), otimizando investimentos e complementando o processo como um todo. A planilha a ser desenvolvida será usada para monitorar o grau de ativação existente entre as diversas ações implementadas.

7. Métrica de Integração: INT

Metodologia de avaliação do favorecimento da integração da comunicação corporativa, por meio do potencial e da realização de interatividade dos Processos-chave comunicacionais. Essa métrica produzirá informações que direcionarão os esforços para promover interação, complementação e integração dos diferentes Processos, Campanhas e Ações de Comunicação. Essa métrica está fundamentada nos 14 objetivos de comunicação, conforme Yanaze (*Gestão de marketing e comunicação: avanços e aplicações*, 2ª Edição, Saraiva, 2011: p. 422-7):

- despertar consciência;
- chamar atenção;
- suscitar interesse;
- proporcionar conhecimento;
- garantir identificação/empatia;
- criar desejo e/ou expectativa;
- conseguir a preferência;
- levar à decisão;
- efetivar a ação;
- garantir e manter a satisfação após a ação;
- estabelecer interação;
- obter fidelidade; e
- gerar disseminação/boca a boca de informações pelos interlocutores.

As ações de Comunicação têm objetivos distintos entre si, mas que podem ser integrados e complementados. As informações obtidas pela aplicação dessa métrica alimentarão o processo de planejamento de comunicação integrada nos Processos-chave de Comunicação Mercadológica, Institucional e Interna. A consolidação das instâncias citadas em uma Métrica de Ativação e Integração Corporativa (Geral) proporcionará informações que subsidiarão o processo orçamentário de comunicação, além de possibilitar a avaliação da contribuição integrada das diferentes Ações de Comunicação para o Fortalecimento da Marca da empresa.

8. Métrica de Retorno de Investimentos em Comunicação: ROI

Metodologia de mensuração dos retornos de investimento em Comunicação com base nas informações obtidas na aplicação das métricas citadas. Essa métrica tem como objetivo confrontar os valores despendidos em cada Ação de Comunicação com os respectivos resultados obtidos (métrica de resultados e análise ambiental); levando em consideração o público atingido (métrica de custo por público ponderado atingido), sua contribuição na formação da imagem corporativa (métrica de aderência), a qualidade de sua implementação (métrica de eficácia e eficiência) e sua integração com as demais ações de comunicação (métrica de ativação e integração). No caso de Comunicação Mercadológica, os resultados serão quase que inteiramente monetizados. No entanto, devem-se também apurar os resultados intangíveis.

A Análise Integrada das Métricas de Análise Ambiental, Métricas de Público Ponderado Atingido e Métricas de Eficiência e Eficácia das Ações Publicitárias, por exemplo, possibilita simulações de cenários de investimento que permitem o desenvolvimento e/ou alterações dos planos de mídia. Fornece também informações que servirão de *guidelines* de Gestão e Otimização de Campanhas Publicitárias. Essa Análise Integrada dos valores/quantificações demanda do Gestor a Análise Qualitativa e as Decisões pertinentes.

Para reforçar a compreensão do uso das plataformas de avaliação e mensuração, utilizamos o caso fictício da empresa Coldent.

Retorno de Investimentos em Comunicação

CASE COLDENT

A empresa Coldent, marca mais forte do mercado, fabrica e comercializa produtos de higiene pessoal, entre eles um Creme Dental, um dos líderes de mercado. Suas vendas estão abaixo do esperado, o que leva a empresa a empreender ações de Comunicação Mercadológica e Institucional para incentivar e incrementar seu consumo. A seguir, apresentamos as plataformas de avaliação e mensuração utilizadas pelos gestores de Comunicação Mercadológica e Institucional da empresa em trabalho conjunto com a Gerência do produto em questão.

PLANILHAS TÉCNICAS DO PROCESSO DE COMUNICAÇÃO MERCADOLÓGICA E INSTITUCIONAL

Todas as informações sobre a campanha devem ser registradas em uma plataforma de planejamento composta por planilhas técnicas descritivas das ações a serem implementadas.

PLANILHA TÉCNICA COM OBJETIVOS, METAS, PÚBLICOS-ALVO

Objetivo	• Incrementar vendas • Reforçar imagem da empresa
Público-alvo	Segmentos A1, A2, B1 e B2
Abrangência	Nacional
Objetivos da comunicação	Conhecimento/expectativa/preferência/decisão/ação
Metas previstas	Aumentar as vendas em no mínimo 15%
Acão de comunicação integrada	☒ Assessoria de imprensa ☒ Anúncio em TV ☒ *Merchandising* ☒ Ações digitais → ☒ *Banners/Link* patrocinado ☒ *Hotsite/* vídeos ☒ Blog

Com relação a cada ação de comunicação a ser implementada, as informações sobre: período de veiculação, meios utilizados, tema a ser apresentado, imagens e textos, audiência objetivada, investimentos etc. devem ser registradas em planilha específica, como o exemplo da planilha a seguir.

PLANILHA TÉCNICA POR AÇÃO (ANÚNCIO EM TV)

ANÚNCIO EM TV		
Período de veiculação	De 1/6/2012 a 30/10/2012	
GRP (audiência x frequência)	600	
Veículos	XXXX, YYY, ZZZ, TTT	
Investimentos	R$ 6.000.000	
DESCRIÇÃO	Ambientação	Descrição:
	Personagens	Descrição:
	Roteiro	Descrição:
	Palavras-chave	...

Suponhamos que uma equipe externa de avaliadoras (docentes e consultores de comunicação) tenha acesso às planilhas descritivas, bem como às peças veiculadas, e faça a seguinte análise de eficiência e eficácia avaliando também os objetivos de comunicação possivelmente alcançados pela ação (quadros a seguir).

PLATAFORMA DE EFICIÊNCIA/EFICÁCIA (ANÚNCIO EM TV)

ANÁLISE	PESO*	NOTA**	NOTA PONDERADA
Adequação dos meios	30%	1,2	0,36
Adequação do período	20%	1,1	0,22

continua...

continuação

ANÁLISE	PESO*	NOTA**	NOTA PONDERADA
Adequação da frequência	10%	1	0,10
Adequação da mensagem	20%	1,1	0,22
Adequação das imagens	10%	0,9	0,09
Qualidade da produção	10%	1	0,1
Fator de eficiência/eficácia			1,09

*Sugere-se atribuir pesos de importância às variáveis de análise, de acordo com a característica da ação de comunicação.
**Abaixo da expectativa = menos de 1; Dentro da expectativa = 1; Acima da expectativa = acima de 1.

PLATAFORMA DE EFETIVIDADE – OBJETIVOS ALCANÇADOS

OBJETIVOS	PESO	ESTA AÇÃO CONTRIBUIU		
		MUITO	MÉDIO	POUCO
Despertar consciência/atenção/interesse		⊙	○	○
Proporcionar conhecimento/identificação/desejo		⊙	○	○
Levar à preferência/decisão e ação		○	○	⊙
Proporcionar interação		○	○	⊙
Garantir satisfação/disseminação		○	○	⊙

Metodologias de Mensuração de Resultados | **319**

Exemplo de Planilha Técnica da ação de *Merchandising*:

PLANILHA TÉCNICA DA AÇÃO DE *MERCHANDISING*

MERCHANDISING		
Período de realização	De 1/6/2012 a 30/10/2012	
Quantidade de PDV	100	
Investimentos	R$ 500.000	
DESCRIÇÃO	**Palavras-chave**	...
	Ilustração	Descrição:
	Vídeos	Descrição:
	Seções	Descrição:

Avaliação da ação de *merchandising* realizada por especialistas:

PLATAFORMA DE EFICIÊNCIA/EFICÁCIA – *MERCHANDISING*

ANÁLISE	PESO	NOTA	NOTA PONDERADA
Adequação dos PDVs	25%	1,2	0,30
Período	10%	1	0,1
Qualidade dos materiais	25%	1	0,25
Qualidade dos repositores	15%	0,8	0,12
Qualidade de pessoas	25%	0,7	0,18
Fator de eficiência/eficácia			**0,95**

PLATAFORMA DE EFETIVIDADE – OBJETIVOS ALCANÇADOS

OBJETIVOS	PESO	ESTA AÇÃO CONTRIBUIU		
		MUITO	MÉDIO	POUCO
Despertar consciência/atenção/interesse		○	⊙	○
Proporcionar conhecimento/identificação/desejo		⊙	○	○
Levar à preferência/decisão e ação		⊙	○	○
Proporcionar interação		○	⊙	○
Garantir satisfação/disseminação		○	○	⊙

Exemplo de planilha técnica das ações de comunicação digital:

PLANILHA TÉCNICA DA COMUNICAÇÃO DIGITAL

BLOG/*HOTSITE*		
Período de veiculação		De 1/10/2011 até hoje
Acessos		12.000 usuários
Investimentos		R$ 36.000
DESCRIÇÃO	Palavras-chave	...
	Conteúdo	Descrição:
	Ilustração	Descrição:

Avaliação das ações de comunicação digital realizada por especialistas:

PLATAFORMA DE EFICIÊNCIA/EFICÁCIA – COMUNICAÇÃO DIGITAL

ANÁLISE	PESO	NOTA	NOTA PONDERADA
Adequação dos meios	30%	1	0,3
Período	20%	1	0,2
Acessibilidade	25%	1,1	0,28
Navegação	15%	1,2	0,18
Interatividade	10%	0,9	0,09
Fator de eficiência/eficácia			1,05

PLATAFORMA DE EFETIVIDADE – OBJETIVOS ALCANÇADOS

OBJETIVOS	PESO	ESTA AÇÃO CONTRIBUIU		
		MUITO	MÉDIO	POUCO
Despertar consciência/atenção/interesse		◯	⊙	◯
Proporcionar conhecimento/identificação/desejo		◯	⊙	◯
Levar à preferência/decisão e ação		◯	◯	⊙
Proporcionar interação		⊙	◯	◯
Garantir satisfação/disseminação		◯	⊙	◯

Exemplo de planilha técnica de ações de assessoria de imprensa:

PLANILHA TÉCNICA DE ASSESSORIA DE IMPRENSA

ASSESSORIA DE IMPRENSA		
Período de veiculação		
Veículos objetivados		
Quantidade de menções		
Investimentos	R$ 24.000	
DESCRIÇÃO	**Palavras-chave**	...
	Conteúdo	Descrição:
	Ilustrações	Descrição:

Avaliação das ações de assessoria de imprensa realizada por especialistas:

PLATAFORMA DE EFICIÊNCIA/EFICÁCIA – ASSESSORIA DE IMPRENSA

ANÁLISE	PESO	NOTA	NOTA PONDERADA
Adequação dos meios	30%	1	0,3
Período de veiculação	20%	1	0,2
Posições das menções	20%	1	0,2
Navegação	30%	1	0,3
Fator de eficiência/eficácia			**1,0**

Metodologias de Mensuração de Resultados | **323**

PLATAFORMA DE EFETIVIDADE – OBJETIVOS ALCANÇADOS

OBJETIVOS	PESO	ESTA AÇÃO CONTRIBUIU		
		MUITO	MÉDIO	POUCO
Despertar consciência/atenção/interesse		⊙	○	○
Proporcionar conhecimento/identificação/desejo		○	⊙	○
Levar à preferência/decisão e ação		○	○	⊙
Proporcionar interação		○	⊙	○
Garantir satisfação/disseminação		⊙	○	○

Considerando que as Ações de Comunicação devem ser integradas, pois cada uma tem funções e objetivos diferentes mas complementares, há, portanto, necessidade de monitorar o grau de Integração que as Ações analisadas apresentam em seu conjunto de implementação. Assim, as análises de Efetividade (objetivos alcançados) de cada Ação de Comunicação são consolidadas na Plataforma de Avaliação dessa Integração.

PLATAFORMA DE AVALIAÇÃO DA COMUNICAÇÃO INTEGRADA

Peso (100%)	Descrição	Anúncio em TV	Hotsite/vídeos	Assessoria de imprensa	Merchandising	Outras ações
0	Consciência Atenção Interesse					
0	Conhecimento Desejo Expectativa					
0	Preferência Decisão Ação					
0	Satisfação Interação					
0	Fidelização Disseminação					
Percentual de eficácia ponderada (%)		0	0	0	0	0

Obs.: o índice resultante dessa análise demonstra o *mix* integrado de ações de comunicação relacionando cada estratégia com o peso ponderado dos objetivos comunicacionais da organização. Para cada ação considera-se a soma dos pesos dos objetivos contemplados, mostrando quais são as estratégias mais eficazes e auxiliando na decisão do plano de mídia.

Para proceder à análise do retorno de investimentos das ações de marketing como um todo, essa fase não será necessária, mas, se o desafio é apurar o retorno de investimentos apenas das ações de comunicação, é necessário isolá-la do contexto do *mix* de marketing (produto, preço, vendas e comunicação). Assim, é preciso que os gestores de comunicação, juntamente com o grupo de trabalho da gerência de produto, discutam a importância relativa dos quatro *outputs* no contexto estratégico atribuindo pesos de importância (sugerimos que 100% seja distribuído entre todos), considerando o ambiente mercadológico com as oportunidades e ameaças. Em nosso exemplo, o grupo de trabalho definiu que o *output* comunicação/valor da marca deveria receber um peso de importância maior visto que os *outputs* produto, distribuição e preço estavam praticamente equilibrados entre todos os principais concorrentes do mercado.

OUTPUTS	PESO
Produto	20%
Preço	20%
Distribuição	20%
Comunicação/valor da marca	40%

Obs.: quando não se consegue atribuir os pesos, recomenda-se recorrer a pesquisas (grupos de foco, por exemplo, podem ser eficientes para isso).

Com relação à plataforma ambiental, a equipe responsável por esse planejamento estratégico identificou os *outputs* da concorrência e as variáveis macro e microambientais como os fatores de análise a serem considerados e monitorados, de acordo com os pesos e notas (discutidos no Capítulo 1 deste livro), a seguir apresentados.

PLATAFORMA DE ANÁLISE AMBIENTAL

A equipe avalia as condições gerais do setor de higiene pessoal no mercado brasileiro e define os seguintes pesos:

- 40% (0,4) = **variáveis mercadológicas dos concorrentes** (com atribuição de peso para cada variável de análise).
- 40% (0,4) = **situação dos mercados-alvo** (com atribuição de peso para cada variável de análise).

- 20% (0,2) = **situação macroambiental** (com atribuição de peso para cada variável de análise).

Obs.: a situação atual do mercado faz com que os subfatores ligados à concorrência e à situação dos mercados-alvo recebam maior destaque na avaliação. Por outro lado, numa situação de crise econômica, os subfatores ligados à situação macroambiental podem assumir maior importância.

ATRIBUIÇÃO DE PESOS DE IMPORTÂNCIA E DE NOTAS AOS SUBFATORES LIGADOS ÀS VARIÁVEIS

VARIÁVEIS MERCADOLÓGICAS DOS CONCORRENTES			
	PESO	**DESCRITIVO DA SITUAÇÃO**	**NOTA**
Produto	20%	Os produtos da Coldent são considerados pelos clientes como de qualidade ligeiramente superior ao da concorrência. Assim, a nota que se atribui para o subfator "produto dos concorrentes" será 1,1, ou seja, a qualidade inferior da concorrência pode afetar positivamente.	1,1
Preço	20%	No entanto, os preços inferiores praticados pela concorrência podem influenciar negativamente os resultados esperados em até 20%.	0,8
Distribuição	20%	O processo de distribuição da concorrência é praticamente o mesmo da Coldent, não afetando em quase nada suas operações.	1,0
Comunicação	40%	As estratégias de comunicação dos concorrentes não apresentam a qualidade e a intensidade da Coldent, sendo, portanto, subfator impulsionador dos resultados esperados pelo comitê.	1,2

SITUAÇÃO DOS MERCADOS-ALVO

	PESO	DESCRITIVO	NOTA
Estrutura local de apoio e de logística	20%	Não houve mudanças significativas na estrutura de apoio e de logística, portanto, a operação da empresa Coldent não foi afetada.	1,0
Situação de oferta e demanda da produção	20%	A situação apresenta-se normal, sem grandes problemas.	1,0
Situação econômica e financeira dos segmentos	30%	Os segmentos A, B e C apresentam bom poder de compra para produtos de higiene pessoal. Fator Indutor positivo.	1,2
Características de consumo do produtor	30%	As características de consumo desses segmentos favorecem as operações da Coldent.	1,2

SITUAÇÃO MACROAMBIENTAL

	PESO	DESCRITIVO	NOTA
Fatores econômicos (câmbio, preços dos insumos e dos produtos, taxas de juros...)	40%	Atualmente, estes fatores não apresentam grandes dificuldades.	1,0
Fatores políticos (exigências legais, políticas de impostos, créditos...)	20%	Idem anterior	1,0
Fatores tecnológicos	20%	Os avanços no campo da pesquisa e desenvolvimento de novos produtos podem influenciar positivamente a oferta dos produtos da Coldent.	1,1
Mercado internacional	20%	Não afeta atualmente.	1,0

Essas definições são sumariadas na seguinte **plataforma de análise ambiental**, com o objetivo de se obter o **fator**:

PESO		NOTA	NOTA PON-DERADA
40%	Variáveis mercadológicas dos concorrentes	1,06 (*)	0,424
20%-0,2	Produto	1,1	0,22
20%-0,2	Preço	0,8	0,16
20%-0,2	Distribuição	1,0	0,2
40%-0,4	Comunicação	1,2	0,48
	Nota final da variável:		1,06 (*)
40%-0,4	Situação do mercado-alvo – região Centro-oeste:	1,12 (**)	0,448
20%-0,2	Estrutura local de apoio e de logística	1,0	0,2
20%-0,2	Situação de oferta e demanda da produção	1,0	0,2
30%-0,3	Situação econômica e financeira dos segmentos-alvo	1,2	0,36
30%-0,3	Características de consumo do produtor	1,2	0,36
	Nota final da variável:		1,12 (**)
20%-0,2	Situação macroambiental:	1,02 (*)	0,204
40%-0,4	Fatores econômicos	1,0	0,4
20%-0,2	Fatores políticos	1,0	0,2
20%-0,2	Fatores tecnológicos	1,1	0,22
20%-0,2	Mercado internacional	1,0	0,2
	Nota final da variável:		1,02 (*)
	NOTA FINAL DO FATOR AMBIENTAL:		1,076

CONSIDERAÇÕES SOBRE A ANÁLISE AMBIENTAL

O número obtido (**1,076**) demonstra que as condições ambientais do mercado de produtos de higiene pessoal, no momento da análise, podem afetar positivamente os resultados esperados nesse segmento em até **7%**. Com essa perspectiva do mercado, e cruzando com as informações obtidas por meio da aplicação dos outros modelos de análise – GE, Matriz de Portfólio, Pesquisas e Swot (Yanaze, 2011) –, os gestores da empresa Coldent poderão realizar, quando necessárias, alterações relevantes em seu planejamento de marketing, adequando objetivos, metas e estratégias regionais e globais. Este fator final (**1,07**) pode calibrar os resultados da comunicação, pois as variáveis ambientais se apresentaram com um pequeno grau de favorabilidade (7%), como veremos adiante.

PLATAFORMA DE RESULTADOS POR AÇÃO DE COMUNICAÇÃO

A seguir, apresentamos exemplos de planilhas (de cada ação) que podem ser geradas com as informações obtidas por meio das análises realizadas. Para melhor compreensão, é fundamental levar em conta: **Público geral** é a quantidade total de pessoas pressupostamente expostas pela ação; **Índice de atenção** se refere a uma porcentagem do público geral que pode ter sido efetivamente atingido pela ação (exemplo: qual a porcentagem de pessoas frequentadoras de um ponto de venda que tiveram sua atenção objetivamente retida pela ação de *merchandising*?); **Peso ponderado do público** efetivamente atingido se refere à identificação do grau de importância, proximidade e intensidade de exposição do público em relação à ação (uma pessoa que assiste ao anúncio de TV em sua sala de estar não tem o mesmo peso de uma pessoa que acessa o Blog da empresa, que, por sua vez, não tem o mesmo peso de uma pessoa que vai ao ponto de venda e é atendida por um repositor); **Fator de eficiência/eficácia** retrata o grau de favorabilidade/desfavorabilidade da adequação do meio, tempo de exposição, qualidade da mensagem etc. da ação implementada (entendemos que uma peça publicitária inadequada pode ter efeito redutor da efetividade esperada); e **Fator ambiental** representa o quanto um ambiente favorável (fator acima de 1) ou um ambiente desfavorável (fator abaixo de 1) pode afetar também os resultados das ações de marketing e comunicação implementadas.

ANÚNCIO EM TV

Público geral (**PG**) =

Índice de atenção (**IA**) =

Peso ponderado (**PP**) =

Fator de eficiência/eficácia (**FEE**) =

Fator ambiental (**FA**) =

Investimento (**I**) = R$

Público ponderado atingido (PPA):

PPA = PG x IA x PP x FEE x FA

Custo por público ponderado atingido (CPM/PPA)

$$\frac{I}{PPA}$$

CPPA = R$

HOTSITE/ BLOG

Público geral (**PG**) =

Peso ponderado (**PP**) =

Fator de eficiência/eficácia (**FEE**) =

Fator ambiental (**FA**) =

Investimento (**I**) = R$

Público ponderado atingido (PPA):

PPA = PG x PP x FEE x FA

Custo por público ponderado atingido (CPM/PPA)

$$\frac{I}{PPA}$$

CPPA = R$

Metodologias de Mensuração de Resultados | **331**

MERCHANDISING

Público geral (**PG**) =

Índice de atenção (**IA**) =

Peso ponderado (**PP**) =

Fator de eficiência/eficácia (**FEE**) =

Fator ambiental (**FA**) =

Investimento (**I**) = R$

Público ponderado atingido (PPA):

PPA = PG x PP x FEE x FA

Custo por público ponderado atingido (CPM/PPA)

$$\frac{I}{PPA}$$

CPPA = R$

ASSESSORIA DE IMPRENSA

Público geral (**PG**) =

Índice de atenção (**IA**) =

Peso ponderado (**PP**) =

Fator de eficiência/eficácia (**FEE**) =

Fator ambiental (**FA**) =

Investimento (**I**) = R$

Público ponderado atingido (PPA):

PPA = PG x PP x FEE x FA

Custo por público ponderado atingido (CPM/PPA)

$$\frac{I}{PPA}$$

CPPA = R$

Análise de Retorno de Investimentos em Comunicação – Empresa Coldent

As informações extraídas das planilhas individuais das ações de comunicação podem ser consolidadas na planilha geral, a seguir exemplificada, que possibilita uma visualização dos montantes investidos em cada ação, seu custo por público ponderado atingido, bem como de efetividade em relação aos objetivos alcançados.

Quadro 6.15 – Planilha Geral das Ações de Comunicação

AÇÃO	OBJETIVOS	INVESTIMENTO	CPPA
Anúncios em TV	• Chamar atenção • Criar interesse • Identificação • Disseminação	R$ 6.000.000	R$
Assessoria de imprensa	• Criar consciência • Dar conhecimento	R$ 24.000	R$
Merchandising	• Preferência • Decisão • Levar à ação	R$ 500.000	R$
Hotsite/**blog**	• Dar conhecimento • Interação • Identificação	R$ 36.000	R$
TOTAL		**R$ 6.560.000**	

Fonte: Proposto pelos autores.

Suponhamos que, em nosso caso fictício, a empresa Coldent tenha alcançado os seguintes montantes de faturamento:

- Faturamento nos seis meses anteriores às ações de comunicação: R$ 300.000.000.

Metodologias de Mensuração de Resultados | **333**

- Faturamento nos seis meses da ativação das ações de comunicação: R$ 372.000.000 (24% de aumento).
- Faturamento incremental no período: R$ 72.000.000.
- Margem de contribuição: 40%.

Com essas informações, como calcular o possível retorno que as ações de comunicação propiciaram?

- Em nosso exemplo, o grupo de trabalho que compõe a Gerência do Produto em questão (Creme Dental) atribuiu, como vimos, os seguintes **pesos** para cada variável mercadológica da empresa:

VARIÁVEL	PESO
PRODUTO	20%
PREÇO	20%
VENDAS/DISTRIBUIÇÃO	20%
COMUNICAÇÃO/MARCA	40%

- Dessa forma, é possível interpretar que as **ações de comunicação** mais a percepção do valor da marca, para o grupo gestor, têm um **peso** de 40% no total dos esforços estratégicos de Marketing da empresa; portanto, são responsáveis pelo montante aproximado de **R$ 21.600.000** (40% do faturamento incremental de R$ 72.000.000). Apesar de discutível, esse raciocínio procura "isolar" o retorno provável da comunicação no contexto estratégico de marketing.
- Esse valor deve ainda ser **"calibrado"** pelos fatores indutores ou redutores da análise de eficiência e eficácia da comunicação. No caso da coldent, o fator de eficácia/eficiência total alcançou o índice **1,02** de favorabilidade (somam-se os fatores obtidos por cada Ação implementada e divide-se o resultado pela quantidade de ações; pode-se também calcular ponderando a importância relativa de cada ação – exemplo: anúncios em TV com peso maior). Podemos proceder ao seguinte cálculo: **R$ 21.600.000 x 1,02 =**

R$ 22.032.000 (porção do faturamento incremental que podemos atribuir à comunicação).

- Conhecendo a **margem de contribuição** (faturamento menos custos variáveis/diretos), que, em nosso exemplo, é **40%**, podemos calcular a margem de contribuição adicional que as ações de comunicação propiciaram à empresa: **R$ 22.032.000 x 0,4 (40%) = R$ 8.812.800** nos seis meses de sua ativação. Se o faturamento anterior de R$ 300.000.000 estava acima do faturamento do ponto de equilíbrio, podemos considerar que essa margem de contribuição compõe o lucro antes do imposto da empresa.

- Considerando que os investimentos nas ações de comunicação contabilizaram **R$ 6.560.000**, justificamos plenamente sua viabilidade.

- Entendemos que essa metodologia de análise tem como objetivo tentar isolar as ações de comunicação dentro de um contexto de decisões estratégicas da empresa e de variáveis ambientais que certamente influenciam positiva ou negativamente seus resultados. Não se busca uma precisão (o que seria utópico), mas se procura obter aproximações e subsídios para o aperfeiçoamento constante das análises e, consequentemente, da formulação das estratégias.

- A partir do momento em que os gestores abraçam essa ideia, a empresa passa a armazenar uma série de informações que, futuramente, poderão ser modeladas estatisticamente para a validação tanto das variáveis a serem utilizadas quanto de seu peso e impacto nos investimentos em comunicação; ou seja, a empresa terá um sistema de melhoria constante de utilização dos seus recursos no que diz respeito não somente à comunicação, mas também ao marketing.

g) *Cross Media* – **Suíte de Aplicativos Dentsu** (colaboração de Ira Finkelstein, vice-presidente de planejamento da Dentsu Brasil)

Em busca de maior efetividade no desenho das estratégias de comunicação das empresas, a Dentsu desenvolveu um conjunto de soluções, tendo como base o ciclo completo desde o suporte e desenvolvimento das decisões de criação e mídia, passando pela mensuração para acompanhamento dos resultados, até a integração dos dados gerais, possibilitando análise contínua e sequencial do planejamento colocado em prática por determinada empresa.

São quatro soluções que compõem o que estamos chamando de suíte de aplicativos nesta seção: **Sora-lis** (sistema de monitoramento de mídias sociais), **Cross-Valcon** (mecanismo de entendimento e projeção do sortimento ideal de pontos de contato no âmbito da jornada do consumidor), **Awareness Simulator** (simulador de investimentos em mídia, com ênfase no ponto ideal de geração de *awareness* de marca) e **Sync-room** (plataforma integrativa dos resultados das ações de comunicação).

O entendimento da empresa é que a lógica de uso das soluções deve seguir o disposto na figura seguinte:

Figura 6.6 – Diagrama do Macroprocesso
de Planejamento Estratégico de Comunicação

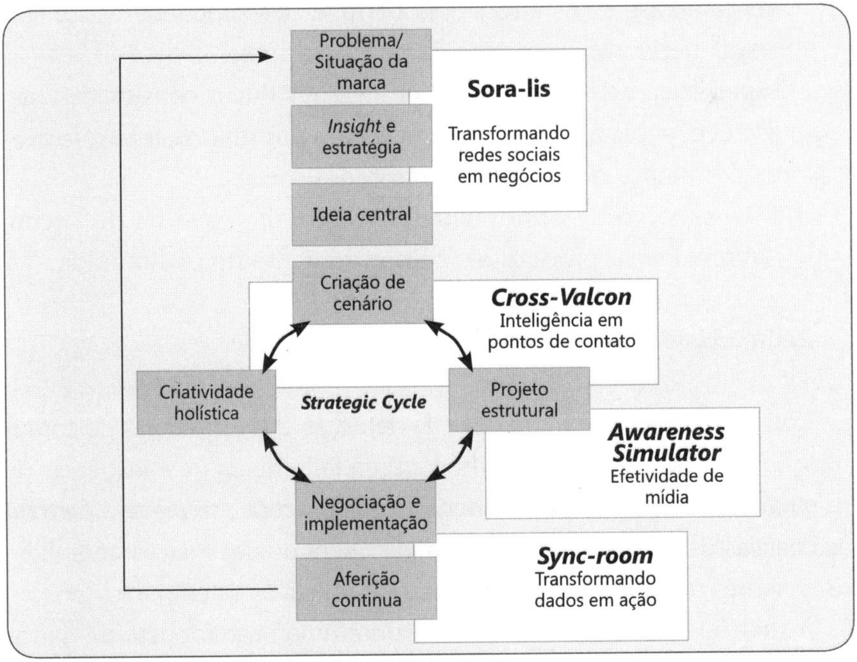

Fonte: *The Dentsu Way* (2011), adaptado por Dentsu Brasil.

1. *SORA-LIS*

É uma solução metodológica proprietária da Dentsu, que traz uma visão multidimensional da marca por meio da análise da voz do consumidor nas redes sociais. A plataforma permite a integração de todas as mídias sociais em apenas um lugar, facilitando o processo de desenvolvimento das análises do conteúdo comunicado pelos consumidores acerca de determinada marca.

A *Sora-lis* permite desenhar um processo contínuo de planejamento, ação e controle das estratégias de construção de marca, auxiliando inclusive as ações fora do âmbito da internet.

Algumas das vantagens do uso desse tipo de ferramenta, de acordo com a empresa, são:

a) Desenvolvimento de produto: identificar usos e problemas que não chegam até o *call center*.

b) Posicionamento digital: percepção da marca na sua forma mais verdadeira e sem filtros, pois permite o acompanhamento dos depoimentos espontâneos dos consumidores.

c) Experiência de marca: conhecer detalhes que o consumidor não escreve na caixa de críticas e sugestões das marcas, mas que acaba por mencionar no âmbito das redes sociais.

d) Mapeamento de oportunidades: descobrir o que há de latente sobre a marca/produto e o comportamento do consumidor.

2. *CROSS-VALCON*

Considerado o coração do ciclo de definição das estratégias de comunicação pela Dentsu, o *Cross-Valcon* é uma ferramenta de inteligência de pontos de contato, ou seja, uma solução que procura interpretar e permitir estimativas de sortimento ideal de mídias para que as marcas obtenham os melhores resultados em função de seus objetivos de comunicação.

A solução trabalha internamente sobre uma base robusta de dados de pesquisas junto aos consumidores, procurando entender – por meio de sistemas de correlação e de outras modelagens estatísticas – a maneira pela qual as pessoas determinam o caminho do consumo (desde o recebimento da primeira mensagem, até a efetivação da compra) e a decisão pelas marcas, mapeando todas as maneiras pelas quais o consumidor foi impactado pela campanha (pontos de contato) e como reagiu a esses impactos. As correlações permitem o entendimento da lógica entre os pontos de contato, ao longo da jornada do consumidor, no que se refere a intensidade e momento ideal de investimento para cada ponto de contato.

Um ponto importante é que, essas correlações desenvolvidas pelo *Cross-Valcon* possibilitam a criação de cenários otimizados para influenciar o *target* da melhor maneira possível, cobrindo os pontos de contato mais efetivos em termos dos objetivos determinados, levando-o à ação desejada pela marca.

Figura 6.7 – *CROSS MEDIA*

Fonte: *The Dentsu Way* (2011), adaptado por Dentsu Brasil.

Seja aumentar as vendas nas lojas físicas ou melhorar o *awareness* do produto, é possível inferir o sortimento de mídia mais relevante para atingir esses objetivos. O *Cross-Valcon* também permite determinar quais pontos de contato anteriores levaram o consumidor até o objetivo, assim como o que ele fez depois.

Além disso, permite identificar objetivos secundários para cada ponto de contato e descobrir que outros meios também são efetivos para atender aos objetivos primários da comunicação.

3. *AWARENESS SIMULATOR*

Como o próprio nome diz, o simulador de lembrança de marca permite saber o quanto cada ponto de contato de mídia pode impactar no *awareness* da marca e o ponto de saturação de cada campanha, otimizando os investimentos de mídia.

Com base no histórico de GRP e *awareness* da marca, a ferramenta entende a correlação entre os dois para otimizar o investimento de mídia. A vantagem da solução é poder prever não só quando a campanha atingirá o ponto de saturação, mas também se a exposição ficará abaixo da média, portanto, evitando o desperdício ou evidenciando que é necessário aumentar o investimento.

São essas modelagens estatísticas – chamadas regressões – que explicam como essas variáveis (GRPs e *awareness* da marca) influenciam os resultados esperados permitindo projeções mais efetivas dos investimentos em comunicação.

Algumas das vantagens do uso desse tipo de ferramenta, de acordo com a empresa, são:

a) Otimização de investimento – Determinar o melhor tamanho do investimento e os períodos ótimos para alavancar os índices de *awareness*.

b) Potencial por campanha – Avaliar o quanto cada campanha contribui para o crescimento do *awareness* da marca.

c) Eficácia dos veículos – Monitorar os programas que contribuem para o *awareness* do produto/marca e verificar qual investimento em mídia melhor explica esse crescimento.

4. SYNC-ROOM

Trata-se de um *dashboar*d interativo em tempo real que permite cruzar todas as métricas da estratégia de comunicação, de forma amigável, rápida e automática.

Com base no conceito de **paid, owned, earned media**, a ferramenta estabelece a correlação entre todos os fatores da estratégia e a influência nos KPIs da marca (vendas, *leads*, idas ao PDV etc.). Por meio da apresentação de diversos gráficos, diagramas e figuras, desenvolvidos instantaneamente dos bancos de dados existentes na suíte de aplicativos da Dentsu, o gestor pode interpretar e correlacionar os resultados oriundos das diversas ações implementadas para alcançar os objetivos de comunicação, bem como perceber o nível de integração entre elas.

Quadro 6.16 – Métricas Analíticas do *Sync-room*

ALGUMAS MÉTRICAS QUE PODEM INTEGRAR O *SYNC-ROOM*
PAID
• Investimento de mídia mensal (marca *versus* concorrentes). • Investimento de mídia diário (TV – marca *versus* concorrentes).
OWNED
• *Website: visits/ time spending/ bounce.* • *Social media: posts* (Twitter, Facebook, blogs). • PDV: fluxo à loja.
EARNED
• *Social media*: crescimento de fãs/*followers*/comentários/*retweets*/*likes*/*shares*/*talking*. • RP: mídia ganha (centimetragem, segundagem em reais).

continua...

continuação

ALGUMAS MÉTRICAS QUE PODEM INTEGRAR O *SYNC-ROOM*
KPIs
• KPIs do cliente: *leads*/vendas/visitas ao PDV/cadastros/ etc.

Fonte: *The Dentsu Way* (2011), adaptado por Dentsu Brasil.

Algumas das vantagens do uso desse tipo de ferramenta, de acordo com a empresa, são:

1. Efetividade de comunicação – Visualiza interfaces entre diferentes frentes da comunicação e prever o impacto nos KPIs da marca.
2. Auxílio à tomada de decisão – Entende de forma clara quais os meios mais efetivos para atingir os objetivos de comunicação.
3. Automatização de processos – Interage automaticamente com as fontes de informação, agilizando os processos da coleta até a análise dos dados.

h) Mensuração de Resultados de Publicidade em Mídia Impressa

A editora Meredith lançou um programa nos EUA que pretende garantir o ROI dos anunciantes que investem em suas revistas.

Trata-se de uma parceria entre a Meredith e o Nielsen HomeScan, painel de pesquisa quantitativa que monitora mais de 100 mil residências nos EUA analisando o comportamento de compra dos americanos e também o consumo de mídia. Ao separar a amostra entre moradores que consumiram alguma publicação da Meredith e outros que não o fizeram, os pesquisadores tentam inferir correlações: aumento de vendas de determinados produtos coincidiria com aumento da frequência de leitura das revistas. É o clássico uso do método de praças Teste *versus* Controle para inferir resultados.

Chamar esse tipo de correlação de pesquisa quantitativa de mensuração de ROI é, no mínimo, precipitado. Faria mais sentido se a empresa tentasse aferir os objetivos de comunicação que o veículo ajuda a atingir. E depois buscar compreender a relação entre resultados de comunicação e resultados de negócio de seus clientes. Obviamente, o papel da revista não é vender, mas sim ajudar no processo que leva a uma possível venda: melhorar imagem de marca, mobilizar ao ponto de venda etc.

Isso não significa que o estudo seja ruim, mas que é pretensioso e usa a palavra errada. Poderia falar em eficácia, não em ROI. Isso porque o estudo não leva em conta:

1. O teor das mensagens veiculadas nem o objetivo de quem as criou.
2. O efeito da integração da comunicação (*cross media*). Correlacionar consumo de revistas com aumento de vendas desconsidera que há uma composição de outras mídias gerando um efeito conjunto no comportamento ou atitude das pessoas.
3. Outras iniciativas de marketing. Como desconsiderar em um estudo de ROI se houve queda de preços, estímulo à força de vendas, mais capilaridade na distribuição etc.
4. O ambiente de mercado. Será que o fato haver mais dias de chuva em março estimula as pessoas a irem aos *shoppings*? E isso faz com que as vendas aumentem? Que outros fatores do ambiente de mercado deveriam ser analisados?

Enfim, poderíamos relacionar muitas variáveis que não são contempladas em um experimento como esse.

Experimentos são úteis em muitas situações, mas não podem ser chamados de plataformas de mensuração de ROI em comunicação.

6. Mensuração de Resultados de Promoção de Vendas e *Merchandising*

A mensuração dos resultados dos investimentos em Promoção de Vendas e *Merchandising* também está fortemente atrelada às Moedas Financeiras, pois o objetivo central da comunicação mercadológica é gerar vendas e, consequentemente, propiciar Receitas. No entanto, outros indicadores, financeiros ou não financeiros, também devem ser considerados.

a) Exemplo de Análise de Retorno em Promoção de Vendas e *Merchandising*

Ilustramos este conceito com a apresentação de um caso fictício:

Empresa Quero

- A empresa Quero opera no setor alimentício, cujo ramo não sofre variações sazonais notáveis. Contabiliza um Faturamento Bruto Médio de R$ 4.000.000 mensais. Suas Vendas são divididas em:
  - Clientes Institucionais (indústrias, restaurantes industriais): 30%.
  - Varejo (redes de supermercados, mercadinhos): 70%. Nas vendas por meio do varejo, a rede de supermercados Broa de Sal é responsável por cerca de 50%. As vendas para essa rede proporcionam uma Margem de Contribuição média de 40%.

- A empresa identifica alguns problemas: **Giro do Estoque** (quatro vezes ao mês) abaixo do esperado; **capacidade ociosa de produção de 20%**; relação com as redes varejistas prejudicada pelas ação agressiva dos concorrentes.
- Após avaliação de seu ambiente mercadológico, análise comparativa de sua atuação em relação a seus principais concorrentes e contratação de pesquisa junto às redes varejistas, seus gestores de marketing chegam à conclusão de que a melhor estratégia será a de realizar uma ação conjunta de Promoção de Vendas e *Merchandising* junto à rede de supermercados Broa de Sal. Se a iniciativa der certo, pensam em estender para outras redes.
- A ação conjunta teria por base as atividades:
  - Degustação nos principais pontos de venda da rede (durante o primeiro mês).

Metodologias de Mensuração de Resultados | **343**

– Melhor posicionamento dos produtos nas lojas da rede (um ano), presença dos produtos da Quero nos tabloides e materiais promocionais da rede (um ano).

- Tais atividades demandariam investimento da ordem de **R$ 300.000** em degustação, bem como uma bonificação (desconto para o varejista) de 4% sobre as mercadorias vendidas ao longo do ano, para conseguir melhor posição no PDV e veiculação dos seus produtos nos tabloides da rede.
- Espera-se que a ação de degustação incremente as vendas na Broa de Sal em até 50% no mês de sua implementação. Após esse período, sem degustação, se prevê que as vendas retraiam até um patamar que represente 20% acima das vendas atuais na rede.
- Diante dessas perspectivas, avaliar a pertinência das ações de Promoção de Vendas e *Merchandising* propostas.

ANÁLISE
- Faturamento Bruto Anual: R$ 48.000.000; Faturamento junto ao Varejo: R$ 33.600.000 (70% do Faturamento Anual); Faturamento Bruto Anual junto à rede Broa de Sal: R$ 16.800.000 (50% do Varejo); Faturamento Mensal junto à rede: R$ 1.400.000.
- Margem de Contribuição Anual obtida junto à rede Broa de Sal: 40% de R$ 16.800.000 = **R$ 6.720.000.**

Retorno de Investimentos em Comunicação

- Margem de Contribuição Anual Prevista junto à Broa de Sal com a implementação das Ações de Promoção de Vendas e *Merchandising*:

FATURAMENTO BRUTO PREVISTO	MARGEM DE CONTRIBUIÇÃO BRUTA PREVISTA	CUSTO DAS AÇÕES DE PV E MERCHANDISING	MARGEM DE CONTRIBUIÇÃO LÍQUIDA
1º mês: R$ 2.100.000 (50% acima do faturamento mensal atual: R$ 1.400.000 + 50%)	**1º mês:** R$ 840.000 (40% do Faturamento Bruto: 0,4 x R$ 2.100.000)	**1º mês:** R$ 300.000 (Degustação) + R$ 84.000 (4% de bonificação sobre o montante vendido: R$ 2.100.000)	**1º mês:** R$ 456.000 (R$ 840.000 – R$ 384.000)
11 meses seguintes R$ 1.680.000 (20% acima de R$ 1.400.000) X 11 = R$ 18.480.000	**11 meses seguintes** R$ 672.000 (40% do Faturamento Bruto) X 11 = R$ 7.392.000	**11 meses seguintes** R$ 739.200 (4% de bonificação sobre o montante vendido, R$ 18.480.000)	**11 meses seguintes** R$ 6.652.800 (R$ 7.392.000 – R$ 739.200)
TOTAL: R$ 20.580.000	**TOTAL: R$ 8.232.000**	**TOTAL: R$ 1.123.200**	**TOTAL: R$ 7.108.800**

- No que se refere a viabilidade econômica dessa ação de PV e *Merchandising* com a rede Broa de Sal, o retorno será modesto, visto que a empresa já contabiliza uma margem de contribuição (MC) de **R$ 6.720.000** contra os **R$ 7.108.800** previstos. No entanto, outros retornos devem ser considerados:
  - Melhor posicionamento do produto no PDV.
  - Melhoria da relação com a rede com incremento do faturamento anual de 23% (de R$ 16.800.000 para R$ 20.580.000).
  - Maior *Recall* junto aos clientes.
  - Crescimento do faturamento total em cerca de 8% (de R$ 48.000.000 para R$ 51.780.000) e consequente diminuição da taxa de ociosidade produtiva.
  - Aumento do giro de estoque de 4 vezes para 4,32 vezes (giro = receita/estoque: se o giro mensal atual é 4 e a receita é de

R$ 4.000.000, o valor do estoque contábil é de R$ 1.000.000. Assim, mantendo valor de estoque no mesmo patamar e aumentando a receita mensal média para R$ 4.315.000, teremos giro de 4.315.000/1.000.000).
- Melhores condições de negociação junto à rede Broa de Sal nos anos subsequentes.
- Aquisição de Experiência que será de extrema utilidade para a realização de ações semelhantes com outras redes.
- Outras.

b) Tecnologia para Mensuração no Ponto de Venda (*Merchandising*)

Algumas empresas têm se especializado em usar tecnologia no ponto de venda para ajudar na mensuração e gerar *guides* para otimização de resultados de *merchandising*.

A empresa Shopperception criou um sistema que utiliza reconhecimento de movimentos por meio de câmera de vídeo (mesma tecnologia de videogames como o Wii®) que se integra a um *software* que calcula a trajetória dos consumidores e *prospects* dentro da loja, o número de movimentos em direção a algum produto e o tempo que as pessoas demoram para tomar suas decisões, quantificando assim importantes indícios de sucesso no ponto de venda.

É claro que o sistema tem suas limitações. Num supermercado comum seria difícil isolar os resultados, sabendo se as pessoas pegam um produto pela posição na gôndola, pela qualidade da marca ou pela força visual da embalagem. O sistema tem mais utilidade quando utilizado em lojas próprias de marcas que têm um sortimento diversificado de produtos.

Por exemplo, uma loja e produtos de luxo poderia tentar melhorar seus resultados de pontos de venda ao posicionar seus produtos mais caros em locais onde o software indica que há mais possibilidade de se ter a atenção dos consumidores.

Cabe ao gestor calcular qual a possibilidade de um sistema como esse gerar retornos interessantes em comparação a outros investimentos possíveis em otimização e mensuração.

7. Mensuração de Resultados de Participação em Feiras e Exposições

A participação de uma empresa em Férias e Exposições pode contemplar objetivos essencialmente mercadológicos (realizar negócios, vendendo ou comprando bens/serviços), institucionais (ser conhecida, melhorar imagem e/ou posicionamento etc.) ou ambos. Para se apurar o alcance dos objetivos, sejam quais forem, é fundamental prever a utilização das métricas (plataformas) mais adequadas para cada fim. A seguir, apresentamos alguns exemplos possíveis de avaliações e mensurações dos retornos de investimentos em ações dessas modalidades.

a) Exemplo de Análise de Retorno em Feira e Exposições

Este exemplo ilustra a participação de uma empresa industrial em uma feira em que o objetivo é efetivamente comercial, ou seja, realizar negócios de venda.

Indústria Vemqtem

- A indústria Vemqtem planeja sua segunda participação na feira em questão. Em sua primeira participação, a empresa não obteve o retorno financeiro previsto, mas realizou vários estudos e pesquisas para levantar informações sobre a participação e fluxo de visitantes desta natureza. Por meio de informações obtidas junto: à empresa organizadora da feira, aos trabalhos de observadores contratados, ao sistema de controle dos atendimentos na feira, ao sistema de monitoramento de relacionamento comercial (tipo CRM) pós-feira etc., a empresa conseguiu apurar os seguintes fluxos e participações que são consolidados no quadro a seguir.

- O setor de Vendas apresenta a ideia da segunda participação à Diretoria, que solicita ao setor de Marketing e Comunicação um estudo de sua viabilidade financeira e econômica.
- Segundo orçamentos realizados, a participação da empresa no Evento demandará um investimento de R$ 120.000, entre divulgação, aluguel do espaço, montagem do estande, remuneração da equipe de trabalho e do material de consumo.
- Estatísticas de vendas da empresa indicam que o valor médio das transações apuradas historicamente é de R$ 20.000, com margem de contribuição de 30% (R$ 6.000).

Dessa forma, a participação, que demandará um investimento de R$ 120.000, só será viável se a empresa conseguir no mínimo 20 transações comerciais (20 negócios fechados X R$ 20.000 = Faturamento Bruto de R$ 400.000, que resultará em R$ 120.000 de Margem de Contribuição (30%).

Quadro 6.17 – Consolidado com Estatísticas do Processo de Visitação da Feira Anterior

Divulgação junto ao público-alvo (empresários/executivos de empresas que operam no ramo) • Ações desencadeadas pelos organizadores da Feira: publicidade/ assessoria de Imprensa/Evento de lançamento. • Ações específicas da empresa participantes: entrega de folhetos e convites/divulgação pela mídia digital (sites, blogs, *links*, Twitter...) etc.	a) 100% do Público-alvo.
b) Visitaram a feira.	% de a
c) Passam na frente do estande da empresa.	% de b
d) Pararam para ver o estande.	% de c
e) Foram abordados pelas recepcionistas/funcionários.	% de d

continua...

continuação

f) Pediram material da Empresa.	% de e
g) Decidiram entrar no estande para conversar.	% de f
h) Fizeram/receberam um contato pós-feira.	% de g
i) Solicitaram proposta.	% de h
j) Fecharam negócio.	% de i

Fonte: Proposto pelos autores.

PLANEJAMENTO DA PARTICIPAÇÃO A PARTIR DA META MÍNIMA DE VINTE TRANSAÇÕES, COM VALOR MÉDIO DE R$ 20.000:

- Informações históricas determinarão a intensidade e a formatação das ações mercadológicas a serem implementadas, com o objetivo de se alcançar a meta prevista. Ou seja, para se conseguir fechar uma transação, qual a média de propostas a fazer; quantos contatos pós-feira são necessários para se conseguir a solicitação de uma proposta; quantas pessoas abordar mais diretamente para criar contato pós-feira; e assim por diante.
- Tais informações direcionarão:
  - quantidade de convites a serem entregues;
  - onde localizar o estande para garantir determinado fluxo necessário de pessoas;
  - planejamento do *layout* do estande para suscitar atenção e interesse;
  - definição do material a ser distribuído e da quantidade e qualidade dos atendentes;
  - planejamento das ações pós-feira; e
  - entre outras coisas.

Obs.: Para empresas iniciantes em participações, a primeira exigirá ousadia e intuição para realizar as previsões. Da segunda em diante, as informações devidamente coletadas e registradas formarão um histórico precioso para o planejamento das participações subsequentes.

SIMULAÇÃO: O quadro seguinte deve ser preenchido para aferir as metas de cada etapa do processo de visitação e participação do público-alvo, que viabilizarão o investimento necessário:

a) Público-alvo a ser atingido pelas ações de divulgação tanto da feira em si quanto da participação da empresa Vemqtem por meio de: publicidade/assessoria de imprensa/evento de lançamento/ entrega de convites/internet (sites, *banners*...)/folhetos etc.	100%	9.000 (público--alvo total)
b) Devem visitar a feira.	60% de a	**5.400**
c) Devem passar na frente do estande da Empresa (escolher uma posição adequada para garantir o fluxo de 70%).	70% de b	**3.780**
d) Devem parar para ver o estande (cuidar do visual e do layout do estande para chamar a atenção dos passantes).	30% de b	**1.130**
e) Deverão ser abordados pelas recepcionistas / funcionários (dimensionar adequadamente a quantidade de atendentes para conseguir abordar os possíveis interessados).	40% de d	**450**
f) Deverão receber material da empresa (garantir a qualidade dos atendentes e do material para criar interesse).	50% de e	**220**
g) Deverão ser convidados a entrar no estande para conversar (cuidar da ambientação interna e dos serviços de comes e bebes para atrair o desejo de entrar).	70% de f	**160**
h) Realizar um contato pós-feira (planejar o processo de atendimento pós-feira para garantir o contato com os interessados).	80% de g	**130**
i) Incentivar o envio de proposta (elaborar propostas adequadas às expectativas dos interessados).	50% de b	**60**
j) Meta mínima de fechamento de negócio.	30% de i	**20**
Obviamente, trata-se de números baseados em participações anteriores que deverão ser melhorados para que a empresa possa auferir retornos mais expressivos.		

Monitoramento e registros constantes ajudam a aprimorar os processos de planejamento a seguir.

b) Métricas para Eventos *Business to Business* (B2B)

Em mercados *business to business* é muito comum acontecerem eventos periódicos que reúnem todas as principais empresas participantes do setor. Esse é um momento de mostrar o quanto a empresa tem presença no mercado por intermédio de sua estratégia de participação no evento.

Diferentemente dos mercados voltados ao consumidor final, e de acordo com a leitura de Richard Koch sobre a lei de Pareto,[34] 20% dos clientes geram 80% dos lucros; portanto, o foco nos principais clientes é um fator diferencial. Dessa forma, algumas empresas optam por oferecer um espaço reservado a reuniões e almoços – além do estande – para receber os principais clientes (exemplo: *business center*) e até mesmo eventos com *show* e jantar em um dos dias do evento.

As métricas a seguir contemplam todas as ações antes citadas – participação da empresa com estande e *business center* e evento noturno com *show* e jantar para os principais clientes.[35]

Análise I – Retorno sobre investimento (ROI)[36]

a) *Lead cards*[37] – mensurando os resultados comerciais atingidos em reuniões no estande e no *Business Center*

• **Passo 1** – estabelecer uma meta orçamentária a ser atingida:

Meta Orçamentária = gastos do estande + gastos do evento + gastos de viagens internacionais de executivos que vieram visitar o evento + hotel dos executivos + passagens aéreas dos executivos.

• **Passo 2** – elaborar um *lead card* de acordo com as necessidades a serem mensuradas:

– escolher os itens a serem avaliados e estabelecer como será a avaliação de cada item (por porcentagem, por conversão do item em valores monetários);

– imprimir os *lead cards* em tamanho adequado ao bolso do paletó do executivo para que seja fácil de carregar. Veja exemplo no quadro a seguir :

---

34. Lei de Pareto, também conhecida como "80/20", extraída de Koch (2000).

35. A escolha de como implementar a metodologia deve estar alinhada à estratégia geral da empresa.

36. Metodologia extraída de Keen e Digrius (2003).

37. Metodologia extraída de Siskind (1998).

Quadro 6.18 – Análise de Retorno
de Investimentos em Comunicação

Lead Card   **Logo do evento + logo da empresa**

Nome do executivo responsável: _____

DADOS DO CLIENTE
Nome da empresa: _____
Nome do executivo: _____
Cargo: _____
Tipo de cliente:
( ) já é cliente   ( ) possível cliente   ( ) outros:_____

RESULTADO DA REUNIÃO
( ) Novo produto a ser desenvolvido: _____
( ) Venda: Produto_____toneladas_____
( ) Relacionamento
( ) Outros: _____

Fonte: Proposto pelos autores.

- **Passo 3** – Envolver a equipe de vendas, pois seus membros serão os responsáveis por preencher os *lead cards* após cada reunião. Mostrar a importância do preenchimento detalhado do cartão, pois somente assim os resultados podem ser o mais próximos possíveis da realidade.
- **Passo 4** – Tabulação dos resultados dos *lead cards* pós-evento. Gerar porcentagens e converter os resultados da reunião em estimativas de venda em valor monetário (exemplo: dólar ou real) e comparar com a meta.
- **Passo 5** – acompanhamento pelo sistema interno de vendas da efetiva realização, ou não, das vendas prospectadas nos *lead cards*.

b) Custo por convite aceito para o evento de clientes

O exemplo a seguir auxilia no pré-evento, pois gera uma estimativa da estrutura (bebida, comida, brindes, entre outros) a ser preparada para o evento.

CONVITES ENVIADOS	
Número de convites enviados	F1
Número de convites aceitos	F2
Custo por convite enviado	$$/F2
Taxa de aceitação (%)	F2/F1*100
Custo previsto do evento	**$**

Este outro exemplo gera os dados reais do evento.

NÚMERO DE VISITANTES	
Número de visitantes	F3
Custo por visitante	$$/F3
Taxa de aceitação (%)	F3/F1*100
Custo real do evento	**$$**

A comparação das duas tabelas possibilita saber o número real da diferença entre quanto foi esperado gastar com a estrutura e quanto foi realmente gasto: F3 – F2 = margem de erro de visitantes esperados para o evento. Essa margem pode ser utilizada como dado histórico para próximos eventos.

c) Efetividade das salas de reuniões e business center

- Comparar reuniões agendadas *versus* reuniões realizadas.
- Gerar a porcentagem de uso das salas e dos almoços no *business center*.

- Avaliar se o uso das salas e dos almoços atinge pelo menos 75%, caso contrário a existência das salas de reunião e do *business center* não é efetiva e não justifica o custo. Considerar se houve demanda de reunião que não pôde ser atendida devido a agendamento prévio que não gerou uso das salas.

Análise II – Para garantia da presença dos principais clientes

- **Passo 1** – a partir da lista de principais clientes, segmentados em grupos de importância estratégica para a empresa, estabelecer uma porcentagem-meta de clientes por local (estande, *Business Center*, evento para cliente).

Exemplo: Meta do estande: 80% da lista de clientes *Diamond*; 75% da lista de clientes *Gold*; 50% da lista de clientes *Silver*.

- **Passo 2** – estabelecer formas de realizar o acompanhamento de quem entra e sai do estande, do *business center* e do evento para clientes. As novas tecnologias, discutidas neste livro, são alternativas muito utilizadas para realizar *tracking* de clientes.
- **Passo 3** – registrar as possíveis razões das diferenças entre as metas e resultados.
- **Passo 4** – avaliar a efetividade de cada meta por meio da tabela a seguir.

Tabela 6.1 – Avaliação da Efetividade

| | ESTANDE | | | | | |
| CLASSIFICAÇÃO | META | | RESULTADO | | AVALIAÇÃO (META VS. RESULTADO) | RAZÕES DA DIFE-RENÇA |
	PORCEN-TAGEM	NÚMERO DE CLIENTES	PORCEN-TAGEM	NÚMERO DE CLIENTES		
Clientes *Diamond*	%				%	
Clientes *Gold*	%				%	
Clientes *Silver*	%				%	
Exemplo:						
Clientes *Diamond*	85%	30	72%	21	84%	

Obs.: Para cada local (*business center,* evento para clientes) deve ser feita uma tabela de avaliação como no exemplo anterior.

Fonte: Proposto pelos autores.

Análise III – Pesquisa de opinião com clientes

Pesquisa quantitativa e/ou qualitativa com os clientes que frequentaram o evento, para avaliar se houve entendimento dos objetivos e das estratégias da empresa dentro do evento.

Análise IV – Pesquisa de opinião com executivos internos

Pesquisa quantitativa e qualitativa pós-evento com os executivos participantes para avaliar o entendimento do valor das ações realizadas.

8. Análise de Retorno de Investimentos em Comunicação Interna

A mensuração dos resultados dos investimentos em Comunicação Interna está fortemente atrelada aos Indicadores Operacionais e Administrativos, pois o objetivo central da comunicação interna é o de gerar motivação, envolvimento e comprometimento, gerando moedas financeiras como aumento de receitas (vendedores motivados vendem mais) e diminuição de custos (menos retrabalho, maior produtividade etc.). No entanto, outros índices, financeiros ou não, também devem ser considerados.

a) Exemplo de Comunicação Administrativa e Institucional Internas (investimento em clima organizacional)

Ilustramos este conceito a seguir por meio de um caso fictício.

Empresa de Transporte Urbano "Tadeh Morano"

- **Problema –** Uma grande empresa de transporte urbano com um efetivo de quinhentos colaboradores, entre motoristas e cobradores, sofre com uma taxa de absenteísmo de 3% motivada por faltas justificadas, atestados e licenças médicas. Esse fato leva a empresa a despender um valor alto no que se refere a pagamento de horas extras para substituição dos faltantes.
- A folha de pagamento contabiliza um valor médio mensal de R$ 3.000 (entre salários, encargos e outros benefícios inerentes) por colaborador e as horas extras demandam um desembolso incremental de, no mínimo, 50% daquele valor.
- Para minimizar a taxa de absenteísmo, após estudo das condições ambientais, a empresa planeja implantar um centro de vivência com opções de lazer (mesas para jogos), descanso e atendimento médico e psicológico para colaboradores em suas horas de

folga, além de implementar uma campanha interna de cuidados de saúde pessoal e familiar. O montante a ser investido será de R$ 200.000 no primeiro ano.

- Trata-se, portanto, de uma ação conjugada entre os setores de Recursos Humanos e de Comunicação Interna.
- Com isso, espera-se **reduzir em no mínimo 20% a taxa de absenteísmo.** Pergunta-se: nesse caso, do ponto de vista financeiro, vale a pena o esforço? Quais serão os retornos não financeiros?

Demonstrativo de Retorno

CUSTO ATUAL
– Reposição dos faltantes: 3% de absenteísmo (500 colaboradores) resultam em 15 faltantes por dia.
– 15 x 30 dias = 450 faltas por mês.
– 450 faltas por mês x 12 meses = 5.400 faltas por ano.
– Custo de reposição: R$ 3.000 (custo mensal/colaborador): 30 dias = R$ 100 (custo-dia) x 1,5 (acréscimo de 50% para hora extra) = **R$ 150** (para repor um dia de falta).
– Custo atual de reposição por ano: R$ 150 x 5.400 faltas = **R$ 810.000.**

RETORNO FINANCEIRO
– Meta de Redução de Custo de Reposição: 20%, ou seja, R$ 810.000 x 20% = **R$ 162.000**.
– Investimento previsto para o primeiro ano = **R$ 200.000** contra uma redução dos Custos de Reposição de **R$ 162.000**. Aparentemente, esses números não justificariam o investimento. No entanto, deve-se considerar o seguinte: trata-se de um investimento no médio prazo; se no primeiro ano o retorno foi negativo em **R$ 38.000** (Investimento de R$ 200.000 x Redução de custo de R$ 162.000), a tendência é a de que a empresa afira resultados positivos futuramente, pois a necessidade de investimento anual

nessa ação institucional nos anos subsequentes será menor que R$ 200.000 (não haverá mais necessidade de investimento em infraestrutura, apenas em sua manutenção), sendo que a redução anual dos custos de reposição deverá permanecer no patamar de R$ 162.000.

CONCLUSÃO – Esse investimento é viável financeiramente, pois a expectativa é a de que, no médio prazo (entre dois a três anos), a empresa conseguirá investir menos do que o valor que deixará de despender. Além disso, a empresa poderá contar com o ganho de **moedas não financeiras**, como: maior produtividade, maior satisfação por parte dos colaboradores, melhor atendimento, melhor imagem corporativa etc.

9. Mensuração de Resultados de Investimentos em Publicações

Os Indicadores utilizados na mensuração dos resultados dos investimentos em Publicações dependerão dos objetivos para elas definidos: mercadológico, institucional ou administrativo. Em se tratando de publicações administrativas, devemos utilizar os indicadores operacionais e administrativos. No caso de publicações de cunho comercial, os indicadores mais adequados são os de mercado, e assim por diante. No entanto, outros indicadores, financeiros ou não financeiros, também devem ser considerados.

a) Avaliação e Mensuração de Resultados da Publicação de uma Revista Mensal Dirigida ao Público Interno, Colaboradores, Fornecedores e Acionistas

Uma publicação periódica, com conteúdo eclético, voltada ao público interno (colaboradores, fornecedores e acionistas), não tem seus objetivos e metas diretamente relacionados com as receitas de uma empresa. O custo de sua publicação, por outro lado, é considerado

como despesa. No entanto, pelo seu potencial informativo, pode-se constituir em fator significativo no alcance de indicadores importantes que estão direta ou indiretamente ligados ao resultado econômico das empresas, como:
- nível de conhecimento;
- grau de identificação com a empresa;
- nível de orgulho em relação à empresa; e
- grau de motivação, envolvimento e comprometimento etc.

Todos esses indicadores estão direta ou indiretamente relaciona-dos com o incremento de receitas e/ou redução de custos/despesas. Entendemos, portanto, que a avaliação e mensuração de publicações voltadas aos públicos internos não devem focar prioritariamente os re-sultados econômicos possíveis, mas sim o atingimento dos indicadores que justificam sua existência e continuidade.

Sugere-se que o monitoramento seja feito para as principais seções e artigos publicados em cada edição. Ele só será possível e relevante como instrumento de análise e mensuração quando antecedido por um planejamento editorial adequado que contemple: Definição de Objetivos e Metas Gerais da Publicação; Definição de Objetivos e Metas de cada Seção; Definição de Temas-chave; e Definição das estratégias de apre-sentação do conteúdo (artigos, entrevistas, crônicas, notas, jogos etc.) e de forma (diagramação, ilustrações, fotos, gráficos, tabelas etc.).

EXEMPLO DE PLANILHA DE AVALIAÇÃO

ANO:	NÚMERO:	DATA:
NOME DA PUBLICAÇÃO:		
SEÇÃO:		
TÍTULO DO ARTIGO:		
SETOR RESPONSÁVEL:		

Metodologias de Mensuração de Resultados | **359**

AVALIAÇÃO DO CONTEÚDO
VALORES DA EMPRESA DESTACADOS (até 3)

☐ Equipe

☐ Foco no Cliente

☐ Inovação

☐ Comprometimento com as comunidades

☐ Transparência

☐ Eficiência

☐ Solidez

☐ Outro. Qual: _____

☐ Compromisso

☐ Qualidade

ITENS DO PLANO DE GESTÃO CONTEMPLADOS (até 2)

☐ Qualidade percebida

☐ Gestão de pessoas

☐ Gestão de gastos

☐ Gestão de clientes

☐ Situação do mercado

☐ Integração tecnológica

☐ Fortalecimento da marca

EIXOS TEMÁTICOS ABORDADOS (até 2)

☐ Retenção, rentabilidade, vinculação e aquisição de clientes

☐ Boas práticas de gestão

☐ Boas práticas operacionais

☐ Estratégias pessoais para melhorar o relacionamento/atendimento

☐ Plano de carreira

☐ Segurança no trabalho e qualidade de vida

☐ Destaques do mês (colaboradores, fornecedores etc.)

☐ Informações de interesse geral

☐ Outros. Quais:_____

OBJETIVOS DA COMUNICAÇÃO ALCANÇADOS (até 2)

☐ Despertar consciência/atenção/interesse sobre o tema

☐ Proporcionar conhecimento/identificação

☐ Criar expectativa em relação ao assunto

□ Levar à concordância em relação ao exposto

□ Efetivar decisão e ação (mudança de comportamento)

□ Garantir satisfação/ratificação de decisão e ação acertadas

□ Suscitar orgulho de fazer parte da instituição

□ Estabelecer interação com o leitor

□ Gerar disseminação/boca a boca

REPERCUSSÕES

Positivas, percebidas por:

_____

_____

Negativas, percebidas por:

_____

_____

Obs.: as repercussões podem ser levantadas por meio de pesquisas informais, caixa de críticas e sugestões, questionário *on-line* etc.

AVALIAÇÃO DA ILUSTRAÇÃO

GRÁFICOS	Quantidade		Especificar:
QUADROS	Quantidade		Especificar:
FOTOS	Quantidade		Especificar:

AVALIAÇÃO DAS FOTOS

Gênero	%		Homens	%		Mulheres	
Faixa etária	%	Crianças	%	Jovens	%	Adultos	% Melhor idade
Etnia	%	Ocidental	%	Oriental		%	Afro-brasileiro
Nível hierárquico	%	Operacional	%	Administrativo		%	Diretivo

O monitoramento individual (por seção e/ou artigo) possibilitará a consolidação das análises da Edição, possibilitando a verificação do alcance de todos os objetivos de comunicação, da abordagem de todos os Temas ligados ao plano de Gestão, do uso adequado de ilustrações e gráficos, do equilíbrio da publicação de fotos quanto a gênero, níveis hierárquicos, setores etc.

Além disso, essa planilha, preenchida a cada edição publicada, será a base para avaliação do desempenho dos indicadores (produtividade, retrabalho, *turnover*, absenteísmo, despesas médicas, desperdícios, manutenção, infrações, reclamações etc.) relacionados aos objetivos e metas específicos dos temas-chave definidos. Servirá também como *guideline* para publicações futuras.

Sugerimos também relacionar o Custo de Publicação Mensal com Lucro Líquido, Gasto Mensal com Salários, Quantidade do Público Interno, Custo por Público Ponderado Atingido/PPA (dando pesos diferentes para os públicos de acordo com sua importância estratégica: diretores, fornecedores, acionistas, gerentes, operários etc.). Dessa mensuração podem surgir muitos indicadores que justifiquem a manutenção da publicação, tais como:

- Custo da Publicação equivale a X% do Lucro Líquido.
- Custo da Publicação equivale a X% da Folha Salarial.
- Custo da Publicação/número de colaboradores = custo por colaborador.
- Custo da Publicação/número ponderado de pessoas que compõem os públicos de interesse da empresa = custo por público ponderado atingido.

Quando relativamente baixos, esses números farão a diretoria considerar que os riscos e custos decorrentes da interrupção poderão ser maiores do que sua manutenção. No caso de um projeto de publicação, sugerimos que esses índices sejam usados para demonstrar que o investimento proposto será ínfimo se comparado com os benefícios potenciais.

b) Métricas para Avaliação e Mensuração de Publicação de Relatório Social Anual

A Publicação do Relatório Social Anual tem como objetivo comunicar as realizações da empresa quanto a: desempenho econômico-financeiro; gestão de pessoas; atividades operacionais; investimentos; relacionamento com investidores e com outros *stakeholders*; realizações socioculturais e ambientais; desenvolvimentos mercadológicos; avanços tecnológicos; dentre outros temas de relevância. É, também parte integrante e complementar do processo de comunicação integrada que contempla os 14 objetivos, já citados. Assim sendo, seus resultados devem ser avaliados e mensurados de acordo com os objetivos gerais de comunicação da empresa e, especificamente, com os objetivos atrelados às ações de comunicação institucional. Dessa forma, foram desenvolvidas métricas que produzem indicadores que complementam o conjunto de indicadores que advêm da avaliação e mensuração de outras ações de comunicação:

MÉTRICA DE ADERÊNCIA

TEMAS ABORDADOS NO RELATÓRIO SOCIAL 20XX

☐ Desempenho econômico-financeiro

☐ Gestão de pessoas

☐ Boas práticas operacionais

☐ Novos investimentos

☐ Realizações socioculturais e ambientais

☐ Desenvolvimentos mercadológicos

☐ Avanços tecnológicos

☐ Outros. Quais:_____

AVALIAÇÃO DA ADERÊNCIA

Esta avaliação tem como objetivo verificar o grau de aderência do(s) Fato(s) Comunicável(eis), publicado(s) no Relatório Social Anual, em relação à Missão e Valores da Empresa, a sua Política de Cidadania, aos seus Objetivos Corporativos e Estratégicos e aos Atributos de Imagem desejados.

	PESO	A POUCO	B MÉDIO	C MUITO	NOTA PONDERADA
À política de desenvolvimento de cidadania corporativa	%				
À identidade corporativa	%				
Aos objetivos estratégicos	%				
Aos focos estratégicos da comunicação	%				
Aos atributos de imagem	%				
Índice ponderado	100%				

Notas: A = 5; B = 7,5; C = 10

OBJETIVOS DA COMUNICAÇÃO ALCANÇADOS EM RELAÇÃO A CADA TEMA

Sugere-se a avaliação dos possíveis objetivos da comunicação alcançados pela publicação das Informações relativas a cada Tema:

EXEMPLO

COM RELAÇÃO AO DESEMPENHO ECONÔMICO FINANCEIRO, OS FATOS COMUNICÁVEIS APRESENTADOS NESTE RELATÓRIO SOCIAL, CONSEGUIRAM:

☐ **Despertar consciência/atenção/interesse sobre o tema**

☐ **Proporcionar conhecimento/identificação**

☐ Criar expectativa em relação ao assunto

☐ Levar à concordância em relação ao exposto

☐ Efetivar decisão e ação (mudança de comportamento)

☐ Garantir satisfação/ratificação de decisão e ação acertadas

☐ Suscitar orgulho de fazer parte da instituição

☐ Estabelecer interação com o leitor

☐ Gerar disseminação/boca a boca

Obs.: recomenda-se que essa avaliação seja feita por especialistas não envolvidos no processo de publicação.

PLATAFORMA DE PÚBLICO PONDERADO ATINGIDO

PÚBLICOS QUE RECEBERAM A PUBLICAÇÃO	PESO	QUANTIDADE REALIZADA	QUANTIDADE PONDERADA
Colaboradores administrativos			
Colaboradores não administrativos			
Entidades governamentais			
Representantes da comunidade			
Contatos totais da imprensa			
Contatos dos distribuidores			
Contatos dos fornecedores			
Representantes de entidades associativas e representativas			
Entidades acadêmicas			
Contatos de ONGs			
Contatos de instituições de referência			
TOTAL PONDERADO			

Obtém-se um indicador ponderado por meio da atribuição de PESOS (importância relativa de cada público atingido). A quantidade do público ponderado atingido é comparável com as quantidades atin-

Esta métrica permite a apuração do **Custo por Público Ponderado Atingido**.

gidas por outras publicações, bem como serve de base para futuras ações de comunicação.

Esta métrica permite a apuração do **Custo por Público Ponderado Atingido**.

> **Custo por Público Ponderado Atingido = $\dfrac{\text{CUSTO}^*}{\text{PPA}}$**

*CUSTO = Custo Total da Publicação

PLATAFORMA DE EFICIÊNCIA E EFICÁCIA

ATRIBUTOS	PESO	AVALIAÇÃO DA QUALIDADE				
		ÓTIMO	BOM	MÉDIO	RUIM	PÉSSIMO
Qualidade da impressão		☐	☐	☐	☐	☐
Qualidade do material		☐	☐	☐	☐	☐
Adequação do formato/*layout*		☐	☐	☐	☐	☐
Qualidade das fotos		☐	☐	☐	☐	☐
Adequação da linguagem		☐	☐	☐	☐	☐
Qualidade do conteúdo		☐	☐	☐	☐	☐

Obs.: recomenda-se que essa avaliação seja feita por especialistas não envolvidos no processo de publicação.

Obtém-se um indicador ponderado por meio da atribuição de PESOS (importância relativa de cada variável de análise) e NOTAS (de 0 a 10, de acordo com o grau de adequação, de qualidade e de pertinência). O valor ponderado atribuído é comparável com os valores obtidos por outras publicações, bem como serve de base para futuras ações de comunicação.

PLATAFORMA DE ATIVAÇÃO

	POUCO	MÉDIO	MUITO
PROGRAMAS DE RELACIONAMENTO			
SITE, BLOG DA EMPRESA			
RELACIONAMENTO COM A IMPRENSA			
EVENTOS			
PUBLICIDADE/PROMOÇÃO			
MEMÓRIA EMPRESARIAL			
AÇÕES DE MÍDIA SOCIAL			
PATROCÍNIOS			

Podem-se atribuir notas, por exemplo: Coluna A = 5; Coluna B = 7,5; Coluna C = 10

É importante levantar as repercussões que a publicação suscitou junto aos diversos públicos que tiveram contato com essa ação de comunicação.

Positivas, percebidas por:

_____

_____

Negativas, percebidas por:

_____

_____

Obs.: as repercussões podem ser levantadas por meio de pesquisas informais, caixa de críticas e sugestões, questionário *on-line* etc.

10. Mensuração de Resultados de Campanhas de Causas de Interesse Público

As empresas podem realizar campanhas de temas de interesse público com o objetivo de alavancar suas atividades. Essas campanhas têm mais sucesso quando os temas escolhidos apresentam aderência com as atividades-fim da empresa.

a) Exemplo de Análise do Retorno de Investimento em Campanhas de Temas de Interesse Público Relacionados às Atividades-fim da Empresa

Ilustramos este conceito a seguir apresentando um caso fictício.

Centro de Alimentação Saudável

Empresa que opera no ramo alimentício planeja investir num Centro de Alimentação Saudável. O Centro proporcionará ao público geral as seguintes atividades: palestras e cursos gratuitos de culinária saudável, orientação nutricional, biblioteca e videoteca sobre o tema, exposição e degustação de produtos etc.

O investimento para a implantação do centro será de **R$ 5.000.000** e o custo mensal será de **R$ 200.000**, incluindo a verba de divulgação. Desses totais **40%** serão obtidos junto aos fornecedores de equipamentos e materiais de copa e cozinha.

Espera-se atender cerca de **100.000** pessoas no 1º ano, aumentando esse número em **25%** no 2º ano (125.000 pessoas) e **20%** no 3º (150.000 pessoas). Desse total, estima-se que **10%** serão compostos por profissionais da área de alimentação (nutricionistas, cozinheiros, engenheiros de alimentação, professores de culinária etc.).

O Faturamento Líquido da empresa em 2011 foi de **R$ 4 bilhões,** com margem de lucro de **8%**. Do Faturamento, **2%** em média são investidos em ações de comunicação mercadológica (PP em mídia eletrônica e Promoção de Vendas e *Merchandising*), publicações institucionais, vídeos corporativos e de treinamento, eventos institucionais, relacionamento com a imprensa, mídias sociais e digitais.

Tarefa:

1. Apresentar uma análise de viabilidade econômica e mercadológica da implantação do Centro utilizando todos os argumentos qualitativos e quantitativos disponíveis.
2. Relacionar todas as possibilidades comunicativas desse Centro (Grau de Ativação e aderência aos objetivos de comunicação da empresa).

ANÁLISE DA VIABILIDADE FINANCEIRA E MERCADOLÓGICA

- Investimento anual no Centro: 1º ano: R$ 7.400.000; do 2º ano em diante: R$ 2.400.000, sendo que 40% desse total serão obtidos junto aos fornecedores de equipamentos e materiais de copa e cozinha. Assim sendo, o investimento direto da empresa será de, no 1º ano, **R$ 4.440.000;** do 2º ano em diante, **R$ 1.440.000**.
- Investimento anual em Comunicação Mercadológica: **R$ 80.000.000** (2% do Faturamento Bruto de R$ 4.000.000.000).

– Análise comparativa de Investimento

- O investimento no Centro representará no 1º ano apenas **6%** do Investimento Anual em Comunicação Mercadológica e ínfimo **0,1%** do Faturamento Bruto.
- A partir do 2º ano, mantendo-se o faturamento e a verba de Publicidade, o investimento no Centro representará **menos de 2%** do investimento anual publicitário e **0,04%** do Faturamento.

– Podemos relacionar o investimento com o Lucro Líquido

- No 1º ano: **1,4%** (R$ 4.440.000 em relação ao lucro de R$ 320.000.000 – 8% do Faturamento).
- Do 2º ano em diante: **0,45%** (R$ 1.440.000 em relação ao lucro de R$ 320.000.000).

– Custo por público atendido

- No 1º ano = **R$ 44,40** (R$ 4.440.000/ 100.000).

- No 2º ano = **R$ 11,52** (R$ 1.440.000 / 125.000 [aumento de 25% em relação ao público atendido no ano anterior]).
- Do 3º ano em diante = **R$ 9,60** (R$ 1.440.000 / 150.000 [aumento de 20% em relação ao público atendido no ano anterior].

– **Custo por público ponderado atendido (3º ano)**
- Considerando que esse público terá um enorme envolvimento com a empresa, podemos calcular o custo por pessoa observando o peso de importância (de acordo com o envolvimento) em relação a um cidadão comum que assiste em sua casa à publicidade da empresa. Suponhamos que uma pessoa atendida pelo Centro possa ser considerada, por baixo, como o equivalente a dez pessoas que assistem à TV; e **10%** de profissionais da área de alimentação (nutricionistas, cozinheiros, engenheiros de alimentação, professores de culinária etc.) possam equivaler a cinquenta (dado o fato de serem formadores de opinião na área alimentícia). Teremos no 3º ano um **público ponderado de 2.100.000** (135.000 (90% de 150.000) x 10 + 15.000 (10% de 150.000) x 50). Assim, teremos um **custo por público ponderado atendido de R$ 0,69** (R$ 1.440.000 / 2.100.000).

Além dessas considerações financeiras, podemos expressar outros ganhos não financeiros, como:
- ganhos de imagem;
- melhor relacionamento com a comunidade do entorno;
- melhor relacionamento com fornecedores;
- possibilidade de realizar pesquisas de comportamento de consumo, enquetes de opiniões, estudos de desenvolvimento de produtos;
- ser referência na área alimentícia;
- criação de espaço para atendimento de formadores de opinião; e
- entre outras coisas.

b) Métricas de Mensuração de Investimentos em Campanhas de Temas de Interesse Público não Relacionados às Atividades-fim da Empresa

Quando a Campanha tem objetivos e versa sobre temas não relacionados com os negócios da empresa (exemplo: uma empresa imobiliária patrocinando uma campanha de prevenção ao Câncer de Mama), faz-se necessário criar métricas que possibilitem a avaliação e mensuração do impacto comunicativo da campanha, quanto a eficácia (atingimento do público almejado) e eficiência (competência, adequação das mensagens e dos meios). A seguir sugerimos algumas variáveis de análise.

ÍNDICE DE ADERÊNCIA DO TEMA

Esta avaliação tem como objetivo verificar o grau de aderência do tema, do conteúdo comunicado, da estratégia criativa, dos personagens em relação à Missão e Valores da Empresa, sua Política de Cidadania, a seus Objetivos Corporativos e Estratégicos e aos Atributos de Imagem desejados.

DESCRIÇÃO	PESO	A POUCO	B MÉDIO	C MUITO	NOTA PONDERADA
À POLÍTICA DE DESENVOLVIMENTO DE CIDADANIA CORPORATIVA	%				
À IDENTIDADE CORPORATIVA	%				
AOS OBJETIVOS ESTRATÉGICOS	%				
AOS FOCOS ESTRATÉGICOS DA COMUNICAÇÃO	%				
AOS ATRIBUTOS DE IMAGEM	%				
ÍNDICE PONDERADO	100%				

Notas: A = 5; B = 7,5; C = 10

PLATAFORMA DE REPERCUSSÕES (mensurar manifestações em mídia, por correspondência, por contato pessoal, por telefone, por e-mail, pela mídia social etc.)

PÚBLICOS	PESO	QUANTIDADE REALIZADA	QUANTIDADE PONDERADA
TRP (*Target Rating Point:* Quantidade de Inserções X Audiências dos meios utilizados na Campanha)	1*		
Público interno (colaboradores, gestores, investidores) fazendo menção à campanha			
Contatos da comunidade fazendo menção à campanha			
Contatos da imprensa fazendo menção à campanha			
Contatos dos demais *stakeholders* fazendo menção à campanha			
Citações acadêmicas sobre a campanha (em artigos, livros, palestras)			
Contatos de ONGs fazendo menção à campanha			
Contatos de instituições de referência fazendo menção à campanha			
Contatos governamentais fazendo menção à campanha			
Contatos de entidades representativas e associativas fazendo menção à campanha			
Cliques no site na coluna específica da temática da campanha			
Índice de *recall* (obtida por meio de Pesquisa de *recall*)			
Menções positivas em mídia social			
TOTAL DE PÚBLICO PONDERADO ATINGIDO			

*Conforme já discutido, 1 representa uma pessoa que possivelmente foi exposta a uma veiculação de massa. Desse número em diante, atribui-se valor aos demais públicos de acordo com sua importância estratégica, grau de envolvimento, proximidade com a empresa etc.

Tal métrica permite a apuração do **Custo por Público Ponderado Atingido.**

$$\text{Custo por Público Ponderado Atingido} = \frac{\text{CUSTO*}}{\text{PPA}}$$

*CUSTO = Custo Total da Campanha

PLATAFORMA DE EFICIÊNCIA E EFICÁCIA

ATRIBUTOS	PESO	AVALIAÇÃO DA QUALIDADE				
		ÓTIMA	BOA	MÉDIA	RUIM	PÉSSIMA
Adequação dos meios utilizados (jornais/revistas)		☐	☐	☐	☐	☐
Adequação do período de veiculação		☐	☐	☐	☐	☐
Adequação da distribuição (locais e quantidade) dos *outdoors*		☐	☐	☐	☐	☐
Atualidade da impressão		☐	☐	☐	☐	☐
Adequação da mensagem		☐	☐	☐	☐	☐
Adequação da ilustração		☐	☐	☐	☐	☐
Inserção adequada da marca ou menção da empresa		☐	☐	☐	☐	☐

Obs.: recomenda-se que essa avaliação seja feita por especialistas não envolvidos no processo de publicação.

Obtém-se um indicador ponderado por meio da atribuição de PESOS (importância relativa de cada variável de análise) e NOTAS (de 0 a 10, de acordo com o grau de adequação, de qualidade e de pertinência). O valor ponderado atribuído é comparável com os valores obtidos por outras ações de comunicação, bem como ser base para futuras campanhas.

PLATAFORMA DE ATIVAÇÃO
Espera-se que esta Campanha ative/gere conteúdo para outras ações de comunicação.

	PESO	A POUCO	B MÉDIO	C MUITO
Cobertura da imprensa				
Publicação interna				
Produtos editoriais/brindes sociais				
CRM operacional				
Banco de imagens				
Eventos				
ÍNDICE PONDERADO				

Notas: A = 5; B = 7,5; C = 10

11. Mensuração de Resultados em Relações Públicas Integradas

a) Plataforma Integrada MaxPR da Maxpress

A MaxPR é uma plataforma tecnológica integrada de relacionamento com públicos estratégicos construída especificamente para uso do Gestor de Relações Públicas e sua equipe. A plataforma reúne num mesmo ambiente computacional os sistemas de relacionamento com a Imprensa Nacional, Imprensa Latina, com o Governo, com Contatos VIP e com Públicos Corporativos, enfim, alguns dos chamados públicos estratégicos das organizações.

A arquitetura da plataforma permite o desenvolvimento e a gestão das relações com esses públicos por meio das seguintes ferramentas:

- **Distribuidor** – Módulo que faz a distribuição de informações por e-mail, executa o monitoramento de estatísticas de abertura e, posteriormente, fornece um relatório detalhado dos resultados da distribuição (detalhando percentuais de abertura por vários filtros, gráficos contendo os horários de pico de abertura das mensagens, medidas de eficácia dos disparos junto ao público prioritário etc.).
- **Gestor de Relacionamento** – Controla o relacionamento/atendimento aos públicos estratégicos e fornece relatórios e consultas das demandas com os respectivos resultados. É possível, por meio desta ferramenta, registrar, por exemplo, todas as solicitações de jornalistas para um assessor e, ao final de determinado período, analisar o que os veículos de comunicação solicitaram (entrevistas, informações, imagens etc.) e quais foram os resultados, ou seja, o que eles "falaram" do cliente usuário do Gestor (avaliação dividida em: positiva, negativa ou neutra, por meio de gráficos; separação por conteúdos noticiados etc.).
- **Monitor Web** – Faz o monitoramento de palavras-chave e expressões na mídia eletrônica (*clipping*) e permite aferir o resultado alcançado em publicações que se originaram do serviço da assessoria de envio de pautas, possibilitando a mensuração e posterior avaliação do resultado dos trabalhos de RP.
- **Transmissão Web** – Transmissão ao vivo de coletivas de imprensa ou eventos pela internet com canal para interação (*chat*).
- **Gestão do Conhecimento** – Ferramenta para mapeamento, organização, armazenamento e difusão do capital intelectual de uma entidade, com o objetivo de estruturar a memória empresarial.
- **Gestão do Reconhecimento** – Ferramenta que automatiza todas as etapas de um processo de premiação: inscrição, triagem, digitalização, julgamento, gestão e publicação.
- **Gestão de Crises** – Sistema de ferramentas para prevenção, gerenciamento e comunicação de crises corporativas, aco-

plado ao serviço de atualização do banco de dados dos públicos estratégicos.

- **Publicador** – Ferramenta de publicação de informações para a imprensa.

Todas as transações realizadas pelas ferramentas são armazenadas nos bancos de dados, o que favorece ao profissional de Relações Públicas a aprendizagem no processo de relacionamento, uma vez que a plataforma gera relatórios de controle e mensuração de resultados.

Nossos comentários sobre a plataforma

A MaxPR é um complexo sistema integrado de ferramentas de gestão do relacionamento junto a boa parte dos públicos estratégicos das organizações brasileiras. Sem dúvida, o investimento pode se justificar quando se trata de organização com ampla base de *stakeholders* com os quais precisa manter forte contato e monitoramento, principalmente no concernente aos governos e imprensa em âmbito latino-americano.

A ressalva que fica é se o sistema, de fato, possibilita uma avaliação totalmente integrada das ações de comunicação – tendo em vista que cada módulo produz uma série de relatórios, gráficos, planilhas e demais instrumentos de avaliação e mensuração, mas não os conecta, ou pelo menos não demonstra como isso pode ser feito. Outra questão que se coloca é como ocorre a métrica entre investimento e retorno.

Concluindo, entendemos que é uma plataforma com alto potencial de utilização e que pode evoluir para um modelo integrado (conforme preconizam os capítulos de Comunicação e Mensuração deste livro), inclusive articulando a questão dos recursos e processos utilizados – *inputs* e *throughputs* – com os resultados efetivamente alcançados – *outputs*.

12. Avaliação e Mensuração da Imagem Corporativa

a) I_2R (Índice de Imagem e Reputação) da Companhia de Notícias – CDN (empresa brasileira especializada em comunicação corporativa, pesquisas e análises de tendência e outros serviços)

Trata-se de uma ferramenta que tem como objetivos:

colher e avaliar a percepção dos diferentes públicos estratégicos (*stakeholders*) no contexto social, regulatório e político, trabalhando com fontes primárias; integrar o cenário concorrencial mediante a avaliação dos concorrentes definindo o peso de cada um dos públicos na imagem global da empresa; construir indicadores e índices sintéticos – por público e globais – que traduzam, em valores mensuráveis, o posicionamento, a imagem e a reputação da empresa (CDNEP, 2013).

O indicador resultante dessa avaliação (I_2R – Índice de Imagem e Reputação)

tem como base o conceito de *Image Share* (por analogia a *Market Share*) e pressupõe que:
- a imagem de uma empresa ou instituição tem seu valor aferido em um cenário concorrencial; e
- a imagem de uma empresa ou instituição é produto da interação das percepções obtidas entre cada um dos públicos (CDNEP, 2013).

Assim, o índice é representado por um valor único composto pelos indicadores de imagem dos públicos específicos, ponderados segundo seu peso efetivo no setor econômico em que a empresa opera.

b) Método de Configuração da Imagem – MCI

(Desenvolvido pela Professora Doutora Maria Schuler[38] e aplicado na Bayer Cropscience – América Latina, na Petróleo Ipiranga, na Vinícola Miolo e em outras empresas)

Esse método – publicado e premiado nos Estados Unidos e no Reino Unido – foi criado para dar aplicação prática a teorias fundamentadas sobre a gestão da imagem no mundo dos negócios. Desenvolve um entendimento sobre o que é a Imagem, como ela se forma e qual é sua importância para a administração dos negócios, ao mesmo tempo em que desenvolve a habilidade de gerir essa realidade, no dia a dia organizacional.

O **MCI** se apresenta com os seguintes procedimentos:

1. Identificação dos diversos públicos da organização (segmentação e perfil dos segmentos) e escolha do público a ser pesquisado.

2. Uma primeira abordagem, denominada **Configuração de Conteúdo**, busca:
* a seleção de uma amostra representativa para essa fase da pesquisa;
* a identificação dos atributos salientes da imagem de uma organização, marca ou produto na mente dos respondentes;
* a classificação dos atributos identificados em categorias de atributos funcionais, simbólicos, cognitivos e emocionais; e
* a atribuição de valores de ordem e de frequência aos atributos citados, visando à determinação de suas distâncias em relação ao termo empregado para estimular os respondentes a se manifestarem sobre o produto pesquisado (termo indutor).

3. O Método propõe, então, uma segunda abordagem, denominada **Configuração de Agrupamentos**, buscando:

---

38. SCHULER, M. *Management of the Organizational Image A Method for the Organizational Image Configuration* 2000 - PRSA Educator's Academy 2000 Research Conference – Miami, USA (premiado) e SCHULER, M. *Management of the organizational image: a method for organizational image configuration*. Corporate Reputation Review, London, v. 7, n. 1, Spring 2004. p. 37-53.

- a seleção de uma *amostra* representativa para essa fase da pesquisa;
- a mensuração do *grau de importância* dos atributos levantados na fase da Configuração de Conteúdo, como forma de identificação dos atributos mais importantes para o grupo respondente dentro de seu processo de decisão de compra;
- a mensuração do *grau de satisfação* dos atributos levantados na fase da Configuração de Conteúdo, como forma de identificação dos atributos mais satisfatórios para o grupo respondente;
- a verificação do agrupamento dos atributos em *fatores de importância*, revelando assim grupos de atributos que sejam mais intimamente relacionados entre si; e
- a verificação do agrupamento dos atributos em *fatores de satisfação*, revelando assim os caminhos da satisfação dos públicos com uma organização, marca ou produto.

4. E, finalmente, o Método gera um **Relatório de Resultados**, constando de:
- uma *disposição gráfica* dos resultados das duas fases da pesquisa (**Mapa de Configuração da Imagem – MPCI**), permitindo uma rápida visualização da estrutura dos atributos na imagem pesquisada;

Figura 6.8 – Mapa de Configuração da Imagem

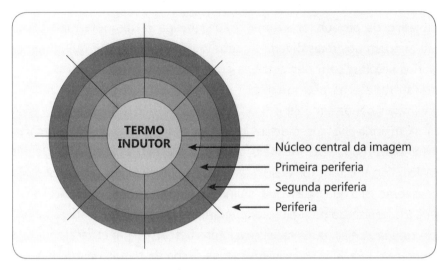

Fonte: Adaptado de Schuler (2004).

- uma tabela de **Sugestões de Ações Estratégicas para a Gestão da Imagem (SAEGIs)**, na qual os principais atributos são analisados de acordo com as posições, os valores e as relações encontradas, gerando direções possíveis para a melhor gestão da imagem específica de uma organização, marca ou produto.

13. Método de Gestão do Risco da Imagem Institucional

(Desenvolvido por Marcio Polidoro, Diretor de Comunicação da Odebrecht, revisado e ampliado por Claudio Cardoso, Professor-associado da Faculdade de Comunicação e do Núcleo de Pós-graduação em Administração da Universidade Federal da Bahia)

Esse método foi motivado por uma longa e intensa experiência de exposição da marca Odebrecht na imprensa nacional e internacional, dessa que é, na atualidade, a maior empregadora do País[39] e uma das maiores organizações multinacionais brasileiras. Ele foi criado com o objetivo de proporcionar uma visão antecipada dos potenciais riscos de imagem dos mais diversos contratos da companhia – que atua em vários setores, com destaque na construção de grandes obras de infraestrutura e na petroquímica – e inspirar ações capazes de mitigar eventuais danos à marca.

A maioria das crises de imagem poderia ter seus efeitos significativamente reduzidos por meio de ações preventivas. Segundo Dennis Wilcox, do Institute for Crisis Management, apenas 14% das crises são inesperadas, o que indica que, quando uma crise ocorre, em 86% dos casos a organização poderia estar preparada para ela. O "empoderamento" do cidadão pelas redes sociais e a intensificação do papel fiscalizador da imprensa agravaram sensivelmente os riscos de danos para a imagem por conta dos repetidos episódios que ameaçam a credibilidade das organizações perante seus públicos de interesse. As marcas estão cada vez mais expostas à opinião franca, aberta e sem controle.

Grande parte das organizações adota postura de forma reativa a esse novo quadro. São de amplo domínio as várias metodologias testadas e adotadas por muitas empresas ao redor do mundo que se dedicam a reverter ou reduzir significativamente efeitos de um episódio que tenha afetado suas imagens e suas reputações. São as reconhecidas metodologias de gestão de crise de imagem, frequentemente associadas a cursos preparatórios de porta-vozes e outros representantes da organização perante a imprensa e a sociedade em geral, os já bem difundidos *media training*.

Seguindo essa lógica, constatamos que existem metodologias testadas e prontas para reagir a um advento danoso à imagem. Contudo, medidas capazes de identificar e mitigar riscos potenciais contra a imagem de uma organização não mereceram, até aqui, o mesmo nível de tratamento. Pelo menos até meados do ano 2012 ainda são des-

---

39. Revista *Exame*, "Melhores & Maiores", edição especial 2012, Maiores Empregadores, p. 320.

Metodologias de Mensuração de Resultados | **381**

conhecidas metodologias bem difundidas de gestão de risco da imagem institucional. Adicionalmente, e de forma a agravar essa lacuna, deparamo-nos com todo tipo de variável nas avaliações dos cálculos de risco dos negócios, mas é praticamente desconhecida a inclusão, nesses cálculos, da análise do risco da imagem institucional.

O método de gestão do risco da imagem institucional se apresenta com os seguintes procedimentos:

1. Análise do recuo histórico de notícias coletadas por clipadores com menções à marca, tanto positivas quanto negativas, e acumuladas em bases de dados da instituição.

2. Categorização temática das notícias registradas nas bases de dados em fatores de risco, que as aglutinam em torno de assunto que representam ameaça à imagem institucional.

3. Registro de cada notícia, positiva ou negativa, no fator de risco correspondente à sua categoria temática.

4. Cálculo estatístico da probabilidade de ocorrência de determinado fator de risco para situações semelhantes às encontradas quando da publicação de notícias positivas ou negativas.

5. Criação de matriz de análise de risco de imagem que correlaciona fatores de risco e probabilidades estatísticas para novas ocorrências de notícias negativas.

Mediante a constatação da ausência de metodologias amplamente disseminadas capazes de gerenciar o risco com a imagem, fica patente a necessidade de modificar alguns paradigmas da comunicação organizacional. Em primeiro lugar, abandonar a tradicional reação ao negativo pelas metodologias de gestão de crise e facilitar a emergência de uma nova postura de promoção sistemática dos aspectos positivos do empreendimento, por meio de discursos premeditadamente produzidos para ressaltar aspectos positivos.

Trata-se de uma substituição da tradicional posição reativa, na qual a resposta da organização surge após um episódio negativo para sua imagem, por uma atitude preventiva, na qual a preocupação em apresentar retorno ao investimento em comunicação passa a ser entendida como uma ação de mitigação de riscos do negócio, e seu investimento justificado como um recurso destinado ao seguro, um investimento atuarial.

Defendemos assim uma nova postura da organização como um todo, mais aberta ao diálogo com os vários públicos de interesse de um negócio, e não mais apenas com os diretamente ligados à execução das tarefas. Sabe-se, contudo, que tal diálogo é na maioria das vezes mediado pela imprensa, o que recoloca o planejamento da comunicação como tarefa ligada à identificação dos pontos críticos do negócio para a opinião pública e a urgente necessidade de identificar riscos com a imagem institucional.

Seguindo a lógica atuarial na qual o risco de um negócio é tão mais preciso quanto mais fundamentado por ocorrências anteriores, o próximo passo da metodologia deveria ser a realização de um recuo histórico para identificar notícias que causaram impactos negativos em negócios similares e que estão associados à imagem da organização. A combinação desses aspectos com estimativas atuais dos riscos inerentes ao negócio compõe um quadro analítico dos pontos críticos que deverão ser atacados e minimizados pela equipe de comunicação durante o desenvolvimento dos trabalhos.

Ao que se saiba, ainda não existe "uma métrica para estimar o risco de imagem associado a uma atividade produtiva. A alternativa é adaptar metodologias de avaliação de riscos para outras finalidades";[40] por exemplo, utilizar procedimentos de avaliação aplicados em atividades com longa experiência, tais como a concessão de crédito e as aplicações financeiras. A perda de valor na imagem, nesse caso, poderia, por analogia, ser entendida como perda financeira.

---

40. CARMO, Heron Carlos do *et alli*. Identificação dos ambientes e fatores de risco de imagem. MIMEO. HECI Consultoria, documento interno. Março de 2009.

O método entrega ao usuário uma série de resultados em disposições gráficas, orientadas aos gestores de comunicação, conforme apresentado na figura a seguir.

Figura 6.9 – Gestão do Risco da Imagem

Fonte: Baseado no método desenvolvido por Marcio Polidoro e Claudio Cardoso.

Danos provocados por problemas com a imagem são amplamente conhecidos, alguns de intensidade e amplitude devastadoras para projetos isolados, ou mesmo para a reputação de organizações que até então gozavam prestígio e reconhecimento. Uma gestão planejada do risco da imagem institucional significa mudança do antigo paradigma de reação ao negativo, em direção a uma atitude proativa, preventiva, e orientada à produção de discursos positivos sobre a organização, dentro e fora dela.

Nenhuma das etapas apresentadas fará qualquer sentido se da aplicação desse método não resultarem argumentos consistentes, capazes de mobilizar líderes para uma visão de gestão do risco da imagem institucional, para o esclarecimento dos níveis de risco e para a indicação do investimento planejado em comunicação desde o início de todo e qualquer empreendimento.

Dessa nova metodologia se espera a promoção sistemática de dotação de recursos para a comunicação, desde a fase de planejamento do negócio, além de maior envolvimento das lideranças no desenvolvimento do plano de comunicação. Espera-se ainda maior disseminação do próprio método de gestão do risco da imagem como princípio de negócio e, também, como instrumento competitivo. Finalmente, espera-se uma redução significativa (e consistente) dos riscos de imagem institucional da organização e a consequente ampliação das parcerias estratégicas com *stakeholders* mediante o esperado aumento de confiança na marca e fortalecimento da reputação.

14. Mensuração na Internet

Muito se diz sobre a evolução dos métodos de mensuração de resultados em comunicação em decorrência do desenvolvimento tecnológico e das facilidades proporcionadas pela internet. A ideia é que, sendo possível rastrear o comportamento *on-line* dos usuários, pode-se conseguir um nível de mensuração preciso como nunca houve anteriormente.

Em Marketing ROI, Lenskold (2003) diz que:[41]

> o marketing está-se tornando cada vez mais mensurável devido ao desenvolvimento tecnológico e ao crescimento de canais eletrônicos como e-mail e publicidade *on-line*. (...) Além de ser possível rastrear os resultados de vendas, também se pode ter acesso ao comportamento do usuário para saber o percentual de abertura de e-mails, o número de cliques, o número de visitas repetidas etc.

Acredita-se que um dos grandes erros dos gestores de comunicação é encarar a análise de resultados de internet sob a antiga perspectiva das métricas *off-line*. Por exemplo: o conceito de alcance – número de pessoas que são atingidas pelo menos uma vez – é usado para medir resultados de mídia impressa, televisão e rádio, porém, muitas agências de internet apresentam os resultados de suas ações para seus clientes mostrando o número de visualizações do site no qual a propaganda foi veiculada (equivalente à penetração nas mídias *off-line*, ou seja, número de pessoas que possivelmente foram atingidas).

Ora, se a internet é um ambiente específico (à parte do mundo *off--line*), também devemos tratar sua mensuração com base em critérios específicos. Sendo assim, o conceito de penetração/visitas na internet seria praticamente irrelevante. Se o que importa no ambiente *on-line* é o engajamento das pessoas com o conteúdo apresentado, a medida mínima coerente de mensuração seria o clique. Pensar o mundo *on-line* com os padrões *off-line* geraria uma confusão conceitual que prejudicaria a análise crítica do trabalho dos fornecedores de serviços digitais.

Esse raciocínio parece ser consistente, mas é questionado pela ComScore, empresa que faz o maior painel de pesquisa sobre internet

---

41. *Marketing is becoming more measurable based on the advancements of technology and the growth in electronic marketing channels such as* e-mail *marketing and Web advertising. (...). Not only can results be measured in terms of sales but also in the interim behaviors such as open rate of* e-mail, *click-stream patterns of Web pages viewed, and repeat views.* (Trecho original.).

no mundo.[42] Segundo essa pesquisa, **apenas 16% dos internautas são responsáveis pela maioria dos cliques (60%). Além disso, demograficamente, esse grupo se destaca por ser jovem e sem fonte de receita constante**, o que não é muito interessante para os anunciantes. Segundo o presidente da Empresa, Gian Fulgoni, deve-se contestar a "supremacia dos cliques":

> Esqueça o clique: ele lhe dará mais problemas que soluções. Ainda que a taxa de cliques seja baixa, o impacto da publicidade *display*, como *banners*, é grande em médio prazo. (...) Por que usamos o clique para medir a publicidade *on-line*? Porque ele pode ser medido. Mas precisamos usar métricas que vão além do clique.[43]

Fulgoni vai além. Diz que a televisão traz um grande aprendizado para a internet. Baseando-se na mesma "paciência" por resultados que se tem com os comerciais para televisão, não exigindo respostas imediatas das ações de internet, como se faz na atualidade, a construção de marca por meio de publicidade na internet poderia ter resultados melhores.

Essa ideia abre espaço para uma discussão sobre resultados em internet que vai além do engajamento (cliques), mas que também considera o impacto por meio de exposição (assim como na mídia tradicional) – e o quanto isso representa de *awareness* e construção de marca. Parece que a ideia mais coerente é que haja uma complementaridade ponderada entre as métricas de interação, impacto/frequência, de acordo com os objetivos de cada marca.

Essa ideia vai ao encontro da teoria de Fulgoni em que, na internet, "2 + 2 = 5". Segundo sua pesquisa, a publicidade digital também se beneficia da integração entre campanhas *display* (*banners*, por exemplo, que geram muita visualização e poucos cliques) e *links* patrocina-

---

42. A ComScore faz um painel de acompanhamento do comportamento *on-line* com 2 milhões de pessoas ao redor do mundo. Um milhão de *painelistas* reside nos EUA e 1 milhão em outros 170 países, o que, estatisticamente, é representativo da população *on-line* total (segundo o site da própria ComScore).

43. Palestra no Evento Digital Age, em 26 de agosto de 2009. Disponível em: <www.digitalage20.com.br/2009/agenda.html>. Acesso em: 10 out. 2009.

dos (que geram alta quantidade de cliques). Enquanto o aumento de vendas para campanhas com *links* patrocinados é de 82% e com *display* é de 16%, a coexistência delas leva a um crescimento de 119%.

Em artigo publicado no livro *Advertising Works* 16,[44] Chris Wood, planejador sênior da Tibal DDB de Londres, escreveu sobre o mito da mensuração infinita na internet (STOREY, 2008, p. 34). Ele acredita que o consenso do mercado de que os efeitos da comunicação *on-line* são muito mais mensuráveis que a *off-line* é simplesmente um mito. Para ele, isso ocorre porque as pessoas só enxergam os efeitos comportamentais (no momento do acesso), sem considerar o restante de possíveis efeitos que não são tão facilmente mensuráveis.

Dessa forma, o simples cálculo de cliques ou de duração de permanência no site (métricas de engajamento) não é suficiente para mostrar a contribuição das plataformas *on-line* para os resultados da organização. Apesar de ter um papel complementar, nem os outros tipos de pesquisas *on-line* (*awareness*, associação de mensagens, afinidade à marca etc.) teriam um papel convincente porque, segundo Chris, elas têm problemas metodológicos, principalmente quando se tenta comparar os resultados da comunicação *on-line* com a comunicação *off-line*.

A conclusão do articulista, compartilhada por nós, é a de que o desenvolvimento de sistemas integrados de diversas mídias (*cross-media*), apesar de serem mais caros, é a forma mais acertada de se medir a eficiência da comunicação na internet e sua contribuição para os resultados das empresas.

Foco Estratégico da Mensuração *On-line*

O primeiro passo para o gestor de comunicação implantar um sistema de mensuração *on-line* é saber diferenciar **exatidão** e **precisão** da mensuração.

---

44. STOREY, Richard. *Advertising works 16: proving the payback on marketing investment.World Advertising Research Center:* Londres, 2008.

Exatidão trata do nível de proximidade da mensuração de seu "verdadeiro" valor (em que medida corresponde à realidade). Precisão refere-se à capacidade de reprodução e à conformidade das mensurações (em que medida o instrumento de mensuração está calibrado).

A partir de um exemplo *off-line* podemos entender melhor: o *People Meter* (aparelho que registra os canais de TV que são transmitidos) pode estar 100% preciso, ou seja, não há nenhuma falha técnica que permita equívocos nos registros. Entretanto, esse aparelho não é 100% exato, porque desconsidera que as pessoas podem não estar prestando atenção à TV no momento em que ela está ligada.

Erros de precisão são erros aleatórios (de caráter imprevisível para observações individuais e independente de variáveis conhecidas). Já erros de exatidão são erros sistêmicos (de tendência inerente ao processo de mensuração, que favorece algum tipo de resultado). Ambos os tipos de erro podem ser corrigidos com o passar do tempo e com o aperfeiçoamento de técnicas e tecnologias.

Um erro comum que ocorre nas discussões sobre mensuração é confundir o conceito de exatidão e precisão, ou pior, ter preocupação apenas com a precisão. O que vemos na maioria dos casos são discussões sobre quais ferramentas devem ser usadas ou quais redes sociais devem ser rastreadas. Na verdade, a maior parte dos gestores de marca em agências e empresas se esquece de traçar uma linha estratégica anterior que relacione quais são os objetivos de comunicação de cada campanha. Pensam somente na parte tática – ferramentas e métricas que serão usadas. Parece que se espera que a evolução das ferramentas, por si só, dê conta de entregar todas as respostas necessárias, o que desconsidera erroneamente a inteligência do gestor no processo de mensuração.

As ferramentas de mensuração *on-line* estão longe de ser definitivas. Nosso objetivo, aqui, é traçar um caminho conceitual e estratégico para a mensuração *on-line*. Não pretendemos fazer um *checklist* de todas as ferramentas existentes atualmente porque, alguns meses depois, ele já estaria desatualizado. Ou seja, em vez de as empresas preocuparem-se única e exclusivamente com o desenvolvimento e utilização de novas ferramen-

Metodologias de Mensuração de Resultados | **389**

tas, elas deveriam investir significativamente no aporte conceitual de seus quadros da comunicação, investir no conhecimento intelectual acerca de mensuração. Dito em outras palavras, elas deveriam investir em seus profissionais de Comunicação, pois isso certamente traria resultados melhores do que investir somente em *softwares* e planilhas quantificáveis estanques.

Se a cada dia surgem novas e mais inovadoras plataformas *on-line*, é papel do gestor de comunicação estar sempre atualizado com as novas ferramentas que monitoram e mensuram resultados *on-line*. Essa não é uma tarefa muito fácil, tendo em vista que só nas últimas semanas de produção da 2ª edição deste livro já devem ter sido criadas mais algumas ferramentas.

Essas ferramentas, em geral, têm duas funções:

1. Reduzir o nível de erro da análise.

Exemplo: o **fakefollowers.com**, que descobre quantos perfis falsos seguem determinada pessoa ou empresa no Twitter.

2. Aumentar o alcance (detalhe) da análise.

Exemplo 1: a ***Visible Measures,***[45] que mostra o comportamento da pessoa que está assistindo ao vídeo, captando os momentos em ela volta para rever um trecho do vídeo, pausa, pula um trecho ou desiste de ver.

Exemplo 2: a ***EyeWonder***[46] (www.eyewonder.com) lançou recentemente no mercado um sistema de análise da visibilidade de anúncios *rich media* chamado *Ad Visibility Suite*. A ferramenta calcula o total de segundos que uma pessoa é exposta ao anúncio e quais partes do anúncio estão visíveis de acordo com a posição da barra de rolagem da página. Assim, pode-se comparar o resultado que anúncios colocados em diferentes locais de uma mesma página podem gerar.

---

45. Disponível em: <www.visiblemeasures.com/>. Acesso em: 20 fev. 2010.

46. Disponível em: <www.mediapost.com/publications/?fa=Articles.showArticle&art_aid=116633/>. Acesso em: 20 fev. 2010.

Apesar da necessidade de acompanhar constantemente o desenvolvimento de ferramentas (gratuitas e pagas) de monitoramento *on-line*, temos certeza de que, até este momento em que escrevemos, algumas métricas simples (como o número de *views*, comentários e *clickthroughs*) não deixaram de ser importantes.

O grande problema não é rastrear esses dados, mas o que fazer com essa informação. Muito mais do que garantir a precisão da coleta dos dados, é papel do gestor de comunicação definir um padrão de ação (de tomada de decisão) com relação aos dados recebidos. Muitas vezes, ele não sabe como fazê-lo, por dois motivos.

Primeiramente, por falta de parâmetros de comparação. Receber um relatório que diz que determinada iniciativa *on-line* teve 100 mil visualizações, quinhentos comentários e oitenta *retweets* não significa nada se não temos como saber se esse resultado é bom ou ruim.

Por isso, o primeiro passo que as empresas e agências que lidam com verbas destinadas a ações *on-line* devem dar é:

- Formatar um banco de dados de *cases* da categoria para se criarem parâmetros e critérios que ajudem no estabelecimento de metas para as iniciativas *on-line*.
- Criar um banco de dados dos próprios *cases on-line* já realizados pela empresa. Ter uma série histórica de resultados *on-line* acessível é uma boa maneira de tornar o processo de definição de metas menos empírico.

O segundo fator que confunde a tomada de decisão sobre campanhas *on-line* é a falta de conhecimento mais exato sobre as relações entre os resultados de comunicação (*views*, comentários, tempo de interação, *retweets* etc.) e os resultados e as consequências que isso trouxe para o negócio (melhora da força da marca, aumento de vendas etc.).

Muitas vezes, o anunciante exige resultados de tempo de visualização ou *clickthroughs*, por exemplo, mas não tem ideia de como isso ajuda seu negócio. Ou seja, não sabe qual objetivo de comunicação quer atingir, mas sabe que quer alcançar determinada meta no indicador existente – o que não faz sentido algum. Compreender isso claramente é a chave para se deixar para trás as discussões abstratas sobre métricas de comunicação que, sem conexão clara com o negócio, não representam nada.

Obviamente, quando o próprio negócio da empresa é *on-line* (site de vendas, por exemplo), fica muito mais fácil de medir qual foi o retorno da campanha de comunicação *on-line* porque se pode rastrear o "caminho" percorrido pelo internauta até o momento da venda.

Nosso desafio aqui, no entanto, é mostrar como as empresas *off-line* podem medir qual a relevância de sua atuação *on-line* para o negócio como um todo. Para isso, precisamos lembrar o óbvio: a pessoa que interage *on-line*, geralmente, interage também com a empresa *off-line*. Conseguindo alguns dados de pesquisa com ele, podemos identificar alguns padrões que nos permitirão inferências sobre essas relações dos resultados *on-line* com os resultados da empresa.

Estudo de Caso *On-line* 1 – *Journey to Atlantis* [47,48]

Este *case* não é novo, mas é bem interessante. Mostra como as agências podem extrapolar os resultados das ações na internet para além dos cliques e dos *links*.

A estratégia foi tratar essas pessoas como uma audiência VIP e desenvolver conteúdo diferenciado sobre o SeaWorld especificamente para eles. Foram criados 11 vídeos e 45 fotos de divulgação para esse pequeno grupo, que ainda foi convidado a fazer o passeio de estreia no parque.

---

47. Disponível em: <www.incommetrics.com/?p=302>. Acesso em: 1 out. 2012.

48. Disponível em: <www.incommetrics.com/?p=330>. Acesso em: 1 out. 2012.

Figura 6.10 – *Journey to Atlantis*

Fonte: www.incommetrics.com/?p=302.

No fim das contas, dos 22 sites, 12 publicaram o material recebido pelo SeaWorld. Além disso, a campanha recebeu 50 *links* em outros sites. Destes, 30 vieram dos 12 entusiastas do SeaWorld.

No entanto, para ter um critério mais tangível sobre o retorno, foi feita uma pesquisa seguindo o padrão de abordagem na saída do parque. A pesquisa foi feita pela Marketing Research Firm. Foram ouvidas 402 pessoas, amostra representativa da população visitante, tendo margem de erro de 4,9%.

Com o resultado em mãos, a equipe isolou o segmento de pessoas que ouviram falar dele pela internet e que vieram especialmente para conhecer o *Journey to Atlantis*. Esses números foram comparados com a verba da campanha (US$ 44 mil). Na comparação, a campanha de mídias sociais teve um custo por impressão de US$ 0.22 contra US$ 1.00 da TV. Usando uma fórmula do gasto *per capita* dos visitantes do parque, a agência concluiu que a campanha foi responsável por um faturamento de US$ 2,6 milhões.

O raciocínio é simples, mas tem muita relevância para a empresa. Nossa única crítica ao *case* é que há três objetivos a serem alcançados (relacionamento, *awareness* e fluxo), mas a pesquisa só se preocupa em mensurar fluxo: número de visitantes e quanto eles gastaram.

Estudo de Caso *On-line* 2 – Axe

Para divulgar o lançamento do *AXE Detailer Shower Tool*, a marca resolveu criar um jogo em formato Flash para iPhone chamado *AXE Dirty Night Determinator*. Em resumo, o usuário interage com o jogo para calcular o quão "quente" será a noite dele.

Figura 6.11 – AXE

Fonte: www.incommetrics.com/?p=330.

De acordo com a Greystripe,[49] empresa que desenvolveu o jogo, foi feita uma pesquisa para saber a repercussão dessa ação. No fim das contas, 56% das pessoas que interagiram com o jogo demonstraram interesse em comprar o produto (entre os homens, a intenção de compra subia para 62%).

Os resultados das pessoas que interagiram com o jogo foram comparados com um grupo de controle. A partir da comparação, concluiu-se que o jogo aumentou em 15% a intenção de compra das pessoas. A pesquisa foi feita com 2.447 pessoas (2.321 foram expostas ao estímulo do jogo, mas não interagiram; 126 foram expostas e interagiram). O grupo de controle era formado por 943 pessoas.

Seria incoerente exigir que a maioria das campanhas *mobile* apresentasse critérios de mensuração como esse. Apesar de estar se difundindo rapidamente, as estratégias de *mobile marketing* ainda são muito recentes. Como a própria dinâmica desse tipo de ação ainda é experimental, a mensuração de seus resultados está engatinhando. No entanto, essa é uma boa referência para que os gestores de comunicação passem a enxergar a possibilidade de mensuração mesmo quando as tecnologias da campanha são inovadoras.

Relacionando Resultados de Comunicação *On-line* e Resultados de Negócio

A partir desses estudos de caso, podemos entender que as melhores iniciativas de cálculo de retorno de investimento financeiro da comunicação *on-line* são resultados de uma correlação coerente entre dados de comportamento *on-line* e dos dados de comportamento de consumo (ou predisposição para o consumo).

No entanto, o leitor pode se perguntar: então sempre terei de pagar por pesquisas para conhecer meus resultados *on-line*? Não. Na verdade, antes de pensar em fazer isso, deve-se olhar para a própria empresa

---

49. Disponível em: <www.incommetrics.com/?p=330>. Acesso em: 1 out. 2012.

e enxergar quais dados já existem. É impressionante a quantidade de dados que já são rastreados, de alguma forma, mas sobre os quais não nos damos conta e não os consideramos para mensurar os resultados de comunicação na internet.

Usando como exemplo a indústria automobilística, eis os dados que disponíveis:

Off-line
- Emplacamentos da marca por mês.
- Visitantes por dia nas concessionárias.
- Simulações de financiamentos.
- *Test-drives.*
- Modelos vendidos por semana.
- Carros que vão para a revisão por semana.
- Visitantes de um feirão de fábrica.
- Vendas de acessórios.
- Gross Rating Points (GRP)[50] de mídia tradicional.
- *Tracking* de Imagem de Marca.

On-line
- Acessos ao site.
- Tempo médio gasto no site.
- Número de acessos ao "Monte seu carro *on-line*".
- Número de simulações de financiamento *on-line*.
- Conversão de campanhas para o site.
- *Views* de vídeos no YouTube.
- Citações em redes sociais (Orkut, Facebook, Twitter etc.).
- *Test-drives on-line.*

A listagem dos dados já disponíveis (em algum lugar na organização) estimula o profissional de Comunicação a arriscar alguns cruzamentos. Por exemplo:

---

50. Tradução: Audiência bruta acumulada.

- O aumento do número de emplacamentos tem relação com o aumento de visitas ao "monte seu carro *on-line*"?
- Quem faz *test-drive on-line* deixa de fazer *test-drive* no momento da compra na concessionária (gerando economia de custos)?
- Das pessoas que compareceram ao feirão, quantas ficaram sabendo dele pela internet?

As agências de internet estão fadadas a sofrer com a constante desconfiança dos anunciantes enquanto se limitarem a entregar apenas os indicadores de resultado *on-line*, não conseguindo estabelecer o *link* com os resultados de negócio.

Somente fazendo essa relação complexa é que se poderá pensar em inferir os resultados financeiros alcançados. Portanto, obviamente, quando se tenta generalizar o potencial monetário que determinadas variáveis têm nas redes sociais, chega-se a resultados medíocres. Vejamos um **caso**.[51]

A Vitrue fez um estudo para tentar entender qual o valor monetário que os fãs de determinada marca podem gerar para ela no Facebook.

Esses resultados se baseiam em impressões geradas no *feed* de notícias do Facebook. Os próprios clientes da Vitrue foram o objeto de estudo, que analisou um volume de 41 milhões de fãs – e constatou que os fãs em sua maioria rendiam uma impressão extra.

Assim, segundo a Empresa, em média, uma base de fãs de 1 milhão de pessoas se traduz em pelo menos US$ 3,6 milhões em mídia equivalente ao longo de um ano.

A Vitrue chegou ao valor de US$ 3,6 milhões tendo como base um custo por mil impressões de US$ 5. Isso significa que determinada marca com 1 milhão de fãs gera cerca de US$ 300 mil em média a cada mês.

A intenção do estudo é válida, mas o raciocínio é pobre. Não é nada mais que aplicar a lógica da centimetragem à Web – lógica que tem sérias limitações, como discutimos anteriormente.

---

51. Disponível em: <www.adweek.com/aw/content_display/news/digital/e3iaf69ea67183512325a-8feefb9f969530>. Acesso em: 1 out. 2012.

A limitação mais evidente é que esse valor financeiro atingido é totalmente "virtual": não pode ser considerado como faturamento para a empresa, nem como economia de custo. Porque, obviamente, as marcas não vão tirar US$ 3,6 milhões do investimento em mídia tradicional para se focarem no Facebook por causa de seu "potencial monetário". Esse é um dado que não leva o gestor a decisão alguma.

É preciso atentar para o fato de que esse tipo de pesquisa pode ser usado como fundamentação "comprobatória" da necessidade de se investir em mídias sociais. Investir nessa área é importante, mas os anunciantes devem ser convencidos a partir de argumentos plausíveis, não de estudos tendenciosos.

Biometria:[52] Pesquisa de Engajamento – YouTube *versus* TV

Uma pesquisa de engajamento muito séria, realizada por Ian Wright, da OTX Europe, e Sarah Everitt, do Google, foi publicada em um artigo chamado "From a mouse to a heart beat" e apresentado na Conferência Anual da Market Research Society.

Esse artigo traz à tona os resultados de um experimento realizado com sessenta pessoas (de 18 a 29 anos de idade) que visava aferir o nível de engajamento da TV comparado ao YouTube. A ideia da pesquisa surgiu da inquietação dos autores com relação à hegemonia do clique como a métrica mais importante na mensuração *on-line*.

Antes de tudo, temos que entender a perspectiva dos autores sobre o conceito de engajamento. Eles seguem a linha conceitual de Bob Barocci, presidente da Advertising Research Foundation. Segundo ele, engajamento é a "interação de um *prospect* com a comunicação de uma marca num sentido em que se possa provar um prognóstico de efeitos em venda".

---

52. COUTINHO, Marcelo. *Comunicação em redes sociais digitais:* análise e mensuração. Aberje, 2009.

Daí, foram separados dois grupos de trinta pessoas. Ambos os grupos foram expostos aos mesmos comerciais em contextos diferentes. Os comerciais da Motorola e da Vauxhall sempre apareciam em meio a outros contextos (programação de TV ou navegação por outros sites). Obviamente, os pesquisados não sabiam que se tratava de estudo sobre recepção de propaganda.

A pesquisa foi conduzida a partir de avaliações biométricas. Esse tipo de estudo surgiu na década de 1960 com The Society of Psychophysiological Research. A biometria avalia a percepção e a reação física/fisiológica das pessoas diante de alguns estímulos apresentados. Para isso, algumas medidas representativas do sistema nervoso são consideradas: batimentos cardíacos, ritmo da respiração, pressão arterial, contratura dos músculos etc. Todos esses dados são sintetizados em uma única métrica de engajamento que varia de 0 a 100. Se o índice for superior a 55 significa que o engajamento da pessoa perante o estímulo está acima da média. Se for inferior a 55, está abaixo da média. Na imagem a seguir vemos que a métrica chega a 80 quando uma pessoa assiste ao *trailer* de *Duro de matar*, por exemplo.

Figura 6.12 – Mapa de Engajamento (usando dados biométricos) do Trailer do Filme *Duro de matar – a vingança*.

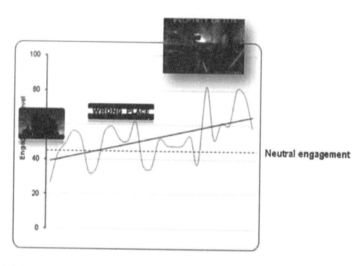

Fonte: Wright e Everitt (2009, p. 4).

A limitação dessa metodologia é a de que o pesquisador não tem como saber o que se passa na cabeça do pesquisado quando ocorrem variações nos seus índices fisiológicos. Enquanto assiste à TV, a pessoa pode ficar emocionada por se lembrar de algo importante para ela, mas isso não quer dizer que a programação foi responsável pelo efeito. Para tentar "tapar esse buraco" do experimento, os autores complementaram a biometria com *eye tracking* (identificação dos locais aos quais as pessoas olharam com mais frequência diante do estímulo), algumas entrevistas em profundidade e uma pesquisa quantitativa.

Figura 6.13 – Mapa de Calor do *Eye Tracking* da *Homepage* e de uma *Videopage* do YouTube

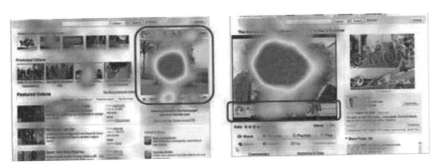

Fonte: Wright e Everitt (2009, p.7).

Nesse painel de pesquisa, as pessoas foram divididas em seis células que foram expostas aos comerciais em diferentes níveis. Os focos da pesquisa eram:
- *Recall* dos comerciais (Você se lembra de ter visto esse comercial?).
- *Correct Branding* – Reconhecimento correto entre comercial e marca (Você se lembra de ter visto esse comercial? Qual marca estava anunciando?).
- Persuasão (marcas que você consideraria comprar no futuro após ver a propaganda).

- Afinidade (marcas preferidas entre uma lista predefinida).
- Imagem (percepções sobre o produto e a marca).

Resultado:

Os dados biométricos indicam que os que assistiram ao YouTube tiveram níveis de atenção 1,5 vez maior do que os que assistiram à TV.

Consequentemente, o *recall* do grupo de pessoas que assistiu ao comercial na TV foi de 8%, frente a 39% do grupo que assistiu ao You-Tube. Com relação ao *Correct Branding*, o acerto foi de 27% no grupo de pessoas que assistiram ao comercial na TV. No grupo que assistiu ao YouTube foi de 40%.

O fato de um vídeo na internet engajar mais também significa que, se o conteúdo for muito criativo, tem um potencial muito maior do que se fosse apresentado na TV. Mas, se for medíocre, a repercussão também é mais danosa à marca.

Mensuração em Redes Sociais

Mesmo sabendo que deve haver uma integração no pensamento de mensuração entre campanhas *on-line* e as ações das marcas em redes sociais, acreditamos que o tema mensuração em redes sociais merece um espaço à parte neste livro.

Há alguns anos, pensar em credibilidade de uma pessoa nos remetia aos grandes líderes e formadores de opinião sobre cada assunto – especialistas que tinham o privilégio de escrever nos jornais de maior circulação e credibilidade ou falar na TV, e que, por isso mesmo, não eram contestados por quase ninguém.

No mundo *on-line* atual esse pensamento é quase obsoleto, considerando que todos podem comentar sobre qualquer assunto – e, principalmente, produzir conhecimentos e comunicação – e novos formadores de opinião podem surgir a cada dia pelo conteúdo que colocam em seus blogs, sites ou redes sociais, e não por uma carreira construída ao longo de muitos anos. No limite, mesmo sem postar algo relevante sobre um assunto, todos têm, minimamente, uma audiência "garantida", uma rede de pessoas dispostas a ler ou assistir àquilo que alguém criou – seus amigos, conhecidos e familiares conectados a ele por uma rede social.

Assim, fica claro que devemos passar a ter outro enfoque para entender a credibilidade *on-line*. Alguns estudos (COUTINHO, 2009) nessa área mostram quais são os critérios que dão credibilidade às informações *on-line*:

- Atualidade/Frequência de atualização.
- Qualidade do conteúdo (textos bem escritos, produção de imagem/som).
- Lógica dos argumentos.
- "Plausibilidade" e "neutralidade" da informação.
- Citação de fontes/fontes científicas.
- Organização dos dados/*links* para fontes reconhecidas.
- Autoria coletiva (identificada/corpo editorial).
- Profundidade da informação.

Devemos lembrar que esses aspectos estão relacionados somente ao conteúdo publicado *on-line*, não compondo, portanto, todos os aspectos que dão credibilidade a uma pessoa no ambiente virtual. Entender esses itens é um bom ponto de partida para o desenvolvimento de um modelo de mensuração *on-line*, como apresentamos a seguir.

A primeira fase da mensuração em redes sociais é a definição de critérios para analisar as comunidades/blogs/conversações de forma relevante para a marca. Para isso, Marcelo Coutinho[53] propõe um estudo em três vertentes:

---

53. *Ibidem.*

Pertinência: é saber quais temas estão relacionados com a sua marca não a partir de sua própria perspectiva, mas do uso colaborativo de *tags*. As *tags*, por si só, são capazes de mostrar quais termos e conteúdos têm baixa aderência, baixo nível de atividade e baixa atualização.

Esse método se baseia na *folksonomia* (conhecimento coletivo), o oposto da taxonomia (conhecimento dos especialistas)[54].

Uma boa ferramenta para começar a entender essa relação entre as palavras na internet é o *Cloudlet*, que forma uma nuvem de *tags* mostrando as palavras mais buscadas na internet que têm relação com uma palavra-chave.

Figura 6.14 – Exemplo de *Cloudlet*

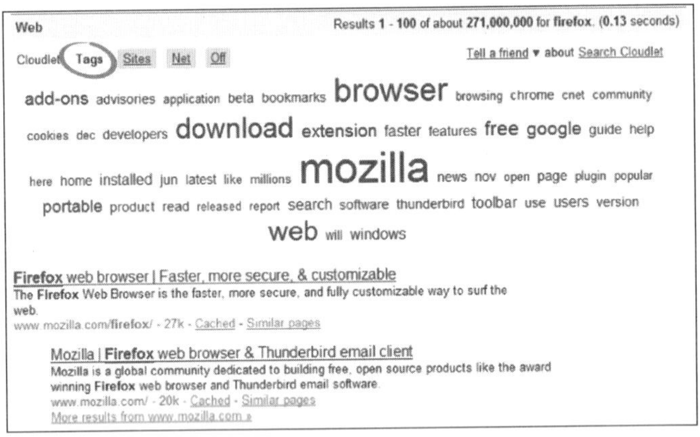

Fonte: Proposto pelos autores com base em acesso a um site de busca.

---

54. Mais sobre esse assunto pode ser encontrado no texto *A Semantic Model of Social Tag Choices* (Fu; Kannampallil; e Kang, 2008).

Abrangência: número potencial de pessoas atingidas na rede social.
Redes Sociais
• Tamanho da Comunidade/Número de Amigos.
Blogs/Twitter
• Número de Visitantes/Número de Seguidores.
Conteúdo Audiovisual
• Número de *Views*/Tempo Gasto.
Sites de Tagueamento (*delicious*, *dig*)
• Número de *Tags*/Indicações.

Vitalidade: frequência de atividade na rede social
Redes Sociais
• Número de tópicos relevantes num determinado período.
• Número de comentários relevantes (sempre filtrados pelas *tags*).
• *Links* para outras comunidades relevantes / número de filiados em comum.
Blogs/Twitter
• Número de comentários por *post* relevante.
• *Incoming links*.
• Número de interações (menções/*retweets*).
Conteúdo Audiovisual
• Número de *downloads/uploads* em um determinado período.
• Número de comentários/favorabilidade.
Sites de Tagueamento
• *Incoming links*.

É importante lembrar que os números mínimos para determinar a vitalidade variam de acordo com a marca e com a categoria. Ainda não existem parâmetros para estudos comparativos entre mercados e setores diferentes.

Com base nesses dados, chega-se a um mapa sobre o conteúdo existente sobre determinada marca (e seus concorrentes) em cada rede social, considerando sempre que os comentários/comunidades serão divididos em:

- positivos;
- negativos; e
- neutros.

Esse critério pode ser usado para gerar alguns tipos de estudos específicos. Por exemplo, a Mozila pode querer entender quais assuntos mais prejudicam a marca *on-line* e em que redes sociais essas manifestações negativas são mais fortes, ou quais campanhas de comunicação mais geram repercussão nas redes sociais e por quê.

O segundo passo para mensurar os resultados nas redes sociais é usar os dados coletados e os critérios de credibilidade já apresentados para identificar os maiores influenciadores em relação a cada tema de interesse para a marca estudada.

Obviamente, para a Nike, ter o nome da marca citado por um jogador de futebol que tem um blog (com milhares de acessos, *incoming links* e *retweets*), *a priori*, é mais importante que ser citado por um adolescente empolgado com o esporte.

Portanto, essa é uma etapa em que se selecionam os usuários de redes sociais que merecem, realmente, ser monitorados. O acompanhamento do comportamento deles em relação aos temas de interesse e em relação às marcas pode dar origem a ações específicas de comunicação dirigida.

Existem algumas ferramentas (que se baseiam em palavras-chave estabelecidas como positivas, negativas ou neutras para a marca) que nos auxiliam nesse processo de análise aqui proposto. Entretanto, é totalmente necessária a análise humana sobre o conteúdo nas redes sociais. O sistema de busca e classificação por palavras-chave não é capaz de interpretar totalmente as mensagens. Não entende a ironia, o duplo sentido.

Por enquanto, as ferramentas conseguem calcular a quantidade de menções, mas não extrair o real sentido delas. Alguns sistemas até prometem "mensurar sentimentos", mas todos trabalham com o mesmo sistema impreciso de palavras-chave.

Por isso, como é inviável colocar pessoas para monitorar o que é falado diariamente sobre determinada marca na internet, Coutinho[55] propõe um pensamento amostral. Partindo de uma amostra representativa (como nas pesquisas tradicionais), selecionam-se alguns formadores de opinião para serem monitorados constantemente pela empresa.

Somente vale a pena mergulhar no mundo das ferramentas de monitoramento depois de compreender suas limitações e utilidades. Depois de planejar a dinâmica de monitoramento e os resultados que a marca espera desse trabalho, pode-se pensar em quais ferramentas valem mais a pena. Relacionamos a seguir algumas.

FERRAMENTAS GRATUITAS		FERRAMENTAS PAGAS	
Tracking	• Social Mention • Trendrr • Google Trends • Topsy	*Tracking*	• Dialogix • Custom Scoop • Radian 6 • Trackur • Scup
Blogs	• Blogpulse • Trendpedia • Blogblogs • Technorati		
Twitter	• Tweet Reach • Tweet Feel • Tweet Stats		
Fóruns	• BackType • BoardReader		

---

55. COUTINHO, Marcelo. *Comunicação em redes sociais digitais:* análise e mensuração. Aberje, 2009.

Não descreveremos cada uma dessas ferramentas, pois, além do risco de sermos repetitivos (muitas delas oferecem os mesmos serviços), estaríamos pondo o foco em detalhes efêmeros da tecnologia das ferramentas (que certamente evoluirão em pouco tempo), e não no pensamento estratégico do processo de mensuração – nosso principal objetivo aqui.

Entretanto outra ferramenta chamou nossa atenção pela sofisticação e pela ousadia de tentar estabelecer parâmetros matemáticos de análise. Trata-se do Tweet Level, da Edelman. No fim de 2009, a empresa lançou a ferramenta gratuita para analisar usuários do Twitter com base em quatro critérios: popularidade, engajamento, influência e confiança.[56]

Figura 6.15 – *TweetLevel's Methodology*

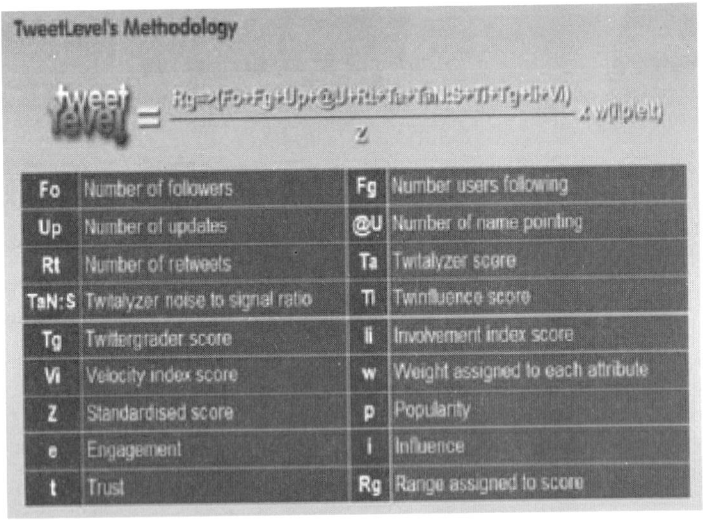
TweetLevel's Methodology

Fo	Number of followers	Fg	Number users following
Up	Number of updates	@U	Number of name pointing
Rt	Number of retweets	Ta	Twitalyzer score
TaN:S	Twitalyzer noise to signal ratio	Ti	Twinfluence score
Tg	Twittergrader score	Ii	Involvement index score
Vi	Velocity index score	w	Weight assigned to each attribute
Z	Standardised score	p	Popularity
e	Engagement	i	Influence
t	Trust	Rg	Range assigned to score

Fonte: http://tweetlevel.edelman.com. Acesso em: 1 out. 2012.

56. A imagem com a fórmula e a explicação da metodologia foi extraída do próprio site da TweetLevel. Disponível em: <http://tweetlevel.edelman.com>. Acesso em: 5 maio 2010.

Ponderação das Métricas

Cada métrica aí recebe um peso de 0 a 10. Muda-se o peso de cada uma delas de acordo com o objetivo da mensuração.

- **Para medir popularidade**, a variável mais importante é o número de seguidores – que pode ser medido pelo Twitter Holic.
- **Para medir engajamento**, as variáveis mais importantes são: participação, frequência de citações (@usuário), número de seguidores e o *signal to noise ratio*.
- **Para medir influência**, as variáveis são: número de seguidores + autoridade dos seguidores + número de vezes e de usuários que "retuítam" um *post*.
- **Para medir confiança**, as variáveis são *retweets* e referências ao autor (@usuário).

Veja no quadro a seguir um pouco mais sobre cada variável.

Quadro 6.19 – Variáveis de Mensuração

Following	Número de pessoas que o usuário segue. Esse critério é classificado por níveis (por exemplo: mais de 20, mais de 30).
Followers	número de pessoas que seguem aquele usuário. Esse critério é classificado por níveis (por exemplo: mais de 20, mais de 30).
Updates	Frequência de *tweets* (atualização). Aqui o número é objetivo, desconsiderando a relevância do conteúdo publicado. Esse critério é classificado por níveis (por exemplo: mais de 20, mais de 30).
Name Pointing	Quantas pessoas conversam com um indivíduo ou citam seu nome (@usuário). Esse cálculo é feito a partir da combinação de fatores passados (12 dias atrás, 1.500 *tweets* e atividade das últimas 24 horas). Esse critério é classificado por níveis (de 0 a 30).
Retweet	Número de pessoas que replicaram o conteúdo "tuitado" fazendo menção ao autor. Para chegar ao número, faz-se uma busca por RT @usuário. Esse cálculo é feito a partir da combinação de fatores passados (12 dias atrás, 1.500 *tweets* e atividade das últimas 24 horas). Esse critério é classificado por um nível (de 0 a 50).

continua...

continua...

Twitalyzer	Ferramenta gratuita disponível na internet que foi incorporada ao sistema da Edelman. Também diz calcular o nível de influência sem se aprofundar muito na metodologia. Esse critério é classificado de 0 a 100, formando níveis (por exemplo: mais que 20, mais que 30).
Twitalyzer noise to signal ratio	É um medidor da tendência de uma pessoa repassar conteúdo. Considera quatro variáveis: citação de usuário (@usuário), *links* (URL), *hashtags* (# seguido de texto), *retweets* ("RT" ou "via"). Esse critério é classificado de 0 a 100, formando níveis (por exemplo: mais que 20, mais que 30).
Twinfluence Rank	Outra ferramenta disponível na internet que foi incorporada ao *TweetLevel*. Diz conseguir evitar erros como considerar uma pessoa com 10 mil seguidores inativos mais relevante do que outra com apenas 10 seguidores, que sempre repassam seu conteúdo, cada uma, para mais 5 mil pessoas. O algoritmo não é revelado.
Twinfluence Grader	Chega a uma pontuação (por exemplo: mais que 20, mais que 30) de acordo com análise dos perfis no Twitter.
Involvement Index	Calcula uma pontuação sobre o quanto uma pessoa interage com sua comunidade. Isso é calculado analisando o conteúdo dos *tweets*.
Velocity Index	Calcula pontuação de acordo com o aumento ou a redução na intensidade de participação.

Fonte: Proposto pelos autores.

A primeira impressão, quando vemos algo assim, sempre nos traz certa desconfiança: "é complicado demais para dar certo". Mas, na verdade, sempre recomendamos que os gestores de comunicação façam alguns testes nas ferramentas disponíveis no mercado (tanto nessa como em outras apresentadas). Pesquise o nível de influência de algumas pessoas conhecidas, celebridade, amigos e marcas. Confira se os resultados parecem coerentes.

Uma sugestão para aprimorar essa métrica é considerar o horário em que os *tweets* são enviados. Durante o horário comercial, provavelmente um *tweet* é capaz de alcançar mais pessoas que estão em frente ao computador. No horário do almoço ou durante a noite, menos pessoas continuam conectadas no *smartphone*.

Outra função que seria muito útil é a de identificação do campo social do usuário. Por exemplo, pelo conteúdo dos *tweets* e pelo perfil dos seguidores se poderia identificar se o usuário faz parte do campo social

Metodologias de Mensuração de Resultados | **409**

da publicidade ou da medicina, por exemplo. Essa é uma ideia que, na atualidade, só pode ser aplicada a partir de análise humana.

Devemos lembrar que o Twitter é apenas uma das variáveis para uma análise de formadores de opinião *on-line*. Como ainda é uma ferramenta de baixa penetração na população brasileira, é necessário cruzar os dados de influência do Twitter com métricas de outras redes sociais para encontrar as pessoas que devem ser monitoradas constantemente (por representarem oportunidade ou ameaça para as marcas).

Análise Comparativa dos Resultados *On-line*

As métricas *on-line* em sua maioria são site *centric*, ou seja, métricas que traduzem o que acontece dentro do próprio site da empresa (número de *views*, tempo médio de permanência). Essas métricas são essenciais, mas não levam em consideração o ambiente em que o site está inserido nem o desempenho de seus concorrentes.

Procurando suprir essa lacuna, a Serasa Experian lançou em setembro de 2009 o Hitwise Brasil,[57] ferramenta que monitora semanalmente – de forma anônima – cerca de 500 mil usuários em mais de 225 mil sites (divididos em 100 categorias). O Hitwise Brasil é capaz de apontar quais as palavras mais buscadas e quais foram empregadas pelos usuários para chegarem aos sites da marca estudada e aos sites dos concorrentes. Calcula, ainda, o *market share* de visitas de um site em relação aos concorrentes e ao mercado, bem como o tempo médio de visita a um determinado site ou uma categoria de sites.

Talvez tão ou mais importante que medir o volume de acessos a um site seja a identificação do *status* de seu desempenho em relação ao mercado e à concorrência. Em termos mais objetivos, trata-se de medir o *market share* na internet. Pouco

---

57. HITWISE. Serasa Experian. São Paulo, 10 de maio 2010. Disponível em: <http://serasaexperian. com.br/news/hitwise/maio/email_gen.html>. Newsletter. Acesso em: 7 mar. 2013.

adiantará obter mais acessos se o *market share* diminuir. Você terá perdido valor (Wladimir Chagas, HITWISE BRASIL, 2010).

Vejamos um exemplo: o termo de busca "Novo Uno" teve significativo crescimento em apenas seis semanas após o lançamento do produto (considerando que a última data do estudo foi 22 de maio de 2010). No entanto, os sites da montadora Fiat e do carro Novo Uno aparecem apenas nos 6º e 7º lugares, respectivamente, no *ranking* de sites que mais receberam tráfego com base no termo no período. Conclusão: o interesse dos internautas no Novo Uno é crescente, mas a maioria deles não chega a visitar o site da montadora.

Figura 6.16 – Evolução Semanal do Tráfego de Busca pelo Termo "Novo Uno"

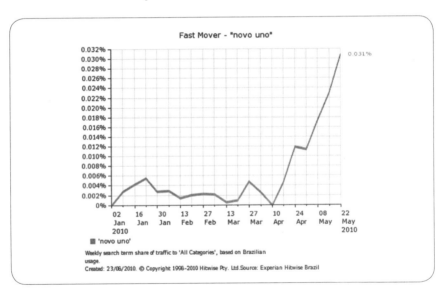

Fonte: Hitwise Brasil (2010).

Figura 6.17 – *Ranking* dos Sites que Receberam Tráfego com Base na Busca pelo Termo "Novo Uno"

Websites receiving traffic from the search term novo uno
12 Rolling Weeks ending 22 May 2010

Custom · Chart · Add To Dashboard · Export

	Websites (240 returned)	Search Clicks
1	G1 Carros	14.80%
2	Vaicomtudo	13.32%
3	Mundo Das Tribos	6.85%
4	Quatro Rodas	6.46%
5	UOL Carros	3.77%
6	Fiat Brasil	3.70%
7	Fiat Brasil - Novo Uno	3.67%
8	YouTube	2.22%
9	WebMotors	2.11%
10	Auto Esporte	2.07%

10 20 100

Fonte: Hitwise Brasil (2010).

É importante não fazermos análises precipitadas ao ler essa conclusão. Certamente, objetivos de comunicação diferentes podem ser atingidos mesmo sem haver grande conversão de pessoas para os sites da Fiat. Quem acessa o portal G1 Carros provavelmente está mais interessado em aspectos gerais da notícia, como data de lançamento, faixa de preço, mudanças no *design* etc. Por outro lado, quem entra no site da revista *Quatro rodas* provavelmente tem mais conhecimento sobre o mundo automobilístico, ou deseja ter, e está interessado na opinião de especialistas ou em uma comparação com outros carros populares – o que pode demonstrar maior proximidade no que diz respeito à intenção de compra.

Novamente, ratificamos que mais importante que os números que as ferramentas nos apresentam é o raciocínio de análise que criamos para entender o que esses números, realmente, significam.

Site *Catalyst*

O Site *Catalyst* é um serviço oferecido pela Omniture, empresa comprada pela Adobe no início da segunda década do século XXI. No Brasil, sua atuação é por meio de uma empresa parceira chamada Aunica.

A ferramenta é considerada uma evolução dos sistemas de Analytics – mensuração de resultados *on-line* da parte "receptiva" (após a chegada da pessoa ao site da empresa). Entre as inovações, destacam-se:

- resultados coletados em tempo real, identificando qual mídia tem gerado mais resultados;
- possibilidade de aprofundar o caminho de navegação do visitante no site;
- integração de APIs de outros sistemas de mensuração da própria empresa;
- possibilidade de criação de métricas específicas de cada cliente. Exemplo: pode-se criar uma métrica e dar o nome de "taxa de interação", cujo cálculo é feito a partir da soma de cliques em conteúdos específicos (vídeos, textos e áudios) dividida pelo número de visitantes do site; *e*
- cruzamento de resultados de *Analytics* com CRM. Como parte do fluxo de visitantes em alguns sites surge do envio de e-mail, por exemplo, pode-se cruzar esse banco de dados com os próprios resultados de *Analytics*.

Normalmente, todas essas opções sofisticadas de métricas *on-line* têm dois objetivos muito claros: aumentar a taxa de conversão e reduzir o custo de conversão.

Então, cabe pensar como estão sendo determinadas as métricas consideradas indicadores de conversão, quando não se trata de um *e-commerce*.

Na maior parte dos casos, as empresas tratam como indício de eficácia e retorno de investimento métricas que, na verdade, não indicam nada mais do que a eficiência do sistema (que responde se ele está sendo benfeito). Alguns exemplos de métricas de eficiência que sistemas *on-line* como o Site *Catalyst* entregam:

– aumento do tempo médio de interação;
– queda no *bounce rate* (taxa de pessoas que entram no site e saem sem clicar em nenhum ícone ou página);
– aumento da interação com o conteúdo do site (cliques, comentários, navegação etc.); e
– posicionamento em buscadores: constar nas primeiras posições de sistemas de busca quando se procura pela categoria ou pelo assunto de interesse da campanha.

Certamente, todos esses aspectos são importantes para otimizar os investimentos digitais, porém, não podem ser tratados como métricas de retorno de investimento da comunicação.

Um bom padrão de entendimento deste assunto é:

– um bom fornecedor de *Analytics* traz resultados de eficiência da operação; e
– uma boa equipe de comunicação interpreta os resultados vindos do fornecedor para descobrir qual é a real eficácia das campanhas, sempre com base em algum dos 14 objetivos possíveis de que tratamos anteriormente nesse livro.

Modelo de Análise de Eficácia Além do Clique

Quando uma empresa investe em campanhas digitais de mídia (*banners*, *rich media* etc.), costuma-se determinar como KPI duas métricas: o número de pessoas atingidas pela mensagem e o CTR (taxa de cliques).

Apesar de não haver uma taxa média de cliques no mercado para servir de *benchmark*, ter 1% de CTR (a cada cem pessoas impactadas pela imagem, uma clicou) parece um bom resultado para quem trabalha em agências digitais. Mas, isso pode soar como desperdício de 99% da verba para o cliente.

Assim, o desafio é demonstrar os resultados de comunicação que vão além do clique. O modelo a seguir é uma primeira tentativa de fazer um raciocínio que não dependa totalmente dos dados prontos que recebemos de cliques e pessoas "atingidas" pelo Ad Server ou de interações e visitas pelo Analytics.

A proposta é utilizar dados secundários para ponderar os resultados *on-line* além do clique e tentar inferir qual objetivo de comunicação possivelmente foi alcançado em cada nível.

Acompanhemos o exemplo fictício a seguir para entendermos a proposta deste modelo.

Figura 6.18 – Modelo de Análise de Eficácia Além do Clique

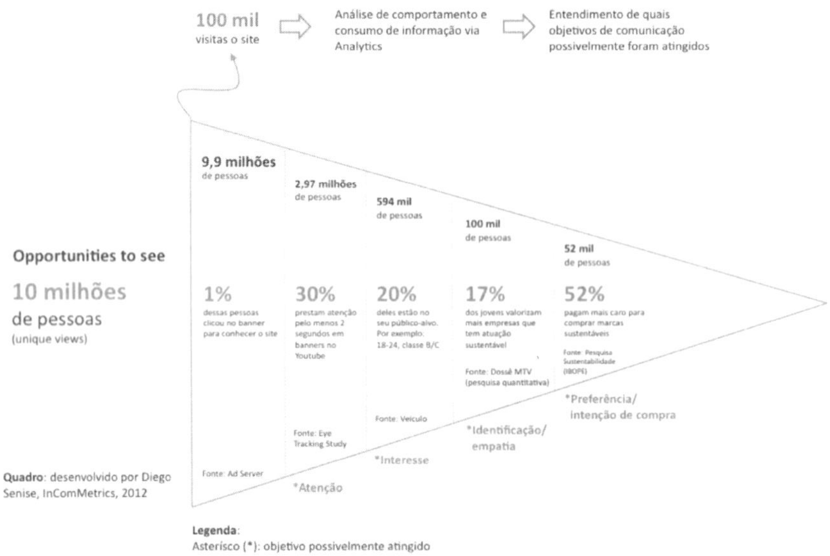

Fonte: Proposto pelos autores.

Uma campanha de determinada marca de leite que foca sua mensagem em sustentabilidade foi veiculada no YouTube e teve 10 milhões de usuários únicos impactados. Ou seja, o OTS (*opportunity to see*) foi de 10 milhões.

– 1% das pessoas que visualizaram a campanha clicaram e entraram no site. Estas não nos importam no momento; preocupamo-nos com as 9,9 milhões de pessoas que não entraram no site.

– Suponhamos que um estudo de *eye tracking* demonstra que apenas 30% das pessoas que veem uma campanha *on-line* prestam atenção durante pelo menos dois segundos na mensagem. Assim, das 9,9 milhões de pessoas que tiveram oportunidade de ver a campanha, só 2,97 milhões provavelmente prestaram atenção.

– Suponhamos também que em uma pesquisa do próprio YouTube apenas 20% das pessoas estão no público-alvo da campanha: pessoas de 18 a 24 anos de classe B/C. Assim, das 2,97 milhões de pessoas, apenas 594 mil pessoas são do público-alvo e, por isso, possivelmente se interessariam pela mensagem da campanha.

– O Dossiê MTV (pesquisa quantitativa com mais de 2 mil pessoas) mostra que apenas 17% dos jovens valorizam marcas que têm atuação sustentável. Assim, das 594 mil pessoas que se interessariam pela campanha, apenas cem mil teriam possibilidade de se identificar com a marca.

– Pesquisa de sustentabilidade do Ibope mostra que 52% das pessoas declaram que pagariam um pouco a mais por marcas que têm atuação sustentável. Assim, das cem mil pessoas que possivelmente se identificaram com a marca, apenas 52 mil podem ter preferência por essa marca em detrimento das outras.

Assim, conseguimos desenvolver um funil que utiliza dados secundários para dar uma visão muito mais realista sobre quais objetivos uma campanha possivelmente alcança com as pessoas que não clicaram e conheceram o site.

Mais que nos fixarmos nesses números, o importante é entender a lógica do raciocínio e tentar aplicá-la.

É inconcebível que as empresas continuem recebendo resultados digitais com números absurdamente grandes e que não fazem sentido em relação a seus objetivos de comunicação e negócio.

Dizer que 10 milhões de pessoas foram "atingidas" pela campanha não indica muito para o gestor de alguma marca. Há muito mais valor em chegar à conclusão de que **possivelmente** conquistamos preferência de **apenas** 52 mil jovens.

Por que o grifo? Leia este parágrafo na página 27 deste livro: *It is better to be vaguely right than precisely wrong.*

Mensuração cada vez mais em tempo real

Como a velocidade das ações e acontecimentos *on-line* é extremamente alta, está havendo uma "corrida" entre os fornecedores de ferramentas de mensuração (monitoramento de redes sociais e *analytics*) para que seus serviços sejam cada vez mais em tempo real para os clientes.

Um bom exemplo é o BrandBowl, iniciativa criada pela Radian6 para acompanhar em tempo real e disponibilizar em uma plataforma *on-line* o número de *tweets* e análise de sentimentos a partir de *tags* (palavras pré-selecionadas como positivas e negativas) das mensagens sobre cada comercial do SuperBowl que estava sendo veiculada. Veja exemplo nos links a seguir: <http://brandbowl2011.com> e <http://point-oh.com/groupon-fail-how-to-measure-super-bowl-success>.

Nada de novo na tecnologia. A novidade é a tentativa de disponibilizar informação relevante em tempo real. Contudo, essas plataformas de mensuração "ao vivo" são puro espetáculo. Servem muito mais para massagear o ego das pessoas envolvidas com as campanhas que para mensurar o resultado efetivo da propaganda.

O leitor que vem acompanhando o livro desde o início sabe muito bem que esse *ranking* de *tweets*, na maioria das vezes, não é uma medida de eficácia interessante para os comerciais. Afinal, as campanhas têm objetivos diferentes. Uma propaganda pode cumprir seu objetivo e ser mais eficaz que outra sem ser considerada sensacional ou ser "tuitável".

Metodologias de Mensuração de Resultados | **417**

Além disso, o ponto crucial para contextualizarmos esse surgimento de novos serviços *"real time"* é entendermos a utilidade deles. Parece-nos óbvio que ter plataformas de mensuração que entregam resultados em tempo real é útil quando:

– há estrutura de recursos humanos ou fornecedores competentes e com poder de decisão recebendo as análises para que se possa responder a um problema ou oportunidade com rapidez. Esta análise de sentimentos de milhares de *tweets* em tempo real serve apenas para situações em que o gestor pode mudar algo também em tempo real. E que essa mudança seja relevante. Exemplo: debates políticos;

– essa equipe tenha poder de decisão sem esbarrar em entraves burocráticos para que se possa responder a um problema ou oportunidade com rapidez. Essa análise de sentimentos de milhares de *tweets* em tempo real só serve para situações em que o gestor pode mudar algo também em tempo real; e

– a mudança de rota em questão seja relevante o suficiente para merecer toda essa atenção. Exemplo: debates políticos.

Essa não parece ser a realidade da maioria das áreas de Comunicação das empresas brasileiras. Os *softwares* estão ficando sofisticados de forma mais rápida que a possibilidade de resposta inteligente das equipes que trabalham nas empresas. É preciso que estas não se deslumbrem com tantos novos serviços nem se apavorem com a impossibilidade de usar todas as ferramentas no dia a dia.

Pelo contrário, devem buscar capacitação e informação para saberem julgar quais fornecedores podem ser úteis à luz de uma plataforma de mensuração de retorno previamente estruturada. Certamente, o caminho inverso (escolher *softwares* e depois pensar modelo de mensuração) é menos inteligente e eficaz.

15. Marca: o que é força e o que é valor intangível?

Para guiar nosso raciocínio sobre esse tema, escolhemos dois bons exemplos do livro *Métricas de marketing* (2006), os quais nos ajudam a pensar nas limitações de cada métrica e da relação que as métricas têm entre si. Os dois exemplos estão diretamente ligados à comunicação, tratando especificamente da mensuração do valor das marcas.

Esse parece ser um dos assuntos mais abordados no meio corporativo na atualidade. É um tema complexo, na medida em que não se trata de uma única métrica isolada que capta uma tendência, como a participação de mercado (*share of market*). Nesse caso, é óbvia a necessidade da combinação entre diversas métricas para compor o valor intangível da marca.

Um modelo de avaliação de marca consagrado no mercado é o Avaliador do Ativo da Marca, da Y&R (AM). Esse modelo envolve pesquisas com consumidores sobre seus hábitos e atitudes em relação às marcas, que são analisados com base em quatro dimensões principais (FARRIS; BENDLE; PFEIFER; REIBSTEIN, 2006, p. 132):

- Diferenciação percebida no mercado.
- Relevância para o estilo de vida do consumidor.
- Estima que o consumidor nutre pela marca.
- Grau percebido de conhecimento da marca pelo consumidor.

Essas quatro medidas, segundo os autores, seriam capazes de avaliar a força e a tendência das marcas.

Marcas mais fortes atingem valores altos em todas as quatro medidas. Marcas em crescimento mostram valores relativamente mais altos em diferenciação e relevância. Marcas em declínio mostram valores relativamente mais altos para estima e conhecimento (FARRIS; BENDLE; PFEIFER; REIBSTEIN, 2006, p. 132).

Por outro lado, o Modelo de Valor de Marca de David Aaker (AAKER, 1990, p. 27-41) utiliza 11 medidas de mapeamento não ponderadas para diagnosticar a força da marca:

- Participação de mercado.
- Preço de mercado.
- Cobertura de distribuição.
- Qualidade percebida.
- Valor percebido.
- Diferenciação.
- Satisfação/lealdade.
- Liderança/popularidade.
- Associações organizacionais.
- Consciência de marca.
- Personalidade da marca.

Diferentemente dos modelos citados, Bill Moran verifica mudanças anuais e se baseia[58] na combinação de participação efetiva de mercado, preço relativo e durabilidade – índice de lealdade (FARRIS; BENDLE; PFEIFER; REIBSTEIN; 2006, p. 132).

Quadro 6.19 – Metodologia de Valor de Marca

Metodologia de valor de marca (Moran) =

Participação Efetiva de Mercado (%)

X

Preço Relativo

X

Durabilidade (índice de lealdade)

Fonte: Adaptado de Farris, Bendle, Pfeifer e Reibstein (2006, p. 133).

---

58. As informações de Bill Moran provêm de comunicações pessoais dos autores de *Métricas de marketing* (2006) com os autores do modelo.

Nesse modelo, "participação efetiva de mercado" representa a participação de um segmento de mercado ponderada pela porcentagem das vendas da marca no segmento.

"Preço relativo" também pode ser chamado de variação para o preço *premium*. Os índices de marcas que estão acima de 1 indicam marca que pratica um preço *premium* e, consequentemente, apresenta-se como forte. As marcas que estão abaixo de 1 vendem seus produtos com desconto em relação ao mercado; então, são consideradas mais fracas.

"Durabilidade (índice de lealdade)" pode ser calculada mensurando quantos clientes de determinada marca repetirão sua compra no ano seguinte. Um indicador igual a 1 indica que todos voltarão a comprar determinada marca, o que indica forte lealdade à marca. Disposição de compra menor, gera nota abaixo de 1; quando mais pessoas estão dispostas a comprar, a nota será acima de 1.

A Interbrand, empresa internacional especializada em avaliação de marcas, considera as seguintes análises em sua metodologia:

- **Análise Financeira:** projeção dos resultados econômicos com o uso de uma metodologia idêntica à utilizada no EVA® (Economic Value Added).
- **Análise de Mercado:** dessa análise, estabelece-se um Índice do Papel da Marca, que reflete o seu desempenho na obtenção dos resultados econômicos projetados.
- **Análise do Risco da Marca:** determinação de uma taxa de desconto, com base no Risco da Marca, que deve ser aplicada aos lucros atribuíveis à marca. Nessa fase do estudo são analisados sete itens: estabilidade do mercado, estabilidade da marca, liderança, suporte de comunicação, tendência da participação de mercado, distribuição geográfica e proteção legal.

Nota-se facilmente que os quatro modelos descritos apresentam metodologias diferentes: pesquisa de hábitos e atitudes, segundo Y&R;

combinação participação-preço-lealdade, segundo Moran; combinação multifatorial não ponderada de dados de mercado e de pesquisas com consumidores, segundo Aaker; e análises financeiras que tentam isolar a contribuição dos intangíveis nas receitas, segundo a Interbrand.

Essa é a razão pela qual encontramos diferenças consideráveis na posição das empresas em estudos que tentam responder à pergunta "Quais as marcas mais valiosas?" Dependendo da metodologia, a marca pode estar em primeiro ou em décimo lugar, por exemplo.

Essas metodologias díspares são provenientes das diferentes definições de marca que os autores utilizam. Há, portanto, uma questão a ser desvendada, anterior à definição dos critérios de valoração das marcas. Para desenvolver as metodologias, os autores devem ter passado por uma questão conceitual complicada: o que é marca?

Após esse momento de definição ontológico-conceitual[59] sobre a essência da marca como objeto de estudo, os autores puderam partir para as discussões sobre o "funcionamento" das marcas. Aqui, as questões passam a ser: como as marcas interagem com as pessoas? Como elas interagem com o mercado? Como mensurar o valor delas? (SEMPRINI, 2006, p. 129).

Aqui, o aprendizado mais importante é que deveria haver uma visão compartilhada da definição conceitual de marca entre os gestores dessas marcas (que compram essas metodologias de estudo de fornecedores, sejam eles institutos de pesquisa, agências de publicidade ou acadêmicos) e os responsáveis pelo trabalho de mensuração. Ou seja, ao contratar serviços que se propõem a mensurar o valor intangível de determinada marca, deve-se entender claramente o que efetivamente "marca" significa para aquele estudo. Além de saber aonde os indicadores estão nos levando, é importante saber de onde estamos partindo para entendermos esse movimento de maneira crítica.

---

59. Em *A marca pós-moderna*, Andrea Semprini divide os estudos de marca em estudos de Estado da Marca x Funcionamento da Marca. Entretanto, decidimos abranger essa percepção, pois entendemos que os estudos de funcionamento sempre partem de alguma definição conceitual porque, no fim das contas, definem indicadores e métodos de trabalho com base em algum critério – algum ponto de partida epistemológico sobre o assunto.

Essa visão sobre a definição de marca, obviamente, também deve ser compartilhada com as agências de comunicação que prestam serviços para a organização. Dessa maneira, sabendo o que a empresa entende por marca e como isso se manifesta nas pesquisas de mensuração de valor intangível, as agências poderão ter um foco mais específico de trabalho e, principalmente, desenvolver conteúdos alinhados com as expectativas do cliente.

Depois de compreendermos a importância teórica e prática da definição conceitual de marca para o processo de mensuração, devemos fazer uma análise crítica dos três modelos apresentados.

Se o leitor estava atento, percebeu que os três primeiros modelos apresentados consideram essencialmente aspectos que relacionam a marca aos consumidores (lealdade, satisfação, estima, relevância etc.). Ou seja, esses estudos consideram que o valor intangível de uma empresa significa a força delas perante os consumidores.

Aqui, fazemos uma grande objeção. Deve haver uma diferenciação entre o conceito de "força de marca" e o de "valor intangível de marca". As metodologias apresentadas avaliam e mensuram, cada uma a sua maneira, a força da marca perante os consumidores, porém, não chegam perto de estabelecer o valor intangível da marca, apesar de se proporem a alcançar esse objetivo. Esse valor intangível não deve ser resultado somente da relação da empresa com seus consumidores; além disso, deve avaliar o resultado da sua relação com os diversos públicos estratégicos da organização, como vimos na análise de Ambiente de Marketing.

Em nossa visão, o valor intangível de uma empresa é a sua Marca, isto é, é o resultado do Balanço entre ativos intangíveis e passivos intangíveis de uma organização. Assim, um sinônimo de Marca seria "Patrimônio Intangível do Negócio" (como veremos adiante). Ou seja, o Patrimônio de Marca é o que determina quanto valor uma empresa tem além de seus ativos tangíveis. Nessa perspectiva, a força da marca perante os consumidores se constitui em uma das variáveis que formam o "Patrimônio Intangível do Negócio".

Então, para o desenvolvimento dos estudos sobre marcas, propomos que haja uma separação conceitual:

- de um lado, **estudos sobre a força das marcas** (perante consumidores); e
- de outro, **estudos sobre o Patrimônio Intangível do Negócio.**

Estudos sobre a Força de Marca

Não existe a necessidade de se estabelecer um modelo único para a mensuração da força das marcas. Considerando as diferenças óbvias de consumo e recepção de comunicação entre o grande número de categorias de produtos e serviços presentes no mercado, o estabelecimento de uma única metodologia traria distorções inaceitáveis.

Por exemplo, em categorias como lojas de departamento ou linhas aéreas de baixo custo, a lógica da variação de preço *premium* não seria o indicador mais útil para medir o valor de marca, como bem identificou Aailawadi em artigo citado no livro *Métricas de marketing* (2006, p. 133).

Portanto, cabe ao gestor de cada marca analisar, juntamente com uma equipe capacitada, quais as métricas mais coerentes para se mensurar a força dessa marca. Essa análise deve levar em conta os aspectos mais importantes da relação empresa-consumidor (nos níveis da comunicação e do consumo), sempre considerando as peculiaridades de cada categoria.

Como componente do Patrimônio Intangível do Negócio, em nossa metodologia denominamos Força de Marca perante os consumidores, como variável que forma o Patrimônio de Mercado.

Patrimônio Intangível do Negócio

A estrutura patrimonial de uma organização é representada, de um lado, por seus investimentos, bens e direitos, e, por outro lado, por suas obrigações e deveres junto às pessoas que estão, de alguma forma, financiando as operações. Ou seja, há sempre uma mistura entre capital dos proprietários e capital de terceiros.

Quadro 6.20 – Balanço Patrimonial

ATIVOS Direitos Investimentos Bens	**PASSIVOS** Obrigações com terceiros **PATRIMÔNIO** Capital Integralizado Lucro e reservas acumulados

Fonte: Proposto pelos autores.

Essa visão contábil é importante para traçar um panorama geral sobre a situação financeira da organização e, principalmente, sobre o valor do negócio. O Balanço Patrimonial é a base em que se realizam as negociações de processos de fusões, aquisições, incorporações etc. Entender o equilíbrio que existe entre Ativos e Passivos (direitos/propriedades/investimentos x obrigações/deveres) é condição *sine qua non* para subsidiar esse tipo de negociação.

Desse modo, o resultado da equação Ativos Contábeis (-) Passivos Contábeis é, em teoria, o preço mínimo de venda de alguma empresa (desconsiderando, é claro, qualquer fator circunstancial que possa reduzir tal preço, como a necessidade de se vender rapidamente o negócio ou a perspectiva de sua descontinuidade).

Devemos considerar que muitas empresas são vendidas por preços superiores aos valores apurados dos Balanços Patrimoniais (contábil/tangível). Entendemos, portanto, que essa diferença entre o valor de venda (ou de uma possível venda) de uma empresa e o valor efetivo do seu Patrimônio Líquido pode configurar o Patrimônio Intangível do Negócio.

> **Exemplo:**
> – Ativo da empresa X = R$ 1.000.000
> – Passivo da empresa X = R$ 600.000
> – Patrimônio da empresa X: R$ 1.000.000 – R$ 600.000 = R$ 400.000
> – Valor da Venda = R$ 900.000
> – Patrimônio Intangível da empresa X = R$ 900.000 – R$ 400.000
> **= R$ 500.000**

Utilizando o mesmo raciocínio, é fácil compreender que o patrimônio intangível das empresas de capital aberto é igual à diferença entre seu valor de mercado (cotado na Bolsa de Valores) e o valor de seu Balanço Patrimonial (contábil/tangível).

Então, é importante entender a composição e o funcionamento desse Patrimônio Intangível do Negócio.

A definição tradicional apresenta ativos intangíveis como "elementos não monetários, que não podem ser vistos, tocados e/ou mensurados, embora tenham importância econômica para o negócio" (HALL, 1992 *apud* ALMEIDA, Ana Luiza Castro de *apud* ZANINI, Marco Túlio, 2009, p. 124).

Essa visão surgiu com a ascensão da indústria japonesa nos anos 1980. Estudos realizados naquela época conseguiram isolar a variável "cultura organizacional" e mostrar seu profundo impacto econômico nos resultados da empresas.

> Constatou-se que o principal diferencial desse modelo encontrava-se menos na eficiência promovida pela implantação da ferramenta de gestão e mais na coordenação informal gerada por uma cultura, que promove altos níveis de cooperação espontânea, sentimentos de copropriedade, orgulho de pertencimento e adesão individual voluntária aos ganhos coletivos no longo prazo (ZANINI, 2009, p. 3).

Atualmente, a gestão dos ativos intangíveis é uma realidade em algumas organizações. Desde os anos 1980 há um grande movimento empresarial que direciona esforços no sentido de gerenciá-los, analisando oportunidades e riscos e calculando seu valor com base em parâmetros econômicos.

Além disso, a promulgação da Lei 11.638, em 27 de dezembro de 2007, com entrada em vigência prevista desde 1º de janeiro de 2010, denominada "Lei do Valor Justo", ora em fase de regulamentação pela CVM da Bolsa de Valores de São Paulo, prevê a possibilidade de contabilização, sem a imediata incidência do Imposto sobre a Renda, dos ativos intangíveis cujo valor seja claramente demonstrável e auditável.

Para compreender plenamente a dinâmica dos intangíveis em uma organização, precisamos, primeiramente, diferenciar "elementos intangíveis" de "ativos intangíveis".

Quadro 6.21 – Elementos Tangíveis

Fonte: Adaptado de Caldas *apud* Zanini (2009, p. 28).

Quadro 6.22 – Elementos Intangíveis

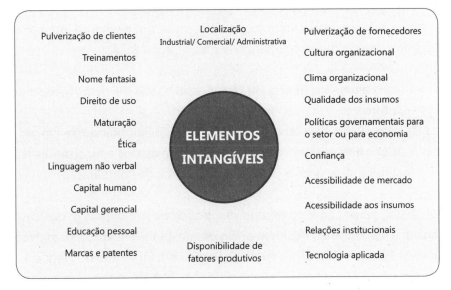

Fonte: Adaptado de Caldas *apud* Zanini (2009, p. 28).

Diante das figuras apresentadas, devemos entender que:

Elementos ou fatores de natureza intangível não significam, necessariamente, ativos intangíveis, pois, para merecer essa qualificação, é necessário que o fator ou o elemento propicie para o empreendimento, direta ou indiretamente, benefícios econômicos e financeiros futuros (ZANINI, 2008, p. 30).

O entendimento dessa afirmação é fundamental, pois a má gestão de um elemento intangível pode fazer com que ele não gere rendimentos futuros para a organização, desperdiçando, assim, a chance de tornar esse elemento intangível em um ativo intangível. Ou pior, pode fazer com que a organização passe a ter um passivo intangível, ou seja, um elemento intangível que pode gerar obrigações e/ou prejuízos futuros.

Recursos humanos, capital intelectual, treinamento e cultura organizacional só passarão a ser ativos no momento em que houver condições favoráveis para que cada um desses elementos intangíveis possa ter influência na geração de valor para a empresa.

Há, portanto, dois critérios que definem se um elemento intangível se torna ou não um ativo intangível para a organização:

1. se o elemento intangível tem possibilidade de gerar benefícios futuros; e
2. se o elemento intangível é mensurado, desdobrando-se em métricas que podem ser comparadas com as dos concorrentes (só se identifica valor a partir de parâmetros de comparação).

Assim, para análise dos intangíveis, podemos adotar uma perspectiva análoga à do Balanço Patrimonial (financeiro, tangível). Ativos intangíveis menos Passivos Intangíveis *é igual a* Patrimônio Intangível do Negócio.

Fica claro que os ativos tangíveis definem mais claramente a situação presente da empresa (sua "situação financeira e patrimonial") e os ativos intangíveis dão indícios sobre o futuro dela.

Mensuração do Patrimônio Tangível e Intangível do Negócio

Com o intuito de colaborar com o desenvolvimento de metodologias que contemplem todos os aspectos e variáveis relevantes para o tema "mensuração do Patrimônio Tangível e Intangível das empresas", propomos, então, um modelo que é representado pelo quadro a seguir.

Quadro 6.23 – Mensuração do Patrimônio Tangível e Intangível das Empresas

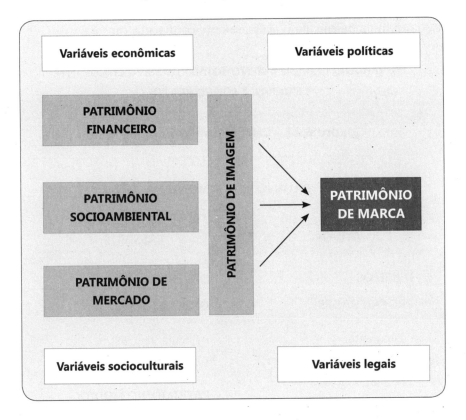

Fonte: Proposto pelos autores.

Entendemos que o Patrimônio de Marca (o que ela vale e representa) é o resultado da composição de quatro outros Patrimônios, a saber: Financeiro, Socioambiental, de Mercado e de Imagem – influenciada pelas variáveis econômica, sociocultural, legal e política.

Para melhor compreensão desse modelo de avaliação e mensuração, que desenvolvemos no Centro de Estudos de Avaliação e Mensuração em Comunicação e Marketing (Ceacom), discutimos a seguir cada um dos patrimônios citados.

PATRIMÔNIO FINANCEIRO (*FINANCIAL EQUITY*)

O Patrimônio Financeiro (*Financial Equity*), expresso nos balanços patrimoniais como Patrimônio Líquido, já é adequadamente estudado e sua fórmula de cálculo universalmente conhecida, ou seja:

PATRIMÔNIO LÍQUIDO = ATIVO TOTAL – (PASSIVO CIRCULANTE + EXIGÍVEL A LONGO PRAZO).

Quadro 6.24 – Cálculo do Patrimônio Líquido

BALANÇO PATRIMONIAL

ATIVOS	PASSIVOS
DIREITOS	**DEVERES**
PROPRIEDADES	**OBRIGAÇÕES**
• Circulante	• Circulante
• Realizável a longo prazo	• Exigível a longo prazo
• Permanente/fixo	
	PATRIMÔNIO LÍQUIDO
	FINANCEIRO

Fonte: Proposto pelos autores.

No entanto, consideramos que o valor apurado não necessariamente representa a efetiva condição financeira e econômica da empresa em análise. Assim, propomos que o valor patrimonial seja calibrado por um Fator, Indutor ou Redutor, resultante da avaliação comparativa dos índices financeiros, de prazos e de atividades obtidos pela empresa em relação às médias do setor e/ou dos concorrentes diretos.

Quadro 6.25 – Avaliação Comparativa dos Índices

	PESO*	MÉDIA DO SETOR	EMPRESA	FATOR*	FATOR PONDERADO
Índice de Liquidez Geral					
Giro dos Ativos Totais					
Índice de Endividamento***					
Margem de Lucro Líquido					
Taxa de Retorno sobre Investimento Total TRIT					
Índice Preço/ Lucro					
Índice VP (valor presente) do Lucro projetado *versus* Lucro atual					
FATOR PONDERADO TOTAL: _____					

Fonte: Proposto pelos autores.

*Peso: recomenda-se distribuir 100% entre os índices, de acordo com a importância na análise.

**Fator: média = 1; abaixo da média = – que 1; acima da média = + que 1

***Índice de Endividamento: o fator deve ser atribuído de forma contrária, ou seja, acima da média = – que 1; abaixo da média = + que 1)

As informações do setor em que a empresa atua, ou mesmo da concorrência, geralmente são obtidas junto às associações, sindicatos e instituições especializados em monitoramento setorial, financeiro e de mercado.

O valor ponderado (calibrado) do Patrimônio Financeiro é calculado, segundo nossa metodologia, a partir da equação a seguir representada.

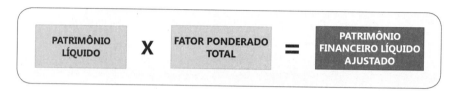

PATRIMÔNIO DE MERCADO (*MARKET EQUITY*)

O Patrimônio de Mercado (*Market Equity*) refere-se à situação da empresa perante seus concorrentes e perante seus públicos estratégicos. Desse modo, a comparação entre **ativos de mercado** (*recall*, influência da marca, participação de mercado, força da participação, penetração, satisfação dos clientes, efetividade de vendas e distribuição, diferenciais competitivos, eficácia dos preços etc.) e **passivos de mercado** (rejeição da marca, fragilidade em relação à concorrência, participação baixa de mercado etc.) pode dar indicações sobre os benefícios futuros que a atual situação de mercado trará para a empresa.

Para avaliar e mensurar o Patrimônio de Mercado de uma empresa, propomos a utilização de cinco modelos e instrumentos de análise mercadológica: Matriz Multifatorial GE, Matriz de Crescimento/Participação (MCP), Análise Ambiental, Análise SWOT (contendo um quadro comparativo dos *Outputs* disponibilizados) e Pesquisas de Marketing. Todos esses modelos estão devidamente apresentados e seus usos exemplificados em Yanaze (2011). Assim, temos:

Quadro 6.26 – Avaliação e Mensuração do Patrimônio de Mercado

Fonte: Yanaze (2011).

• Matriz GE

A Matriz GE tem como objetivo avaliar todos os mercados em que os produtos/linhas de produto/unidades de negócio de uma empresa atuam, com o objetivo de medir o grau de Atratividade (alta/média/baixa) dos mercados, além de identificar a posição e/ou força de suas participações (forte/média/fraca). As análises são realizadas com base em cinco fatores: mercado, concorrência, econômico e financeiro, tecnológico e ambiente mercadológico (YANAZE, 2011, cap. 7). Como resultado da aplicação da metodologia obtêm-se notas ponderadas (de 0 a 10), tanto da Atratividade do Mercado quanto da Força da Participação da empresa em questão, que devem ser inseridas nos quadrantes a seguir apresentados.

Quadro 6.27 – Resultado da aplicação da metodologia

ATRATIVIDADE DO MERCADO		FORÇA DA PARTICIPAÇÃO		
		10 FORTE 6,7	MÉDIA 3,3	FRACA 0
10 ALTA		A	B	C
6,7 MÉDIA		F	E	D
3,3 BAIXA		G	H	I
0				

Fonte: Yanaze (2011, cap. 7).

Quando o portfólio de uma empresa é constituído em sua maioria por produtos/unidades de negócio com forte atuação em mercados de alta atratividade (posição **A**), certamente, esse fato valoriza seu Patrimônio Intangível. Vejamos o exemplo de empresas como a Unilever, que atua fortemente em vários mercados atraentes como: Higiene e Saúde, Alimentos e Nutrição, Limpeza e Cuidados Pessoais. É importante ressaltar que a Matriz GE identifica a intensidade da participação dos produtos/unidades de negócio não só no mercado consumidor, mas também no mercado fornecedor.

• Matriz MCP

A Matriz Crescimento/Participação (MCP) pode ser aplicada em três instâncias (YANAZE, 2011, cap. 7):

1) **Externa – Mercado Total:** o crescimento de vendas e a participação relativa do produto/unidade de negócio da empresa em comparação com as médias do mercado (setor) e as taxas de crescimento e de participação de seus concorrentes.

2) **Interna – Faturamento:** as receitas de todos os produtos/unidades de negócio de uma empresa analisados conjuntamente quanto a crescimento e participação relativa.

3) **Interna – Margem de Contribuição:** as margens de contribuição de todos os produtos/unidades de negócio de uma empresa analisados coletivamente levando em consideração crescimento e participação.

No processo de avaliação e mensuração do Patrimônio de Mercado considera-se apenas a primeira instância (Externa – Mercado Total), pois esta revela a posição dos produtos da empresa em relação à média do mercado, no que se refere a crescimento de vendas e participação relativa.

A MCP pode ser representada de acordo com o Quadro a seguir:

Quadro 6.28 – Matriz Crescimento/Participação (MCP)

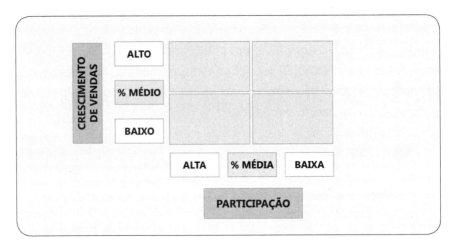

Fonte: Proposto pelos autores.

A constatação de que grande parte dos produtos/unidades de negócio da empresa está em posições privilegiadas no mercado, ou seja, acumula tanto crescimento como participação acima da média, incrementa seu Patrimônio Intangível de Mercado.

• **Análise Ambiental**

A **Análise do Ambiente Mercadológico** revela o grau de fragilidade de uma empresa perante as vicissitudes das variáveis (operacionais, concorrenciais, econômicas, tecnológicas, legais, políticas, socioculturais, ambientais etc.) que caracterizam a dinâmica dos mercados em que atua. Também pode identificar o quão suscetível a empresa está perante a ação de seus *stakeholders* (clientes, concorrentes, fornecedores, governo, distribuidores, mídia etc.). Quanto menor o grau de fragilidade em relação ao ambiente mercadológico, comparado ao de seus concorrentes, maior a valorização do Patrimônio Intangível de Mercado da empresa.

Apresentamos a seguir um quadro simplificado de análise ambiental.

GRAU DE IMPORTÂNCIA				GRAU DE FAVORABILIDADE NOS NEGÓCIOS				
Muito Importante	Importância Média	Importante		Altamente favorável	Favorável	Neutro	Desfavorável	Altamente desfavorável
O	O	O	Ação da concorrência	O	O	O	O	O
O	O	O	Situação econômica do mercado local	O	O	O	O	O
O	O	O	Variáveis socioculturais/legais	O	O	O	O	O
O	O	O	Relacionamento com canais de venda	O	O	O	O	O
O	O	O	Sazonalidade	O	O	O	O	O
O	O	O	Fatores climáticos/ambientais	O	O	O	O	O

Fator indutor/redutor do valor da comunicação

Limpar

Fator: Neutro = 1,0; Favorável = acima de 1,0; Desfavorável = abaixo de 1,0

Fonte: Proposto pelos autores.

Tanto a definição das variáveis de análise (e de sua importância) quanto a avaliação do grau de favorabilidade (ou não) à empresa em questão devem ser realizadas por uma equipe multidisciplinar interna, com participação de analistas especializados no setor.

• Posição em Pesquisas

Há várias modalidades de **pesquisa** mercadológica:
- *Recall* (pesquisa realizada junto aos públicos-alvo após veiculação de anúncio, com o objetivo de identificar seu grau de recordação).
- *Share of Mind* (pesquisa realizada anualmente pelo Instituto Datafolha com o objetivo de identificar as marcas mais lembradas pelo consumidor em diferentes categorias de bens e serviços).

438 | Retorno de Investimentos em Comunicação

- ***Store Audit*** (pesquisa realizada nos pontos de venda com o objetivo de verificar a participação de cada marca quanto a localização, número de frentes de venda, estoque, preferência do cliente etc.).
- ***Ranking*** das Melhores Empresas para se Trabalhar.
- ***Ranking*** das Melhores Empresas para Investir.
- ***Ranking*** das Empresas mais Admiradas.
- ***Ranking*** das Empresas Socialmente Responsáveis.
- Entre outras.

Empresas com um bom posicionamento nas pesquisas efetivamente incrementam seus Patrimônios Intangíveis. As posições da empresa ponderadas pela importância relativa das diferentes pesquisas (pesos) resultam num Fator Redutor/Indutor do valor patrimonial de mercado.

– SWOT

A avaliação de Pontos Fortes e Pontos Fracos dos *Outputs*, de onde podemos depreender um **quadro comparativo da empresa em relação aos dos concorrentes**, resultando num Fator Redutor/Indutor:

Quadro 6.30 – Comparação Empresa x Concorrentes

	PESO	EMPRESA		CONCOR. A		CONCOR. B	
		nota	NP	nota	NP	nota	NP
Qualidade dos produtos e serviço							
Portfólio de clientes Qualidade da estrutura de vendas							
Preços e taxas dos produtos e serviços/juros/formas e condições de pagamento							
Participação/potencial de crescimento							
Comunicação (publicidade, RP, eventos, patrocínios etc.)							
TOTAL PONDERADO							

Fonte: Proposto pelos autores.

Uma análise adicional possível é integrar as informações obtidas na aplicação do SWOT dos *outputs* (complementada com a análise dos *inputs* e *Throughputs*) com outras informações extraídas dos modelos e instrumentos previamente discutidos (Matriz GE, Matriz Crescimento/Participação (MCP), Análise Ambiental e Pesquisas), para a identificação das Oportunidades e Ameaças que a empresa deverá enfrentar (YANAZE, 2007 e 2011). A predominância das Oportunidades sobre as Ameaças significa para a empresa que, sob uma gestão eficaz e eficiente, há grande probabilidade de benefícios econômicos futuros. Essa constatação adiciona valor incremental ao intangível da empresa.

• Fator Ponderado do Patrimônio de Mercado

O cálculo do Fator Redutor/Indutor do Patrimônio de Mercado se dá por meio da totalização ponderada dos fatores obtidos em cada modelo e instrumento de análise mercadológica.

Quadro 6.31 – Planilha de Cálculo do Fator Redutor/Indutor

	PESO	FATORES	FATORES PONDERADOS
Matriz GE			
Matriz MCP			
Pesquisas			
Análise ambiental			
SWOT			
TOTAL			
FATOR INDUTOR DE PATRIMÔNIO DE MERCADO			

Fonte: Proposto pelos autores.

Entendemos que o peso de importância de cada um desses instrumentos/plataformas na avaliação do valor do Patrimônio de Mercado vai depender do setor a ser analisado. Estamos convencidos de que não há uma configuração de pesos que seja aplicável a todos os setores. Por exemplo, o setor de produtos farmacêuticos deve dar maior peso aos resultados de GE, da análise ambiental e da matriz de crescimento/participação. O setor de varejo, por seu lado, deve privilegiar os resultados de Pesquisas, da Análise Ambiental e do SWOT na apuração do valor de seus intangíveis de mercado. Todos os instrumentos/plataformas são importantes; no entanto, alguns assumem maior relevância dependendo das características do mercado.

PATRIMÔNIO SOCIAL (*SOCIAL EQUITY*)

Por outro lado, o Patrimônio Social (*Social Equity*), que se refere ao valor social (ambiental incluído) da empresa, consiste na diferença entre os ativos sociais e os passivos sociais. Os Balanços Sociais têm sido foco das atenções das empresas, mas também têm sido formulados sob uma perspectiva conceitual errônea, constituindo-se geralmente de um relatório com menções de ações que uma empresa considera como de responsabilidade social. Balanço Social, no sentido efetivo, deve ser formatado com base na análise comparativa entre os Direitos Sociais usufruídos pela empresa e as Obrigações Sociais decorrentes desse usufruto.

A seguir reproduzimos o quadro ilustrativo de um modelo de Balanço Social.

Quadro 6.32 – Balanço Social

DIREITOS SOCIAIS	OBRIGAÇÕES SOCIAIS
I. Posse de bens (imóveis, equipamentos, veículos etc.) Para viabilizar suas atividades	• Manutenção e uso responsável dos bens. • Política de economia de energia. • Benefícios sociais decorrentes da gestão adequada dos bens. • Situação econômica e financeira dos bens.

continua...

Metodologias de Mensuração de Resultados | **441**

continuação...

DIREITOS SOCIAIS	OBRIGAÇÕES SOCIAIS
II. Contratação de colaboradores para prestação de serviços operacionais e administrativos	• Geração de empregos. • Adequação da quantidade de colaboradores. • Proporcionalidade adequada entre diferentes níveis. • Políticas de cargos e salários. • *Turnover* na média do setor. • Programas de capacitação. • Condições adequadas de trabalho. • Programas de gestão da diversidade. • Inclusão profissional e social. • Clima organizacional adequado. • Programas com familiares. • Previdência privada. • Programas com aposentados.
III. Realização de negócios com pessoas físicas e jurídicas externas para obtenção de benefícios	• Programas conjuntos com fornecedores. • Critérios éticos de definição de fornecedores. • Política justa de negociação. • Situação financeira equilibrada com fornecedores. • Programa de serviços terceirizados. • Investimento na melhoria das condições dos fornecedores.
IV. Operação industrial (gestão, produção e logística que, de alguma forma, afeta o meio ambiente próximo)	• Controle de poluição. • Uso de matéria-prima adequada. • Reaproveitamento de sobras. • Tratamento de água. • Programas de reciclagem. • Programas de conservação. • Pesquisa e desenvolvimento de tecnologias e práticas para minimizar efeitos no meio ambiente.

continua...

continuação...

DIREITOS SOCIAIS	OBRIGAÇÕES SOCIAIS
V. Interação com comunidades em que mantém estrutura	• Relacionamento com os formadores de opinião. • Investimento em benefícios para a comunidade. • Conservação de áreas públicas.
VI. Comunicação persuasiva incitando compra e consumo	• Política de comunicação responsável e transparente. • Uso de mídia correta e mensagens que não firam a ética e os bons costumes. • Orientação antes e depois da compra.
VII. Vendas de produtos e obtenção de faturamento	• Produtos de qualidade. • Logística adequada. • Trabalho responsável com intermediários de vendas. • Impostos sobre vendas e movimentação. • Preços e condições de pagamento compatíveis.
VIII. Obtenção de lucro após descontados custos e despesas	• Reinvestimentos. • Amortização dos investimentos. • Divisão adequada de dividendos. • Transparência.
IX. Usufruto dos benefícios concedidos pelo poder público	• Patrocínios em cultura, esporte e social com aproveitamento de benefícios. • Aproveitamento dos recursos destinados ao desenvolvimento do setor por entidades públicas de fomento.

continua...

Metodologias de Mensuração de Resultados | **443**

continuação...

CIDADANIA CORPORATIVA = EQUILÍBRIO ENTRE:	
DIREITOS	**OBRIGAÇÕES**
Patrimônio Social Líquido **(*Social Equity*)**	• Participação em programas sociais, desenvolvidos tanto pelo poder público quanto por ONGs, sem ligação institucional com os negócios da empresa. • Manutenção de programas sociais próprios não relacionados aos produtos e serviços da empresa. • Patrocínios em cultura, esporte e no social com recursos não provenientes de Incentivo Fiscal. • Programas de relacionamento com a comunidade que extrapolem as obrigações sociais. • Nível salarial que extrapole a média do setor e benefícios concedidos aos colaboradores que não estejam previstos em lei. • Programas de desenvolvimento pessoal, espiritual, social, esportivo e cultural dos colaboradores e seus familiares. • Outros investimentos em atividades que extrapolem suas obrigações sociais.

Fonte: Yanaze (2011).

Exemplificando, se uma empresa paga salários na média do seu mercado ou faz compensações ambientais do que depreda na natureza, ela é no máximo uma empresa "cidadã" que não acumula Patrimônio Social. Para acumular Patrimônio Social é necessário que vá além, ou seja, pague salário acima da média ou mais do que compense o ambiente que depreda. A estimativa do valor do Patrimônio Social é resultante de avaliações qualitativas e quantitativas, ou seja, nem todos os itens sugeridos no quadro anterior produzem números, mas apreciações qualificativas. Obviamente, a formatação do Balanço Social vai variar conforme as especificidades da empresa quanto a dimensão, área de atuação, tempo de atuação, local de operação etc.

É importante esclarecer que, apesar de sua importância para a sociedade, as iniciativas do composto que chamamos de *Social Equity* só têm valor direto para a empresa se, de alguma forma, são comunicadas para seus públicos estratégicos. Se isso não ocorre, o conhecimento e a estima pelas ações sociais ficam restritos às pessoas que são diretamente beneficiadas por elas. As ações sociais são nobres e precisam ser mensuradas, primeiramente, por seus resultados sociais, porém, não se pode desperdiçar o potencial comunicativo que elas podem ter.

O Ceacom desenvolveu um questionário-base de avaliação e mensuração do *Social Equity*, que está sendo adaptado de acordo com as características dos diversos setores econômicos. A aplicação do questionário (com a devida avaliação de auditores independentes) resultará num Fator Redutor/indutor de Patrimônio Social.

PATRIMÔNIO DE IMAGEM (*IMAGE EQUITY*)

Mesmo existentes em boa monta, Patrimônios Financeiros, Sociais e de Mercado não agregam valor à empresa se não são adequadamente comunicados aos públicos de interesse.

A intensidade dos esforços de comunicação a serem direcionados para "tornar comum" cada um dos Patrimônios discutidos (Financeiro, Mercadológico e Social) junto aos diferentes segmentos de interesse da empresa depende essencialmente das condições do ambiente de negócios. **Para exemplificar:**

- num contexto de dificuldades econômicas, as atenções se voltam prioritariamente para o Patrimônio Financeiro, ou seja, o mercado tende a valorizar mais as empresas que, mesmo nas condições adversas da Economia, acumulem bons patrimônios tangíveis;
- nos momentos em que a pauta da mídia enfatiza questões socioambientais, os olhos dos investidores e dos formadores de opinião podem se voltar preferencialmente às organizações que demonstrem efetivamente acúmulo substancial de patrimônios nessas áreas; e
- em condições de crescimento da economia, os Patrimônios de Mercado assumem papel fundamental na valorização das empresas.

Uma boa maneira de entender como a comunicação gera um processo de criação de valor para as empresas (Patrimônio de Imagem) é pensar na sequência de *shares* (participações relativas a dado contexto, normalmente, junto aos concorrentes) que podem ser alcançados.

Como se discutiu aqui, o valor da marca pode ser calculado com base nos patrimônios tangíveis e intangíveis, sendo que os intangíveis, quando bem trabalhados e adequadamente percebidos pelos clientes e demais *stakeholders*, acabam predominando. Por meio de exposição da sequência de **shares**, vamos demonstrar a importância da comunicação no processo de valorização empresarial. Novamente, se não existe o **fato comunicável**, não há razão de existir a comunicação.

Suponhamos que uma empresa acumule patrimônios tangíveis e intangíveis. Por meio de um planejamento de comunicação integrada eficaz (meios corretos) e eficiente (conteúdos e formas adequados), essa empresa pode trilhar a seguinte sequência do processo de valorização (YANAZE, 2007):

1. **share of voice**: participação (presença) relativa da empresa nas comunicações, espontâneas ou pagas, geradas por seu setor ou pela indústria como um todo.

2. **share of mind**: uma exposição adequada na mídia incrementa a participação da marca da empresa na mente dos públicos de interesse. Por exemplo, a *Folha de S. Paulo* publica anualmente um suplemento chamado "Top of Mind", que é uma pesquisa realizada pelo Instituto Datafolha para identificar quais são as marcas mais lembradas pelo consumidor quando são mencionadas categorias de produto.

3. **share of needs**: uma empresa bem lembrada, que está presente em várias frentes comunicativas, pode incrementar sua participação relativa no atendimento do conjunto total das necessidades da sociedade, sejam de que natureza elas forem (sociais, culturais, esportivas, de produtos, educacionais etc.).

4. **share of heart**: grau de associação emotiva positiva ou de estima que a marca e/ou o produto da empresa suscitam no público consumidor (empresas que, além de fornecer produtos de qualidade, patrocinam cultura/esporte/programas socioambientais, que geralmente retêm um bom *share of heart*).

5. **share of power**: posição relativa da empresa entre suas congêneres (mesmo ramos de atividade) ou na totalidade das indústrias, quanto à capacidade e ao poder de influenciar níveis de preços, políticas de vendas, padrões de qualidade, questões socioambientais etc.

6. **share of market**: participação de mercado, ou seja, a parte da empresa no total de vendas efetuadas no mercado. Estendemos o conceito para a participação da empresa no contexto do mercado fornecedor de matéria-prima, de recursos humanos, de financiamentos, de exposição midiática e de investimentos etc.

7. **share of pocket (wallet):** participação do produto no orçamento do consumidor, ou seja, quanto ele está disposto a gastar com o produto da empresa. Podemos considerar esse indicador também para a participação da empresa nos montantes movimentados no setor em relação a compras de equipamentos/matéria-prima/insumos, negociação de participações acionárias, aquisições e fusões, pesquisas, impostos etc.

Além desses fatores, o potencial de crescimento, o grau de lucratividade, o nível de diferenciação, o patrimônio líquido e o poder de negociação, entre outros, determinam o valor das empresas, ou seja, seu (8) **share of value**.

Quadro 6.33 – Processo de Valorização Empresarial

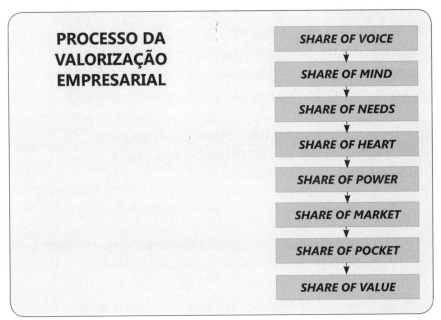

Fonte: Yanaze (2011).

Cada uma dessas etapas pode ser mensurada, acompanhada ao longo do tempo e comparada com os dados da concorrência. Assim, quando uma empresa consegue se destacar de seus concorrentes nesse modelo de avaliação, ela acumula um bom Fator Indutor de Patrimônio de Imagem – uma vantagem competitiva que indica grande possibilidade de obtenção de benefícios tangíveis no futuro. Entretanto, há necessidade de um monitoramento constante dos indicadores desse modelo, pois o Fator de Patrimônio de Imagem pode sofrer variações.

PATRIMÔNIO DE MARCA (*BRAND EQUITY*)

Em suma, entendemos que os Fatores Indutores/Redutores de Patrimônio de Mercado, de Patrimônio Social e de Patrimônio de Imagem, compostos de forma ponderada, resultam em um Fator Geral que, aplicado ao valor do Patrimônio Financeiro (parâmetro quantitativo), representa o Patrimônio Intangível do negócio. Dessa forma, o patrimônio financeiro da empresa (tangível, ajustado) somado ao patrimônio intangível resultante compõe o Patrimônio do Negócio.

Podemos representar os processos de mensuração do valor estimado do Patrimônio de Marca nos quadros a seguir.

**Quadro 6.34(a) – Mensuração do Valor
estimado do Patrimônio da Marca**

VALOR TANGÍVEL		
PATRIMÔNIO FINANCEIRO		
$$$$$$$		

VALOR TANGÍVEL		
PATRIMÔNIO	PESO	FATOR
Mercado		
Social		
Imagem		
FATOR GERAL		

X
**PATRIMÔNIO
FINANCEIRO
=
$$$$$$$**

**Valor Tangível + Valor Intangível =
Valor Estimado da Marca (Negócio)**

Fonte: Proposto pelos autores.

É importante alertar que, se há descompasso entre esses três aspectos do Valor do Negócio, a empresa pode ficar em situação instável/perigosa para o futuro, pois todos esses patrimônios são fundamentais para o estabelecimento de relações equilibradas; portanto, sustentáveis, com todos os segmentos da sociedade.

Esse Patrimônio do Negócio, que põe na balança ativos e passivos (financeiros, de mercado, socioambientais e de imagem), equivale, teoricamente, ao valor de mercado dessa empresa – preço de aquisição da empresa ou o quanto suas ações valem na Bolsa de Valores. É importante enfatizar que esse valor só é válido se há um investidor disposto a pagá-lo. Por outro lado, tal disposição depende de outras variáveis que afetam a percepção do mercado em relação aos retornos possíveis resultantes da aquisição.

As condições do ambiente macroeconômico, a situação dos juros internos e internacionais, os patamares das taxas de câmbio e de inflação, o desempenho geral das Bolsas de Valores nacionais e internacionais, fatores socioculturais, variáveis legais, ambientais e tecnológicas etc. influenciam os humores do mercado acionário e de fusões e aquisições. Assim, é fundamental o monitoramento constante das condições externas que influenciam positiva ou negativamente o valor do Patrimônio da Marca de uma empresa.

Quadro 6.34(b) – Mensuração do Valor Estimado do Patrimônio da Marca

Fonte: Proposto pelos autores.

Como mencionamos, os modelos de avaliação do Patrimônio Intangível das marcas devem ser customizados de acordo com o setor estudado (automobilístico, bancário, energia etc.), porque o peso das variáveis depende das expectativas e necessidades inerentes. A percepção e o comportamento dos públicos estratégicos de cada setor também podem variar. Portanto, é irreal presumir que um modelo seja capaz de abranger todos os setores e permitir comparações entre eles.

Outro grande aprendizado de nossa trajetória é que as condições do ambiente de negócio (a agenda de assuntos mais importantes em determinado momento, conforme já discutimos) conduzem à percepção do mercado investidor e, o que é pior, esse processo é totalmente irregular e imprevisível em suas consequências. Assim, consideramos que nossas propostas de valorização do Patrimônio de Marca são a base para realização de aproximações, ou seja, de cálculos que propiciem estimativas mais confiáveis e que sirvam de subsídio para alimentar o processo de planejamento estratégico das empresas com menor índice de erros.

Esses temas ainda estão sendo trabalhados e aprofundados pelas pesquisas do Centro de Estudos de Avaliação e Comunicação em Comunicação e Marketing (Ceacom da ECA-USP). Estamos testando esse modelo aplicando-o em séries históricas passadas que nos permitam entender melhor essas relações entre ambiente de mercado, percepção do investidor e Patrimônio de Negócio.

Para que as empresas possam beneficiar-se com a Lei 11.638/2007, que prevê a possibilidade de contabilização dos ativos intangíveis com diferimento do Imposto de Renda a pagar (devido apenas quando de sua venda), é necessário que a sistemática de cálculo da valoração de seus patrimônios social e de mercado sejam passíveis de submissão às auditorias. Ou seja, para que os ativos intangíveis venham a compor o patrimônio líquido, é necessário que se respeite o princípio das contrapartidas, calculando-se ativos e passivos sociais e de mercado de forma análoga à metodologia utilizada no cálculo do balanço das contas das propriedades e direitos, e das dívidas e obrigações tangíveis.

Esses sistemas de cálculo também vêm sendo desenvolvidos no Brasil pelas equipes transdisciplinares do Ceacom da ECA-USP.

O Ceacom foi criado com o intuito de pesquisar, gerar e disseminar conhecimento aplicável sobre avaliação, mensuração e retorno de investimentos em comunicação e marketing no universo das organizações. Portanto, nada mais adequado do que começar os trabalhos de pesquisa dirigindo-se ao mercado e procurando investigar – junto aos que estão laborando a comunicação em todas as suas vertentes e variantes – como estão sendo planejadas e executadas as estratégias e ações de comunicação, bem como as formas de medir os resultados que vêm sendo utilizadas no âmbito organizacional.

Para que o leitor compreenda melhor o trabalho desenvolvido pela Ceacom, descreveremos, na Parte II deste livro, as principais descobertas do Projeto de Pesquisa sobre Avaliação dos Processos de Investimentos de Comunicação.

16. Sistematização das Metodologias de Análise de ROI (colaboração de Leandro Yanaze)

Todas as metodologias apresentadas se baseiam na conjunção da pesquisa acadêmica desenvolvida pelo Centro de Estudos de Avaliação e Mensuração em Comunicação e Marketing (Ceacom), nas trocas realizadas em aulas de graduação e pós-graduação na Escola de Comunicações e Artes da Universidade de São Paulo (ECA-USP), e nas experiências empresariais por meio de trabalhos de consultoria pela Mitsuru H. Yanaze & Associados. Com base em tais conhecimentos integrados, propõem-se premissas para o desenvolvimento de um sistema de bancos de dados e interfaces que permita o registro e a análise das informações de maneira eficiente para a mensuração dos resultados das ações de comunicação.

Premissas do sistema

Para que ocorra o aperfeiçoamento constante do trabalho dos profissionais envolvidos por meio da calibração de metodologias de ROI das ações de comunicação, é essencial que todas as informações sejam sistematizadas em um banco de dados para que a série histórica dos registros possibilite um constante olhar crítico sobre os fatores constituintes de cada análise. Com isso, o processo de identificação das variáveis e da atribuição de pesos e notas torna-se cada vez mais objetivo, pois passa a se balizar por decisões anteriores cujos resultados são ponderados e assimilados.

Dessa forma, a sistematização dos dados deve ser implementada em um arquitetura flexível que permita o registro de todas as ações de análise, possibilitando a inclusão e exclusão de variáveis, série de calibrações dos pesos e notas atribuídos, justificativas e sugestões de contramedidas etc.

É importante que o sistema tenha uma hierarquia de acesso para que os diversos profissionais, com variadas atribuições e responsabilidades sobre as ações de comunicação, sejam responsáveis pela inserção apropriada de dados e tenham acesso aos relatórios adequados.

Sobre a usabilidade, o sistema deve comportar a inclusão de dados integrando-se a outros bancos de dados para associar informações dos setores de finanças e vendas, por exemplo, otimizando todo o processo de integração das informações. Ao mesmo tempo, para a atribuição de pesos e notas, deve permitir a entrada de dados nos variados formatos, como: pesos absolutos, escala *likert*, múltiplas escolhas, réguas, entre outros; facilitando a interface para o usuário. Os relatórios devem apresentar resultados de cada ação de comunicação, bem como compilar os dados de uma campanha inteira e resgatar todas as ações integradas de comunicação de determinado período.

Metodologias de Mensuração de Resultados | **453**

Arquitetura do sistema de gestão da mensuração da comunicação

Com tais premissas, a Mitsuru H. Yanaze & Associados desenvolveu, em parceria com a empresa BR Associados, um modelo de sistema que demonstra as possibilidades de registro de dados, e de compilação de informações gerenciais e executivas, para a gestão da comunicação de maneira sistemática e integrada aos modelos de mensuração apresentados.

Trata-se de um modelo básico que se configura como uma plataforma de estudo aplicado para facilitar a compreensão das interfaces e sistematizações inerentes às metodologias de mensuração propostas nessa pesquisa. O sistema é funcional e foi desenvolvido em uma arquitetura flexível que permite, com ajustes de variáveis, pesos e mecanismos lógicos, uma adequação para as necessidades específicas de cada organização.

Para garantir tal flexibilidade, o sistema foi desenvolvido com uma configuração prévia à montagem das planilhas de análise e avaliação das ações e campanhas de comunicação que se refere à composição da Base de Conhecimento, em que é possível determinar os seguintes componentes de avaliação:

- Componentes de Marketing: comporta as variáveis mercadológicas que a empresa dispõe para seu mercado. Exemplo:
  - Atributos do produto/serviço.
  - Taxas cobradas.
  - Sistema de vendas.
  - Comunicação.
  - Valor de marca.
- Ações de Comunicação: cadastro das ações de comunicação que fazem parte do planejamento organizacional. Exemplo:
  - Ações digitais.
  - Anúncios em Jornal.
  - Mídia externa.

- Anúncios em Revista.
- Anúncios em Rádio.
- Anúncios em TV.
- Relacionamento com a imprensa.
- Publicações.
- Eventos.
- Patrocínios.
- Outras.
- Métricas, componentes e tópicos: cadastro das métricas a serem utilizadas para mensurar os impactos das ações e campanhas de comunicação, bem como os fatores e subfatores de análise. Exemplo:
  - Aderência à missão, valores, visão e atributos da imagem corporativa.
- Aderência aos atributos de imagem.
- Aderência aos objetivos estratégicos da comunicação.
  - Análise Ambiental.
  - Eficácia e Eficiência.
- Adequação e qualidade dos meios e das ações.
  - Ativação.
  - Integração.
  - Efetividade.
- Custo por mil de público ponderado atingido.
- Margem de contribuição incremental atribuída à comunicação.

Com a base de conhecimento determinada, o gestor pode montar as planilhas de análise, ativando componentes, incluindo tópicos e estruturando todas as lógicas matemáticas de ponderação dos pesos e notas das métricas aplicadas a cada projeto ou categoria de projetos.

Inicialmente, é necessário que se registre a ação de comunicação com informações básicas de identificação, como nome, categoria, abrangência, características, datas de início e finalização etc. No sistema, ressaltamos ser importante adicionar uma régua na qual o gestor determina a proporção do caráter institucional e mercadológico da ação ou campanha de comunicação, considerando que, no contexto da comunicação integrada, a mesma campanha pode ter objetivos de venda e de reforço da marca.

Para poder considerar os impactos da comunicação no processo mercadológico, é fundamental isolar relativamente a comunicação dos demais componentes de marketing. Para tanto, dentro de uma decisão de compra, é preciso compreender qual a importância de todos os fatores de decisão dividindo-os percentualmente.

Figura 6.19 – Tela inicial de Caracterização do Projeto de Campanha de Comunicação

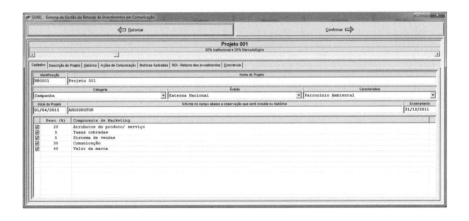

Fonte: Proposto pelos autores.

No processo de caracterização do projeto, são associadas a métricas, componentes e tópicos, compondo a estrutura das planilhas de análise. Também se registram os investimentos nas ações para cálculos de custo por mil de público ponderado atingido e, posteriormente, o retorno do investimento em cada ação.

Figura 6.20 – Tela de Composição da Estrutura das Métricas

Fonte: Proposto pelos autores.

Figura 6.21 – Tela de Composição da Estrutura das Métricas

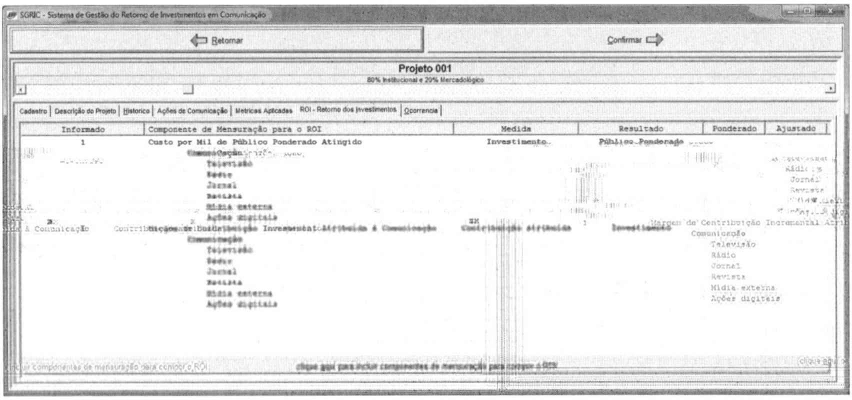

Fonte: Proposto pelos autores.

Para as notas, pode-se customizar a interface para que o registro seja feito por nota absoluta, nota relativa ou, também, por escala *Likert*, atribuindo anteriormente as notas para as opções de escolha.

Figura 6.22 – Tela de Atribuição de Pesos através de Escala *Likert*

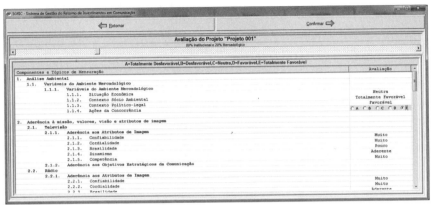

Fonte: Proposto pelos autores.

Ao final, é possível visualizar e imprimir os resultados por meio de relatórios que podem ser customizados de acordo com o nível hierárquico de acesso.

Figura 6.23 – Tela de Visualização do Relatório

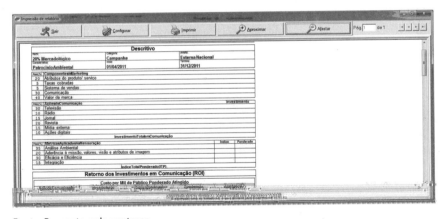

Fonte: Proposto pelos autores.

Apesar de estar na versão de modelo, o sistema se apresenta, na realidade, como uma base para a prototipagem rápida de um sistema de planejamento e gestão de ações e campanhas de comunicação, uma vez que sua flexibilidade permite uma customização para a necessidade de cada organização em pouco tempo. A customização final pode (e deve) ser feita no sistema de tecnologia da informação já adquirido e utilizado pela empresa. Recomenda-se, no entanto, que sempre se mantenha a flexibilidade para assegurar o dinamismo próprio das metodologias aqui apresentadas.

PARTE II

PESQUISA SOBRE AVALIAÇÃO DOS PROCESSOS DE INVESTIMENTOS EM COMUNICAÇÃO

Apresentamos aqui as principais descobertas do Projeto de Pesquisa sobre Avaliação dos Processos de Investimentos de Comunicação, realizadas pelo Ceacom, com o objetivo de criar e difundir conhecimento aplicável sobre avaliação, mensuração e retorno de investimentos em comunicação e marketing no universo das organizações. Esperamos, assim, suprir as necessidades e exigências do mercado.

Estrutura e Organização do Centro de Estudos de Avaliação e Mensuração em Comunicação e Marketing (Ceacom da ECA-USP)

O Centro de Estudos de Avaliação e Mensuração em Comunicação e Marketing (Ceacom da ECA-USP) é um núcleo acadêmico de estudo e pesquisa articulado à linha de pesquisa Políticas e Estratégias de Comunicação do Programa de Pós-graduação em Comunicação, instituído no âmbito da Escola de Comunicações e Artes da Universidade de São Paulo (ECA-USP) com a finalidade de desenvolver pesquisa aplicada em comunicação administrativa, mercadológica e institucional perspectivada nos princípios da ética, orientada para as dinâmicas dos processos organizacionais, buscando fornecer aportes teórico-práticos às políticas e às ações de comunicação de organizações das esferas pública e privada.

Coordenador-geral: Prof. Dr. Mitsuru Higuchi Yanaze.
Vice-coordenador: Prof. Dr. Arlindo Ornelas Figueira Neto.
Coordenadores-assistentes: Prof. Dr. Otávio Freire e
Prof. Dr. Kleber Markus.

Especificamente para a pesquisa **Avaliação dos Processos de Investimentos em Comunicação**, o corpo de pesquisadores configurou-se da seguinte maneira:

Coordenação geral da pesquisa: Prof. Dr. Mitsuru Higuchi Yanaze e Prof. Dr. Otávio Freire.

Coordenação de campo e assessoria executiva: Prof. Dr. Otávio Freire, Prof. Dr. Eduardo Augusto, Profa. Ms. Márcia Garçon e Ms. Naia Hamasaki.

Desenvolvimento do roteiro de entrevistas e da grade de categorias de análise: Profa. Dra. Maria Schuler e Prof. Ms. Ubaldo Crepaldi.

Pesquisadores de campo:

- Prof. Dr. Otávio Freire (Serviços Públicos, Indústria da Construção Civil).
- Prof. Dr. Kleber Markus (Alimentos, Bebidas e Fumo).
- Prof. Dr. Kleber Carrilho (Bancos, Turismo e Transporte).
- Profa. Dra. Vanessa Gabas (Farmacêutica e Higiene).
- Profa. Dra. Vera Crevin (Automobilístico).
- Prof. Dr. Eduardo Augusto (Bancos).
- Profa. Ms. Márcia Garçon (Eletroeletrônicos, Farmacêutica e Higiene; Química, Energia e Celulose; Indústria da Construção).
- Profa. Ms. Juliana Cutolo (Química, Energia e Celulose).
- Profa. Ms. Ivani Falcão (Comércio Varejista; Química, Energia e Celulose).
- Prof. Ms. Ubaldo A. Crepaldi (Química, Energia e Celulose).
- Profa. Ms. Maria Lourdes Balbinot (Turismo e Transporte).
- Ms. Naia Hamasaki (Computação, Bancos, Automobilístico, Farmacêutica e Higiene, Eletroeletrônicos).
- Ms. José Carlos Pomaro (Telecomunicações).
- Profa. Dra. Liriam Luri Y. Yanaze e Prof. Ms. Leandro Yanaze (Pré-teste).

Análise setorial:

- Prof. Dr. Mitsuru Higuchi Yanaze (Análise Geral e Supervisão Setorial).
- Prof. Dr. Otávio Freire (Análise Geral, Serviços Públicos, Automobilístico, Indústria da Construção).

- Prof. Dr. Kleber Markus (Alimentos, Bebidas e Fumo; Indústria da Construção).
- Prof. Dr. Eduardo Augusto (Química, Energia e Celulose; Comércio Varejista).
- Prof. Dr. Kleber Carrilho (Bancos, Turismo e Transporte).
- Profa. Ms. Márcia Garçon (Eletroeletrônicos, Telecomunicações).
- Ms. Naia Hamasaki (Computação, Farmacêutica e Higiene).

Revisão bibliográfica: Prof. Dr. Mitsuru Yanaze, Prof. Dr. Otávio Freire, Prof. Dr. Arlindo Ornelas Figueira Neto e Diego Senise.

AVALIAÇÃO DOS PROCESSOS DE INVESTIMENTO EM COMUNICAÇÃO – RELATÓRIO FINAL DA PESQUISA

Síntese da metodologia aplicada ao projeto

Tipos de pesquisas realizadas

Pesquisa bibliográfica
- Revisão e pesquisa bibliográfica para verificação das convergências, divergências, superposições e lacunas sobre comunicação integrada, tanto na academia como no mercado.
- Na ausência de literatura específica sobre o tema "Mensuração dos resultados em comunicação", foi realizada uma breve revisão dos principais autores nacionais e estrangeiros da atualidade nos campos da Ciência da Comunicação e da Análise de Retorno de Investimentos em Microeconomia.
- Análise estrutural para identificação dos setores responsáveis pela comunicação.

Pesquisa qualitativa
- Com os profissionais de Comunicação das organizações investigadas no Brasil, com o intuito de verificar a utilização – bem

como o seu grau de profundidade – de instrumentos e indicadores de avaliação e mensuração das ações de comunicação.

- Com os "setores usuários" da comunicação organizacional, o objetivo foi identificar suas expectativas e demandas tangíveis em relação aos resultados da comunicação integrada, em suas três vertentes:
  - **Comunicação administrativa** (usuários pesquisados: finanças e controladoria, recursos humanos, produção etc.).
  - **Comunicação mercadológica** (usuários pesquisados: compras, vendas e marketing).
  - **Comunicação institucional** (usuários pesquisados: presidência, vice-presidência, diretoria e controladores).

Método de coleta de dados

Para ambos os pesquisados, profissionais de Comunicação e setores usuários, foi utilizada como método de coleta de dados a ***entrevista individual em profundidade***, em conformidade com os critérios da pesquisa qualitativa.

Assim, foi possível abordar os diversos temas objetivos da pesquisa de forma detalhada e aprofundada, permitindo o entendimento adequado das operações e cotidiano das empresas entrevistadas.

Formulários de coleta de dados

Foram concebidos dois tipos de **roteiro**, um para cada perfil dos entrevistados – profissionais de Comunicação e setores usuários –, configurados com as categorias de análise compatíveis com os objetivos da pesquisa.

Categorias de análise: para auxiliar o processo de análise e permitir que se fizessem comparações e conjunções, determinar pontos de semelhança e convergência, oposição e contradição, complementaridade, disparidade e diversidade, foram determinadas as seguintes categorias, que subdividiram o roteiro:

- ambiente de interação;
- estrutura;
- integração;
- objetivo da área;
- planejamento de comunicação;
- serviços e processos;
- análise de investimento em comunicação;
- instrumento de avaliação da comunicação; e
- desempenho da comunicação.

Amostragem

A seleção da amostra da pesquisa teve como critério a **amostragem não probabilística por julgamento**, ou seja, a escolha dos pesquisados foi determinada pelo critério de relevância, que a Coordenação da Pesquisa entendeu ser o ideal para o atendimento dos objetivos do projeto, em função de suas atividades no contexto da gestão de comunicação das empresas pesquisadas.

Dando sequência ao procedimento amostral, foi utilizada a **amostragem não probabilística por bola de neve**, ou seja, entrevistados da primeira fase (julgamento) indicaram os profissionais dos setores usuários da comunicação – que doravante são chamados de setores-cliente ou setores clientes da comunicação – com melhores condições de responder à pesquisa:

- Cinquenta das maiores empresas atuantes no País, segundo o *ranking* do suplemento "Melhores e Maiores Empresas", da revista *Exame*. Presentes nas edições de 2007/2008/2009.
- As cinquenta empresas pesquisadas foram agrupadas em 12 setores do próprio *ranking* da revista, a saber:

1. Alimentos, bebidas e fumo.
2. Automobilístico.
3. Bancos.
4. Eletroeletrônicos.
4. Farmacêutica e higiene.
5. Indústria da construção.
6. Química, energia e celulose.
7. Serviços públicos.
8. Tecnologia e computação.
9. Telecomunicações.
10. Turismo e transporte.
11. Varejo.

A unidade amostral (ou seja, os entrevistados em pessoa) foi determinada pela qualificação profissional segundo seu nível hierárquico e importância nas decisões concernentes às atividades de comunicação, tanto para os "profissionais de Comunicação" quanto para os "clientes ou usuários da comunicação".

As principais descobertas apresentadas a seguir configuram o que se pode chamar de resumo geral ou síntese das informações levantadas e análises empreendidas. Para consultar o relatório completo da pesquisa, incluindo as análises setoriais dos 12 setores separadamente, visite o site do Ceacom em www.eca.usp.br/ceacom.

PRINCIPAIS DESCOBERTAS

Ambiente de Interação

O contexto em que se deu o trabalho de campo foi marcado por uma oscilação e uma crise no cenário econômico brasileiro e mundial, sendo a primeira no início e a segunda no momento em que estávamos com o maior contingente de empresas abertas ou em tentativa de abertura para as entrevistas. Algumas ocorrências afetaram com maior ênfase um ou outro setor, o que pode ser interpretado como um fator dificultador para a consecução de nosso intuito.

O fato é que a coordenação dos trabalhos de campo teve dificuldades na tentativa de levar a campo todo o seu contingente de pesquisadores, que não era grande, dada a escolha pela qualificação: pesquisadores em nível de mestrado, doutorado e pós-doutorado, com conhecimento sobre o tema **avaliação e mensuração de retorno de investimentos em comunicação**.

Os primeiros contatos se davam principalmente com as áreas institucionais da organização, o que faz sentido – e até pode ser entendido como um dado da pesquisa –, uma vez que as atividades de relação e contato com públicos estratégicos, como universidades e institutos de pesquisa, são mais afeitas a essas áreas do que à mercadológica e à administrativa.

Os aceites para a participação foram processos longos nos quais, por muitas vezes, trocávamos muitos telefonemas, e-mails, cartas oficiais e até apresentações *in loco* do projeto da pesquisa. Houve caso de sinalização positiva por parte de uma das gerências – do setor de Tecnologia e Computação – e, quando da ida do pesquisador, envolvendo deslocamento aéreo e demais despesas, descobrimos que a pessoa não era responsável pela decisão.

Na maior parte das empresas pesquisadas, o tempo de abertura dos trabalhos, a partir do primeiro contato, foi de 90 dias. A primeira entrevista constantemente nos pareceu empolgante, tanto para o Ceacom da ECA-USP quanto para o profissional entrevistado, que procurava indicar quem seriam os próximos na sequência. Frequentemente, porém, o andamento se tornava moroso e, em alguns poucos casos, parava na primeira entrevista.

Havia casos, porém, em que as empresas nos atenderam prontamente, mas, pelo que pudemos identificar, isso se deu muito mais em função do relacionamento direto do profissional de Comunicação com a coordenação geral ou com um dos membros da equipe de pesquisadores.

Para se ter ideia das dificuldades encontradas, o setor Bancos foi o que mais negou participação na pesquisa, setor em que totalizamos cinco delas, lembrando que cada negativa gerava em torno de 180 dias de trabalho infrutífero para o Ceacom da ECA-USP.

Os setores Atacado e Comércio Exterior; e Metalurgia, Siderurgia e Mineração foram os que menos demonstraram interesse em atender à pesquisa. Apenas uma empresa do setor de Atacado permitiu a participação de seus quadros. Optamos por eliminar da amostra os dois setores e agregamos a empresa respondente ao setor de Química, Energia e Celulose, dada a proximidade de sua operação com esse setor.

Curiosamente, o setor de Varejo – que responde por uma carga operacional de trabalho muito intensa, demandando muito tempo dos profissionais de Comunicação, em muitas frentes, ações e projetos – não encontrou nenhuma dificuldade em atender ao pesquisador. Absolutamente todas as empresas contatadas participaram da pesquisa, cedendo-nos entrevistas tanto de comunicação quanto dos setores clientes, sendo, inclusive, o primeiro setor fechado da pesquisa.

O setor da Construção também apresentou várias negativas. Boa parte das construtoras e indústrias da linha de ponta do *ranking* se mostrou refratária para a pesquisa. Ao descer um pouco mais no *ranking*, porém, deparamo-nos com empresas mais abertas que, sem restrições, aceitaram participar do processo.

No setor Automobilístico, as próprias áreas de Comunicação foram bastante refratárias. Tivemos muitas negativas e apenas duas empresas atenderam muito bem à pesquisa.

O setor de Turismo e Transportes também apresentou dificuldades, talvez por conta do contexto da crise do final de 2008 e pelos acidentes no momento da pesquisa, o que acabou sendo crucial para o andamento de nosso trabalho, visto que a maior parte das empresas pesquisadas já estava aberta e em andamento, o que inviabilizava o descarte e início de outras prospecções tendo em vista o final da fase de campo.

As empresas do setor de Serviços Públicos não apresentaram grandes barreiras, seja para chegar a seus níveis hierárquicos mais altos, seja para dar o aceite de participação. Vale ressaltar que a única negativa que tivemos veio de uma empresa que já havia sinalizado positivamente, mas que acabou tendo de enfrentar um momento de greve de seus funcionários, o que gerou uma crise e inviabilizou as entrevistas.

De certo modo, o que se percebe é que as empresas ainda não valorizam adequadamente a participação em pesquisas acadêmicas, que, para elas, acaba competindo com as atividades do dia a dia, sendo a última prioridade na lista operacional diária.

Travamento/atrasos – Sabemos, ainda, que muitos dos atrasos e travamentos no processo da pesquisa de campo ocorreram em função do trabalho das secretárias e dos assistentes das gerências e das diretorias. Além deles, algumas empresas de assessoria de imprensa (indicadas por algumas empresas como intermediárias do processo) demoravam longo tempo para responder, fosse positiva ou negativamente, à participação na pesquisa, caracterizando a chamada "blindagem" da empresa, não encaminhando nosso pleito para o crivo dos profissionais de Comunicação.

Houve casos, por exemplo, de *by-pass*, ou seja, de gerentes que não responderam à pesquisa e não se manifestaram, apesar de terem recebido ordens de seus superiores – inclusive no nível de vice-presidência – e de nossa insistente solicitação. Esses casos não chegaram a ser muitos e flagrantes, mas de qualquer maneira evidenciaram postura negativa em relação a seus superiores hierárquicos no âmbito da comunicação das empresas, o que também pode ser analisado como um dado relevante.

Em algumas situações, a equipe também percebeu que as dificuldades em agendar entrevistas com as áreas clientes das empresas se davam por falta de interação com o setor de Comunicação. Estimamos que esse fato possa indiciar uma importância relativa menor do setor de Comunicação frente a seus pares.

Múltiplas vozes, amplas possibilidades relacionais, demandas intensas e diversas. É esse o retrato do cenário organizacional no contexto da interação pesquisador-profissional de Comunicação/setores clientes. Se o lugar da comunicação – seu *status*, tamanho e volume de ações – mostrou-se vário e polissêmico, era de se esperar que não seria fácil conseguir um tempo em sua agenda, tampouco obter as indicações para as entrevistas subsequentes e conseguir seu auxílio para lograr êxito no fechamento da empresa, após essa primeira entrevista.

Há que se ressaltar que tanto a equipe de agendamento quanto os pesquisadores de campo obtiveram melhores resultados com os profissionais de Comunicação das áreas que cuidam de atividades eminentemente institucionais. A comunicação mercadológica respondeu positivamente ao projeto, mas em muito menor intensidade. E, quando a sequência das falas implicava contatar as chamadas áreas clientes, a dificuldade aumentava em progressão geométrica.

Nas entrevistas, os profissionais de Comunicação estavam mais bem preparados para as questões operacionais; no entanto, em relação ao tema especifico de mensuração e também de planejamento, apareceram muitas dificuldades de entendimento, dúvidas e falta de conhecimento.

As áreas-clientes evidenciaram forte polarização no nível das respostas às entrevistas. Se, por um lado, encontramos entrevistados bastante preparados para responder à pesquisa (notadamente nas esferas operacional e tática da comunicação), por outro lado, alguns executivos que fazem uso da comunicação para o desenvolvimento de suas atividades organizacionais não conheciam sequer a área que os atendia, seus quadros e seu potencial de trabalho.

Estrutura

Os entrevistados, unanimemente, alegaram que a estrutura da área de Comunicação de suas empresas é enxuta e apresenta lacunas prejudicais à gestão adequada das atribuições do setor. No entanto, todos declararam se esforçar em assumir suas funções e atender adequadamente às demandas.

Precisamos de mais braços, mais corpo em cada gerência. Precisamos de mais folga, de tempo ocioso, pois a área é muito demandada. Fora isso, há algumas demandas que, por mais que você delegue, por mais que você terceirize, não dá pra terceirizar, nem pra delegar.

Em algumas empresas observou-se que são as áreas ditas "clientes" que acabam assumindo operacionalmente as atividades de comunicação. Os motivos disso são vários, desde a falta de pessoal para o atendimento exclusivo de suas necessidades até a percepção de que a customização de suas demandas seria mais eficaz se eles mesmos assumissem a comunicação.

A amostra da pesquisa privilegiou a abordagem das maiores empresas em operação no Brasil com o intuito de levantar o "estado da arte" dos processos comunicacionais. Mesmo assim, deparamo-nos com mais um problema, além dos já citados: a dita "juniorização" das equipes de comunicação, fato esse que gera um problema estrutural para a área, pois indica que ainda há a crença de que a temática comunicação não seja tão importante a ponto de necessitar de uma equipe experiente. Esse foi um ponto considerado crítico – e que precisa ser melhorado imediatamente – para certos gerentes de dentro da própria área, mas também por setores clientes.

Como melhoria da estrutura, gostaria que nossos estagiários fossem efetivados, pois há necessidade de assistentes que possam ser preparados para substituir os gerentes que saem da empresa.

A terceirização da comunicação também é uma prática constante nas organizações quando suas prioridades não contemplam um lugar de importância no organograma. Entretanto, o excesso dessa atitude coloca em risco o tratamento estratégico da comunicação e, ainda, pode levar a empresa a perder o controle de tal modo que, quando perceber, terá mais profissionais terceirizados que internos envolvidos no processo.

Constatamos que em poucas empresas entrevistadas há a denominação de suas áreas de Comunicação como a academia classifica, conforme Kunsch (2003) e Yanaze (2007): Comunicação Administrativa, Comunicação Mercadológica e Comunicação Institucional.

Em muitas empresas, a configuração das três vertentes da comunicação se dá da seguinte forma: a Comunicação Institucional apresenta

Pesquisa sobre avaliação dos processos de investimentos em comunicação | **471**

uma Diretoria própria, mas tem força apenas quando o presidente assume a área como ponte importante para implementação de seus objetivos estratégicos; a Comunicação Mercadológica está na Diretoria de Marketing – normalmente sob a tutela de uma gerência de Comunicação, ou seja, como uma das várias funções de marketing – e a comunicação administrativa não é entendida como atividade da comunicação, sendo geralmente confundida com comunicação interna, alocada em recursos humanos, perdendo-se no espectro das atividades dessa área.

A comunicação interna, independentemente de, em boa parte das organizações, ser de responsabilidade da área de Recursos Humanos, e em alguns casos ser atribuição da área de Comunicação, é mais de caráter institucional que administrativo, o que nos leva a crer que a comunicação administrativa seja de responsabilidade de cada gestor da organização.

Ao comparar a comunicação institucional com as outras vertentes, percebemos que ela apresentou um orçamento menor, equipes mais enxutas e, portanto, menor peso que a comunicação mercadológica nas decisões empresariais.

Não há um modelo-padrão de estrutura nos setores de Comunicação. Pelo contrário, há uma diversidade de estrutura nas organizações, por conta da maneira que a empresa se organiza para tocar seus próprios negócios, seguindo muito de perto a cultura organizacional.

Ficou claro nas entrevistas que a comunicação mercadológica trata especificamente da comunicação de produtos, voltada para o mercado de consumidor final, ainda que a organização esteja orientada para B2B, ou seja, Business to Business, para o público-alvo empresarial.

Dentre as cinquenta empresas, identificamos apenas uma que utiliza o termo **comunicação administrativa** para caracterizar o setor que cuida da comunicação interna: "Gerência de Comunicação Administrativa", apesar de as atividades se configurarem efetivamente como de comunicação institucional interna.

Encontramos dois casos curiosos em relação à forma como é percebida e acionada a comunicação no interior das organizações.

No primeiro caso, a área Comercial é a responsável pela área de Trade Marketing, Promoção e Merchandising, mas o gestor e os subordinados desse departamento não consideram que sejam efetivamente da esfera da comunicação, e muito menos pensam ou assumem que utilizam o ferramental da comunicação mercadológica.

No segundo caso, a comunicação institucional está em uma gerência de Marca e Trade, mas entre os seus cargos não há nenhum com o nome *Comunicação*.

O que podemos apreender dessa análise é que a comunicação, diferentemente dos outros setores das empresas – tais como finanças, produção, recursos humanos, marketing etc. –, encontra-se dispersa em vários departamentos. À primeira vista, isso pode parecer bom, pois dá a impressão de que há um pensamento sistêmico e de que a organização já entende a comunicação como inerente a todos os processos internos e de contato com seus públicos externos, também. Contudo, não é o que ocorre na prática.

Estruturalmente, esse tipo de configuração diminui o poder e a capacidade da comunicação de gerar resultados efetivos. Invariavelmente, a comunicação vai perdendo *status* à medida que ocupa espaço em outros setores ou departamentos – como nos casos de comunicação interna, usualmente entendida como mera subfunção de recursos humanos, portanto, sem nenhum caráter estratégico e apartada das outras vertentes comunicacionais.

Falta capilaridade e estar mais presente e pontualmente no dia a dia. A estrutura enxuta demais pode falhar ao não possibilitar perceber rapidamente alguns problemas que só chegam à gerência tardiamente.

A diminuição do escopo político (poder) da área acarreta, como evidenciamos anteriormente, problemas estruturais (lacunas funcionais e falta de pessoal, dificuldades orçamentárias etc.) e faz com que as áreas de Comunicação estejam sempre entre as primeiras a sofrer um processo de esvaziamento quando há qualquer sinal de crise.

Pesquisa sobre avaliação dos processos de investimentos em comunicação | **473**

O ponto negativo é o fato de termos pouca gente. Na verdade, depois de tudo o que aconteceu, isso não é segredo pra ninguém, acontece em todos os lugares. Houve enxugamento da estrutura no ano da crise na economia. A área de Comunicação é a primeira que é vista como uma área que pode tirar gente; e não pode.

O desenvolvimento de processos de *empowerment* da comunicação não só otimizaria os resultados do que ela já entrega para a organização, como também ampliaria as possibilidades de uso estratégico, tático e operacional da comunicação.

Faltam funcionários para realizar os trabalhos diários; perdemos oportunidades de explorar canais e informações por falta de pessoal.

O pensamento sistêmico advoga pela união das vertentes comunicacionais, que poderia ser viabilizada, por exemplo, por meio da criação de uma área de Comunicação Integrada na qual seriam pensados estrategicamente todos os processos comunicacionais da empresa – institucionais, mercadológicos e administrativos, em níveis interno e externo.

Integração

Como em muitas passagens das entrevistas, o tema *integração da comunicação* aflora nos depoimentos com sentidos variados, dos quais pudemos constatar um maior número de incidências nos seguintes: (1) comunicação como interação com as áreas clientes; (2) comunicação como elemento integrador; (3) integração dentro da área de Comunicação e; (4) integração total da comunicação.

Uma das respostas que estava no plano mais imediato das falas é a que traz o entendimento da integração como interação entre os "clientes" e as áreas de Comunicação com as quais têm maior contato. Mesmo nesses casos, não há um amplo conhecimento do setor de Comunicação por parte do "cliente", visto que em boa parte dos casos ele não conhece o restante das atividades nem os profissionais de Comunicação; portanto, não conhece o potencial de atividades que poderiam ser desenvolvidas em parceria com essa área da organização. Depreende-se dessa análise que há interação ativa nas operações que devem acontecer entre essas áreas da empresa, mas isso não é indicativo de existência de integração da comunicação como a entendemos, no plano estratégico de análise.

Por parte dos profissionais de Comunicação, as menções mais pertinentes diziam respeito à integração das próprias áreas entre si, do ponto de vista específico de uma diretoria, por exemplo: Diretoria de Comunicação Corporativa. Isso implica dizer que não eram consideradas, na maioria dessas falas, as áreas de Comunicação pertencentes a outras diretorias – Comunicação de Marketing, por exemplo. Foram raras, aliás, as menções de integração total das áreas de Comunicação, independentemente de onde estivessem no organograma da empresa.

A comunicação como elemento integrador também foi citada, porém com menos ênfase e lembrando que isso não indicava que essa integração era plena, de fato, na organização.

Mesmo no setor de Comunicação Institucional percebemos que há problemas de integração muito em função de atividades que ocorrem paralelamente dentro do próprio órgão. As atividades nem sempre dependem umas das outras. Por exemplo, em algumas empresas, a área de Assuntos Corporativos engloba os setores Jurídico e de Comunicação Institucional, que, em geral, é uma área dirigida por um bacharel em Direito.

E isso fica cada vez mais crítico na relação com outras vertentes comunicacionais, pois, ao manter a Comunicação dentro de sua cadeia de comando, o vice-presidente, diretor ou gerente geral, além de deter o poder sobre boa parte dos processos comunicacionais da empresa, garante que seus processos internos aconteçam da maneira que lhe convém, mas não necessariamente como a organização necessita para que os resultados ocorram.

O gerente geral da área de Marketing não aceita a criação da área de Comunicação (antes, ele tinha o comando de toda a comunicação da organização; porém, foi criada a área de Comunicação Corporativa fora de sua gerência, gerando descontentamento no executivo).

Em organizações que trabalham com a lógica matricial – por meio de gerência de Produtos – a junção das diferentes vertentes de comunicação se dá por meio do cliente. Nesses casos, o gerente de Produtos é que comunica aos profissionais de Comunicação Institucional o que está acontecendo na área de Comunicação Mercadológica, por exemplo, não havendo quase nenhum entrosamento entre os diferentes profissionais de Comunicação envolvidos.

Recorte Funcional

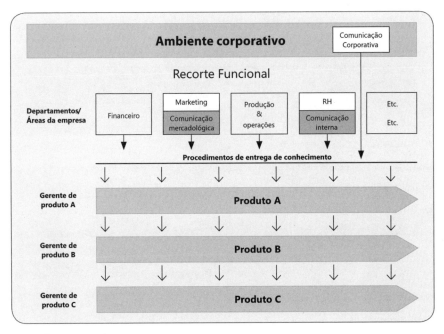

Fonte: Proposto pelos autores.

Deve-se observar que o trabalho do gerente de Produto – de alinhavamento das ações de comunicação –, apesar de positivo para os resultados de comunicação, não garante necessariamente a integração efetiva das ações. Enfatizamos que a comunicação não é sua preocupação principal, e sim o produto.

Ocorre que a gestão dos produtos de uma empresa impacta significativamente na imagem corporativa e nos processos administrativos internos e externos que garantem a boa execução e o resultado final. Portanto, numa visão sistêmica, a comunicação integrada garantiria a interface produto-empresa com muito mais probabilidade de sucesso.

A falta de uma diretriz centralizada de Comunicação complica na divulgação da mesma mensagem para diferentes públicos; além disso, os processos de divulgação de informações não ajudam.

Recorte Funcional

Fonte: Proposto pelos autores.

Uma área de Comunicação Integrada, além de garantir o alinhamento estratégico da gestão de produto com a perspectiva corporativa da organização, poderia, ainda, agregar valor e conhecimento ao gerente de produto. Isso porque, além de ampliar a utilização estratégica e ferramental da comunicação para otimizar os resultados operacionais do produto, a Comunicação poderia ser acionada para resolver, por exemplo, travamentos nos processos administrativos que envolvessem outros setores da organização, ou até mesmo parceiros (Comunicação Administrativa), bem como potencializar o grau de ativação das ações dessa gerência em relação a outras atividades organizacionais, evidenciando ainda mais o trabalho deste gestor.

A espacialidade também foi apontada como uma característica marcante nas entrevistas para esta pesquisa. Percebe-se que a proximidade física – equipes na mesma sala – e o *layout* são elementos que auxiliam a integração da comunicação.

Esse aspecto também foi levantado por setores "clientes" em algumas empresas. Os setores de Comunicação foram, por exemplo, criticados quanto a falta de proatividade; e a justificativa usada pelos profissionais da Comunicação, segundo os "clientes", é que a estrutura física dificulta o processo de integração. Ocorre que essa justificativa, por si só, não dá conta do problema, pois a dimensão humana será sempre fator decisivo para os processos de integração da comunicação.

Não há integração efetiva. Uma pesquisa de clima detectou essa distorção, o que resultou em um projeto específico, que tem como objetivo promover um melhor fluxo de informações na área e, consequentemente, entre outros setores da empresa.

O que se percebe numa análise global das entrevistas é que, quando se fala em integração, isso está muito mais ligado às pessoas, ou seja, às boas relações pessoais, do que aos outros elementos da gestão, como: estrutura, ferramentas, organograma, fluxograma, O&M, função e processos integrativos; pois não houve menção a eles em nenhum momento das entrevistas.

Objetivos da Área

O processo de definição dos objetivos se estabelece com base no planejamento estratégico, de acordo com as entrevistas. O que se percebe das empresas que constituíram áreas de Marketing muito fortes e estratégicas é que realmente há um cascateamento dos objetivos estratégicos, influenciando todas as áreas da organização.

E, no entanto, não é um discurso que se efetiva em todas as organizações, pois a maioria está muito focada na composição do planejamento anual, que é elaborado com o auxílio da técnica de *budgeting*, ou seja, de composição dos valores de todas as ações para montar o planejamento.

Em boa parte dos casos que mencionaram o uso dessa técnica, percebe-se que não há projeção de cenários e discussão efetiva do ponto de vista estratégico, tornando o planejamento muito mais um mosaico de ações, projetos e programas de comunicação do que um planejamento pensado estrategicamente.

Quanto a prioridade, os objetivos são direcionados em primeiro lugar para a comunicação mercadológica externa, em segundo para a institucional externa, e em terceiro para a institucional interna. Quando se fala dos principais participantes na definição dos objetivos, as vice-presidências, os comitês e *boards*, e a presidência foram os mais citados, tanto iniciando quando influenciando e decidindo, normalmente, em conjunto com a diretoria de Comunicação. Por outro lado, no caso dos objetivos mercadológicos há maior participação das áreas de Marketing e de Vendas da empresa em sua elaboração.

Os objetivos da comunicação em todas suas esferas estão, em sua grande maioria, atrelados aos objetivos de negócio. Em geral, a área institucional é muito apoiadora dos objetivos mercadológicos (exemplo: lançamento de um novo produto) e praticamente não existem objetivos de comunicação administrativa, que são muito esparsos. Esses objetivos são atrelados aos indicadores usualmente coordenados/monitorados pelas áreas de Recursos Humanos.

É evidente que há casos em que a comunicação é pensada estrategicamente e seus objetivos e planejamento definidos e elaborados como consequência disso, como pudemos observar em algumas empresas do setor de Química, Energia e Celulose.

Outro fato que vale a pena apontar é o do setor de Varejo, no qual os objetivos têm predominância mercadológica.

Planejamento de Comunicação

Um primeiro aspecto que merece destaque nos depoimentos dos entrevistados é a confusão conceitual entre planejamento e operacionalização. Foram vários os profissionais que acabaram respondendo sobre o que é realizado em ações em vez de descrever o modelo de planejamento, como fora solicitado.

Parte dos profissionais da própria área de Comunicação entrevistados, porém, encara a questão do planejamento e do estabelecimento de objetivos de maneira crítica e evidencia com clareza os problemas enfrentados, quando não há pleno entendimento lógico-conceitual, tampouco da importância de se planejar adequadamente a comunicação.

Não existe um plano estratégico de comunicação integrada. Existe uma discussão de ações integradas a partir dos objetivos já predefinidos.

Foram poucas as menções a uma análise ambiental, seja por meio de *desk research* ou até *brainstorm* da equipe, seja por meio de pesquisas primárias para a formulação do cenário organizacional e entendimento sobre como a comunicação poderia auxiliar na consecução dos objetivos numa dada situação ambiental.

Os planejamentos são elaborados separadamente nas esferas de comunicação e, geralmente, não são integrados. Além disso, na maioria dos casos estudados, a comunicação é claramente uma atividade-meio, o que não quer dizer que estejamos estabelecendo um

480 | Retorno de Investimentos em Comunicação

padrão e extrapolando para os setores e para o todo do universo das organizações brasileiras.

O que se percebe, portanto, é que o planejamento ocorre, com grande frequência, na perspectiva tática de acordo com as demandas pontuais muito fortes. Outra situação recorrente é a pouca participação dos setores clientes no processo de desenvolvimento do planejamento, mas há casos em que essa interface acontece com bastante desenvoltura.

O conteúdo do planejamento vem dos clientes internos. As áreas clientes passam para a área de Comunicação todas as expectativas e os conteúdos a serem transmitidos ao longo do ano (de forma macro) e, então, ambas as áreas fecham uma proposta sobre a maneira como isso ocorrerá.

Do ponto de vista das atividades antecipadamente planejadas ou das demandas contingenciais, não percebemos um consenso nas afirmações dos entrevistados. Boa parte das empresas argumenta que há até um bom nível de antecipação das ações, ou seja, elas são efetivamente planejadas; mas, mesmo nesses casos, há setores que sofrem bastante com as demandas contingenciais, solicitadas a "toque de caixa" e com prazo curto de formulação.

Nesse sentido, vale ressaltar que a Comunicação Mercadológica foi mencionada como a mais antecipatória dentre todos os setores pesquisados dado ao seu forte alinhamento com o planejamento estratégico de negócios da empresa. As áreas de Imprensa são fortes pontos de contato com a mídia e com a opinião pública, portanto, foram as que mais apresentaram demanda por ações contingenciais. Há casos em que se identifica comodismo com essa situação, mas há outros em que os profissionais demonstram consciência sobre a lacuna a respeito de análises que possibilitassem um planejamento mais efetivo.

No setor de Varejo não há padrão claro; há pontualidades. Parte das empresas elabora o planejamento de cima para baixo, com base no histórico de vendas e na projeção de mercado; e desenvolve o planejamento de comunicação mercadológica em conjunto com empresas terceirizadas de serviço de comunicação, sendo que em muitos casos é a própria área Comercial que contrata o serviço.

O setor Automobilístico demonstrou uma característica bastante interessante, que foi a postura refratária às mudanças do planejamento por parte de algumas das empresas. As poucas contingências referem-se à assessoria de imprensa, e mesmo essa área da Comunicação procura trabalhar de acordo com o planejado, tendo em vista sua forte interface com as áreas de produtos e seus lançamentos.

Serviços e Processos

Abordamos nesse item do roteiro de entrevistas os aspectos relacionados ao trâmite informacional entre as áreas de Comunicação e seus "clientes".

Percebe-se uma tendência maior à formalidade na Comunicação Mercadológica que, na maioria das empresas, adota ferramentas padronizadas e procedimentos formais para o recebimento das demandas de comunicação. Mesmo assim, nas empresas em que a atividade comercial é intensa, há uma percepção de que a Comunicação trabalha muito mais *on the job* do que planejada.

A Comunicação Institucional tende a um processo mais informal de atendimento e acompanhamento das demandas, sendo as ferramentas de interação mais utilizadas: e-mail, ligações, reuniões e encontros pontuais ou, até mesmo, durante o "cafezinho". Essa característica é considerada, em boa parte dos casos, um ponto positivo para fortalecer o relacionamento entre os setores envolvidos no processo.

Apesar de ser uma empresa de engenheiros, a gente é incentivada o tempo todo a não colocar as coisas no papel, a deixar a razão de lado e usar muito mais a intuição, a criatividade [...] esquecer o papel; não precisa assinar: é olho no olho, no fio do bigode; tudo é tratado e a base do relacionamento é a confiança. Claro que o papel serve para te dar o norte, mas é só isso.

Houve caso em que a empresa apresentou um modelo-padrão de interação do setor de Comunicação com o usuário mais formalizado, com interface na internet, mas isso não se repetiu nas outras empresas investigadas.

Muitos entrevistados, portanto, apontaram a necessidade de se estruturarem os processos de compartilhamento de informações entre o cliente e o setor de Comunicação, pois isso ajudaria no nível de detalhamento que o processo de planejamento da comunicação demanda. A falta desses procedimentos tem ocasionado retrabalho ou retorno do contato por parte da área de Comunicação para coletar as informações faltantes.

Uma reclamação apresentada por alguns clientes foi a falta de conhecimento do negócio ou de seu produto por parte da área de Comunicação que os atende.

As equipes de Comunicação não entendem totalmente do tema. Tem trabalhos que a gente prefere não passar para a Comunicação por saber que não vão sair redondos. Aí a gente prefere fazer por aqui mesmo.

Resta saber se a Comunicação "não entende do negócio" porque não exerce proatividade ou porque a estrutura organizacional não permite a participação da Comunicação no planejamento geral, ou ainda porque o próprio 'cliente' acha que não tem que entender – o que não foi evidenciado nas entrevistas.

Em geral, as áreas clientes sabem para quem solicitar demandas de comunicação, exceto em estruturas complexas de Comunicação, muito divididas ou com nomenclaturas não comuns ao universo, que acabam gerando falta de identificação com as áreas clientes que ficam sem saber a que setor recorrer.

Vejamos a seguir a nomenclatura dos cargos ocupados pelos entrevistados responsáveis por algumas das áreas de Comunicação das empresas pesquisadas.

Pesquisa sobre avaliação dos processos de investimentos em comunicação | **483**

Nomenclatura dos Cargos Ocupados pelos Entrevistados – Distribuídos por Áreas

COMUNICAÇÃO INSTITUCIONAL
Vice-presidente de Comunicação
Vice-presidente de Relações Institucionais e Desenvolvimento Sustentável
Diretor-geral de Comunicação e Relações Institucionais
Diretor de Comunicação Institucional
Diretor de Comunicação
Diretor de Assuntos Corporativos e Imprensa
Diretor de Comunicação, Serviços de Marketing e Relacionamento com a Imprensa
Diretor de Marketing Corporativo
Diretor de Marketing
Superintendente de Comunicação
Gerente de Comunicação Interna e Assessoria de Comunicação da Presidência
Gerente de Comunicação
Gerente de Imprensa
Gerente de Imprensa e Comunicação Interna
Gerente de Comunicação Corporativa e Eventos
Gerente de Comunicação Corporativa
Gerente de Relações Públicas
Gerente de Marca Corporativa
Gerente de Comunicação Interna
Gerente de Comunicação Institucional e RP
Gerente de Comunicação *Brand*
Gerente de Planejamento e Gestão da Comunicação Corporativa
Gerente de Patrocínios e Eventos Corporativos
Gerente de Gestão e Controle
Gerente de Imprensa e Recursos Informativos
Representante Sênior de Relações Públicas
Coordenador de Comunicação Corporativa

continua...

continuação

COMUNICAÇÃO INSTITUCIONAL
Coordenador de Eventos
Coordenador de Planejamento
Analista de Comunicação – Publicidade
Analista de Comunicação – Imprensa
Analista de Comunicação – RP e Eventos

COMUNICAÇÃO MERCADOLÓGICA
Diretor de Marketing
Superintendente de Promoções Eventos e *Merchandising*
Gerente de Planejamento e Gestão da Comunicação Corporativa
Gerente de Promoções e Eventos
Gerente de Comunicação de Produtos e Serviços
Gerente de Marketing, Comunicação e *Business*
Gerente de Comunicação para *Consumer*
Gerente Nacional de Publicidade e Propaganda
Coordenador de Planejamento
Analista de Comunicação – Publicidade

COMUNICAÇÃO ADMINISTRATIVA
Diretor de Marketing
Gerente de Planejamento e Gestão da Comunicação Corporativa
Gerente de Recursos Humanos
Gerente de Comunicação Administrativa
Gerente de Padrões e Planejamento
Coordenador de Planejamento
Analista de Comunicação Interna

Fonte: Elaborado pelos autores com base nos dados fornecidos pelas empresas pesquisadas.

Há contradições no que diz respeito à troca de informação necessária na solicitação dos serviços. Há casos em que o setor de Comunicação afirma receber raramente essas informações, mas o "cliente" afirma sempre entregá-las. Vale ressaltar que, quando as informações não são suficientes, os entrevistados de Comunicação afirmaram sempre procurar a área para resolver a questão, no que não foram contraditos.

Percebe-se, também, que a estrutura enxuta da Comunicação não permite a alocação exclusiva de equipes para atendimento ao cliente. Essa justificativa foi dada tanto por áreas de Comunicação quanto por áreas clientes das empresas.

Não é possível estar presente e ter agilidade em todas as ocasiões que são necessárias, pois não há uma equipe grande o bastante para tal, e nem funções definidas para cada profissional.

É a pastelaria pegando fogo o tempo todo!

Isso se acentua se pensarmos a questão da prioridade no atendimento das demandas, pois o que se percebe é que, na maioria dos casos, não há um raciocínio estruturado sobre qual atividade deve ter preferência em determinada situação. Com raciocínio estruturado, não estamos querendo dizer "engessado", pois sempre ocorrerão contingências.

Na empresa X e na Y, depois que você estabelece o planejamento, você praticamente fica amarrado a ele, e mudar é algo complicadíssimo; isso quando você consegue. Aqui não é assim, e isso ajuda no cumprimento do que é efetivamente necessário para atender o demandante.

Munir a organização de metodologias de escolha de prioridades pode auxiliar o processo decisório sobre qual atividade será executada, em quanto tempo isso deve ocorrer, quais recursos e pessoas serão alocados etc.

Eles são profissionais especializados, são bons no que fazem. Mas seria interessante se eles soubessem mais sobre o negócio e sobre o mercado para não serem meros executores; deveriam também identificar melhor as prioridades dos serviços em função do planejamento estratégico de marketing.

Uma das empresas pesquisadas – na tentativa de resolver o problema de todos os setores que solicitam trabalhos para a Comunicação – criou o cargo de consultor interno para melhorar o fluxo. A ideia era que esse profissional serviria como atendimento às áreas clientes, entenderia a demanda solicitada e direcionaria o serviço para os profissionais adequados.

Essa solução, entretanto, apesar de atender às expectativas da área de Comunicação, não foi percebida pelo cliente como positiva, sendo que a principal crítica recaiu sobre a demora na entrega. Essa ideia, que poderia solucionar o fluxo da demanda, pela razão de não ter sido bem planejada, acabou criando mais uma barreira burocrática. Mas fica o registro da ideia, que poderia ter dado certo se tivesse sido bem planejada, com a participação de todos os envolvidos.

Pontos Positivos e Negativos dos Serviços e Processos de Trabalho

Quando questionados em relação aos pontos positivos e negativos dos serviços e processos de trabalho entre os setores de Comunicação e áreas clientes, foram citadas as seguintes expressões, em ordem decrescente:

PONTOS POSITIVOS	PONTOS NEGATIVOS
• Informalidade	• Não existência de processos estruturados
• Dinamismo	• Falta de clareza na solicitação por parte dos "clientes"
• Celeridade	
• Visão estratégica	• Falta de clareza na entrega das resoluções por parte da Comunicação
• Trabalho em equipe	• Grande demanda de solicitações
• Bom relacionamento	• Área como *bureau* de serviços
• Participação dos clientes	• Falta de estrutura
• Relacionamento pessoal	• Incompreensão da área e do negócio
• Relacionamento próximo à comunicação	• Burocracia excessiva/*briefings* inconsistentes

PONTOS POSITIVOS	PONTOS NEGATIVOS
• Equipe que resolve	• Dependência das agências externas
• Encontros periódicos	• Pouco envolvimento no final dos projetos
• Reunião com base em relatórios	
• Qualidade profissional das equipes de Comunicação	• Relações com base no "eu preciso, eu quero"
• Localização/proximidade física	• Falta de proatividade
• Disponibilidade	• Falta de rapidez na entrega
• Atendimento/prazos	• Dificuldade no atendimento nos prazos
• Reporte espontâneo	• Falta de capacitação
	• Falta de celeridade

Acreditamos que, mesmo com todas as críticas, o trabalho das áreas de Comunicação, do ponto de vista de sua eficiência e entrega, é satisfatório, pois praticamente não houve menção de não entrega das demandas.

Análise dos Investimentos em Comunicação

Na maioria dos casos analisados, a alocação de recursos de investimentos em comunicação encontra-se dividida ou dispersada entre as áreas de Comunicação e as Comerciais, de Marketing e de Negócios.

A Comunicação Mercadológica tem seu orçamento atrelado à área de Marketing ou, nos casos das organizações matriciais, às áreas de Negócios. O orçamento de Comunicação Institucional, por sua vez, encontra-se na diretoria de Comunicação.

As ações demandadas contingencialmente e que estão fora do planejamento normalmente são pagas pelas áreas demandantes. Vale ressaltar que há casos em que a Comunicação Mercadológica está na diretoria de Comunicação e a verba está contabilizada nessa diretoria. É importante evidenciar que, quando a comunicação realiza o planejamento com envolvimento das áreas clientes, a atribuição das verbas e sua futura aprovação ocorrem de forma mais fluida dentro das empresas.

Do ponto de vista dos critérios e das bases utilizados para a definição dos valores orçamentários, houve maior incidência da série histórica e de sua relação com o somatório das ações planejadas para o ano. Um caso curioso que merece destaque é o de uma área de Comunicação que afirmou utilizar metodologia OBZ (Orçamento Base Zero) para definir seu *budget*, mas na descrição da forma de pensar e definir os valores também fez menções claras e diretas à série histórica.

Em nosso entendimento, os depoimentos ativam o alerta para a metodologia de elaboração de orçamento sem prévio agendamento e comunicação de sua importância no decurso do processo de planejamento e consecução dos resultados. Mesmo quando há planejamento "antecipativo", ou seja, pensado estrategicamente em função de uma projeção futura de cenário, por diversas vezes os entrevistados deixaram claro que o orçamento é preparado tendo como base as ações do ano anterior, portanto, não considerando necessariamente as ações que deveriam ser postas em prática, mas, ao contrário, praticamente "requentando" ações passadas que já estão no *modus operandi* do setor e dentro da zona de conforto do gestor responsável por esse trabalho.

Recorte funcional
Diagrama explicativo da dissonância entre
objetivos do planejamento e ações executadas

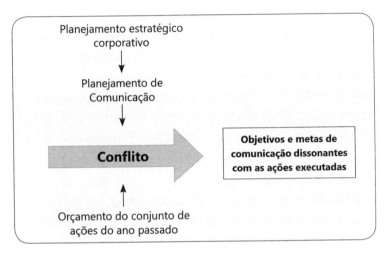

Fonte: Proposto pelos autores.

Algumas das áreas de Comunicação Mercadológica das empresas do setor de Varejo reclamaram do grande viés que se tem ao atrelar a definição orçamentária eminentemente à base histórica de volumes vendidos e ao faturamento alcançado. O argumento principal que fundamenta tal reclamação é que esse tipo de raciocínio não leva em conta as projeções de cenário numa perspectiva mais ampla (conforme o tópico "Ambiente de Negócio" no Capítulo 1 deste livro), tampouco o estabelecimento de objetivos que não sejam de aumento das vendas (conforme o tópico "Objetivos de Comunicação" no Capítulo 2 deste livro). Nesses casos, percebe-se claramente a Comunicação Mercadológica como mera apoiadora das vendas da empresa.

As vice-presidências, presidências, comitês e *boards* das empresas figuraram entre as áreas que mais influenciam, participam e definem o estabelecimento dos orçamentos. Além disso, é preciso respeitar os limites impostos pelas áreas de Finanças e Contabilidade, bastante citadas ao se abordar esse item. Em muitos casos, em se tratando de orçamento de Comunicação Mercadológica, as áreas de Negócios também foram mencionadas.

Como a abrangência da pesquisa considera os anos de 2006 a 2009, houve concentração de respondentes que, influenciados pela crise econômica, tiveram tendência a afirmar que as verbas seriam mantidas ou reduzidas. Paira nas áreas de Comunicação Institucional pesquisadas – das empresas que externaram a manutenção ou redução orçamentária – um "mantra" que foi bastante ouvido pelos nossos pesquisadores: "fazer mais com menos". Mas, mesmo com a crise, a tendência da comunicação mercadológica – principalmente no setor Alimentício – era de aumento.

No que diz respeito a ferramentas de monitoramento e controle, a grande maioria das empresas entrevistadas não mencionou utilizá-las. As que o fizeram referiram-se ao Balanced ScoreCard (BSC).

Dentre os respondentes que mencionaram o BSC identificamos três tipos básicos: os que só proferiram o nome e não fizeram nenhum aprofundamento nem detalharam os indicadores; os que têm consciência de seu uso e conhecem a metodologia, mas que afirmaram que ele ainda não é utilizado na área de Comunicação; e os que apontaram alguns indicadores da comunicação interna, como, por exemplo, o *human capital index*. Houve ainda algumas citações esporádicas e alusões ao VBM (Value Based Management), ao Market Dashboard, ao Brand ScoreCard, ao GVA (Gestão por Valor Agregado); ao Untrack e ao OBZ (Orçamento Base Zero).

Vale ressaltar que nesse ponto da entrevista identificamos uma possível confusão sobre o que é método de controle e modelo de planejamento dos investimentos, pois muitos dos entrevistados voltavam a descrever o modelo de planejamento adotado, denotando falta de conhecimento acerca do tema.

Aos profissionais de Comunicação e de áreas clientes também foi perguntado sobre a ocorrência de atribuição formal das ações de comunicação na projeção dos resultados econômicos da empresa, ou seja, se havia o reconhecimento de algum tipo de aumento de receita ou diminuição de custos alcançados por meio dessas ações.

Nesse quesito, é importante frisar que as respostas foram muito mais de foro íntimo, pessoal, do que formais e organizacionais, no sentido de demonstração das chancelas comprobatórias. A maior parte dos entrevistados afirma que não há nenhum tipo de atribuição de resultados à comunicação, em nenhuma de suas vertentes (institucional, mercadológica e administrativa), e que é difícil, ou até mesmo impossível, afirmar que a comunicação contribui para os resultados econômicos de uma organização.

É muito difícil definir se acontece uma ou outra coisa, até porque a empresa sempre foi muito conhecida por ter bons produtos e sempre foi referência, independentemente do trabalho de Comunicação.

Como nos relatórios de faturamento da empresa não aparecem as áreas de apoio, não há indicação da Comunicação no ganho ou não dos resultados da empresa.

Mesmo que eu consiga avaliar o impacto tangibilizado da Comunicação, vou sempre ser perguntado sobre o seguinte: mas o que você monetizou? Eu não monetizei, de fato, nada; quem monetiza são as áreas de negócios da empresa. Comunicação não gera resultado; comunicação apoia a geração de resultado. Isso é muito claro na empresa e não podemos ultrapassar esse limite.

Dos que responderam positivamente, as menções foram muito mais para aumento de receita do que para diminuição de custos, notadamente em função das ações mercadológicas de comunicação.

Para finalizar a questão dos investimentos em comunicação, o que se percebe é que, apesar do tema "Avaliação, mensuração e ROI em comunicação" estar na pauta de discussão há muito tempo – tanto no meio acadêmico quanto no mercado –, não conseguimos perceber nas organizações pesquisadas a preocupação em considerar essa necessidade atrelada de fato ao seu planejamento desde o início do processo.

Isso implica dizer que há um paradoxo no que diz respeito ao retorno de investimentos em comunicação, pois ainda não há animosidade para investir em mensuração com objetivo de analisar o retorno. Ou seja, investe-se em ações, mas não se investe em conhecimento e ferramentas que indiquem qual foi o resultado alcançado.

Instrumentos de Avaliação da Comunicação

Assim como em outros itens do roteiro de entrevista, desenvolvido junto aos participantes da pesquisa, o tema Avaliação da Comunicação apresentou grupos de respostas que variaram desde os que: (1) a realizam em função de sua percepção subjetiva; (2) no máximo recorrem a alguns instrumentos como sondagem junto aos receptores das ações, *feedback* com os solicitantes e medidas de eficiência nas entregas dos projetos (fundamentalmente o cumprimento do programado); e (3) mencionam uma série de ferramentas, planilhas, mecanismos e *softwares* de monitoramento e controle de suas atividades.

No geral, as avaliações são pontuais e específicas por ação de comunicação, e não cobrem todas as atividades que os níveis gerenciais administram. Em muitos casos, não são indicadores, mas são pesquisas do setor, de caráter prioritariamente qualitativo. Constantemente, a avaliação da comunicação institucional se dá pelo *feeling* da equipe.

É tudo feeling! Somos atendentes de demanda... Fazemos bem feito e é por isso que dá certo.

Está bom enquanto não tem problema. Essa é a avaliação. Se ninguém está reclamando, então não há necessidade de mensurar nem criar indicadores para avaliar.

Há, ainda, casos em que a maior "afeição natural" do profissional pelo aspecto criativo da comunicação fala mais alto e acaba anulando qualquer possibilidade de um trabalho focado em mensuração.

Precisamos quebrar muito a cabeça pra conseguir medir efeitos da Comunicação, mas eu também não sou dessa corrente que acha que tem que medir tudo da Comunicação; acho que a graça da Comunicação é porque ela não se mede, por isso é uma disciplina de humanas.

Num dos casos mais extremos, um profissional de Comunicação afirmou, com bastante pesar, que sua empresa entende que não há o que avaliar ou medir quando os jornalistas não a procuram insistentemente. Mesmo referindo-se somente à comunicação institucional, ainda assim, trata-se de uma visão extremamente reducionista das possibilidades de trabalho dessa área.

Outras menções bastante reducionistas apontam para o uso de um único indicador para avaliar a comunicação, mesmo quando se trata de somente uma vertente. Vejamos o depoimento deste profissional de Comunicação de uma empresa do varejo:

O melhor método de mensuração é o movimento nas lojas. Para verificar isso é necessário ir até a loja e conversar com os vendedores. Qualquer ação mercadológica, qualquer propaganda, você sabe se deu resultado no dia seguinte. Sem olhar os relatórios e sem olhar as vendas, apenas conversando com os vendedores, é possível identificar se a ação teve sucesso.

Há que se ressaltar o argumento de algumas áreas e gestores, que afirmam não ter tempo para avaliar adequadamente suas ações. Isso piora quando se fala de mensuração e utilização de indicadores. Se combinamos esse argumento com o fato de grande parte das empresas estar com seus quadros de profissionais de Comunicação enxuto, podemos entender a justificativa como plausível, mas ressaltamos que algo precisa ser feito, sob pena de sofrermos prejuízos futuros muito maiores que a economia gerada pela pequenez dos quadros.

Poucas empresas apresentam suas áreas institucionais e mercadológicas parametadas em termos de avaliação quantitativa e qualitativa, e, mesmo quando isso ocorre, a Comunicação Institucional avalia as suas ações e a Mercadológica avalia as dela. Ainda com relação às avaliações por parte de cada vertente da Comunicação, percebe-se que poucos gestores fazem uma avaliação que considere todas as suas ferramentas de avaliação. Como a maioria delas refere-se a somente um aspecto de suas atribuições, por vezes há programas e ações de comunicação que não são avaliados e, portanto, integrados à avaliação geral do setor – isso quando ela ocorre.

Para complicar ainda mais a situação, não identificamos nenhum instrumento mais amplo e global de avaliação da comunicação – considerando todas as atividades que ocorrem paralelamente em todas as áreas da empresa com atividades de Comunicação Institucional, Mercadológica e Administrativa – em nenhuma das empresas analisadas. O que se tem, portanto, é um cenário organizacional em que a comunicação, quando avaliada, é feita de maneira bastante fragmentada, sendo que a falta de integração mais flagrante diz respeito à amarração das avaliações das ações externas com as internas.

Muito das avaliações da Comunicação Mercadológica é feito por meio de indicadores que não são próprios da comunicação, como o montante de venda de produtos, número de ligações no SAC etc. Não que a Comunicação não possa ajudar na obtenção de resultados mais significativos nesses indicadores, mas há de se entender que isso não acontecerá se não houver outras providências do todo da organização em prol dessas questões.

Como não há participação decisiva da comunicação no planejamento estratégico, a minha mensuração sempre vai estar em função do negócio do setor cliente, e não da comunicação.

Ressaltamos que muitos dos profissionais entrevistados percebem a fragilidade de suas análises e ferramentas, e que estão atentos para a necessidade de se avaliarem com mais propriedade os resultados que entregam para as empresas.

Esses métodos de medição são dispersos e não resultam numa avaliação mais estratégica.

É flagrante a maneira como os depoimentos reforçam as epígrafes iniciais desta publicação. Variáveis como tempo, grau de dificuldade, exatidão e perfeição numérica são algumas das barreiras que precisam ser ultrapassadas para o desenvolvimento de sistemas de avaliação e mensuração mais eficazes.

A arbitragem disso (quais as variáveis que interferiram no resultado) é muito complexa. Estaremos próximos do impossível, por exemplo, se tentarmos mensurar isoladamente a contribuição da Comunicação para uma alta ou queda das ações da empresa.

Ao abordar a questão da análise ambiental (no Capítulo 1 deste livro) e da mensuração em comunicação (no Capítulo 4), procuramos desmistificar vários dos pontos obscuros sobre os quais as pessoas refletem quando pensam no assunto.

Não preconizamos a exatidão quantitativa, principalmente se estamos em fase inicial de implementação de processos de mensuração, mas, por exemplo, ao utilizar o conceito de intervalo de confiança de Hubbard (2009, Capítulo 5), podemos reduzir significativamente a incerteza e a "cegueira da gestão", o que é um grande passo rumo a um modelo mais sólido de mensuração, com alto grau de acerto nas análises.

Há casos em que os profissionais da área frequentaram cursos e seminários em busca do conhecimento necessário para o desenvolvimento dos mecanismos, bem como solicitaram visitas explicativas por parte de consultorias e prestadores de serviços especializados para saber das soluções de avaliação e mensuração disponíveis no mercado.

O grande desafio da área, atualmente, é desenvolver indicadores formais para medir o nosso desempenho. A avaliação da área vem principalmente dos feedbacks das ações (melhoria, facilidade, piora, neutro etc.), mas não há atrelamento a indicadores, principalmente financeiros.

É preciso criar ferramentas para avaliar mesmo o trabalho, criar um método de medição do retorno do trabalho.

Muitas vezes, porém, evidenciou-se a falta de critérios para decidir o que contratar, pois, quando não se sabe nem o que se quer atingir, fica praticamente impossível saber o que e como medir.

Aplicar a ferramenta é método; saber o que se quer medir é o grande dilema, pois as corporações dificilmente sabem raciocinar estrategicamente a comunicação.

Não tendo parâmetros de mensuração, o mantra "fazer mais com menos" – tão disseminado ao longo das entrevistas – torna-se apenas uma peça de retórica dentro da organização. Como pode a área de Comunicação fazer mais se nem há indicadores para saber quais resultados entrega atualmente? Ficamos imaginando como é tentar fazer isso com menos orçamento...

Entretanto, em um ponto, tanto profissionais de Comunicação quanto "clientes" entrevistados foram unânimes: há que se trabalhar a comunicação para desenvolver a organização perante seus públicos de interesse.

Relacionamento sozinho não adianta nada. É preciso haver relacionamento e conteúdo.

O conteúdo a que se refere o entrevistado é exatamente o que a comunicação pode prover, o que nos leva a crer que há uma tendência de valorização da comunicação por parte dos clientes e uma crescente percepção que ajuda na consecução dos objetivos de suas áreas.

Sistemas, metodologias e ferramentas citadas pelas áreas de Comunicação para monitoramento, controle e avaliação de estratégias e ações:

- Auditoria de Mídia.
- Auditoria de Opinião Pública.
- *Balanced ScoreCard* – BSC.
- BoxNet (BoxNet).
- *Brand Analytics.*
- *Brand Scorecard.*
- *Clipping* de Notícias – qualitativo e quantitativo.
- *Economic Value Added* – EVA.
- Índice de *Brand Equity.*
- Índice de Eficácia da Comunicação – IEC (Burston-Marsteller).
- Índice de Qualidade da Imagem – IQI (Empório da Comunicação).
- Índice de Qualidade de Exposição da Imagem na Mídia – IQEM (CDN).
- Índice de Satisfação dos Clientes.
- Marketing *Dashboard.*
- Metricom (Mitsuru H. Yanaze & Associados).
- *Value Based Management* – VBM.
- Pesquisa de Clima Organizacional.
- Pesquisa de Eficiência e Rentabilidade de Mídia.
- Pesquisa de Identidade da Marca.
- Pesquisa de Abertura de Loja – qualitativa e quantitativa.
- Pesquisa de *Recall* de Campanha Publicitária.
- Pesquisa de Reputação.
- Pesquisa de Visibilidade e Atributos de marca.
- *Untrack.*

Desempenho da Comunicação

Quando perguntados a respeito do desempenho da comunicação, alguns entrevistados responderam diretamente sobre a avaliação individual de desempenho. Outros, no entanto, elencaram seus instrumentos próprios para avaliação da área, tais como pesquisas com os clientes internos, aumento do número de eventos que conseguiram realizar, conquista de espaços na mídia, que não são indicadores padrão na avaliação global da empresa. Esses indicadores não foram citados no tópico anterior.

Outros, ainda, utilizam os mesmos indicadores das ações também para avaliar e justificar o desempenho da área, o que demonstra a própria dificuldade que a área em si tem para avaliar seu desempenho.

A área de Comunicação, no geral, é avaliada nos mesmos moldes do restante da empresa. Essa avaliação é, predominantemente, ao estilo superior/subordinado, ou seja, o superior é quem avalia o subordinado em suas competências e habilidades, com base no questionário desenvolvido pelo RH para todos os setores. Em muitos casos, há questões que dão boa margem para vieses de subjetividade, de acordo com parte dos entrevistados, "por conta da natureza da área", mas isso não chega a ser visto de maneira negativa.

A fixação dos objetivos é feita na própria área, no âmbito da diretoria, com algumas menções de participação das áreas de RH nesse processo.

Há um modelo-padrão de plano de carreira em praticamente todas as empresas analisadas, tratando a visibilidade profissional do ponto de vista da hierarquia sem abordar especificamente a comunicação. Ou seja, segue-se um plano geral para toda a organização sem privilegiar quaisquer conteúdos e medidas de desempenho específicos das áreas de Comunicação.

Um exemplo disso é o que viveu uma das entrevistadas ao planejar um evento estratégico em que os convidados eram as maiores autoridades políticas do país e do setor econômico de sua empresa. É o que pode acontecer também em organizações com enfoque em custos.

Eles acham que nós não temos especificidade. Na hora em que eu preciso contratar um bufê e uma festa, eu tenho que contratar da mesma forma que eu contrato cimento e ferro. É um absurdo.

O desenvolvimento de parâmetros de desempenho específicos para a comunicação, nesse caso, encarando os eventos como ações estratégicas da área, poderia auxiliar no pleno atingimento dos propósitos da ação (vide "Mensuração de Resultados em Eventos" no Capítulo 6 deste livro).

No que diz respeito aos programas de aperfeiçoamento e desenvolvimento, foram feitas poucas menções a programas estruturados para os profissionais de Comunicação, com maior incidência de cursos, seminários e eventos da área. Podemos estimar que a falta de um olhar organizacional para a capacitação funcional específica da área pode gerar muita variação no desempenho das atividades de comunicação dessas empresas.

Nesse sentido, as entrevistas evidenciam claramente que o domínio dos conteúdos, métodos e técnicas que possibilitem o desenvolvimento de um conhecimento organizacional acerca do tema "avaliação, mensuração e retorno de investimentos em comunicação" faz falta para as organizações.

CONSIDERAÇÕES FINAIS

Comunicação, mais que uma ferramenta de apoio a vendas ou de manutenção da imagem é, antes de mais nada, uma dimensão que cria e dá forma às organizações. As organizações não existem sem a comunicação, que pode ser encarada como elemento propulsor das atividades internas e externas de uma empresa.

A comunicação e seus processos garantem fluxo informacional, canais constantes de alinhamento dos objetivos, interações constantes entre as várias partes de um negócio, contribuindo para a consecução dos resultados. Comunicação, sob essa perspectiva, torna-se fator central na construção de valor para as organizações e suas marcas.

Quando encaramos a empresa e sua comunicação de maneira sistêmica – entendendo que existem recursos (*inputs*), processos e políticas (*throughputs*) que resultam em entregas ao mercado (*outputs*) –, e que há constante interação com o ambiente de marketing mais amplo, o estabelecimento de processos de avaliação e mensuração em comunicação e marketing ganha contornos mais nítidos e realistas.

Outra questão que deve ser considerada, como expomos ao longo deste livro, é a abordagem ampliada da comunicação organizacional em sua modalidade integrada. Entender a comunicação integrada implica projetar as ações em três vertentes – institucional, mercadológica e administrativa –, as quais apresentam fronteiras porosas, ou seja: há intercâmbio e sinergia entre elas.

As organizações investem montantes significativos em comunicação e, claro, projetam e esperam resultados que agreguem algum tipo de valor ao negócio, em sua maioria tangível. Ocorre que um planejamento de comunicação integrada – decorrente do planejamento estratégico macro da empresa – com objetivos gerais e específicos, desdobrados em metas passíveis de mensuração, e estratégias desenhadas para fazer frente aos desafios institucionais, mercadológicos e administrativos, não somente trará resultados positivos como demonstrará esses resultados alcançados.

Para além do conhecimento técnico-conceitual do campo da Comunicação, os gestores de Marketing e Comunicação das organizações precisam "falar a língua corrente nos negócios", ou seja, apropriar-se de saberes relacionados ao campo da Administração e da Contabilidade. Partindo inicialmente do demonstrativo de resultados, do fluxo de caixa e do balanço patrimonial, o profissional de Comunicação deve desenvolver ferramentas que possibilitem a integração dos resultados de sua área com esses instrumentos por meio da definição das "moedas financeiras e não financeiras" que demonstrem claramente as contribuições que a comunicação trouxe para a consecução dos objetivos organizacionais.

Para melhor compreensão das possibilidades de avaliação e mensuração em comunicação, procuramos evidenciar a diferença entre precisão e mensuração. Essa diferença é fundamental para entender que toda projeção de resultado, assim como todo e qualquer orçamento empresarial – quer falemos de resultado econômico, de caixa, ou da evolução patrimonial –, não suscita a expectativa de uma realização exata e rigorosa, mas baliza e serve de parâmetro para o processo de tomada de decisão, reduzindo as incertezas e minimizando os riscos, embora sem a pretensão de eliminá-los por completo. A constância da avaliação, sua pertinência, a repetição da mensuração e o refinamento dos indicadores-chave de performance funcionam como método de melhoria constante das ferramentas escolhidas para o trabalho.

Mais que isso, porém, é fundamental estabelecer uma filosofia orientada para a busca do resultado e sua exposição de maneira clara para o todo da organização. Em outras palavras, ao utilizar de maneira inteligente os conceitos e metodologias de avaliação, mensuração e retorno de investimentos em comunicação, o comunicador tem condições de "matar a cobra e mostrar o pau".

Correr riscos calculados é a vocação natural dos investidores, e, quanto mais detalhados forem os benefícios e custos esperados, maior o grau de conforto no processo decisório. Ao detectar as variáveis ambientais e internas que mais interferem no desempenho do negócio e entender como a comunicação pode contribuir para seu melhor resultado, o profissional de Comunicação cria condições para evidenciar o valor das informações levadas em consideração para o desenvolvimento das atividades e ferramentas de mensuração.

Com o objetivo de uma reflexão prática acerca do tema "Avaliação e mensuração em comunicação", levamos a campo a pesquisa "Avaliação dos Processos de Investimentos em Comunicação", com o intuito de levantar – nas cinquenta das maiores organizações em operação no país, divididas em 12 setores – a maneira de planejar, investir e avaliar os resultados de suas ações de comunicação. Foram entrevistados mais de duzentos profissionais atuantes na área, bem como alguns de seus "clientes internos".

As diferentes áreas de Comunicação das organizações enfrentam desafios diários para a consecução tanto de suas ações quanto de seus resultados, e há uma série de fatores dificultadores ao longo do processo. Muitos problemas surgem pela falta de integração – de planejamento e procedimentos – e, também, pela falta de conhecimento tanto pelos próprios gestores de Comunicação, que desconhecem o que cada área está executando (ou tem como atribuição), quanto pelos possíveis "gestores usuários de outros setores da empresa", que poderiam atingir seus objetivos com mais efetividade pelo uso da comunicação.

Essa falta de integração evidenciada nos depoimentos também dificulta os processos de avaliação e mensuração dos resultados da comunicação. É evidente que áreas sem entrosamento terão mais dificuldades de demonstrar seus resultados de maneira integrada à organização.

No entanto, o estudo não apontou apenas deficiências nos processos de investimento das organizações. Há empresas que já estão utilizando metodologias, sistemas de inteligência, ferramentas e *softwares* para dar maior suporte tanto ao processo de definição de ações quanto ao processo de avaliação e demonstração dos resultados alcançados pelas estratégias de comunicação.

Os resultados desse estudo, constantes da Parte II desta obra, evidenciam a importância de se discutir o tema, de investir em pesquisa e produção de conhecimento específico sobre avaliação e mensuração, de desenvolver conceitos, modelos, instrumentos e ferramentas que possibilitem a análise do retorno de investimentos em comunicação para as organizações em operação no Brasil.

Fica, portanto, o convite aos profissionais, professores, pesquisadores e estudantes de Comunicação, Marketing e Administração para que aprofundem seus conhecimentos e contribuam para a formação de conteúdos bem fundamentados sobre avaliação, mensuração e retorno de investimentos em comunicação.

REFERÊNCIAS BIBLIOGRÁFICAS

AAKER, David; Keller, Kevin. **Consumer evaluation of brands extensions**. Journal of Marketing. Maryland, v. 54, p. 27-41.

BACEGA, Maria Aparecida. **Da informação ao conhecimento:** ressignificação da escola. Intercom, 2004.

BAKER, William E; SINKULA, James M. *Environmental Marketing Strategy and Firm Performance: Effects on New Product Performance and Market Share.* **Academy of Marketing Science. Journal,** 2005, Fall, v. 33, n. 4, p. 461-75.

BENDLE, Neil., *et al.* **Métricas de marketing:** mais de 50 métricas que todo executivo deve dominar. Wharton School Publishing. Porto Alegre: Bookman, 2006.

BOONE, Louis; KURTZ, David L. **Marketing contemporâneo.** Revisão Técnica e Tradução de Ana Akemi Ikeda. 8. ed., cap. 1, p. 2-29, Rio de Janeiro: LTC, 1998.

BUENO, Wilson da Costa. Artigo A personalização dos contatos com a mídia e a construção da imagem das organizações. In: **Organicom:** revista brasileira de comunicação organizacional e relações públicas. Ano 2, nº 2. São Paulo, Gestcorp-ECA-USP, 2005, p. 10-27.

CALDAS, Sergio Leal. Elementos intangíveis: *o lado obscuro da avaliação das empresas.* In: ZANINI, Marco Tulio. **Gestão integrada de ativos intangíveis.** Rio de Janeiro: Qualitymark, 2008.

CHONG, Dennis; DRUCKMAN, James N. *A Theory of Framing and Opinion Formation in Competitive Elite Environments,* **Journal of Communication**, 2007, 57, p. 99-118.

CLARK, Bruce H; ABELA, Andrew V; AMBLER, Tim. *An information processing model of marketing performance measurement.* **Journal of Marketing Theory and Practice**, 2006, Summer, v. 14, n. 3, p. 191-208.

COMSCORE. Disponível em: <www.comscore.com/Press_Events/Press_releases>. Acesso em: 4 set. 2009.

CPC-04. Pronunciamento Técnico CPC-04. Disponível em: <www.cpc.org.br/pdf/CPC_04.pdf>. Acesso em: 10 jul. 2009.

CVM. Disponível em: <www.cvm.gov.br/port/infos/deli527press.asp>. Acesso em: 25 out. 2009.

DAVENPORT, Jodi L.; POTTER, Mary C. *Scene Consistency in Object and Background Perception.* **Psychological Science,** 2004, v. 15, p. 559-564.

DIGITAL AGE. Disponível em: <www.digitalage20.com.br/2009/agenda.html>. Acesso em: 25 ago. 2009.

DUARTE, Jorge. **Assessoria de imprensa e relacionamento com a mídia**: Teoria e Técnica. Atlas: São Paulo, 2002.

FERRARI, Michelle B. **Índice de eficácia da comunicação (IEC):** medindo resultados do relacionamento com a imprensa do Grupo Telefônica. São Paulo: Gestcorp da ECA-USP, 2009.

FESTINGER, L. **A theory of cognitive dissonance.** Evanston, Row Peterson, 1957.

FREIRE, Otávio. **Comunicação, cultura e organização**: um olhar antropológico sobre os modos de comunicação administrativa na perspectiva da comunicação integrada. [Tese de Doutorado]. São Paulo: ECA--USP, 2009.

FREIRE, Otávio; SENISE, Diego. *Percepção das celebridades do esporte: um modelo de escolha, gestão e controle do seu uso em relação às marcas.* In: **Revista Organicom** – Comunicação e Esporte: pesquisa, marketing e mídia. v. 8, n. 15 (2011), p. 219-32.

_____. **Marketing empresarial.** Apostila do Curso de Pós-graduação *Lato Sensu* em Gestão Executiva de Negócios. Cuiabá/MT: UNIC, 2008.

GALERANI, G. S. M. **Avaliação em comunicação organizacional.** 1. ed. Brasília – DF: Assessoria de Comunicação Social – Embrapa, 2006.

GITMAN, Lawrence. **Princípios da administração financeira essencial.** 2. ed. Rio Grande do Sul, Bookman, 2001.

GUPTA, Sunil; ZEITHAML, Valarie. *Customer Metrics and Their Impact on Financial Performance.* **Marketing Science,** 2006, November/December, v. 25, n. 6, p. 718-65.

HUBBARD, Douglas W. **Como mensurar qualquer coisa:** encontrando o valor do que é intangível nos negócios. Rio de Janeiro: Qualitymark, 2009.

HALL, Richard. *The strategic analysis of intangible resources.* In: **Strategic Management Journal.** v. 13, n. 2, p. 135, 1992.

HENNINGSEN, Sina; HEUKE, Rebecca; CLEMENT, Michel. *Determinants of Advertising Effectiveness: The Development of an International Advertising Elasticity Database and a Meta-Analysis,* **Journal of VHB German Academic Association for Business Research,** 2011, 4, 2, (December), p. 193-239.

HERRERO, Emílio. **Balanced scorecard e a gestão estratégica:** uma abordagem prática. 3. ed. Rio de Janeiro, Elseiver: 2005.

HOOLEY, Graham; SAUNDERS, John. **Posicionamento competitivo.** São Paulo: Makron, 1996.

JANISZEWSKI, Chris; NOEL, Hayden; SAWYER, Alan G. *A Meta-analysis of The Spacing Effect in Verbal Learning: Implications for Research on Advertising Repetition and Consumer Memory,* **Journal of Consumer Research,** 2003, 30 (June), p. 138-49.

JANISZEWSKI, Chris. *The Influence of Nonattended Material on the Processing of Advertising Claims,* **Journal of Marketing Research,** 1990, v. 27 (August), n. 3, p. 263-78.

JENKINS, Henry. **Convergence Culture:** where old and new media collide. New York and London: New York University Press, 2006.

KEEN, Jack M.; DIGRIUS, Bonnie. **Making Technology Investments Profitable:** ROI – Road map to better business cases. New Jersey: John Wiley & Sons, 2003.

508 | Retorno de Investimentos em Comunicação

KELLER, Kevin L. **Strategic Brand Management** – building, measuring, and managing brand equity. New Jersey: Pearson, 2008.

KITCHEN, Philip J. **Integrated Brand Marketing and Measuring Returns.** UK: Palgrave Macmillan, 2010.

KOCH, Richard. **O princípio 80/20:** o segredo de se realizar mais com menos. Tradução de Nivaldo Montingelli Jr. Rio de Janeiro: Rocco, 2000.

KOTLER, Philip. **Administração de marketing:** análise, planejamento, implementação e controle. 5. ed. São Paulo: Atlas, 1998.

KUNSCH, Margarida M. K. **Planejamento de relações públicas na comunicação integrada.** 3. ed. São Paulo: Summus, 2003.

LENSKOLD, James D. **Marketing ROI:** the path to campaign, customer, and corporate profitability. McGraw Hill: San Francisco, 2003.

MACNAMARA, Jim. **Advertising values to measure PR:** why they are invalid. Disponível em: <www.archipelagopress.com/images/ResearchPapers/Advertising%20Values%20Paper.pdf>. Acesso em: 10 jul. 2009.

McCARTHY, Jerome E. & PERREAULT JR., William D. **Marketing essencial.** São Paulo: Atlas, 1997.

Michaelson, D., & Stacks, D. (2006). **Exploring the existence of the multiplier:** Initial findings. Disponível em: <www.instituteforpr.org/index.php/IPR/research_single/exploring_the_comparative_communications>. Acesso em: 10 jul. 2009.

MOELLER, Leslie H.; LANDRY, Edward C. **Os 4 pilares da lucratividade** – como medir e maximizar o ROI em marketing. Rio de Janeiro: Elsevier, 2009.

NUNES, Gilson. **Rev. The Brander**. 2. ed. São Paulo: Superbrands Brasil, 2009.

PANELLA, Cristina. *Teorizar e medir: a pesquisa na gestão da imagem e da reputação.* In: **Organicom:** revista brasileira de comunicação organizacional e relações públicas. Ano 4, nº 7. São Paulo: Gestcorp-ECA-USP, 2007, p. 208-97.

PETERSEN, J. Andrew; McALISTER, Leigh; REIBSTEIN, David J.; WINER, Russell S.; KUMAR, V.; ATKINSON, Geoff. *Choosing the Right Metrics to Maximize Profitability and Shareholder Value.* **Journal of Retailing,** 2009, V. 85, N. 1, p. 95–111.

PHILLIPS, Jack. **O valor estratégico dos eventos:** como e por que medir ROI. São Paulo: Aleph, 2007.

PHILIPS, Patricia; PHILIPS, Jack. **The Green Scorecard:** Measuring the Return on Investment in Sustainable Initiatives. London/UK: Nicholas Brealey Publishing, 2010.

QUEIROZ, Marcello. *Anunciantes querem mais eficiência.* WFA/ABA Global Advertiser Week. **Jornal propaganda & marketing.** São Paulo, 16 de março de 2009.

RICHERS, Raimar; LIMA, Cecília Pimenta (Orgs.). **Segmentação** – opções estratégicas para o mercado brasileiro. São Paulo: Nobel, 1991.

RIESENBECK Hajo; PERREY, Jesko. **Power Brands.** Weinheim/Germany: Wiley-VCH, 2009.

ROSENWALD, Peter J. **Accountable marketing:** Otimizando resultados dos investimentos em marketing. São Paulo: Pioneira Thomson Learning, 2005.

RUFF, Carl. *Measuring and Evaluating Public Relations Activities.* In: **Management bulletin.** American Management Association. New York, v. 110, 1968.

SCHAEFER, Mark W. **Return On Influence:** The Revolutionary Power of Klout, Social Scoring, and Influence Marketing. USA: McGraw-Hill, 2012.

SCHULER, M. **Management of the organizational image:** a Method for the Organizational Image Configuration. PRSA Educator's Academy 2000 Research Conference – MIAMI/USA, 2000.

_____. *Management of the organizational image: a method for organizational image configuration.* **Corporate reputation review,** London, v. 7, n. 1, Spring, 2004. p. 37-53.

SCHULTZ, Don. E; WALTERS, Jeffrey S. **Measuring brand communication ROI.** New York: Associaton of National Advertisers, 1997

SEMPRINI, Andrea. **A marca pós-moderna:** Poder e fragilidade da marca na sociedade contemporânea. São Paulo: Estação das Letras, 2006.

SENISE, Diego dos Santos Vega. **Incommetrics** – blog que discute eficácia e mensuração de retorno de investimento em comunicação. Disponível em: <www.incommetrics.com>. Acesso em: 10 out. 2009.

_____. **Mensuração de retorno de investimento em comunicação:** Teoria e Prática. [Trabalho de Conclusão de Curso/TCC] Escola de Comunicações e Artes da Universidade de São Paulo – ECA-USP, 2009.

SISKIND, Barry. **The power of exhibit marketing.** North Vancouver/CA, BC: Self-Counsel Press, 1998.

SOUSA, Jorge Pedro. *Teorias dos Efeitos da Comunicação Social.* In: SOUSA, Jorge Pedro, **Elementos de Teoria e Pesquisa da Comunicação e dos Media.** 2. ed. rev. e ampl. Porto/PT, 2006.

SORENSEN, Herb. **Inside the mind of the shopper:** The Science of Retailing. Wharton School Publishing, Pensilvânia, 2009.

STACKS, Don W. **Dicionário de mensuração e pesquisa em relações públicas e comunicação organizacional.** 2. ed. São Paulo, Aberje, 2008.

STACKS, Don W. **Presentation to the summit on measurement,** New Hampshire, EUA, 28 de setembro de 2006.

STEWART, David W.; KAMINS Michael A. *Marketing Communications,* In: WEITZ, Barton; WENSLEY, Robin. **Handbook of Marketing,** Sage, 2006, 282-309.

STOREY, Richard. **Advertising works 16:** proving the payback on marketing investment. World Advertising Research Center: Londres, 2008.

STRONG, E. K. **The psychology of selling.** New York: McGraw-Hill, 1925.

TORQUATO, Gaudêncio. **Tratado de comunicação organizacional e política.** São Paulo: Pioneira Thompson Learning, 2004.

VAKRATSAS, Demetrios; AMBLER, Tim. How advertising works: What do we really know?, **Journal of Marketing,** 1999, v. 63, (January) 1; p. 26-43.

VOLLMER Christopher; PRECOURT, GEOFFREY. **Always On:** Advertising, Marketing, and Media in an Era of Consumer Control (Strategy + Business). USA: McGraw-Hill, 2008.

WRIGHT, Ian; EVERITT, Sara. **From a mouse click to a heart beat.** Research Society, Annual Conference, 2009.

YANAZE, Mitsuru H. **Gestão de marketing e comunicação**: avanços e aplicações. São Paulo: Saraiva, 2007.

_____. **Gestão de marketing e comunicação:** avanços e aplicações. 2. ed. São Paulo: Saraiva, 2011.

YANAZE, Mitsuru H.; CREPALDI, Ubaldo. A Comunicação e a Tangibilidade de sua Avaliação. In: **Organicom:** revista brasileira de comunicação organizacional e relações públicas. Ano 2, nº 2. São Paulo: Gestcorp-ECA--USP, 2005, p. 134-45.

ZAHAY, Debra; GRIFFIN, Abbie. *Marketing strategy selection, marketing metrics, and firm performance.* **The Journal of Business & Industrial Marketing,** 2010, v. 25, n. 2, p. 84-93.

_____. _____. 2. ed. Rio de Janeiro: Qualitymark, 2009.

ZHANG, Jie; DAUGHERTY, Terry. *Third-Person Effect and Social Networking: Implications for Online Marketing and Word-of-Mouth Communication,* **American Journal of Business,** 2009, v. 24, n. 2, p. 53-63.

Impressão Sermograf Artes Gráficas e Editora Ltda.
Rua São Sebastião, 199
Petrópolis, RJ

Abril, 2013